Volker Steenblock

Philosophische Bildung

Münsteraner Einführungen

– Münsteraner Philosophische Arbeitsbücher –

Band 1

LIT

Volker Steenblock

Philosophische Bildung

Einführung in die Philosophiedidaktik
und Handbuch:
Praktische Philosophie

LIT

Bibliografische Information der Deutschen Nationalbibliothek
Die Deutsche Nationalbibliothek verzeichnet diese Publikation in der
Deutschen Nationalbibliografie; detaillierte bibliografische Daten sind
im Internet über http://dnb.d-nb.de abrufbar.

7. Auflage 2013

ISBN 978-3-8258-4805-7

© LIT VERLAG Dr. W. Hopf Berlin 2013
Verlagskontakt:
Fresnostr. 2   D-48159 Münster
Tel. +49 (0) 2 51-62 03 20   Fax +49 (0) 2 51-23 19 72
E-Mail: lit@lit-verlag.de   http://www.lit-verlag.de

Auslieferung:
Deutschland: LIT Verlag Fresnostr. 2, D-48159 Münster
Tel. +49 (0) 2 51-620 32 22, Fax +49 (0) 2 51-922 60 99, E-Mail: vertrieb@lit-verlag.de
Österreich: Medienlogistik Pichler-ÖBZ, E-Mail: mlo@medien-logistik.at
Schweiz: B + M Buch- und Medienvertrieb, E-Mail: order@buch-medien.ch
E-Books sind erhältlich unter www.litwebshop.de

Inhalt

Vorwort

Gegenwärtig sind die Philosophie und ihre Didaktik zur Orientierung mehr denn je gefragt und gefordert. Immer mehr Menschen lassen sich vom *Abenteuer der Philosophie* faszinieren, immer stärker steigt aber auch die *Notwendigkeit*, sich über undelegierbare Fragen des Lebens Gedanken zu machen.

Ersteres zeigt schon ein Blick auf die Auslagen unserer Buchhandlungen, in denen eine Fülle von einschlägiger Literatur in die Öffentlichkeit drängt. Auch als universitäre Fachwissenschaft öffnet sich die Philosophie heute einem breiten interessierten Publikum. Seminare und Kurse zu den „Letzten Fragen" und „Großen Philosophen" an den Bildungsorten füllen sich, neue Themen und Zugangsweisen erschließen sich vom „Philosophieren mit Kindern" bis zum Internet.

Letzteres erweist sich als notwendige Aufgabe an jeden Einzelnen in unserer sich verändernden ökonomisierten wie popkulturell überformten Gegenwart, in der die traditionelle Ausrichtung auf feste Rollenmuster einer immer größeren Vielfalt von Lebensformen weicht. Nicht nur die Schulen sehen sich hier mit neuen Aufgaben eines sinn- und wertreflektierenden Unterrichts konfrontiert: Jede(n) betrifft dies.

Die Philosophiedidaktik beschäftigt sich mit all diesen Verwurzelungen und Leistungen der Philosophie in den menschlichen Lebensverhältnissen.[1] Sie ist *die Selbstbesinnung der Philosophie auf ihre lebensweltlichen Funktionen und Aufgaben* und diskutiert die Ziele und Methoden philosophischer Orientierung in einer Zeit vielzitierter zivilisatorischer Beschleunigungen und Veränderungen. Die Philosophiedidaktik fragt danach, wie Menschen Reflexionschancen gewinnen können; sie hat es mit den Formen und Inhalten menschlicher Vorstellungen zu den Sinn- und Wertfragen des Lebens zu tun und sucht nach Wegen, solche Reflexion unter Gegenwartsbedingungen zu befördern. Dabei gilt: Philosophische Bildung bietet Rationalitäts- und Glücksquellen, die man niemandem vorenthalten darf. Sie erscheint – nach der für unser Metier so entscheidenden These von Ekkehard Martens – in unserer Gegenwart ebenso wichtig wie die „Kulturtechniken" Lesen, Schreiben und Rechnen und tritt an, mit einer Formulierung von Helmut Peukert, ihren Anteil am „uneingelösten Versprechen" der Bildung für Individuum und Gesellschaft präsent zu halten. Guter Philosophieunterricht ist deswegen *Aufgabe* und Verpflichtung.

Das vorliegende Arbeitsbuch richtet sich an alle, die in dieser Situation als Vermittler und Lehrende der Philosophie tätig sind oder tätig werden wollen, an *Philosophie* und *Ethik* Lehrende, Referendare und Studierende, an Lehrerinnen und Lehrer in der Erwachsenenbildung und natürlich an alle sonstigen Interessenten der Philosophie und Teilnehmer an ihren Bildungsprozessen. Es möchte nutzbare Informationen über all das vermitteln, was sich an den verschiedenen Bildungsorten in einem bewegungsträchtigen und faszinierenden Feld in den letzten Jahren getan hat und versteht sich in diesem Sinne – entstanden als

---

[1] Hiermit steht die Philosophiedidaktik ihrem grundsätzlichen Ort nach am Ursprung des Philosophierens selbst. Sie „pädagogisiert" keine Gehalte, zu denen sie hinzuträte, sondern sie reflektiert die Bildung des Denkens, wo es entsteht und dient seiner Vermittlung qua Menschenrecht und in legitimer Verwandtschaft, denn alle *Bildung* ist ein zutiefst philosophisches Projekt.

„Reader" zu meinen Lehrerfortbildungen und Fachdidaktik-Seminaren – als Gebrauchsliteratur, die aktuelle Fragen aufgreift und zugleich auf einige Beiträge der ersten Auflagen nur verweisen kann. Dabei bemühe ich mich, nicht lediglich didaktische Metatheorie zu präsentieren (von der es, vorsichtig formuliert, ausreichend viel gibt), sondern auf *Praxisfelder* zu verweisen.

Bei meinen Bochumer, Münsteraner und Saarbrücker Studierenden und bei – nach zwanzig Jahren Unterrichtstätigkeit in Gesamtschule und Gymnasium – nicht wenigen Schülerinnen und Schülern in Hamburg und Münster habe ich mich für vielfältige Anregungen zu bedanken. Interessant und hilfreich waren für mich im Laufe der Jahre auch viele Gespräche mit Vertreterinnen und Vertretern unseres Faches in den unterschiedlichsten Funktionen: Fachleitern, Kolleg/innen aus Schule, Lehrerausbildung, Fachverbänden, Erwachsenenbildung und Universität, darunter mit Vanessa Albus, Klaus Blesenkemper, Klaus Draken, Klaus Feldmann, Markus Tiedemann und nicht wenigen anderen mehr, die ich hier nicht aufzählen kann, die aber alle dankbar mit gemeint sind.

Die Karikaturen zum Band entstammen den philosophischen Zeichenstiften von ehemaligen Schülern und Kollegen am Hiltruper Immanuel-Kant-Gymnasium: Janis Freund („Nicht den Faden verlieren"), Sebastian Schmidt („Eule"), Klaus Tesching („Kant") und Otto Wiezorek (alle anderen – mit Ausnahme der „Methodenschlange", die Wey-Han Tan für Ekkehard Martens gezeichnet hat). Für engagierte Auskunft in den „Interviews" danke ich stellvertretend für alle Christa Runtenberg, für Hilfen bei der Banderstellung Uwe Hunz.

„Herausgegeben von Dr. Helmut Stoffer, Oberstudienrat in Köln" erschien im Verlag Moritz Diesterweg in den 1950er Jahren die Schrift: *Aufgabe und Gestaltung des Philosophieunterrichts – Handreichungen für den Philosophielehrer.* Der Band enthielt Ausführungen zum „Wesen der Philosophie" und ihrer Rolle „im Ganzen der Kultur", eine „Allgemeine Methodik und Didaktik" sowie Ausführungen zum Verhältnis zur Religion und zur „Praxis" im Unterricht. Schließlich gab es Literaturangaben und „Besprechungen von Einleitungswerken, Zeitschriften, Schallplatten". Im Jahre 1983 brachte die WBG Ekkehard Martens' Philosophiedidaktik heraus; einschlägige Publikationen von ihm selbst, Johannes Rohbeck u. a. sind dem gefolgt. Ich freue mich, dass der vorliegende Band im LIT-Verlag nunmehr in sechster, aktualisierter und ergänzter Auflage erscheinen und sich in die Tradition dieser Schriften stellen kann. Für zahlreiche Anregungen und nachhaltige Ermutigung (sowie Nachsicht mit mancher technischen Unzulänglichkeit in diesem nach wie vor „handgemachten" Buch) habe ich schließlich auch den Leserinnen und Lesern der bisherigen Auflagen zu danken. – In Pädagogik, Fachdidaktiken und Philosophie ist derzeit nach „Pisa" eine Diskussion entbrannt, deren Kritik bis hin zum Begriff einer „Unbildung" (Konrad Paul Liessmann) reicht. Dem trägt das neue Kapitel 7 Rechnung; zudem kann ich auf meinen Band *Philosophie und Lebenswelt* verweisen, der in diesem Jahr im Siebert-Verlag (Hannover) neu erschienen ist.

Bochum, im März 2012   Volker Steenblock

1. *Es beginnt mit Sokrates* –
Kleine Geschichte der Philosophie- und Ethikdidaktik

„Welcher Philosophie würde es bedürfen, um darüber hinwegzukommen!" Dies ist die Reaktion des Philosophen *Ludwig Wittgenstein* auf das Schicksal seines Bruders, des Pianisten Paul Wittgenstein, der 1914 an der russischen Front seinen rechten Arm verlor.[2] Sie bringt die ungeheure und sicherlich nicht leicht nachvollziehbare Vorstellung ins Gespräch, Philosophie könnte für unser Leben eine direkte, prägende, auch tröstende Bedeutung gewinnen.

Was kann die Philosophie für uns bedeuten? Ist sie nicht viel eher eine schwer verständliche wissenschaftliche Disziplin, ein zutiefst akademisches Unternehmen, nicht selten in Spezialfragen verrannt, eine Sache der Universitäten und der Tradition einiger weniger Koryphäen?

Philosophie bleibt in der Tat immer auch ein Rezeptionsgeschehen und ein *Leseabenteuer*, denn was andere Menschen aus ihren jeweiligen Denkhorizonten heraus gedacht haben, wissen wir vor allem aus dem, was aufgeschrieben worden ist; erst in jüngerer Zeit auch aus Bild- und Tonaufnahmen und natürlich durch das persönliche Gespräch – ob wir nun im Seminar an der Universität, an Schule oder Volkshochschule diskutieren oder einem Vortrag zuhören. Das Studium der Fragen und Antwortversuche der Philosophie in Geschichte und Gegenwart eröffnet den Blick auf eine *Tradition* und einen *wissenschaftlichen Forschungsstand*, an denen wir unsere Versuche, uns selbst und die Welt zu verstehen, nicht vorbei unternehmen können. / Zweieinhalbtausend Jahre Philosophiegeschichte sind auch ein „Gigantenkampf" (Platon) bzw., despektierlicher, ein Gang durch die „großen Denkschlachtordnungen der Vergangenheit" (Rolf Schütt). In den Feldern des verwissenschaftlichten philosophischen Forschungsbetriebes und der unterschiedlichsten Fachinteressen ist eine Orientierungsleistung der Philosophie freilich manchmal schwer auszumachen, provoziert auch der scheinbare „Skandal der Philosophie" als einer scheinbar fortschrittslosen, stets neu ansetzenden und stets umstrittenen Reflexion.

So nachvollziehbar ein gewisses Ungenügen an manchen Spezialitäten des akademischen Philosophiebetriebs in Vergangenheit und Gegenwart sein mag, so kann man doch im Ernst nicht vom Philosophieren Ergebnisse erwarten, die in letzthinniger Weise für alle konsensfähige Inhalte formulierten. Dies liegt daran, dass über alle Traditionen hinaus *das Philosophieren so gegenwärtig und so vielfältig sein muss, wie die Menschen, die es betreiben.* Mit Ausnahme der Universitätsprofessoren, einiger Lehrer, Dozenten der Erwachsenenbildung und verschwindend weniger „philosophischer Praktiker" ist „Philosophie" schwerlich ein Beruf, sondern eher eine „Einstellung", eine Orientierungsweise. Bedeutung erhalten philosophische Einsichten primär „für" uns, im „existentiellen" Rückbezug an den Philosophierenden. Jeder erfährt die an sich selbst: Sinn und Bedeutung kann etwas im Wesentlichen „für mich" haben, es haftet der Sache nicht einfach an, sondern

---

[2] Ludwig Wittgenstein: *Geheime Tagebücher 1914-1916.* Hrsg. und dokumentiert von W. Baum, Wien 1991, 34. Vgl. für unsere Zusammenhänge auch: Konrad Wünsche: *Der Volksschullehrer Ludwig Wittgenstein*, Frankfurt a. M. 1985.

wird ihr beigemessen. Philosophische Bildung steht für unser aller Bemühen um ein selbst verantwortetes und gestaltetes Wissen, bei dem sozusagen die ganze Person mitschwingt (Gunter Scholtz), und das uns in unserer begrenzten Lebenszeit die Welt und unsere Existenz erklären soll.

Die Philosophie gibt es demnach weder in der Geschichte noch in der Gegenwart. Es gibt nur eine Vielzahl von philosophischen Perspektiven, mit denen „philosophische Köpfe innerhalb und außerhalb der Institutionen auf letzte Fragen letzte Antworten zu geben versuchen" (Willi Oelmüller). Philosophieren ist ein historisch-endliches Bemühen, das sich in immer neuen Kontexten in der Auseinandersetzung der Individuen mit der Welt bildet, selbst wenn es dabei zugleich einen traditionellen Kanon von Fragestellungen aufarbeitet.

Dem Wort wie der Sache nach entstammt die Philosophie dem antiken Griechenland. „Philosophie" heißt übersetzt „Liebe zur Weisheit". Das mag zunächst vielleicht recht anspruchsvoll klingen, ist aber eigentlich bescheiden gemeint, denn die Betonung liegt auf der *Liebe* zur Weisheit, nicht auf deren Besitz. Von Sokrates, einem der ersten Philosophen und zugleich einem der berühmtesten, wird bekanntermaßen gar der Spruch überliefert: „Ich weiß, dass ich nichts weiß". Bei „Weisheit" denkt man an ein abgeklärtes Alter und womöglich ist das Denken etwas, worin man in zunehmendem Alter immer noch besser werden kann. Aber über sich selbst nachzudenken und sich zur Welt in ein bewusstes Verhältnis zu setzen, dafür ist es nie zu früh und nie zu spät.

Philosophen denken sprichwörtlich über „Gott und die Welt" nach. Wir sind, so hatten wir gesagt, nicht die ersten, die sich Gedanken machen und wir fangen in der Geschichte des Denkens nicht bei null an. Und doch geht es um Fragen, die sich jeder, sei es allein, sei es im Gespräch, schon einmal gestellt hat: Was ist Glück? Wie stelle ich mir ganz persönlich ein gelungenes Leben vor? Gibt es Einsichten, an die man sich halten kann, um glücklich zu werden? Worin liegen die Ziele meines Lebens? Gibt es einen göttlichen Sinn und Ursprung der Welt? Wie kann ich moralisch anständig handeln? Gibt es ein Weiterleben nach dem Tod? Was ist Wahrheit bzw. was sind die Bedingungen menschlichen Erkennens und Handelns? Aber auch: Gibt es philosophische Antwortversuche auf all das Schreckliche, das in der Welt passiert, auf Gewalt, Leiden und Tod?

Sehr bekannt ist die folgende Formulierung von *Immanuel Kant*:

> „Das Feld der Philosophie [...] lässt sich auf folgende Fragen bringen: 1) Was kann ich wissen? 2) Was soll ich tun? 3) Was darf ich hoffen? 4) Was ist der Mensch? Die erste Frage beantwortet die Metaphysik, die zweite die Moral, die dritte die Religion und die vierte die Anthropologie. Im Grunde könnte man aber alles dieses zur Anthropologie rechnen, weil sich die drei ersten Fragen auf die letzte beziehen".[3]

All diese Fragen sind nicht für jeden gleich und nicht für alle Zeiten verbindlich lösbar. Philosophieren heißt auch: radikales Prüfen und Zweifeln; es kann verlangen, einen

---

[3] Immanuel Kant: *Logik*. In: Kants Werke Bd. XI, Akademieausgabe, Berlin/Leipzig 1923, 25.

gewissen Bruch mit Selbstverständlichkeiten zu vollziehen. Wer könnte auch den Menschen versprochen haben, dass alle Fragen generell lösbar seien, dass grundlegende Divergenzen und Konflikte am Ende immer aufgehen müssten und dass Normen und Weltverhältnisse in eine harmonische Basis zurückführbar sein würden? Die Natur grausam, ein Grund der Welt nicht identifizierbar, der Mensch kaum mehr als ein außer Kontrolle geratener Affe? Eine „Ambiguitätstoleranz", ein Ertragenkönnen von Mehrdeutigkeiten, eine Mobilität des Denkens, das sich seine Fixpunkte selbst setzen muss – auch das kann Ergebnis einer philosophischen Haltung sein. Niemanden löst dies wiederum sozusagen automatisch aus den Pflichten, Zwängen und Bedingungen, in die er eingebunden ist, aber er gewinnt ein Stück Distanz und Souveränität gegenüber einer Welt, auf die er freilich, weil sie noch die Kategorien seines Denkens prägt, stets auch bezogen bleibt.

Jeder trägt im Innersten, in der Schule, in der Ausbildung, im Beruf, in allen Phasen seines Lebens, im Alter, seine „Lebensphilosophie" mit sich herum – freilich mehr oder weniger bewusst und explizit. Dies bedeutet nicht im Sinne einer Entleerung des Begriffs zu Gesinnungskundgebung und bloßen vagen Debatten, dass „alles" Philosophie ist, von der „Produkt-Philosophie" aus den medienbekannten Werbewelten, einer „Freizeit-Philosophie" und allen generellen Vorstellungen und Lebenseinschätzungen vom Kleinkind über den oftmalig unbefragten Alltagshedonismus im einschlägigen „Partyalter" bis zu „Freut euch des Lebens, eh' es vergeht" am Stammtisch.[4] Und doch besteht ein Zusammenhang: Diese alltagsweltlichen Situationen artikulieren leichter, was im „erwachsenen Normalzustand" häufig verschüttet ist: die letzte Ebene unserer Auffassungen, die „Grundhaltungen" unserer Einstellungen und Wertungen, von denen aus wir unser Leben gestalten. Philosophieren bedeutet, den Schritt zur Bewusstheit und zur Prüfung solcher Deutungen zu tun. Es bedeutet den Schritt zu einem methodisch vorgehenden Denken und natürlich zur Bekanntschaft mit der Tradition der „großen Denker".

Die folgende kleine Einführung in die Philosophiedidaktik geht aus von der These, dass es ihre eigenen Fragen sind, die alle Menschen von Anfang sich orientieren und damit auch „philosophieren" lassen. Das bedeutet, dass das Gegenstandsfeld der Didaktik etwas ist, das *am Anfang* und nicht am Ende steht. Philosophiedidaktik ist also nicht bloßer vermittlungstechnischer Anhang vorgängiger „zu vermittelnder" Gehalte, sondern sie beginnt dort, wo jede(r) von uns über sich und die Welt nachdenken will und, als Mensch, geradezu nachdenken *muss*.

Darum beginnt unser Weg im Folgenden mit einem Blick darauf, wie es mit dem Sitz der Philosophie im Leben und den Zugangsweisen der Menschen zur Philosophie – eben dem, wofür die Philosophiedidaktik zuständig ist – seit den Anfängen bestellt gewesen ist.

---

[4] Vgl. Norbert Rath: „Von ,Anlage'- bis ,Unternehmensphilosophie'. Zur Verwendung des Wortes Philosophie in Werbung und Zeitungssprache". In: H. Drerup / E. Keiner (Hrsg.): *Popularisierung wissenschaftlichen Wissens in pädagogischen Feldern*, Weinheim 1999, 243-260.

1.1 Auftritt des Sokrates *oder* Theorien und Tricks im Sand von Athen

Bei der ersten großen Gestalt der Philosophiegeschichte, bei Sokrates (469-399 v. Chr.), tritt uns die Philosophie als eine ganz und gar öffentliche Angelegenheit entgegen – die Philosophie beansprucht einen festen Sitz im Leben, d. h. sie beginnt im hier gemeinten Sinne *didaktisch*.[5]

Dieser Anspruch ist untrennbar mit der ungewöhnlichen Gestalt des Sokrates selbst verbunden. Sokrates ist auf der einen Seite der *Weise*, der durch seinen persönlichen Einsatz und durch sein Vorbild wirkt. Platon inszeniert eindruckvoll das Drängen der um ihren Ruf besorgten Freunde, die sich nicht nachsagen lassen wollen, dem am Ende zum Tode verurteilten Philosophen in seiner prekären Situation nicht geholfen zu haben und die natürlich auch nicht mit ansehen mögen, wie der von ihnen verehrte Mann den giftigen Schierlingsbecher trinken muss. Die Flucht aus dem Kerker ist möglich, und ist sie nicht angesichts des offensichtlich ungerechten Urteils auch gerechtfertigt? Sokrates aber befürchtet offenbar, gerade sein politisch-didaktisches Wirken durch eine Flucht zu dementieren.

Berühmt ist das Bild, das Sokrates in der „Apologie" selbst gebraucht, von dem trägen „Pferd", das die athenische Gesellschaft darstelle und das von Sokrates wie von einem Sporn bzw. wie von einer Stechfliege, wie es auch heißen kann, aufgerüttelt, ermahnt und auch gescholten werden muss (Ap. 30 d). So stirbt Sokrates einen Opfertod für den Erhalt der rechten Ordnung in der Gemeinschaft; in dieser Hinsicht ist er geradezu dem Gründer der christlichen Religion verwandt.

Auf der anderen Seite ist Sokrates aber, anders als dieser, auch ein „Satyr", eine komisch-hässliche Gestalt, dargestellt mit aufgeworfener Nase und, weil ständig philosophierend unterwegs statt seinem (im Vergleich zum Philosophieren) sozusagen „anständigen", handwerklichen Beruf nachzugehen, für seine Frau (die ob dieser Probleme sprichwörtlich gewordene „Xanthippe") ein schwieriger Mann.

Xenophon, neben Platon eine unserer Quellen wichtigsten zu Sokrates, berichtet in seinen „Memorabilien" (I 1; 10):[6] „Morgens besuchte er die Wandelhallen und die Ringplätze; in den Stunden, da die Agorá voller Leute war, konnte man ihn dort finden. Den übrigen Teil des Tages hielt er sich immer dort auf, wo er erwarten konnte, die meisten Leute anzutreffen."

Ein Gespräch mit Sokrates ist keine einfache Angelegenheit. Man kann sich vorstellen, dass der eine oder andere Athener versucht hat, sich bei den Sportstätten oder auf der *Agorá* in Sicherheit zu bringen, wenn dieser so genau nachfragende, nahezu penetrante, bei aller Kritik der Sophisten, der bezahlten Weisheitslehrer, seinerseits sophistisch-listige Mensch

---

[5] Vgl. Volker Steenblock: *Sokrates und Co. Ein Treffen mit den Denkern der Antike*, Darmstadt 2005, 41 ff., vgl. vor allem auch Athens Topographie auf den Seiten 44 und 64.

[6] Vgl. Ekkehard Martens: *Sokrates. Eine Einführung*, Stuttgart (Reclam) 2004, 6. Klaus Draken: *Sokrates als moderner Lehrer?* Münster 2011.

auftauchte. Auch die starke Führung des Lehrenden in den Dialogen, wie Platon sie uns überliefert, hat einen „didaktisch" provozierenden Charakter.[7] Die *Agorá* aber, auf der Sokrates seine Mitbürger mit Philosophie konfrontiert: das ist der Markt, Zentrum des öffentlichen Lebens in Athen; heute müsste man in die Einkaufszonen unserer Städte gehen, um die Menschen so zu erreichen. Die *Agorá* symbolisiert, dass hier die antike „Philosophie", das Bemühen um bewusste Reflexion, ihren Sitz mitten in der Öffentlichkeit und im Leben hat[8] und damit sozusagen von Anfang an „didaktisch" ist und bis heute sein kann. Schon mit Platon freilich, so werden wir im nächsten Abschnitt bereits sehen, entwickelt sich die universitäre Philosophie vor allem zu einem akademischen und wissenschaftlichen Diskurs von Fachleuten. Sie wird, so hat man formuliert, zur „Sophie-logie" (Gabriele Münnix). Dies ist sie – mit guten Gründen – bis heute geblieben.

Die Philosophie tritt seither auf verschiedenen Bühnen und in mancherlei Kostümen auf. Sie gibt sich wohl auch immer noch, nicht ohne schlauen Gestus, sokratisch als „Bewusstsein des Nichtwissens". Gelegentlich aber stellt sie sich uns auch vor als Ort vollendeter Einsichten: als Schau überzeitlicher und überweltlicher Urbilder oder „Ideen"; schlichtweg als „Wissenschaft" oder auch als besonders strenge Wissenschaft; als Ort, an dem eine absolute Vernunft zu sich selbst kommt; als Instanz, angesprochen vom „Sein"; als revolutionäre Theorie, die das Weltelend zu beenden vermag; als Projekt, das in der Moderne allein noch Anwalt richtigen Lebens sein kann. Diesen Ansprüchen gegenüber kann man aber die Philosophie auch kritisch sehen: als das orakelnde Geraune von Fundamentaldenkern, als intellektuelles Glasperlenspiel der Systembaumeister, als fatal gescheiterte wissenschaftlich-politische Heilslehre, derzeit oft auch als selbstzweckhafte begriffsanalytische Schematik und naturwissenschaftshörigen Szientismus.

Wenn sich heute außerhalb der Hochschulen, wie einst auf dem Marktplatz, immer mehr Menschen für Philosophie interessieren, dann haben sie naturgemäß häufig einen anderen Zugang zu unserem Fach, als man ihn an der Hochschule voraussetzt. Sie legen der Philosophie, wie man sofort begreift, eine andere Rolle und Auftrittsweise nahe als manche der vorgenannten: Sie sehen in ihr eher ein Medium des gemeinsamen orientierenden Gesprächs denn eine schlechthinnige Bearbeitung wissenschaftlicher Wahrheiten. Man kann wohl sagen: In einem gewissen Sinne gewinnen sie neuen Anteil an dem „didakti-schen" Bemühen eines Sokrates.

---

[7] Die Formulierung „Theorien und Tricks ..." verdankt sich Jürgen Henningsen: *Erfolgreich manipu-lieren. Methoden des Beybringens*, Ratingen o. J., 31 ff. – Zum „(neo-)sokratischen" Gespräch, das sich auf Sokrates beruft, vgl. im vorliegenden Band auch Abschnitt 3.7.

[8] Der französische Religionswissenschaftler *Pierre Hadot* hat darauf hingewiesen, wie sich die universitäre Philosophie seit dem Mittelalter zu einem akademischen Diskurs von Fachleuten entwickelt hat, während die antike Philosophie eine Lebensform, „eine Art zu leben" gewesen sei. Im Sinne einer „Ästhetik der Existenz" geht Hadot mit einer Wiederkehr des Gedankens um, „unser eigenes Ich als Kunstwerk zu gestalten". Vgl. Pierre Hadot: *Philosophie als Lebensform. Geistige Übungen in der Antike* („Exercises spirituels et philosophie antique"), Berlin 1991, 170 ff., 179 ff.

1.2 Platons Konzept der *Paideia* und die Rolle der Philosophie in der Lebenswelt der Antike

 *Platon* (427-347 v. Chr.), adliger Herkunft, war acht Jahre lang Schüler des Sokrates. Er erlebte dessen Prozess und Tod im Jahre 399 v. Chr. mit. Im Jahre 387 gründete Platon im Hain des Heros Akádemos vor den Toren Athens die, wenn man so will, erste europäische „Universität" (im weiteren Sinne einer „höheren Lehranstalt"), nämlich die „Akademie" zur Erlangung und Vermittlung theoretischer Erkenntnisse in Lehrvorträgen und Lehrgesprächen. Er stellte die Philosophie jetzt auf eine sozusagen professionellere und auch weihevollere Basis. Man kann sich eine altgriechische Gebäudeanlage mit Veranstaltungsräumen, Schriftrollen-Bibliothek und Wohnmöglichkeiten vorstellen; wie es heißt, wurde der Unterricht mitunter auch im Park betrieben. Es handelt sich hierbei um einen der außerordentlichsten Gründungsakte der Kulturgeschichte, der Schule macht. In der ägyptische Hafenstadt Alexandria im westlichen Nildelta werden in hellenistischer Zeit das „Museion" und die berühmte Bibliothek dieses Prinzip perfektionieren: dass die Kulturentwicklung bestimmte Gruppen von Menschen freisetzt, die nichts anderes tun, als in der Rolle von Philosophen und Wissenschaftlern die Bildung ihrer Zivilisation zu verwalten.[9] Da das Museion eine königliche Gründung und Einrichtung ist, hält der Herrscher seine Hof-Philologen regelrecht aus und versorgt sie mit steuerfreiem Gehalt, Wohnräumen am Musensitz und Verköstigung beim Gemeinschaftsmahl. Das Wissenschaftsprojekt zieht also Leute an, die ihr Leben sorgenfrei im Dienste der Musen zu führen hoffen. Aber: Es gibt offenbar kaum mehr Austausch mit einer gewissen Öffentlichkeit und Allgemeinheit. So kann der Skeptiker *Timon von Phleius* (320-230) die Gelehrten des Museions mit Vögeln vergleichen, die in einem goldenen Käfig sitzen und sich endlos streiten. Und noch Jahrhunderte später kritisiert eine Quelle aus römischer Zeit, dass die Philosophen vor ausgewählten Auditorien ihre internen Streitereien und Eitelkeiten gegenüber anderen Museions-Philosophen pflegten, statt eine erzieherische Aufgabe in der Öffentlichkeit wahrzunehmen.[10]

So kulturell glänzend, wichtig und bedeutsam die Einrichtung einer solchen Institution auch ist: von den schwierigen Verhältnissen in der Polis hat sich die Philosophie bereits in Athen zu einem gewissen Teil auch distanziert. Rein topographisch, so hat man festgestellt, lag die Akademie etwa einen bis anderthalb Kilometer von der Stadt bzw. der Agorá entfernt: für antike Stadtdimensionen denn doch schon ein ganzes Stück weit weg und auch außerhalb der Stadtmauern. Cicero berichtet, dass er im Jahre 79 v. Chr. vom Dipylon-Tor aus hinausgewandert sei, aber keinen Philosophiebetrieb auf dem Gelände vorgefunden

---

[9] Vgl. V. Steenblock: *Sokrates und Co.*, a.a.O., 204 ff.

[10] Vgl. hierzu (auch differenzierend) Johannes Hahn: *Der Philosoph und die Gesellschaft*, Stuttgart 1989, 140.

habe: der Akademiebetrieb bestand zwar über 1000 Jahre, aber nicht immer in direkter Kontinuität.[11]

Gegenüber dem Marktplatz hat eine Ortsverlagerung des Philosophierens stattgefunden. Und mehr. Modern würde man sagen: Philosophie und Wissenschaften beginnen, sich als eigene systemische kognitive Formationen auszudifferenzieren. Damit muss aber die Frage zumindest erlaubt sein, ob nicht seither mit ihrer Akademisierung die Philosophie an jenem öffentlichem Status auch verloren hat, für den ein Sokrates noch wie kaum ein anderer gestanden hatte. Auch das *Lykeion*, die Schule des Aristoteles – man glaubt ja seit einigen Jahren, sie archäologisch identifiziert zu haben – liegt etwas außerhalb der Stadt. (Betrachtet man seine politisch-pädagogische Leidenschaft, ist freilich auch von Platon her der Stachel virulent, akademische Bildung nicht als ein Geschehen hinter Mauern, sondern als gesellschaftlichen *Auftrag* zu begreifen; eine politische Deutung der Akademiegründung wird in diesem Sinne bekanntlich vertreten.)

Der Platonismus hat über alle spezifischen Rezeptionsbedingungen, etwa den zeitweiligen Verlust der meisten seiner Schriften im gleichwohl neuplatonisch-augustinisch inspirierten europäischen Mittelalter, über die Wiederbegründung einer Platonischen Akademie in Florenz im Jahre 1459, durch Renaissance und Romantik hindurch bis heute eine derartige Wirkungsgeschichte entfaltet, dass nach einem berühmten Diktum *Whiteheads* alle Philosophie seither in einer „Reihe von Fußnoten zu Platon" besteht.

Von epochaler Bedeutung gilt Platons Beantwortung der Frage nach gesicherter *Erkenntnis* durch die *Gegenüberstellung von einem bloßen Meinen (dóxa)* und *dem wirklichem Wissen (epistéme)*. Hier äußert sich eher der reife Platon, einschlägig sind vor allem die mittleren, Platons „Ideenlehre" exponierend, und, angesichts von Problemen diskutierend und spezifizierend, die späten Dialoge. Platons Erkenntnisreflexion – so tritt sie meisten Interpreten entgegen – verstand unter „Erkenntnis" die Frage nach „der" unwandelbaren Wahrheit, die man erlangte oder verfehlte.[12] Wirkliche Einsicht ist nicht auf dem Wege einer Erforschung der uns umgebenden und unserer Sinneserfahrung zugänglichen empirischen Wirklichkeit zu erreichen, sondern durch die Kraft des Denkens und der Schau (auch die Wiedererinnerung, „Anámnesis", der Seele an in einer Präexistenz gewonnene Gehalte wird von Platon diskutiert). An die Stelle des Sokratischen Nichtwissens tritt, so wird man bei allen sicherlich notwendigen Differenzierungen wohl formulieren können, gerade der Zugriffsversuch auf ein *Wissen* umfassenden Anspruchs und großen Stils als Erfassung überzeitlicher Wesensinhalte.

---

[11] Vgl. fin. 5, 1-5. – Cicero: *De finibus bonorum et malorum*. Lat.-dt., übersetzt und hrsg. von H. Merklin, Stuttgart 1989, 394/395 ff. sowie den Artikel: „Akademeia". In: H. Cancik / H. Schneider (Hrsg.): *Der neue Pauly. Enzyklopädie der Antike*, Bd. 1 des Altertums-Lexikons, Stuttgart/Weimar 1996, 381-386.

[12] Etwas hiervon scheint schon den kritischen Prüfungen des Sokrates selbst innezuwohnen, die letztlich im Namen eines fest fixiert gedachten Wesens der Dinge, das sozusagen freizulegen ist, erfolgen. Auf ein solches, verborgen vorhandenes Wesen der Dinge verweist auch der Einspruch des Daimónion. – Vgl. auch, einführend und zugleich differenzierend, Ekkehard Martens: *Platon*, Stuttgart (Reclam) 2009.

Die Frage nach der richtigen Bildung des Menschen ist in diesem Zusammenhang ein Hauptmotiv der platonischen Philosophie, gipfelnd im berühmten „Höhlengleichnis". Bildung (παιδεια, paideía) wird als περιαγωγη (periagogé) bestimmt (Politeia 518 d), als „Umwendung" des ganzen Menschen, der ein neues Verhältnis zu sich selbst und zur Welt gewinnt. Die Philosophie als Bildung verhilft gleichsam zu einem neuen Sehen: „das in barbarischem Schlamm vergrabene Auge der Seele zieht sie gelinde hervor und führt es aufwärts" (533 d). Bildung ist Zugang des Denkens zu einer Welt des Seins jenseits von Raum und Zeit, der gegenüber unsere empirisch alltägliche Welt nur kraft „Nachahmung" und „Teilhabe" (methexis) existiert. Für Plato ist die idealistische Metaphysik dabei eine auch das *menschliche Verhalten orientierende* Größe.[13] Nur von der „Ideenwelt" her können Individuen und Gemeinwesen wieder sittlich ausgerichtet werden; „nur wer als Philosoph außerhalb der menschlichen Welt die Idee des Guten erblickt hat, ist überhaupt in der Lage, im Bereich der menschlichen Pragmata vernünftig zu handeln".[14]

Der Gigantenkampf um Platon-Interpretation, Einschätzung und Kritik tobt in der Philosophiegeschichte von seinem Schüler *Aristoteles* an bis heute. In einer kraftvollen Exposition ordnet Platon den Gedanken der philosophischen Bildung in den Gestus seiner Philosophie ein. Dass unsere Bildung allerdings etwas historisch sich „Aufarbeitendes" sein könnte, dass wir eine überhistorische Ebene außerhalb unserer kulturellen Entwicklung wohl schwerlich geltend machen können – dies sind Einwände, die mehr als zwei Jahrtausende später in den Blick geraten.

Die Auftrittsweise der Philosophie, so haben wir nun mit der Gestalt Platons gesehen, ist nicht ohne Zusammenhang mit ihren jeweiligen Auftrittsorten. *Sokrates*, der lästige Frager, ging auf den Marktplatz von Athen (statt sich um seinen „anständigen" Beruf zu kümmern). Philosophiert wurde, sobald er hier ein Opfer gefunden hatte, das sich in ein Gespräch hineinziehen ließ. *Platon* und die Seinen bezogen schon exklusiver den heiligen Hain des Heros Akádemos und *Epikur* saß mit guten Freuden im Garten und ließ die Allgemeinheit Allgemeinheit sein.[15] Anders als die Religionen, die eine Mitte der Bevölkerung in ihrem Orientierungsbedürfnis zu ergreifen vermögen, tut sich aber die Philosophie offenbar von Anfang an schwer, ein nennenswertes Publikum an sich zu ziehen – trotz des Auftretens höchst lebenspraktischer und öffentlichkeitsnaher Vertreter in ihren Reihen gerade in der Antike. Spuren aus dem antiken Alltag sind sogar eher gegenteilig. So sollen Graffiti einer öffentlichen Latrine in Ostia die Philosophen mittels Darstellungen in ungepflegten

---

[13] Dorothea Frede: „Das Philosophie-Curriculum in Platons *Staat*". In: J. Rohbeck (Hrsg.), *Ethisch-philosophische Basiskompetenz* (Jahrbuch für Didaktik der Philosophie und Ethik, Bd. 5), Dresden 2004, 40-64. – Zur *Politeia* im Rahmen der Geschichte der Bildungsphilosophie vgl. Hans-Ulrich Lessing / Volker Steenblock (Hrsg.): „Was den Menschen eigentlich zum Menschen macht...". *Klassische Texte einer Philosophie der Bildung*, Freiburg 2010, 13-45.

[14] Günther Bien: „Das Theorie-Praxis-Problem und die politische Philosophie bei Platon und Aristoteles". In: *Philosophisches Jahrbuch der Görres-Gesellschaft* 76 (1968), 264-313, 283.

[15] Vgl. hierzu meine Überlegungen: „Von Athen nach PISA. Philosophische Bildung in der menschlichen Lebenswelt". In: R. Rehn / C. Schües (Hrsg.), *Bildungsphilosophie*, Freiburg 2008, 159-186; auch als „Philosophische Bildung im Prozess der Kultur" in V. St.: *Philosophie und Lebenswelt*, Hannover (Siebert) 2012, 75-96.

Gewändern und langen Bärten, der Philosophentracht der Antike, verhöhnt haben,[16] und der vom Satiriker *Petron* vorgeführte neureiche Trimalchio möchte auf seinem Grabstein vermerkt haben, dass er *sestertium reliquit trecenties, nec umquam philosophum audivit* – „30 Millionen" hinterlassen und nie einen Philosophen gehört hat.[17] Allerdings impliziert dieser Scherz, dass die Philosophie in der römischen Oberschicht zumindest zeitweise Tagesgespräch gewesen sein muss. Und immerhin findet es der Kulturgeschichts-Klassiker *Ludwig Friedländer* bemerkenswert, dass sogar „in der Weltstadt Rom die Zahl der Philosophen und Pseudophilosophen so groß, ihr Treiben in jenem bunten Gewühl, jenem rastlosen Drängen in die Augen fallend genug war, um in so hohem Grade Aufmerksamkeit und Kritik auf sich zu ziehen". Für Griechenland verweist er gar auf Quellenstimmen, denen zufolge man Gestalten mit Bärten und Mänteln, also in der Philosophentracht, schon häufiger als Schuster, Walker, Spaßmacher oder Angehörige sonst irgendeines Gewerbes in der Öffentlichkeit sehe.[18]

Mit dem Aufkommen des Christentums im römischen Reich geraten Philosophie und Heidentum in die Defensive. Im antiken Gelehrtenzentrum Alexandria wird das Serapeion, das den Zusammenhang beider repräsentiert hatte, zerstört.[19] Aber das Christentum öffnet sich auch der Philosophie, um von ihren Denkmitteln zu profitieren. Nach dem Untergang der Antike regt sich das Denken in unseren Breiten wieder zwischen Wäldern und Wölfen in Klosterschulen; mit dem 12. Jahrhundert beginnen die Universitätsgründungen (vgl. Abschnitt 3.4). Der Historiker *Arno Borst* schildert in seinem Klassiker „Lebensformen im Mittelalter" die *Conditio Humana*, den Lebenslauf der Menschen in seinen Freuden wie seiner Mühsal, und die *Societas Humana*, die Gesellschaft, in der sie leben: Bauern und Bürger, Adlige und Geistliche, Arme und Außenseiter.[20] Nicht ganz unter den letzteren, spielt die Philosophie eine sehr eng segmentierte Rolle in der Rubrik „Gelehrte". Von den ersten bescheidenen mittelalterlichen Bauten bis hin z. B. zum „Philosophenturm" der Hamburger Universität oder zur Humboldt-Universität „Unter den Linden" in Berlin findet Philosophie als Beruf, aus ihren Diensten als Magd der Theologie längst wiederum befreit, bis heute vor allem statt. Die Universität bringt dabei in der Aufarbeitung der Philosophiegeschichte in historisch-kritischen Editionen und in systematischen Untersuchungen zu Theoremen und Problemen die *Fachphilosophie* auf einen heutigen Stand. Deren wissenschaftliche Bedeutung ist evident und muss hier nicht Thema sein (wenn auch mancher Kritiker von den Universitätsphilosophen schon einmal sagt, dass sie einen Selbstbedienungsladen beliefern, in dem sie selbst die einzigen Kunden sind).

---

[16] Vgl. die Beiträge von *Paul Veyne* und *Peter Brown* im Band *Vom Römischen Imperium zum Byzantinischen Reich* der „Geschichte des privaten Lebens" („Histoire de la vie privée"), hrsg. von Georges Duby u. Philippe Ariés, Augsburg 2000, bes. 217 ff., 241 ff.

[17] Petr. 71, 12. – Petron: *Cena Trimalchonis – Gastmahl bei Trimalchio*. Lat.-dt. von K. Müller u. W. Ehlers, München 1979, 108/109.

[18] Ludwig Friedländer: *Sittengeschichte Roms*, Leipzig 1920, Repr. Stuttgart o. J., 959 ff., 978 f.

[19] Vgl. Johannes Hahn: „Vetustus error extinctus est. Wann wurde das Serapeion von Alexandria zerstört?" In: *Historia* 55 (2006), 368-383.

[20] Arno Borst: *Lebensformen im Mittelalter*, Frankfurt a. M. 1979 u. ö.

1.3 *Aus so krummem Holze* – Kant über die kulturelle Bildung des Menschen und das Anliegen der Popularphilosophen

Eine wichtige Station in der Entwicklung der Philosophiedidaktik angesichts sich etablierender universitärer Standards führt uns nunmehr zu *Kant* und zu dem Breslauer „Popularphilosophen" *Christian Garve* (1742-1798). Garve ist hier deswegen von Interesse, weil er in seiner 1796 erschienenen Schrift „Von der Popularität des Vortrages" dafür plädiert, dass „Philosophie" auch heißen könne, in die „gemeinen Kenntnisse etwas mehr Licht, Genauigkeit und Ordnung zu bringen". Garve versteht sich dabei als Vermittler zwischen dem Orientierungsbemühen von jedermann und den, wie er in rein beschreibender Weise sagt (böse kann er das ja nicht gemeint haben:) „unpopulären Systematikern".[21] Garve kann damit als früher Philosophiedidaktiker gelten. Kein Geringerer als eben *Kant* hat 1797 – also ein Jahr später – in seiner „Metaphysik der Sitten" diesem Garve bescheinigt, ein „Philosoph [...] in der echten Bedeutung des Wortes" (AB 5) zu sein: Eine Verachtung des Populären könnte sich auf Kant nicht berufen. Im Gegenteil.

Immanuel Kant (1724-1804) hat seine sprichwörtlich pünktlichen Spaziergänge durch Königsberg, die alte Hauptstadt Ostpreußens, zwar nicht dazu genutzt, um wie Sokrates seine Mitbürger anzuhalten und ins Philosophieren zu ziehen. Seine dickleibigen Bücher mit ihren langen und komplizierten Sätzen gelten vielmehr als das Schwierigste und am meisten Theoretische, was die Philosophie zu bieten hat. „Nur theoretisch" im Sinne bloßen Fachmenschentums war es aber durchaus nicht gemeint, was Kant zu sagen hatte. Dies zeigt schon seine berühmt gewordene Definition von Philosophie als Aufklärung und „Ausgang des Menschen aus seiner selbstverschuldeten Unmündigkeit". Umgangssprachlich reden wir von „Aufklärung" im Gegensatz zum Unwissen. Wir sprechen auch davon, dass der Himmel „sich aufklärt". Hier wird deutlich, dass der Begriff, wie auch im Englischen („enlightenment") und Französischen („lumières") das sprachliche Bild vom Licht enthält, das in die Dunkelheit vor- bzw. unaufgeklärter Verhältnisse zu bringen ist. Gemeint ist die Erklärung und Erhellung zuvor „dunkler" oder geheimnisvoller Vorgänge sowie bis dato unbefragter Einrichtungen und Überlieferungen. Dies kann nach der Überzeugung des Aufklärers und Didaktikers Kant durch die Kraft der selbstbestimmten („autonomen") menschlichen Vernunft geschehen, die auf keine Belehrung durch fremdbestimmende („heteronome") Autoritäten angewiesen ist.

Kant entwickelt etwa seit den 1760er Jahren, also im Alter von etwa 40 Jahren, einen sehr nachhaltigen *didaktisch-bildungspraktischen Impuls,* den er bis zum Ende seines Lebens beibehielt. Nicht nur muss er selbst in seiner Jugend ein höchst lebendiger und glänzender Hochschullehrer gewesen sein, wie in einer schönen Würdigung festgehalten worden ist:

---

[21] Christian Garve: „Von der Popularität des Vortrages". In: ders.: *Versuche über verschiedene Gegenstände aus der Moral, der Litteratur und dem gesellschaftlichen Leben. Zweyther Theil,* Breslau 1796 bei Wilhelm Gottlieb Korn, Repr. Stuttgart 1974, 1039-1066, 1059 ff. – Vgl. hierzu auch Helmut Holzhey: „Der Philosophie für die Welt – eine Chimäre der deutschen Aufklärung?" In: ders. / W. Ch. Zimmerli (Hrsg.): *Esoterik und Exoterik der Philosophie,* Basel 1977, 117-138.

„Ich habe das Glück genossen, einen Philosophen zu kennen, der mir ein wahrer Lehrer der Humanität war. Damals in seinen blühendsten Jahren hatte er die Munterkeit eines Jünglings; seine offene, zum Denken gebaute Stirn war ein Sitz unzerstörbarer Heiterkeit und Freude; die gedankenreichste Rede floss von seinen Lippen; Scherz, Witz und Laune standen ihm zu Gebot und sein lehrender Vortrag war der unterhaltendste Umgang ... Menschen-, Völker-, Naturgeschichte, Naturlehre, Mathematik und Erfahrung waren die Quellen, aus denen er seinen Vortrag und Umgang belebte; nichts Wissenswürdiges war ihm gleichgültig ... Er munterte auf und zwang angenehm zum Selbstdenken; Despotismus war seinem Gemüt fremd. Dieser Mann, den ich mit größter Dankbarkeit und Hochachtung nenne, ist Immanuel Kant; sein Bild steht angenehm vor mir".[22]

Diese Würdigung ist das Urteil eines Schülers über seinen (Universitäts-) Lehrer. Der Schüler war *Johann Gottfried Herder*, wie Kant Ostpreuße und selbst einer der ganz Großen der deutschen Geistesgeschichte; in seiner Philosophie mit Kant übrigens durchaus uneinig.

Über den persönlichen Auftritt hinaus lässt sich jedoch auch eine ganze Sequenz von Äußerungen in vielen wichtigen seiner *Werke* aufführen, welche belegt, dass Kant die Eigengesetzlichkeiten einer lediglich akademischen Philosophie teils sehr kritisch gesehen hat und dass für ihn ein Philosophieren als allgemein und grundsätzlich menschliches Anliegen eine große Rolle spielte. Kant äußert sich hierzu in der *Metaphysik der Sitten* ebenso wie in der *Kritik der reinen Vernunft*, in der „Nachricht von der Einrichtung seiner Vorlesungen in dem Winterhalbenjahre 1765/1766" ebenso wie im Zuge der berühmten Unterscheidung einer Philosophie im „Schulbegriff" von einer Philosophie im „Weltbegriff" in der 1800 veröffentlichten „Logik". Und selbstverständlich sind hier seine *Vorlesungen über Pädagogik* einschlägig, die der Philosoph in den Jahren 1776-1786 insgesamt viermal gehalten hat. In ihnen wird die Bildung in eine kulturelle und geschichtsphilosophische – man denke an die *Idee zu einer Weltgeschichte in weltbürgerlicher Absicht* – Perspektive gestellt, in der sich gar eine gewisse Aussicht ergibt auf eine Verbesserung des „krummen Holzes" „Mensch" durch Erziehung und auf ein künftig „glücklicheres Menschengeschlecht".[23]

Zwar weiß Kant um die, wie er in der Vorrede zur *Kritik der reinen Vernunft* sagt, „Untauglichkeit des gemeinen Menschenverstandes" zu der „subtile(n) Spekulation" der Metaphysiker ebenso wie zu dem wegen dieser Spekulation nötig werdenden Geschäft der Vernunftkritik. Die großen Fragen der Moral und der Metaphysik, also nach einem jenseitigen Weiterleben, nach Freiheit und nach einem „weisen und großen Welturheber" treiben aber, wie Kant ausdrücklich sagt, „jeden Menschen" – als Großhirnbesitzer, wenn

---

[22] J. G. Herder: *Briefe zur Beförderung der Humanität*, Ausg. Suphan Bd. 17, 403 bzw. 18, 423.

[23] Eine genauere Würdigung des „Philosophiedidaktikers" Kant habe ich unternommen in: „Aus so krummem Holze..." – Kant und die kulturelle Bildung des Menschen. In: K. Schmidt / K. Steigleder / B. Mojsisch (Hrsg.): *Die Aktualität der Philosophie Kants. Bochumer Ringvorlesung Sommersemester 2004*, Amsterdam 2005, 220-247; auch in V. St: *Philosophie und Lebenswelt*, Hannover (Siebert) 2012, 48-74. Vgl. insbesondere Herbert Schnädelbach: „Kant – der Philosoph der Moderne. Vortrag zur Namensgebung des Immanuel-Kant-Gymnasiums Hamburg-Harburg am 25. 9. 1992". In: *Zeitschrift für Didaktik der Philosophie* 15 (1993), 131-139.

der Ausdruck erlaubt ist, notwendig und unvermeidbar angesichts unserer rätselhaften Existenz – um. Sie sind eine „allgemeine menschliche Angelegenheit" (B XXXIII).

Für Kant kann man zwar „ohne Kenntnisse [...] nie ein Philosoph werden", „aber nie werden auch Kenntnisse allein den Philosophen ausmachen". Wer wirklich das Philosophieren lernen will, so sagt er, darf „alle Systeme der Philosophie nur als Geschichte des Gebrauchs der Vernunft ansehen und als Objekte der Übung seines philosophischen Talents": „Der wahre Philosoph muss also als Selbstdenker einen freien und selbsteigenen, keinen sklavisch nachahmenden Gebrauch von seiner Vernunft machen".[24]

Kant vertritt damit weitgehend eine „Didaktik des Selbstdenkens" (Ekkehard Martens); zusammen mit einem weiteren Bestandteil von Kants berühmter Aufklärungsforderung („Habe Mut, dich deines eigenen Verstandes zu bedienen") erscheint Philosophie hier wiederum „didaktisch", nämlich als eine Sache, die *jeden* angeht.

Über eine didaktisch zu bestimmende Notwendigkeit der Philosophie im Rahmen von Bildung und Ichfindung kann spätestens ab jetzt kein Zweifel mehr bestehen. Kein Geringerer als der romantische Schriftsteller *Jean Paul* (eigentlich Johann Paul Friedrich Richter, 1763-1825) hat sich über den Nutzen des frühen Studiums der Philosophie geäußert, da dies helfe, die Denkkräfte zu üben.[25] Die Herausbildung einer eigentlichen Philosophiedidaktik aus Logik und Propädeutik heraus ist ein schrittweiser Prozess.[26] Blickt man auf die Geschichte des inzwischen an den Schulen einsetzenden Philosophieunterrichts,[27] muss man auch an den königlich bayerischen Lyceal-Professor *Andreas Neubig* erinnern, der sich 1846 in einer kleinen, ebenfalls „früh-fachdidaktischen", Schrift fragt: „Soll die Philosophie ein Unterrichtsgegenstand auf Gymnasien sein?" Neubig beantwortet diese Frage mit zwei Argumenten: Als erstes empfiehlt er ein philosophisches Vollprogramm mit Logik, Sittenlehre und Ästhetik am Gymnasium als Propädeutik für die Universität:[28] Philosophie an der Schule könne, so sagt er in einem Sinne, den etwa auch

---

[24] Immanuel Kant: *Logik*. In: Kants Werke Bd. XI, Akademieausgabe, Berlin/Leipzig 1923, 25 f.

[25] Jean Paul: *Über den Nutzen des frühen Studiums der Philosophie*. In: Sämtliche Werke. Hist.-krit. Ausgabe, zweite Abtlg., erster Bd., hrsg. von E. Berend, Weimar 1928, 1-11, 7. – Vgl. Ralph Köhnen: Sich erfinden. Jean Paul, Polyhistor und Professor seiner selbst. In ders. (Hrsg.): Selbstpoetik 1800-2000, Frankfurt 2001, 81-104.

[26] Vgl. Ingrid Stiegler: „Philosophiedidaktik von ca. 1800 bis 1972 – Findung, Konsolidierung und Modifikation ihrer ‚pädagogisierten Identität' ". In: W. D. Rehfus / H. Becker (Hrsg.): *Handbuch des Philosophieunterrichts*, Düsseldorf 1986, 20-37; Norbert Rath: „Philosophieunterricht im politisch-sozialen Kontext des 19. und 20. Jahrhunderts". In: Anneliese Manzmann (Hrsg.): *Geschichte der Unterrichtsfächer*, München 1983, 177-199.

[27] Günther Klemm: „Geschichte des deutschen Philosophieunterrichts". In: E. Fey (Hrsg.): *Beiträge zum Philosophieunterricht in europäischen Ländern*, Münster 1978, 57-105, 58.

[28] Andreas Neubig: *Soll die Philosophie ein Unterrichtsgegenstand auf Gymnasien sein? Eine Abhandlung, womit dem königlichen Gymnasium zu Hof zu seiner dreihundertjährigen Einwei-*

Hegel unterschrieben hätte, „für die streng wissenschaftlichen Vorträge vorbereiten, geschickt und empfänglich machen".

Aber Neubig hat noch ein zweites, ein für die Philosophiedidaktik wichtigeres Argument. Es interessierten sich doch, so meint er, auch „Jünglinge" – es sind natürlich nur „Jünglinge" zur Mitte des 19. Jahrhunderts – für eine „höher[e] Bildung", die gleichwohl nicht an der Universität studierten. Neubig fragt:

> „Sollte es solchen Jünglingen nicht vergönnt und von sehr großem Nutzen sein, mit Grundsätzen vertraut gemacht zu werden, durch deren Hilfe sie über die wichtigsten Angelegenheiten ihres Lebens zu einem selbständigen und sichern Urtheil befähiget werden...? [...] Denn es bleibt ewig wahr: ignoti nulla cupido. So Mancher gerieth auf verkehrte und verderbliche Wege, weil er keine bessern kannte; so Mancher sah gleichgiltig auf die Philosophie herab, weil er auch nicht die leiseste Ahnung von ihrem tiefen Geiste und ihrem erhabenen Inhalte hatte".[29]

Garve, Kant, Jean Paul und *Neubig* ist eines gemeinsam. Bei ihnen tritt die Philosophie – unbeschadet der natürlich völlig unbestrittenen „fachwissenschaftlichen" Kompetenz, die sie ihrer universitären Existenz verdankt – immer auch als die Sache eines jeden auf, als etwas, das, wie der Hamburger Philosophiedidaktiker *Ekkehard Martens* heute formuliert, mit der „meist nicht explizite[n] und ungeprüfte[n] ,Lebensphilosophie' zusammenhängt, die jeder „aus seinen individuellen und gesellschaftlich-politischen Bezügen von Familie, Erziehung und Beruf heraus" übernimmt oder entwickelt.[30] Die Philosophie geht hier immer zugleich einher mit ihrer Didaktik. In einem engeren Sinne freilich wird Philosophiedidaktik meist mit dem Philosophieunterricht in der Schule identifiziert. Mag aber auch der Keimpunkt pädagogischer Herausforderung und damit des Nachdenkens über das Verhältnis von Philosophie und Didaktik die Philosophie an der Schule sein: schon dass sie überhaupt dort ist, ist nicht selbstverständlich. Es setzt die Auseinandersetzung mit dem Argument voraus, Philosophie sei „zu schwer für die Schule". Dies freilich kann man von der Hochschulmathematik und Physik auch behaupten. Wenn man diese an der Schule eben doch wichtig findet – warum nicht auch die Einübung in bewusste Begrifflichkeit in der Philosophie?[31] Während in diesem Sinne in Frankreich und Italien bei allen Wandlungen der Philosophieunterricht doch immer seinen festen Platz im Fächerkanon der höheren

---

hungsfeier 1846 im Namen des königlichen Gymnasiums zu Baireuth die aufrichtigsten und herzlichsten Glückwünsche darbringt A. N., Baireuth 1846, 8. Den Hinweis auf Neubig verdanke ich Gert König (Bochum/Düsseldorf).

[29] Neubig kann auf eine bereits, wie er schreibt, „Jahrhunderte lang(e)" Tradition des Philosophieunterrichts an Gymnasien verweisen. Über die wechselvolle Geschichte einer allgemeineren, wie er sagt, „philosophischen Bildung" gibt in Rückschau auf das 19. Jahrhundert Friedrich Paulsens „Geschichte des gelehrten Unterrichts" nähere Auskunft: Friedrich Paulsen: *Geschichte des gelehrten Unterrichts auf den deutschen Schulen und Universitäten vom Ausgang des Mittelalters bis zur Gegenwart*, 2 Bde. 3. Aufl. Berlin/Leipzig 1919, 1921.

[30] Vgl. Ekkehard Martens: „Didaktik der Philosophie". In: ders. / H. Schnädelbach (Hrsg.): *Philosophie. Ein Grundkurs*, 2 Bde., 2. Aufl. Reinbek 1991, 748-780, 752.

[31] Erwin Lebek: „Die gegenwärtige Lage des Philosophieunterrichts an deutschen Gymnasien". In: J. Derbolav (Hrsg.): *Die Philosophie im Rahmen der Bildungsaufgabe des Gymnasiums*, Heidelberg 1964, 96-107, 99.

Schule hatte, begründete gerade in Deutschland *Wilhelm von Humboldt* (1767-1835) das preußische Gymnasium zunächst ohne Philosophie. Es kommt damit im 19. Jahrhundert, in Preußen noch mehr als z. B. in Bayern, zu einem Ausscheiden der Philosophie aus dem Gymnasium, obwohl sie doch im Mittelalter die Substanz des Unterrichts an der artistischen Fakultät (und damit gerade an der Übergangsstelle von der Schule zur Hochschule) gestellt hatte.

In *Friedrich Paulsens* renommierter älterer „Geschichte des gelehrten Unterrichts" wird dies vor allem darauf zurückgeführt, dass der Neuhumanismus sich selbst als eine Art Ersatzweltanschauung für Theologie und (die damals etablierte) Philosophie verstanden habe.[32] Paulsen bedauert diese Entwicklung und zitiert bayerische Stimmen aus dem Jahre 1870, denen zufolge doch das Gymnasium „in der obersten Klasse eines Gegenstandes" bedürfe, „der die Schüler mit Ideen bereichert, und das vermag nur ein philosophischer Vorbereitungsunterricht". Der Philosophieunterricht ist also notwendig; er darf nach Paulsen auch nicht an die Universitäten verschoben werden. Die universitären philosophischen Fakultäten könnten sich nämlich nicht in die alte Vorschule der oberen Fakultäten zurückverwandeln, in ihnen herrsche „nicht minder das Spezialstudium als in den übrigen". Für die jungen Leute, von denen man doch wenig später auch verlange, sich durch Universitätsvorlesungen ohne die stets bereite Hilfe des Lehrers zu unterrichten, sei Philosophie ein gewünschtes und ein für ein adäquates Bildungsniveau unentbehrliches Fach.

„Dass aber dem philosophischen Unterricht", so meint Paulsen,

„wenn der Lehrer die Kraft und innere Freiheit hätte, ihn recht zu behandeln, ein spontanes Interesse der Schüler entgegenkommen würde, dessen bin ich sicher. Das Verlangen nach Philosophie regt sich in diesem Lebensalter bei jedem normalen Kopf; er will nicht bloß Tatsachen und Sätze, sondern Prinzipien des Urteilens über Tatsachen und Sätze; bei vielen tritt eine lebhafte Neigung zum Kritisieren und Debattieren, wohl auch zum Grübeln und Zweifeln hervor: der Unterricht dürfte auch dem sich nicht entziehen".

Der Lehrer müsste „dem spontanen Interesse nachgehen",

„er müsste von den Tatsachen aus die Probleme entstehen lassen und das Nachdenken auch auf solche Punkte zu leiten wissen, auf die es nicht von selbst kommt; er müsste die möglichen Ansichten und ihre Gründe entwickeln, wo denn die Geschichte der Philosophie zu Hilfe zu rufen wäre. Natürlich, auch einfaches Darbieten und Lernen würde in diesem Unterricht vorkommen; ohne positives Wissen ist auch hier nichts zu machen; der Unterricht würde aber um so wirksamer sein, je mehr der Schüler zum Selbstdenken und Selbstfinden geführt würde".[33]

---

[32] Vgl. Friedrich Paulsen: *Geschichte des gelehrten Unterrichts*, a.a.O., Bd. 2, 330 f., 422 ff., 522, 670ff.
[33] Paulsen: a.a.O., 674.

1.4 Hegel: Weltgeist und Philosophieunterricht

Drohte die Philosophie also vorübergehend aus der allgemeinen Schulbildung auszuscheiden, so trat der zeitweilige Gymnasiallehrer Hegel höchstpersönlich in einem Gutachten zu ihren Gunsten ein.

Georg Wilhelm Friedrich Hegel (1770-1831) war unter anderem Hauslehrer und Rektor eines Gymnasiums in Nürnberg, bevor er schließlich Universitätsphilosoph in Berlin wurde. Er erhob für seine Philosophie noch einmal Erkenntnisansprüche, die Kant bereits entschieden zurückgewiesen hatte, denn er unternahm in einer philosophischen Neuformulierung der christlichen Lehre von Schöpfung und Gott gängiger Interpretation nach nicht weniger, als die ganze Welt als den Gang eines alles umfassenden göttlichen Geistes aufzufassen. Natur wie Geist und noch alle Ausprägungen des letzteren: Geschichte, Kunst, Religion und Philosophie werden von Hegel in ein System integriert, das alle Erscheinungen der Welt zu erklären beansprucht. Eine besondere und vielfach als philosophische Anmaßung empfundene Rolle nimmt dabei ganz offensichtlich für Hegel – Hegel selbst ein, der all dies denkt und auf den Begriff bringt und sich sozusagen „zum lieben Gott in die Königsloge des Welttheaters" setzt.[34]

Als Bildungsphilosoph hat Hegel entsprechend die objektive Seite des Kulturprozesses unter dem Signum des seiner „Geistmetaphysik" zufolge zu sich selbst kommenden göttlichen Geistes betont. Für ihn ist, wie man formuliert hat, „nur von dieser Bewegung des Geistes her [...] ein angebbarer Sinn für die Bildung des individuellen Menschen möglich". Die individuelle Bildung erscheint entsprechend vor allem als „ein Moment der Selbstverwirklichung des allgemeinen Geistes". Nicht das Subjekt steht für Hegel im Vordergrund, sondern „das Sichhineinbilden der Subjektivität in den allgemeinen Geist" in einem für das Individuum durchaus harten, eher an den objektiven Bildungserrungenschaften orientierten und auch „schmerzhaften" Arbeitsprozess.[35] Hegel schreibt:

„Die Bildung ist daher in ihrer absoluten Bestimmung die Befreiung und die Arbeit der höheren Befreiung, nämlich der absolute Durchgangspunkt zu der, nicht mehr unmittelbaren, natürlichen, sondern geistigen, ebenso zur Gestalt der Allgemeinheit erhobenen unendlich subjektiven Substantialität der Sittlichkeit. Diese Befreiung ist im Subjekt die harte Arbeit gegen die bloße Subjektivität des Benehmens, gegen die Unmittelbarkeit der Begierde, sowie gegen die subjektive Eitelkeit der Empfindung und die Willkür des Beliebens. Dass sie diese harte Arbeit ist, macht einen Teil der Ungunst aus, der auf sie fällt. Durch diese Arbeit der Bildung ist es aber, dass der subjektive

---

[34] Dieses Zitat bei Carl Schmitt: *Ex Captivitate Salus*, Köln 1950, 27 f.
[35] Cl. Menze: „Bildung". In: J. Speck / G. Wehle (Hrsg.): *Handbuch pädagogischer Grundbegriffe*, Bd. I, München 1970, 134-184, 146 f. Vgl. zur Entwicklung der Bildungstheorie bei Hegel und Humboldt auch meine Darstellung: *Theorie der Kulturellen Bildung. Zur Philosophie und Didaktik der Geisteswissenschaften*, München 1999, 161 ff.

Wille selbst in sich die Objektivität gewinnt, in der er seinerseits allein würdig und fähig ist, die Wirklichkeit der Idee zu sein".[36]

Nun hieße zwar, genauer in die Bildungstheorie Hegels einzuführen, in sein Gesamtwerk einzuführen (Heinz-Joachim Heydorn). Immerhin lässt sich anmerken, dass Hegels Bestimmung der Bildung, sei es nach einem bis auf Marx weiterzuführenden Schema als versagte und wiedererlangte Identität (Günther Buck) in der „Phänomenologie des Geistes", sei es als Drama der dialektischen Selbstrealisierung des Göttlichen, bei aller Faszination im weiterschreitenden 19. Jahrhundert doch zu Differenzierungen Anlass gab, weil die Philosophie sich vom Historismus bis zur „Postmoderne" in signifikanter Pluralform den nicht mehr einholbaren Zerfall jener Bewegung auf ihre Fahnen geschrieben hat, die bei Hegel noch im Gewande eines metaphysischen Singulars auftritt. So viel die Philosophiedidaktik von Hegels Bildungstheorie noch mag lernen können – die Inanspruchnahme einer Garantie des Einen und Ganzen wird nicht dazugehören.

Wie ging Hegel in seiner Zeit als Lehrer vor? Der Bonner Didaktiker *Roland W. Henke* hat Hegels Philosophieunterricht in einem höchst lesenwerten Buch näher untersucht.[37] Hegel diktierte nach einem Bericht seines ersten Herausgebers und Biographen Karl Rosenkranz den Schülern die einschlägig relevanten Grundbegriffe in Form von Paragraphen und ließ das Diktat noch einmal sauber abschreiben. Zudem gab er mündliche Erläuterungen, die die Schüler schriftlich zusammenfassen mussten. Von Zeit zu Zeit rief Hegel dann einen Schüler auf, seine Nachschrift vorzulesen. Als besonders schülerfreundlich wird vermerkt, dass man ihn sogar mitten im Vortrag unterbrechen durfte, wenn man etwas nicht verstanden hatte. Hegel wollte allerdings – im Gegensatz zu seiner eigenen Nürnberger Schulunterrichtspraxis – ohne jeden Gedanken an mögliche philosophische Interessen der Schüler vor allem die an der Universität ungeliebte formale Logik propädeutisch an die Schule abschieben.[38] Besonders wollte er 1822 „ausdrücklich die Geschichte der Philosophie ausschließen", da die Kenntnis einer Vielzahl „zufälliger müßiger Meinungen" die Schüler leicht zu dem Eindruck führen könne, „dass es mit dieser Wissenschaft alles nur vergebliche Mühe gewesen" sei. In Nürnberg hatte er freilich am Gymnasium seine eigene philosophische Systematik unterrichtet.

Man wird wohl dennoch vermuten dürfen, dass Hegel bei alledem sich und seine Schüler in eklatanter Weise überschätzte. Jedenfalls kam er schließlich zu der Überzeugung, dass der ganze Philosophieunterricht *so* wohl überflüssig sei, doch könne ein Professor der philosophischen Vorbereitungswissenschaften nicht gegen das eigene Fach und die eigene Stelle streiten und sich auf diese Weise selbst Brot und Wasser abgraben. Hierzu passt das von Hegel stammende Verdikt, Philosophie sei „ihrer Natur nach etwas

---

[36] *Rechtsphilosophie*, Paragr. 187. In: Werke in 20 Bdn., Bd. VII, Frankfurt a. M. 1970, 344 f.

[37] Roland W. Henke: *Hegels Philosophieunterricht*, Würzburg 1989, 169 ff. – Vgl. auch Walter Jaeschke (Hrsg.): *Hegel-Handbuch*. Leben – Werk – Schule, Stuttgart 2003, 202-204.

[38] G. W. F. Hegel: *Über den Unterricht in der Philosophie auf Gymnasien* (1822). In: *Werke* in 20 Bdn., XI, Frankfurt a.M. 1970, 31-42.

Esoterisches" und „für sich weder für den Pöbel gemacht noch einer Zubereitung für den Pöbel fähig".[39]

Philosophie tritt in Hegels Praxis letztlich auf als fertiges und wahres System (Hegels, in Ablösung des früher gelehrten Aristotelischen bzw. Leibniz-Wolffschen), das der Lehrer besitzt und vordenkt und das die Schüler *nach*zudenken haben. Hegels Didaktik ist eine des Nachvollzuges. „Denken, was ein anderer zuvor gedacht hat" geistert bis heute durch mehr oder weniger kompetente Stellungnahmen zum Verhältnis von Philosophie und Didaktik.

Wenn man sich an die einleitenden Passagen zu Kants Logik erinnert, so fällt nun allerdings ein durchaus grundlegender, für die Entwicklung der Philosophiedidaktik zugleich höchst fruchtbarer Widerspruch auf:

Beide Philosophen vertreten (nicht nur philosophisch, sondern auch:) didaktisch betrachtet, einander im Grundsatz entgegen stehende Thesen. Kant verficht, so hatten wir gesehen, weitgehend eine Didaktik des Selbstdenkens. Aber auch ein „Philosophieren lernen" im Sinne von „Selbständig denken lernen" nach Kant kann man heute in manchen Stellungnahmen zum Thema „Philosophie und Didaktik" in ideologisierter Form finden, nämlich dann, wenn dies gegen alle Vorerrungenschaften der Philosophie ausgespielt wird und man so tut, als erreiche man die Nähe zu Schülern oder Seminarteilnehmern dadurch, dass man sich von Platon und Aristoteles, Augustin und Thomas, Hegel, Kant und Marx entfernt. Bleibt hier nicht wiederum doch Hegel im Recht? Dieser meinte 1812:

> „Nach der modernen Sucht, besonders der Pädagogik, soll man nicht sowohl in dem Inhalt der Philosophie unterrichtet werden, als das man ohne Inhalt philosophieren lernen soll; das heißt ungefähr: man soll reisen und immer reisen, ohne die Städte, Flüsse, Länder, Menschen usf. kennen zu lernen. Fürs erste, indem man eine Stadt kennen lernt und dann zu einem Flusse, anderen Stadt kommt, lernt man ohnehin bei dieser Gelegenheit reisen, und man lernt es nicht nur, sondern reist schon wirklich".[40]

---

[39] Vgl. Helmut Holzhey: „Popularphilosophie". In: *Historisches Wörterbuch der Philosophie* Bd. 7 (1989), 1093-1100, 1097. Vgl. auch H. Kimmerle: Die Widersprüche des Verhältnisses von esoterischer und exoterischer Philosophie in Hegels Systemkonzeptionen. In: H. Holzhey / W. Ch. Zimmerli (Hrsg.): *Esoterik und Exoterik in der Philosophie*, a.a.O., 139-157.

[40] G. W. F. Hegel: *Über den Vortrag der Philosophie auf Gymnasien* (1812). In: Werke in 20 Bdn., IV, Frankfurt a. M. 1970, 410-412, 410 f.

1.5 „Ichwerdung" ist Lebensziel: Humboldts Bildungsphilosophie

Wilhelm von Humboldt (1767-1835) hat mit dem Projekt unserer „Ich-Werdung" das Wesen des Menschen verbunden. Die Ausprägung der Individualität ist Ausgangs- und Angelpunkt für seinen Begriff von Bildung. Die deutsche Bildungstradition steht seit *Humboldt* für die Zielvorstellung, für die *Aufgabe*, Angelegenheit eines wahrhaft menschlichen Wesens sei es, sich seines Platzes im Leben reflexiv zu versichern und einen wirklich eigenen, bewussten Standpunkt zu gewinnen. Sie steht dafür, dass eine Persönlichkeit sich aus einem letzten, verantworteten Prinzip heraus zu steuern sucht, dass eine Kohärenz und ein Zusammenhang ihrer Interessens- und Verhaltensfelder bzw. ihrer Auftritte auf den verschiedenen Bühnen des Lebens deutlich werden, dass ein Mensch eine Symphonie und kein Konglomerat bloßer Dissonanzen ist. Dies behauptet nicht, dass es das Widerstrebende, nicht Passende, Unintegrierbare nicht gäbe. Wir alle machen die Erfahrung, dass wir in unterschiedlichen Zusammenhängen auch jeweils andere sind. Trotzdem setzt diese Bildungsidee grundsätzlich auf unsere Persönlichkeitsentwicklung – ein Anachronismus in einer Zeit, in der „Bildung", sozusagen als ökonomische Bildung, oft genug auf ihre Verwertbarkeit in der modernen Wirtschaftswelt reduziert wird?

Folgt man aber Humboldt, dann ist Philosophie ein wesentliches Ziel unserer humanen Existenz. „Jedes Individuum ist eine in der Wirklichkeit dargestellte Idee", kann Humboldt sagen. Diese „Idee" ist bei Humboldt (anders als der gängigerweise Platon zugeschriebene Begriff der „Ideen") nicht etwas, das sozusagen am „Ideenhimmel" schwebt, keine überzeitliche, universal vorbildliche Entität. Humboldt meint vielmehr ein immanentes Ziel, das „Telos", das die unverwechselbare Eigenheit des Individuums ausmacht und diese im Lebensprozess verwirklicht. Die Vorstellung vom Bildungsprozess als einem Aufstieg des Individuums zu seiner spezifischen, eigenen „Idealität" schließt die Auffassung von einem wesensmäßig im Menschen angelegten unhintergehbaren Selbstverwirklichungs- bzw. Vervollkommnungsstreben ein. Dieses Streben umfasst sein gesamtes Menschsein: „Der wahre Zwek des Menschen [...] ist die höchste und proportionierlichste Bildung seiner Kräfte zu einem Ganzen".[41]

Mancher Kritiker hat behauptet, dass eine solche „idealistische" Auffassung unfähig sei, unsere Identitätsgewinnung als einen immer auch von äußeren Einflüssen und Zufällen abhängigen Prozess begreiflich zu machen. Doch hat Humboldt schwerlich verkannt, dass unsere Ichwerdung die Aufgabe einer durchaus mühevollen Arbeit an uns selbst ist, die durch Widerstände, Hemmnisse und Brüche geht. Auch gibt es bei Humboldt keine absolute Vorrangstellung des Individuums vor den sozialen und kulturellen Zusammenhängen, in denen es sich immer schon befindet. Der Einzelne bleibt durchweg bezogen auf

---

[41] Wilhelm v. Humboldt: *Ideen zu einem Versuch, die Gränzen der Wirksamkeit des Staates zu bestimmen*. In: ders.: Werke, hrsg. von A. Flitner / K. Giel, 5 Bde. Darmstadt 1960, Bd. 1, 56-233, 64. – Vgl. auch meinen Beitrag zu „Humboldts Traum" in der *Zeitschrift für Didaktik der Philosophie und Ethik* 31 (2009), Heft 4: „Person und Bildung", 288-295; erheblich erweitert als: Humboldts Traum. Humanismus und Bildung. In: J. Rüsen/H. Laass (Hrsg.), Interkultureller Humanismus, Schwalbach/Ts. 2009, 255-278, auch spanisch: El sueno di Humboldt. In: Dialogo Filosofico 78, 2010, 291-508.

Welt und Sprache, Gemeinschaft und Tradition. Für Humboldt war es vor allem die griechische Antike, die es dem Ich am besten erlaube sich als Persönlichkeit reicher auszubilden. Die Gehalte und Kräfte dieser Klassik enthalten nach Humboldt auch die Potentiale zur schöpferischen Gestaltung unserer Welt.

1.6 Über Beat und Drogen reden statt über Hegel – philosophiedidaktische Theorie der 1970er Jahre

Freilich konnte in der Zeit nach Humboldt „Bildung", eigentlich gedacht als lebendige Selbstentwicklung jedes Einzelnen, doch wieder zum Inbegriff eines nicht selten klassenbedingten, verobjektivierten und am Ende gar belastenden Gegenstandswissens werden. „Philosophie" mochte in diesem Sinne als subjektfernes und akademisches Geschehen erscheinen. Als in den frühen 1970er Jahren die Philosophiedidaktik so recht überhaupt erst entstand (ihr seinerzeitiger Aufwind erklärt sich dadurch, dass 1972 durch Kultusminister-beschluss das Fach Philosophie im Zuge der Reform der gymnasialen Oberstufe an den Schulen – z. T. „wieder" – eingeführt wurde), sah sie darum sich mit der Spannung von Subjekt und Objekt, Exoterik und Esoterik, Leben und Buchwissen einmal mehr konfrontiert. So erklärte *Rudolf Lassahn* im Jahre 1972, die Philosophie habe in der Schule nur ihren Platz, wenn sie ihre Tradition zurückstelle und sich auf das (jeweils) Aktuelle werfe:

> „Philosophie hat im Leben anzusetzen, bei der einfachsten und elementarsten Frage nach der Freiheit, nicht bei der Ideenlehre Platos oder dem Discours des Descartes. In diesem Verständnis werden Krieg und Unfreiheit, Rassenprobleme, Nöte der dritten Welt, Fragen der Entwicklungs-länder, Sexualerziehung, Rauschmittel, Beat als der Protest einer jungen Generation, die Lehre von Timothy Leary als die einer Erweiterung des Bewusstseins durch Drogen, die Frage nach einer repressionsfreien Gesellschaft, die Manipulation des Menschen durch Reklame zur Proble-matik im Philosophieunterricht".[42]

Die Gegenthese *Wolfgang Deppes* damals verteidigte die „Annahme einer geistigen Tradition", „die keineswegs auf oberflächliche Affirmation hinaus ist, sondern die Kritik an den Elementen der Tradition einschließt und deren Negation und Umgestaltung ins Auge fasst". „Grundprobleme unseres Lebens" kämen schließlich „auch und gerade in den älteren Texten zur Sprache". Eine der berühmtesten philosophischen Textsammlungen erschien und erscheint im Verlag Felix Meiner. Deppe folgerte (nicht ganz, aber fast): „Lasst uns die Klassiker von Meiner lesen!".[43]

---

[42] R. Lassahn: „Zum Philosophieunterricht an Gymnasien". In: *Aufgaben und Wege des Philoso-phieunterrichts* N.F. 4 (1972), 1 ff., 16.

[43] W. Deppe: „Bedarf der Philosophieunterricht einer neuen Begründung? Eine Auseinandersetzung mit R. Lassahn". In: *Aufgaben und Wege des Philosophieunterrichts* N. F. 5 (1973), besonders 47 ff., 49, 51 f.

1.7 Die Rehfus-Martens-Kontroverse

Die hiermit beleuchtete Antithese ist bis heute für die weitere Entwicklung des Philosophieunterrichts[44] und für die philosophiedidaktische Diskussion wichtig. In gewandelter Form kehrt sie wieder in den beiden wichtigsten der in den 1980er Jahren konkurrierenden Positionen, nämlich bei den Autoren Martens und Rehfus.

Ekkehard Martens ging und geht davon aus, dass man die pädagogische Theorie des Philosophieunterrichts „dialogisch-pragmatisch" aufzufassen habe. Pragmatisch ist sie, wie Martens sagt, nicht, weil sie mit der Bildzeitung philosophiert, sondern weil sie darauf verweist, dass „Philosophie ... nicht um ihrer, sondern um unserer selbst" willen betrieben werde,[45] woraus folgt, dass „Didaktik für die Philosophie konstitutiv und Philosophie immer schon didaktisch konstituiert ist".[46] Dies bedeutet, dass die Situation gemeinsamer dialogischer Verständigung in Lernen und Lehren für alles Philosophieren von Anfang an konstitutiv ist und es keine „objektiven" Gehalte vor und außerhalb dieser konstitutiven Situation gibt: „Nicht eine vorgegebene Philosophie muss didaktisch zubereitet werden, sondern in einem konkreten Lehr-Lernprozess muss sich erst herausstellen, was philosophisch wichtig und richtig ist".[47] Der Schwerpunkt von Martens' Didaktik liegt folglich auf einem *Philosophieren* als Selbstdenken in konkreten Schülersituationen und anhand aktueller Probleme, nicht auf dem Lernen der Philosophiegeschichte oder gar der vereinfachte Darstellung akademischer, universitärer Philosophie, was als „Abbilddidaktik" und „Nachträglichkeitsdidaktik" abgelehnt wird.

Für *Wulff Rehfus* war die These vom Zusammenhang von Philosophie und Didaktik ein Konstrukt. „Aufgabe des Philosophieunterrichts" war für seinen „bildungstheoretisch-identitätstheoretischen Ansatz" eine „Konstituierung von Selbstbewusstsein, indem der Schüler in die Lage versetzt wird, im Bewusstsein möglicher Freiheit sich Welt intellektuell anzueignen, d. h. dergestalt Subjekt von Geschichte zu werden, dass er sich als Individuum in einen historischen Bezug zu Gesellschaft und Staat setzt, in dem Herrschaftsverhältnisse nicht fixiert werden, sondern dessen Ziel Autonomie des Bewusstseinssubjektes ist".[48] In diesem Sinne dient „Paideia" als „philosophische Erziehung" der „Herstellung autonomer, selbstbewusster Ich-Identität".[49] Viel ist auch von „Orientierungskrisen" die Rede, zu deren

---

[44] Vgl. hierzu den lebendigen Bericht von Franz Schüppen: „Traditionslinien des Philosophieunterrichts. Der Weg des Romanisten Eduard Fey zur Philosophie und ihrer Didaktik und die Association Internationale des Professeurs de Philosophie". In: Ekkehard Martens / Christian Gefert / Volker Steenblock (Hrsg.): *Philosophie und Bildung. Beiträge zur Philosophiedidaktik* (Reihe „Philosophie und Bildung", Band 1), Münster (LIT) 2005, 23-39.

[45] Ekkehard Martens: *Dialogisch-pragmatische Philosophiedidaktik*, Hannover 1979, 72; vgl. ders.: *Einführung in die Didaktik der Philosophie*, Darmstadt 1983.

[46] Martens: *Dialogisch-pragmatische Philosophiedidaktik*, a.a.O., 75.

[47] Martens: „Didaktik der Philosophie". In: ders./H. Schnädelbach (Hrsg.): *Philosophie. Ein Grundkurs*, a.a.O., 761.

[48] Wulff D. Rehfus: „Thesen zur Legitimierung von Philosophie als Unterrichtsfach am Gymnasium". In: *Aufgaben und Wege des Philosophieunterrichts* N.F. 9 (1976), 5-25, 12.

[49] Rehfus: *Didaktik der Philosophie*, Düsseldorf 1980, 10.

Bewältigung die Philosophie beitragen soll. Dieser Bestimmung möchte man gerne zustimmen. Zu bedenken wäre aber auch, dass Schüler erst einmal eine „Identität" haben, die man nicht gleich für die Philosophie in Anspruch nehmen kann – besonders, wenn man, wie Rehfus es tut, „Philosophie als ein substanzielles Denken" herausstellt und „gegen seine Auflösung in Kommunikation und Diskurs" (bei Martens) verteidigt[50] und wenn damit also nach Rehfus gelten soll, Gehalte *vor* deren Kommunikation zu setzen. Die geforderte Ich-Identität soll sich in Auseinandersetzung mit der philosophischen Tradition bilden; von Anfang an plädiert Rehfus gegen einen „Verzicht" auf die Vergangenheit.[51] Martens dagegen betrachte die philosophische Tradition nur noch als einen „Steinbruch" zur Entnahme von historischen Zeugen (wie Sokrates) und löse die Philosophie in „Jedermannsphilosophie" an jeweiligen Gesprächsorten auf; er reduziere Philosophie auf beliebige Aneignungsdiskurse und damit auf Didaktik. Rehfus besteht dagegen auf der „Trennung zwischen Methoden der Entdeckung und Darstellung, der Erkenntnis und der Lehre".[52] Man muss Philosophie Philosophie bleiben lassen, so diese Position, und, in einem zweiten Schritt, Didaktik Didaktik. „Philosophie ist nicht als solche didaktisch" und „bedarf nicht strukturell des empirischen Dialogs" – Argumentation ist auch monologisch möglich. Der Dialog ist „ein sehr sinnvolles Verfahren der Unterrichtsgestaltung, aber es ist weder das einzige Verfahren, noch ist es ein philosophiespezifisches".[53]

Jeder, der Philosophiekurse belegt oder unterrichtet, stellt nun schnell fest, dass zwischen dem Interesse an der Philosophie als einem Bildungsgut eigenen Wertes („die großen Philosophen kennen lernen") und dem individuellen Orientierungsbedürfnis kein Gegensatz besteht, dass vielmehr er selbst und andere Teilnehmer an Seminaren und Kursen immer schon beide Erwartungen mitbringen. Wichtig für jeden Philosophieunterricht ist darum gerade eine Überwindung der Gegenüberstellung von Sachtradition der Philosophie und Studenten-/Schüler-/Hörerinteressen und -themen, von Rezeption der Gedanken anderer und Selbstdenken – so als sei das eine ohne das andere überhaupt zu haben. Entsprechend besteht Martens zu Recht darauf, den Widerspruch von lehrervermittelten „Produkten ohne Prozess" und schülererzeugtem „Prozess ohne Produkte" aufzulösen. „Eine Lösung" hierzu, so sagt er, „findet sich in der Geschichte der Philosophie selber, in der Art und Weise, wie Philosophie ,ihre Zeit in Gedanken erfasst hat' (Hegel) und immer schon in Problem- und Lerngeschichten verwickelt war und ist".[54] Ein Gutteil des bisher diskutierten Gegensatzes, der sich nun als Scheingegensatz erweist, wird nämlich von der Vorstellung evoziert, es

---

[50] Wulff D. Rehfus: *Der Philosophieunterricht. Kritik der Kommunikationsdidaktik und unterrichtspraktischer Leitfaden*, Stuttgart-Bad Cannstatt 1986, 7.
[51] Rehfus: *Thesen zur Legitimierung von Philosophie als Unterrichtsfach*, a.a.O., 12.
[52] Rehfus: *Der Philosophieunterricht*, a.a.O., 27 ff.
[53] Wulff D. Rehfus: „Methodischer Zweifel und Metaphysik. Der bildungstheoretisch-identitätstheoretische Ansatz in der Philosophiedidaktik". In: ders. / Horst Becker (Hrsg.): *Handbuch des Philosophieunterrichts*, Düsseldorf 1986, 98-113, 98, 100.
[54] Ekkehard Martens: „Philosophie als Problem- und Lerngeschichte. Ein dialogisch-pragmatischer Ansatz". In: W. D. Rehfus / H. Becker (Hrsg.): *Handbuch des Philosophieunterrichts*, Düsseldorf 1986, 89-97, 91.

gebe „die" objektiven philosophischen Inhalte, an die die Lernenden „heranzuführen" seien. Diese Vorstellung ist aber in dieser Form schon aufgrund der Entwicklung des philosophischen Denkens selbst nicht zu halten: Auch die Philosophiedidaktik muss die Konsequenz ziehen aus der Überwindung kaum mehr plausibler, oft in Hegelschem Gestus ausgedrückter objektivistischer Vorstellungen dessen, was Philosophie überhaupt sei. Seit dem „Historismus", seit „Spät"- und „Postmoderne" gibt es nämlich schwerlich noch „die" Tradition objektiver Gehalte, die dann lediglich zu „vermitteln" wären. Vielmehr haben wir es mit einer Vielzahl von Ansätzen zu tun, die sich – beileibe nicht immer, aber doch oft genug – widersprechen. Dies macht die These plausibel, dass der didaktische Prozess des lehrend-lernenden Umgangs mit Denk- und Orientierungsproblemen keine bloße Nach-träglichkeit ist gegenüber den verschiedenen Vorstellungsweisen einer „objektiven" (Universitäts-)Philosophie, sei es, dass hier (immer noch) die Prävalenz idealer Entitäten erwiesen werden soll, sei es, dass sie als scheinbar autonomes Drama reiner Forschungs-geschichte gedacht wird, sei es, dass man glaubt, a priori geschichtsfreie Wahrheiten entwickeln zu können. Es gilt vielmehr die Einsicht, dass die philosophischen Frage-stellungen, die Antwortversuche und noch deren Rationalitätsformen *den historischen Index jeweiliger Orientierung* tragen, dass sie immer lebendige Bildungsprozesse, Anstrengungen der kulturellen Arbeit ohne ein geschichtsfreies „Sicherheitsnetz" sind. In Anerkennung und didaktischer Auswertung dieser Tatsache einerseits, vor allem aber durch das grundlegende „Kulturtechnik-Theorem" andererseits hat Martens die weitere Entwicklung der Philosophiedidaktik ganz entscheidend bestimmt. An ihn knüpfen die Überlegungen zur Theorie Philosophischer Bildung an, die Gegenstand des nun folgenden Kapitels sind.

2. *Philosophische Bildung* – Zur Theorie der Didaktik der Philosophie und Ethik

Wir haben bisher die Philosophiedidaktik als *Frage nach dem Sitz der Philosophie im Leben* kennen gelernt. Dann aber hat, mögen wir auch *Kant* und *Hegel* theoretisch mit in die Debatte hineingezogen haben, die Sache sich in den 1970er und 1980er Jahren eher auf eine *Theorie des Schulunterrichts* und eine Diskussion seiner Inhalte zugespitzt, während wir die Fachphilosophie zwar am Bildungsort „Universität", jedoch – vorsichtig formuliert – nicht immer hierüber hinaus bei den Menschen vorgefunden haben (Kapitel 1).

Eine erneuerte Reflexion philosophischer Bildung hat aber beim Sitz der Philosophie im „Leben" wieder anzusetzen: Hiervon auszugehen, realisiert den vor allem durch die neueren Arbeiten von *Ekkehard Martens* etablierten Standard der Theoriebildung.[1] Die entsprechend maßgeblichen Fragen lauten: „Warum braucht eine moderne Kultur Philosophie?" und: „Welche didaktische Theorie wäre einer solchen möglichen allgemein menschlichen und gesellschaftlichen Präsenz der Philosophie angemessen?"

Diese Fragen werden nun im zweiten Kapitel in den folgenden sechs Schritten entwickelt. Zunächst soll es darum gehen, wie es denn überhaupt mit dem kulturellen Status der Philosophie gegenwärtig aussieht (2.1). Dabei fällt auf, dass im Umgang mit den der Philosophie eigentümlichen Sinn- und Wertfragen noch weitere Bildungspartner sozusagen mit auf der Bank des Lebens sitzen, nämlich „Religion" und „Ethik" (2.2). Zugleich wird deutlich, dass das wesentlich abendländische Projekt einer selbstbestimmten Vernunft sich heute mehr denn je unter Bedingungen kultureller Heterogenität behaupten muss – dies gilt weltweit ebenso wie migrationsbedingt im Klassenzimmer (2.3). Nach entsprechenden Klärungen des dabei bestehenden Verhältnisses wird als Antwort auf die bis hierhin aufgerufenen Ausgangslagen *der Ansatz eines Philosophierens als Kulturvollzug* entwickelt (2.4). Wenn die Philosophie sich als unabdingbaren Teil der Kultur selbst verstehen und auch so verstanden werden will, muss sie sich (klassisch wird sie ja angesprochen in der Gestalt des nachtaktiven Symbolvogels der „Eule der Minerva") gleichsam auf „Tagflug" begeben und kann sich dabei am besten der täglichen Hilfe des *Hermes* vergewissern. Die *Hermeneutik* nämlich, die Lehre vom Verstehen, vermag – so wird behauptet werden – unsere Teilhabe an der Kultur zu beschreiben, d. h. auch: philosophische Bildungsprozesse als Vergegenwärtigung von Traditionspotentialen wie als deren innovative Überschreitung adäquat auf den Begriff zu bringen (2.5). *Philosophische Bildung* lässt sich mit ihrer Hilfe, wie am Ende abschließend entwickelt wird, als die reflexive Spitze menschlicher Kulturvollzüge und zugleich als unsere irdische „Arbeit am Logos" begreifen (2.6). Alle Prozesse, Methoden und Medien, die das vorliegende Buch in den nachfolgenden Kapiteln 3-5 anspricht, werden aufgerufen, um diese Arbeit in den verschiedensten Arten und Weisen und auf allen Ebenen in Gang zu bringen und zu befördern.

---

[1] Vgl. die Beiträge in der *Festschrift*: Dieter Birnbacher / Joachim Siebert / Volker Steenblock (Hrsg.): *Philosophie und ihre Vermittlung*. Ekkehard Martens zum 60. Geburtstag, Hannover (Siebert) 2003.

2.1 Wie steht es mit der Philosophie und ihrem Sitz im Leben heute?

Im Jahre 1993 erschien im damals noch einzigen deutschen Nachrichtenmagazin ein Bericht des Inhalts, dass die Philosophie der Allgemeinheit nichts mehr zu sagen habe. Der Titel des *Spiegel*-Berichts lautete damals: „Die Denker danken ab". Untertitel: „Das Fach driftet ab in sprachverliebte Isolation. Die wachsende Orientierungsnot der Gesellschaft lindern nur noch ein paar nachdenkliche Geschichtenerzähler". Im weiteren wurde dann der Hannoveraner Hochschullehrer *Ulrich Pothast* mit dem merkenswerten Satz zitiert: „Selten [...] hat das Sich-Mühen ähnlich vieler Philosophen den Lebenden ähnlich wenig bedeutet wie jetzt".[2]

Entgegen dieser Skepsis stehen zu Beginn eines neuen Jahrtausends die Philosophie und ihre Didaktik offenbar aber doch vor neuen Möglichkeiten und Herausforderungen. Ein Indikator mag der Erfolg von Büchern wie *Sofies Welt* sein, dessen Auflage inzwischen 12 Millionen weltweit verkaufter Exemplare und mehr umfasst und das sich schließlich sogar zeitweise im Medienkatalog der durchaus renommierten „Wissenschaftlichen Buchgesellschaft" als interaktives Computerspiel auf CD-Rom wiedergefunden hat. Erleben wir also gerade in den letzten Jahren im Zuge der „Sofien-Inflation" (FAZ) einen regelrechten „Boom" von Aktivitäten, die sich, sozusagen „lebensphilosophisch", an ein breites Publikum wenden, so haben sich mittlerweile längst auch Vertreter der akademischen Philosophie von dieser Hochkonjunktur in allen Medien und Bildungsorten anstecken lassen.[3] „Praktisch" im Sinne von „öffentlich", „allgemein interessierend", „alltagsweltlich anschlussfähig" und vielleicht sogar „lebensweltlich orientierend" scheint die Philosophie demnach gegenwärtig doch noch zu werden. Es beweist sich offenbar: Philosophie geht alle Menschen an.[4]

Der Erfolg dieser „Philosophie für alle" lässt sich möglicherweise zu einem nicht geringen Teil auf *gesellschaftliche Entwicklungen in unserer sich verändernden Gegenwart* zurückführen. Angesichts vielzitierter zivilisatorischer Beschleunigungen und Veränderungen diskutieren gängige soziologische „Großtheorien" verschiedene Szenarien der lebensweltlichen Landschaft, in der Philosophie in westlichen Gesellschaften gegenwärtig stattfindet.[5] Solche Szenarien besagen etwa, dass der Einfluss lebensregelnder und sinnstiftender Traditionen zurückgehe; auch die herkömmlichen Formungen durch feste Rollenmuster – seien sie familiärer, gesellschaftlicher, kultureller, moralischer oder religiöser Art – verlören an Wirkung (zu verstärkten Erfahrungen kultureller Heterogenität vgl. Abschnitt 2.3). Damit aber entstehe für viele Bildungssubjekte in unserer Gesellschaft

---

[2] *Der Spiegel* Nr. 29 (1993).

[3] Wie wiederum der *Spiegel* konstatiert. Vgl. Nr. 8 (2000), 296-302.

[4] So formuliert bereits Ruth Cohn: *Bemerkungen zum Philosophieunterricht an der Volkshochschule.* In: Freie Volksbildung. Zweimonatsschrift für die gesamte Erwachsenenbildung 6 (1931), 266; hier zit. nach: A. K. D. Lorenzen: *Philosophie in der Erwachsenenbildung*, Göttingen 1986, 320.

[5] Vgl. etwa den lohnenden Überblick bei Armin Pongs: *In welcher Gesellschaft leben wir eigentlich? Gesellschaftskonzepte im Vergleich*, München 1999.

eine verstärkt orientierungsheischende Situation. Hiermit ist dann das angesprochen, was man mit *Habermas* eine „Sozialpathologie" unserer veränderten Gegenwart nennen könnte. Natürlich sind die großen, seit den 1980er Jahren angebotenen Gesellschaftsszenarien von *Ulrich Beck* bis *Gerhard Schulze* stets bestreitbare Konstruktionen und an dieser Stelle weder zu referieren noch einzuschätzen. Viele Punkte sind bereits bei etwas näherem Hinsehen umstritten, z. B. die Frage, ob etwa die gegenwärtige, als „hedonistisch" und „unpolitisch" verschriene Jugendgeneration vielleicht keineswegs so zynisch wie ihr Ruf, sondern zu Moral und Verantwortung bereit sei. Trotz aller möglichen Einwände scheinen aber doch im Felde der sozialwissenschaftlichen Selbstbeobachtung unserer Kultur gewisse Grunddaten heute unübersehbar zu sein: Tendenzen etwa der „Auflösung der Familie" führten, so erklärt *Beck*, zu einer „Individualisierung", in deren Verlauf „die Biographie der Menschen aus vorgegebenen Fixierungen herausgelöst [...] und als Aufgabe in das Handeln jedes einzelnen gelegt wird [...]. In der individualisierten Gesellschaft muss der einzelne [...] lernen, sich selbst als Handlungszentrum [...] zu begreifen".[6]

Zugleich werden die uns tragenden Traditionen und Identitäten von einem „Verblassen der Sinngehalte" bedrängt. Unsere Lebensvollzüge unterliegen offenbar zugleich einerseits einer, wie *Jürgen Habermas* das nennt, „systemisch induzierten Verdinglichung" durch die „unaufhaltsame Eigendynamik" von Geld und Macht, und andererseits, wieder in Habermas' Worten, einer „kulturellen Rationalisierung" durch Ausdifferenzierung und Professionalisierung von „Expertenkulturen", die zu „dem breiten Publikum" in praktisch keiner kommunikativen Verbindung mehr stehen. Die zunehmende „Unterwerfung" unserer Lebensverhältnisse unter die „Imperative" des „ökonomischen System(s)" und die Auswanderung kultureller Potentiale in spezialisierte Expertenkulturen stellt für Habermas wohl mit einigem Recht eine durchaus dramatische Koinzidenz dar. Beides zusammen nämlich bewirkt, dass der „Zufluss einer ungebrochenen kulturellen Überlieferung abgeschnitten" wird und es zur „Abspaltung von den unglaubwürdig gewordenen Traditionen" kommt. Unsere alltäglichen Sinnwelten werden dann nicht mehr ausreichend durch die in den modernen Differenzierungen außer Kraft gesetzten kulturellen Traditionen gespeist, aber auch nicht von den Erkenntnis- und Rationalitätsfortschritten in den – wie Habermas wohl nicht ganz ohne Selbsterkenntnis formuliert – „eingekapselt(en)" Expertenkulturen. Die Folge ist, dass dieselben Zeitgenossen meistenteils im „Konsumismus und Besitzindividualismus", „Hedonismus" und solchen kulturellen „Verödungssymptomen", wie sie nicht zuletzt die Popkultur hervorrufen mag, befangen sind,[7] die doch

---

[6] Ulrich Beck: *Risikogesellschaft* – auf dem Weg in eine andere Moderne, Frankfurt a. M. 1986, 216f. Vgl. auch Richard Sennett: *Der flexible Mensch* („The Corrosion of Character"), Berlin 1998 und ders.: *Die Kultur des neuen Kapitalismus* („The Culture of the New Capitalism"), Berlin 2005.

[7] Vgl. hierzu Jürgen Habermas: *Theorie des Kommunikativen Handelns*, Frankfurt a. M. 1981, Bd. II, 480 ff. – Vgl. zur Bildung in der Popkultur meine Überlegungen: *Kultur oder: Die Abenteuer der Vernunft im Zeitalter des Pop*, Leipzig (Reclam) 2004 sowie: „Kulturphilosophie – Philosophiekultur oder Wie populär soll, darf und kann Philosophische Bildung sein?" In: J. Rohbeck (Hrsg.): *Ethisch-philosophische Basiskompetenz* (Jahrbuch für Didaktik der Philosophie und Ethik, Band 5), Dresden (Thelem) 2004, 11-39; auch in V. St.: *Philosophie und Lebenswelt*, Hannover (Siebert) 2012, 97-102.

eigentlich von den Orientierungsforen und Sinnangeboten, wie sie nicht zuletzt die Philosophie einzurichten und zu präsentieren hätte, profitieren sollten. All dies geht dann einher mit dem Problem eines Vergessens und Verblassens unserer kulturellen Grundlagen, d. h. mit einer, wie der führende Theologe *Johann Baptist Metz* das Phänomen bezeichnet, „kulturellen Amnesie".[8]

Ein weiteres – nicht mehr *soziales*, sondern eher *geistesgeschichtliches* – Phänomen kommt hinzu.[9] *Herbert Schnädelbach*, einer der bekanntesten deutschen Gegenwartsphilosophen, hat es als Kennzeichen moderner Kultur bezeichnet, dass ihre Reflexion auf sich selbst ein Bewusstsein davon gewinnt, dass im Zuge dieser Reflexion die Kriterien und Maßstäbe noch ihrer selbst immer mit zur Debatte stehen. Dies führe dazu, dass eine „vollständig reflexiv gewordene Kultur" sich „ohne glaubwürdiges Fundament im Felde dessen" reproduzieren muss, „was nicht Kultur wäre".[10] Wir leben, so lässt sich dies weiter ausführen, in einer Spätmoderne, die – wie jedenfalls *Zygmunt Bauman* in seinem Buch über „Postmoderne Ethik" behauptet[11] – „ein selbstkritisches, oft selbstverunglimpfendes und in vielen Fällen selbstdemontierendes Stadium erreicht hat". Unser gegenwärtiger Zustand zeichnet sich nach Bauman dadurch aus, dass er eine „Moderne ohne Illusionen" ist, die nicht mehr an eine „allumfassende, totale und ultimative Formel für ein Leben ohne Ambiguität", ohne „verknäuelte Widersprüche" und ohne ein „Durcheinander menschlicher Grundverfassung" glauben kann. Dies sind alles, wie Bauman selbst betont, nicht eben Momente, die Orientierung und sittliches Handeln leichter und wahrscheinlicher machen. Der Mensch ist zur Eigenorientierung in diesen Verhältnissen nicht nur aufgefordert – er *muss* diese auch leisten. *Wilhelm Schmid* hat formuliert: „Er ist zu Lebenskunst verdammt."

Wenn aber, wie es jedenfalls allenthalben heißt, Menschen ohne Orientierung, vielleicht sogar ohne Glauben nicht leben können, dann erhebt sich eine wichtige Frage. Die Frage lautet: *Welche sinnstiftenden Angebote werden in einer sprichwörtlich immer „unübersichtlicheren" und immer verwirrenderen Gegenwart, angesichts der von Naturwissenschaften und Technik herbeigeführten zivilisatorischen Veränderungen, angesichts der fortschreitenden Ökonomisierung aller Lebenszusammenhänge und zugleich angesichts vielbeschworener bedrückender Weltprobleme das Leben der Menschen bestimmen?*

---

[8] Eine „anamnetische", also „erinnernde" Rationalität schreibt Metz der *Theologie* als Abhilfe zu: Johann Baptist Metz: „Geisteswissenschaften als Aufklärungswissenschaften?" In: Fr. Hermanni / V. Steenblock (Hrsg.): *Philosophische Orientierung*. Festschrift W. Oelmüller, München 1995, 132.

[9] Vgl. auch das Spektrum der Beiträge in: V. Steenblock (Hrsg.): *Zeitdiagnose* (Kolleg Praktische Philosophie, Bd. 3) Stuttgart (Reclam) 2008.

[10] Herbert Schnädelbach: „Philosophie in der modernen Kultur". In: Fr. Hermanni / V. Steenblock (Hrsg.): *Philosophische Orientierung*, a.a.O., 25-39, 36.

[11] Zygmunt Bauman: *Postmoderne Ethik* („Postmodern Ethics"), Hamburg 1995, 10, 55, 365.

2.2 *Felder der Sinn- und Wertorientierung* – über das Verhältnis von *Philosophie, Ethik* und *Religion* in Bildungsprozessen

Diese Frage legt eine kurze vergleichende Untersuchung dazu nahe, wie die sinnstiftenden und lebensorientierenden Kulturformen Religion und Philosophie – beide einschlägige Kandidaten sozusagen ihrer Beantwortung – auf diese Situation reagieren. Zwar müsste zu der ebenso schwierigen wie fruchtbaren Verwandtschaft von Philosophie und Religion die gesamte (zunächst einmal:) abendländische Geistesgeschichte aufgerufen werden, wollte man hier wirklich Grundsätzliches sagen, denn in unserem Bildungssystem wird derzeit nur die neueste Runde einer langen Beziehungsgeschichte ausgetragen. Das Verhältnis zur Religion ist aber nicht nur geistesgeschichtlich, sondern auch mit Blick auf die Kooperation beider Fächer an den Bildungsorten ein ebenso traditionell bedachtes wie aktuell wichtiges Element (also für unsere Fragestellung durchaus konkretisierbar).

„Religion" deckt, einschlägigen Einschätzungen zufolge, insgesamt ein weites Spektrum von Funktionen ab, dessen Spannbreite man sich für das Folgende vergegenwärtigen muss. Religionen geben in ihren Gottesvorstellungen, sonstigen Lehrinhalten und Riten praktische Lebens- und Handlungsorientierung; sie prägen die individuelle und kulturelle Individualität, leisten Wirklichkeits- und Daseinserklärung, gelten für die Erklärung und Bewältigung von Leid, Bösem und Kontingenz als zuständig, haben einen für den Gläubigen unreduzierbaren Heils- und Offenbarungscharakter und wecken schließlich meist Hoffnungen auf eine jenseitige Zukunft. Religion als Orientierung und damit verbundene Stiftung persönlicher und kultureller Identität beginnt in der Rückversichertheit in Brauchtum und Herkommen, gesellschaftlichen Grundkonsensen und lebenstragenden Selbstverständlichkeiten. In heiligen Gebräuchen: Initiationsriten, Taufe, Beschneidung, Hochzeit, Tod usw., an heiligen Orten, zu heiligen Zeiten begleiten Religionen das Leben des Menschen in seinen entscheidenden Momenten; die lebensweltlichen Abläufe: Tages- und Jahresrhythmus usw. werden in religiöse Sinngebungen eingebunden.

Religionen erheben, indem sie Antworten geben (z. B. „Ein Schöpfer- und Erlösergott lenkt die Dinge"), Wahrheitsansprüche, deren Beschaffenheit etwa von der Art „Verbindlichkeit für ein Referenzsubjekt" („schwache" Form) bis hin zu „Weltbild"- und politischen Ansprüchen, in Extremformen zu Intoleranz, Dogmatismus und Fanatismus reicht. Diese Wahrheitsansprüche können theoretischer Natur und theoretisch diskutierbar sein, sie können sich aber zugleich auch in politischem Handeln ausmünzen. Quer durch viele Kulturen scheint es gegenwärtig religiös-fundamentalistische Bewegungen gegen unsere modernen, säkularisierten Gesellschaftsformen zu geben. Religiöse Wahrheitsansprüche können aber auch gebrochen werden und ihre engen Formen sind in der westlichen Zivilisation zu weiten Teilen gebrochen worden: durch Trennungsbewegungen von Staat und Kirche und vor allem durch Aufklärungserrungenschaften wie die Verdrängung direkten religiösen Einflusses aus den Bereichen der Philosophie und Wissenschaft, die Abkoppelung der Bürgerrechtsfähigkeit vom religiösen Bekenntnis und das Ende staatlich institutionalisierten Schutzes für eine bestimmte Religion sowie schließlich den Bedeutungsschwund religiöser Institutionen für soziale Kontrolle, z. B. in der Indifferenz der Partnerwahl gegenüber der Konfessionszugehörigkeit (*Hermann Lübbe*).

Solche Prozesse scheinen nicht zuletzt mit dem Einfluss der Philosophie verbunden,[12] seit diese einstige „ancilla theologiae" (Magd der Theologie) ihr Selbstverständnis in einem Vertrauen auf die autonome Kraft menschlicher Reflexion und Vernunft findet. Philosophie konstituiert sich in der kritischen Hinsicht, nichts als gesichert anzuerkennen, was sich nicht vor dem „Richterstuhl der Vernunft" (Kant) hat rechtfertigen können. Vor allem die vier großen Religionskritiker *Feuerbach, Marx, Nietzsche* und *Freud* suchen bekanntlich unter dem Eindruck der wissenschaftlichen Rationalität und mit der Zielsetzung einer Befreiung des Menschen die Existenz eines „Gottes" zu bestreiten und Religion als Projektion menschlicher Idealbilder (Feuerbach) bzw. dies näherhin als ein Geschehen aus Schwäche (Nietzsche) oder aufgrund von Infantilität bzw. aus Zwangsneurose (Freud) zu entlarven; neuerdings tritt ihnen die Soziobiologie mit ihrer evolutionären Erklärung menschlicher Religiosität an die Seite. Doch hat auch in den von der Philosophie in ihrem Selbstverständnis mitbestimmten westlichen Gesellschaften sich das Religionsphänomen trotz gewisser Erosionen im Ganzen als bemerkenswert dauerhaft erwiesen.

Auf die Breite der Ansätze in Theologie wie Religionsphilosophie braucht so wenig verwiesen zu werden wie auf die Vielfalt der Erscheinungsformen gelebter Religiosität, um festzustellen: unleugbar prägen Religion und Gottesdienst das sittliche Verhalten vieler Menschen, begleiten ihre Lebensstationen und erfüllen ihre Sinnbedürfnisse. Gleichwohl konstatieren Religionssoziologen einen „Verlust des Deutungsmonopols der Kirchen", der zu einer „eigentümlichen Unverbindlichkeit ihrer Lehren" führe, die nicht mehr als „verbindliche Ansprüche an die Gestaltung des privaten und politisch-gesellschaftlichen Lebens" auftreten könnten, sondern nur noch als „Sammelangebot" aufzutreten vermöchten, aus dem man sich „nach Wahl" bediene (oder auch eben nicht mehr bediene).[13] Fast scheinen die Kirchen in den Gesellschaften des Westens – hierzu gibt es aber zugleich Gegenbewegungen – von einer Leitinstanz, die *Ansprüche* zu stellen hatte, zu einem „Anbieter" – und noch dazu zu einem Anbieter unter mehreren – geworden zu sein. Eine starke Wirkung ließe sich hier wohl dem (im Gegensatz zum „theoretischen" der Religionskritik) vielfach analysierten „praktischen" Atheismus des alltäglichen Lebens zuschreiben, der in mehr oder weniger bewusster Hinwendung zu einem Alltagshedonismus die diesseitigen materiellen Errungenschaften der Konsumgesellschaft wichtiger nimmt als eine auch unter dem Einfluss wissenschaftlicher Rationalitäts- und Weltbildvorstellungen immer zweifelhafter werdende jenseitige Dimension.

Die Philosophie ist wie die Wissenschaft involviert in diesen Säkularisierungsprozess. Sie hat ohne Zweifel jene Grundrechte und Denkniveaus für die Menschen mit erstritten, die gegenwärtig als Standard avancierter und aufgeklärter Gesellschaften angesprochen

---

[12] Vgl. den theoriegeschichtlich-didaktischen Überblick und die Sammlung einschlägiger Texte in: V. Steenblock (Hrsg.): *Philosophie und Religion* (Aschendorffs Philos. Textreihe, Kurs 9), Münster 2001, bes. den Beitrag der Religionswissenschaftlerin *Annette Wilke* zum Hinduismus (im nordrhein-westfälischen Hamm befindet sich der größte Hindu-Tempel Europas) sowie zum Islam, 102 ff.

[13] Vgl. Alois Hahn / Jörg Bergmann / Thomas Luckmann: „Die Kulturbedeutung der Religion in der Gegenwart der westlichen Gesellschaft". In: *Kölner Zeitschrift für Soziologie und Sozialpsychologie. Sonderheft Religion und Kultur*, Opladen 1993, 7-15, 11.

werden können. Zu diesen Standards gehört, dass der Bildungsbegriff sich auf eine religiöse Unterweisung nicht reduzieren lässt, wie dies in einer extremen Gleichzeitigkeit des Ungleichartigen auf der Welt gegenwärtig bekanntlich manchenorts geschieht. Zugleich freilich ist die Philosophie ihrerseits in vielfach komplexer Weise mit gegenläufigen Entwicklungen konfrontiert wie in sie verwoben. So wie die Naturwissenschaften Folgen in Technik und Wirtschaft provoziert haben, die das Leben der Menschen überaus ambivalent beeinflussen, so sind die Befreiungen der philosophischen und historischen Aufklärung auch als Lizenz zu Beliebigkeit und Libertinage gelesen worden.

Zudem sind die großen christlichen Konfessionen in nicht unbeträchtlichem Maße selbst „aufgeklärt" und „modern" transformiert[14] und erscheinen zugleich als institutionell etabliert, wodurch sie möglicherweise ein Moment direkter Bindungsfähigkeit verlieren. In einer avancierten „westlichen" Zivilisation, die mit „großen" weltanschaulichen Gewissheiten kaum mehr rechnet, bleiben das Bedürfnis nach Bindung und Gewissheit und entsprechende „Suchbewegungen" gleichwohl erhalten.[15] Dies mag erklären, dass manche, vor allem Jugendliche, sich an die verschiedensten, auch irrationalen Religionsersatzformen wenden.

Wenn nun in gegenwärtig vieldiskutierter Weise die Glaubensverbindlichkeit des Christentums für viele Menschen tatsächlich abnehmen sollte, hinterlässt dies eine Lücke in unserer „Deutungskultur" der so genannten „Sinnfragen", in unserer ethischen Orientierung und in unserer kulturellen Tradition. Das Wissen um biblische Zusammenhänge und die Geschichte des Christentums gehört zu unserer Kultur; „religiöse Bildung" und Religionsgeschichte sind in unserem Bildungssystem unverzichtbar. Sonst kann man, mit einem Beispiel eines führenden Germanisten, *Albrecht Schöne*, bald auch Goethes „Faust" nicht mehr verstehen; denn wie vielschichtig Goethes Verhältnis zur Religion auch immer gewesen sein mag: er wusste immerhin hier noch, wozu er ein Verhältnis hatte. Wir würden jener von Metz befürchteten „kulturellen Amnesie" verfallen und den Stand der kulturellen Arbeit, der uns trägt und unsere Reflexions- und Handlungsniveaus prägt – z. B. in Sinndeutungen, in den Künsten, in Aufklärungsprozessen, in politischen und moralischen

---

[14] Alle Religion muss sich an der Vernunft bewähren und in letzter Instanz muss sich dies auch didaktisch mitteilen. Auch die *Philosophie* ist freilich, wie angedeutet, nicht mehr die des 18. und 19. Jahrhunderts. Bei aller Kritik einliniger, aber offensiver Geltungsansprüche, zu denen durch Aufklärung und Reflexion noch „unkultivierte" Religionsformen in der Geschichte zu neigen scheinen, lässt sich seit dem Historismus und „modern" wie „postmodern" auch der Vernunftanspruch der Philosophie seinerseits nicht mehr im Sinne „der" überhistorischen Vernunft erheben. Dies ist eine Entwicklung, die sich durchaus als eine der westlicher Religion analoge Differenzierung interpretieren ließe. Zurückzuweisen ist demgegenüber die Vorstellung, eine ins Schlingern geratene Moderne bedürfe der Religion (und welcher?) als eines transzendenten Bezugspunktes, um wieder Halt zu finden: so Herbert Schnädelbach, *Religion in der modernen Welt*, München 2009, 148 ff. – Die Erscheinungsformen der Religion in unserem Kulturkreis und die der Philosophie haben sich so im Laufe eines weiten, oft gemeinsamen und konfliktreichen Weges beide verändert und stehen bis heute in einer spannungsvollen Diskussion; vgl. als neueren Beleg die Beiträge in Walter Schweidler (Hrsg.): *Postsäkulare Gesellschaft*, Freiburg 2008.

[15] S. bereits Wilhelm Heitmeyer u. a.: *Gewalt. Schattenseiten der Individualisierung bei Jugendlichen aus verschiedenen Milieus*, Weinheim 1995, 50 f.

Institutionen usw. – nicht mehr weitertragen können: „Wer das Christentum nicht kennt, kann unsere Kultur nicht verstehen".[16] Noch der Bildungsbegriff selbst verdankt sich theologischen Wurzeln, deren philosophische Überbietungen man im Prinzip als gerechtfertigt bezeichnen kann, nicht in jedem Einzelfall freilich als gelungen empfinden muss.[17]

Hier ergeben sich Beziehungen zu den „Schwesterdidaktiken" im Bereich der christlichen Konfessionen. Eine religionspädagogische „Korrelationsdidaktik" nimmt ihren Ausgangspunkt bei den persönlichen und Alltagserfahrungen der Menschen, entwickelt sie zu existentiellen Fragen und Problemkreisen weiter und bringt die ihr eigenen normativen Gesichtspunkte im Blick auf mögliche Antworten ins Spiel: „Korrelativer Religionsunterricht wird daher nicht Gottes Offenbarung als fertige Antwort unseren gegenwärtigen Fragen und Erfahrungen überstülpen. Er wird ebenso wenig den immer schon gewohnten Lebensstil durch beruhigende religiöse Traditionen bestätigen. Vielmehr wird er Leben und Glaube füreinander durchsichtig machen und aneinander messen, so dass eins sich am anderen schärfer profiliert".[18]

Viele Philosophien verschiedenster Ansätze haben mit fortschreitender Aufklärung eine Ablösung der Religion durch Philosophie erwartet; ein heutiges Bildungsziel wäre es zumindest, eine Ersetzung beider durch einen schlichten Ausfall der kulturellen Bildung in Sinn- und Orientierungsfragen zu vermeiden. Wo religiöse Orientierung intakt ist und gewünscht wird, spricht an unseren Bildungsstätten wenig gegen einen Religionsunterricht, der heute längst auch philosophische Elemente enthält. Wo ein Religionsunterricht nicht mehr in Anspruch genommen wird, kann und muss ein Philosophieunterricht Elemente religiöser Bildung enthalten. Darüber hinaus wäre es eine Überlegung wert, ob nicht die Philosophie, wenn auch auf andere Art: nicht als Ritual, aber als Haltung, mit Sätzen weniger von Ausrufungs-, als von Fragestruktur, nicht als metaphysisches Versprechen, aber als bewusstes Selbst- und Weltverhältnis in für Menschen unabdingbare Leistungen der Religion *grundsätzlich* dort eintritt (und in avancierten Gesellschaften möglicherweise zunehmend eintreten wird), wo diese sie nicht mehr erfüllt.

Hieraus ergibt sich für uns ein Plädoyer für eine „analoge Komplementarität" von Religion und Philosophie in der gegenwärtigen kulturellen Bildung, welches weder Widersprüche leugnen muss noch eine Entscheidung darüber zu fällen braucht, ob einer dieser Geistesformationen auf dem Felde der Bildung und der Orientierung in unseren sich

---

[16] Zit. nach: *Religion in der Schule: Die Freiheit zu glauben / Das Recht zu wissen*, Faltblatt hrsg. vom Sekretariat der Deutschen Bischofskonferenz, Postfach 2962, 53019 Bonn. Sowie: *Religiöse Bildung in der Schule*, hrsg. vom Kirchenamt der EKD, Herrenhäuser Str. 12, 30419 Hannover. Vgl. hier den Satz: „Die Kultur, die unsere Lebenssituation prägt, verdankt sich mit ihren freiheitlichen Überzeugungen und ihrem sozialen, diakonischen Verantwortungsbewusstsein gerade auch christlich begründeten Überzeugungen".

[17] Egbert Witte: *Zur Geschichte der Bildung. Eine philosophische Kritik*, Freiburg 2010.

[18] Deutsche Bischofskonferenz, 243. – Vgl. als Überblick Franz-Heinrich Beyer / Norbert Brieden: „Evangelische und katholische Religionsdidaktik". In: M. Demantowsky / V. Steenblock (Hrsg.): *Selbstdeutung und Fremdkonzept. Die Didaktiken der kulturwissenschaftlichen Fächer im Gespräch*, Bochum (Projekt-Verlag) 2011, 98-137.

verändernden Gesellschaften eher die Zukunft gehört.[19] Denn bildungspraktisch konkret betrachtet gibt es zu der im westlichen Kulturkreis mit der Philosophie ko-evolvierten Religion trotz ihrer alltagsweltlich vielbedachten Konkurrenz[20] eher ein *komplementäres Verhältnis* denn eine Konfrontation. Wo, wie lange Zeit in der Hauptstadt Berlin, das Fach Religion nicht Pflichtfach ist (Bremer Klausel), dümpelt auch das Fach Philosophie eher mäßig, d. h. an den Schulen nicht flächendeckend vertreten, dahin. Eine simple Entgegensetzung von Philosophie und Religion als Bildungsfächern ist demnach gar nicht sinnvoll. Vielmehr kommt es dem Status des Faches Philosophie bzw. Ethik an unseren Schulen durchaus zugute, wenn es als so genanntes Wahlpflichtfach ein „Ersatzfach" für Religion ist. Auch der vor allem von der evangelischen Kirche propagierte Gedanke einer „Fächergruppe" kann Kompetenzen sinnvoll ergänzen, sollte jedoch das philosophische Profil sowohl im Fach wie in der Lehrerausbildung wahren: Gegen die (für den katholischen Religionsunterricht behauptete) Fiktion einer religiös homogenen Lerngruppe, aber auch in Vermeidung eines bloßen Mischfaches (wie dem brandenburgischen LER vorgeworfen) plädiert das vor allem auf die Denkschrift: „Identität und Verständigung" der Evangelischen Kirche in Deutschland zurückgehende Konzept für eine „Fächergruppe", der zumindest unter Maßgabe des Aspektes sinnvoller Zusammenarbeit nicht zu widersprechen ist, mag sie sich auch in der Schulpraxis punktueller gestalten müssen als vielleicht gewünscht. Diesem Konzept zufolge würde der Unterricht eines Jahrgangs sowohl in Religions- (kath. und ev. Christen, Muslime usw.) und Philosophiegruppen differenziert, als auch in gemeinsamen Unterrichtsprozessen (Plenum, Teamteaching, Bildung neuer Gruppen unter thematischen Aspekten, Stationenlernen usw.) zusammengeführt. Schülerinnen und Schüler können sowohl mit der Erfahrung eines „Letztverlässlichen" in den „eigenen" Gruppen Bekanntschaft machen, also auch zu einer aktiven Verständigung und zu einem Austausch über bestimmte Themen mit Menschen kommen, die unterschiedliche religiöse Herkünfte und Präferenzen haben.[21]

In den Kontext des hier zum Bildungssektor „Religion" Verhandelten gehört es auch, dass an vielen Bildungsorten sehr bewusst ein Fach: „Ethik" auftritt, das unter dem Druck der Pluralisierung und Verweltlichung nicht mehr das letzte Sinnversprechen der Religion enthält, wohl aber deren lebens- und verhaltensregelnden Einfluss – teilsäkularisiert, aber sozusagen moraltheologisch betreut (manchmal auch gesamtsäkularisiert und psychologisch variiert) – festzuhalten sucht. Die durch die historische Entwicklung und den

---

[19] Für Überlegungen zur philosophischen Bildung und ihrem Verhältnis zur Religion, auch zur Rolle des Islam an Schulen, vgl. Volker Steenblock: „Philosophische Bildung als ‚Arbeit am Logos'". In: J. Rohbeck (Hrsg.): *Jahrbuch für Didaktik der Philosophie und Ethik*, Bd. 1, Dresden 2000; sowie: „Vom Sinn Religiöser Bildung im Zeitalter des Historischen Bewusstseins". In: R. Anselm / K. Tanner / St. Schleissing (Hrsg.): *Die Kunst des Auslegens*, Heidelberg 1998, 187-199.

[20] Vgl. Heinz Stratmann: *Woran du dein Herz hängst... – Die modernen Götter und der Gott Jesu*, Kevelaer 2001.

[21] Vgl. Christoph Th. Scheilke: „Das Fach ‚Praktische Philosophie' in einer Fächergruppe mit dem Religionsunterricht". In: *Zeitschrift für Didaktik der Philosophie und Ethik* 23 (2001), 328-330. Ferner ders. / Lothar Krappmann (Hrsg.): *Religion in der Schule – für alle? Die plurale Gesellschaft als Herausforderung für Bildungsprozesse*. Neue Sammlung. Sonderheft, Seelze 2003.

Bildungsföderalismus in der Bundesrepublik entstandene Existenz (mindestens) *zweier* Grundmodelle für ein Ersatzfach zur Religion in der deutschen Bildungslandschaft – aber auch die zentrale Bedeutung der Frage nach Moral und richtigem Handeln für die hier in Rede stehenden Bildungsvorgänge – erfordert es, auch dieses Feld als einen Aspekt anzusprechen, den eine fachdidaktische Theoriebildung zu berücksichtigen hat.

Es ist dabei zunächst zu betonen, dass dieses Aufgabengebiet ein eigentlich philosophisches ist.[22] Von *Aristoteles* über *Christian Wolff*s „Philosophia practica universalis" von 1738 bis zur Gegenwart lässt sich ein Begriff von „Praktischer Philosophie" verfolgen.[23] Aristoteles unterscheidet von einer theoretischen Vernunft (nous theoretikós) eine *praktische Vernunft* (nous praktikos), welch letztere sich durch besondere Zielsetzungen auszeichne (De an 433a). Die „praktische", das ist die nicht auf die Methoden und Resultate schlichthinniger Welterkenntnis ausgerichtete, sondern auf das Leben und Zusammenleben des Menschen zielende Philosophie. *Kant* definiert in seiner Logikvorlesung (A 136): „Alles läuft zuletzt auf das Praktische hinaus, und in dieser Tendenz alles Theoretischen und aller Spekulation in Ansehung ihres Gebrauchs besteht der praktische Wert unseres Erkenntnisses [...]. Der einzige unbedingte und letzte Zweck (Endzweck), worauf aller praktische Gebrauch unseres Erkenntnisses zuletzt sich beziehen muß, ist die Sittlichkeit, die wir um deswillen auch das schlechthin oder absolut Praktische nennen. Und derjenige Teil der Philosophie, der die Moralität zum Gegenstande hat, würde demnach praktische Philosophie kat' exochen heißen müssen". *Ethik* bedeutet Lebenskunst und sinnvolle Lebensgestaltung ebenso wie Hinführung zu Humanität, Verantwortungsbewusstsein und moralischem Engagement. *Ohne den gesamten Reflexionshorizont der Philosophie ist diese Leistung nicht zu erbringen.* Von entscheidender Bedeutung für Bildungsprozesse ist in diesem Zusammenhang auch, dass dem Fach „Ethik" auf der Ausbildungsseite reguläre philosophieorientierte Studiengänge und nicht nur lediglich Lehrerfortbildungen zugeordnet werden.

Ein entscheidendes Argument zur unseligen Ethik-Philosophie-Trennung in der Praxis bundesdeutscher Schulfächer stammt von *Ekkehard Martens* und besagt, dass nicht nur der Ethikunterricht philosophischer werden müsse, sondern auch der Philosophieunterricht, von manchem Ethikunterricht lernend, „ethischer" bzw. alltagspraktischer und lebensweltlich orientierender. Je mehr aber die „praktische" Philosophie auch in dieser Art den Lebensverhältnissen entgegenkommt, um so weniger ist eine bloße „Ethik" als Reparatur angeblicher oder tatsächlicher Sinn- und Wertverluste in den avancierten westlichen Gesellschaften unserer panökonomisierten Spätmoderne zu rechtfertigen. Nur eine

---

[22] Noch manche Zurückweisung traditioneller Werte-Letztbegründung, die nur die „Gewichtungen von Werten" als etwas sehen will, „was sich ändert", während die „in unserer Kultur anerkannten Werte" „immer schon da sind", möchte moralische Bildung bestimmen, ohne sich philosophisch informieren zu müssen, so etwa Stephanie Hellekamps: „Das Dilemma der Werterziehung und der erziehende Unterricht". In: *Vierteljahrsschrift für wissenschaftliche Pädagogik* 78 (2002), 38-51.

[23] Vgl. als knappe Übersicht zur Theoriegeschichte, mit Angaben weiterführender Literatur sowie als Sammlung einschlägiger Texte den Parallelband in dieser Reihe: V. Steenblock (Hrsg.): *Praktische Philosophie/Ethik. Ein Studienbuch.* (Münsteraner Philosophische Arbeitsbücher, Bd. 2), Münster (LIT) 2001, 3. Aufl. 2006.

unverkürzt *philosophische Bildung* vermag die Kategorien und Gehalte zu reklamieren, in denen Menschen sich finden, ausdrücken und entfalten können und mit deren Hilfe sie ihre Zukunft gestalten (das ist allerdings nicht unbedingt eine Frage der Fachbenennung, denn viele Ethiklehrpläne drücken diese Einsicht durch ihr philosophisch fundiertes wie profiliertes Bildungsprogramm ihrerseits aus).

2.3 Gesellschaftlicher Dialog im Klassenzimmer – zur besonderen Herausforderung der Philosophie- und Ethikdidaktik durch Migration und kulturelle Heterogenität

Über das vorbenannte Verhältnis zum christlichen Religionsunterricht hinaus führt die Migration zur Einführung weiterer, den vorgenannten ko-evolutiven Aufklärungsprozessen nicht im Sinne der abendländischen Verhältnisse unterworfenen Religionen in die uns interessierenden Bildungsverhältnisse. Muslime sitzen sowohl neben Hindus,[24] Zeugen Jehovas, religiös nicht gebundenen Schüler/innen und Vertretern vieler anderer weltanschaulicher Hintergründe im Unterricht „Praktische Philosophie", als auch wohl alsbald in einem (neben den Koranschulen in staatlicher Regie entstehenden) islamischen Religionsunterricht in deutscher Sprache, für den mehreren Ortes bereits Lehrer ausgebildet werden. Es ist in der *Zeitschrift für Didaktik der Philosophie und Ethik* sehr eindrucksvoll und überaus lesenwert dargestellt worden, welche Anforderungen eines spezifischen Wissens um kulturelle Hintergründe entsprechend heterogene Lerngruppen für Lehrerinnen und Lehrer mit sich bringen können.[25]

Die Zukunft wird nicht monokulturell sein. Dramatisierende Beschreibungen wollen zudem einen Zusammenhang zwischen einer konstatierten „Rache Gottes" (Gilles Kepel) an der „westlichen", säkularisierten und aufgeklärten Moderne und einem „Clash of Civilisations" (Samuel Huntington) nahelegen. Wenn Fremdheit ein „Beziehungsverhältnis darstellt, das sich durch Nähe intensiviert", entstehen hierdurch *Aufgabenfelder*, denn die Begegnung der verschiedenen Kulturen und Religionen bedarf einer Reflexion und Vermittlung, die der sozusagen „globalen hermeneutischen Situation" Rechnung trägt. Fragt man sich nämlich, welche Instanzen der Bildung und Forschung in unserer Gesellschaft den Menschen beim Versuch zuarbeiten können, sich zu den genannten Tendenzen in eine Verhältnis zu setzen, stößt man auf lokale Konkretionen, die auch Bemühungen der Philosophiedidaktik herausfordern. Der mehr oder weniger entwickelten notwendigen gesamtgesellschaftlichen Debatte über „Leitkultur", Migration, Parallelgesellschaft,

---

[24] Vgl. Annette Wilke / Martin Baumann: „Hinduismus im Westen", in: *Lexikon neureligiöser Gruppen, Sekten und Weltanschauungen*, Freiburg 2005, 551-564.

[25] Markus Bartsch: „Mit Kopftuch und Krawatte. Fallbeispiele aus dem Unterricht mit interkulturellen Lerngruppen". In: *Zeitschrift für Didaktik der Philosophie und Ethik* 29 (2007), 297-302.

„ethnische Kolonien"[26] usw. entspricht ein sehr realer Ort, an dem sich das Zusammenleben von Menschen unterschiedlicher Herkünfte austrägt: das *Klassenzimmer*. Und die ethisch-philosophischen Fächer, denen es um Bildungsprozesse von Kindern und Jugendlichen gerade im „weltanschaulichen" Bereich, also hinsichtlich von Sinn- und Wertfragen, Selbst- und Weltverhältnissen geht, stehen hier noch einmal in besonderer Weise „im Feuer", so sehr die spezifische „Fern-Nachbarschaft" der Kulturen im globalisierten Informations- und Medienzeitalter natürlich auch grundsätzlich Thema von Bildungs-prozessen ist.

Auf die Situation der philosophisch-ethischen Fächer unter den multiethnischen, multi-religiösen und multinationalen Wirklichkeitsbedingungen an vielen allgemeinbildenden Schulen können derzeit weder die Theoriedebatten universitärer „Interkultureller Pädago-gik", noch die allgemein verwendeten bildungspolitischen Beschreibungskategorien, noch die Curricula und Fachdidaktiken hinreichend konkret vorbereiten. Dies gilt auch für das noch auszutarierende Verhältnis zu einem islamischen Religionsunterricht, von dem seinerseits – wie von einer entsprechenden Theologie überhaupt – erwartet werden muss, dass er Anschluss an die Diskussionsbedingungen der Moderne findet. Seine zu fordernde Etablierung wird z. B. ein Fach wie die „Praktische Philosophie" in Nordrhein-Westfalen in der Breite unterrichtlicher Inanspruchnahme vor allem an Gesamtschulen entlasten,[27] seinen interkulturellen Charakter und ein entsprechendes didaktisches „Gefordertsein" jedoch nicht aufheben. Gleiches gilt für das Verhältnis zur Integrationsproblematik in der Schule generell (Beispiele Deutsch- und Biologieunterricht) sowie zum (nicht unumstrittenen) muttersprachlichen Ergänzungsunterricht; es gilt vom „asiatischen Wunder", d. h. dem Bildungserfolg bestimmter Migrantengruppen, über die Probleme von Einwanderern „bildungsferner" Herkünfte noch und gerade in der dritten Generation bis hin zur Idee „Unterricht durch Lehrer mit Migrationshintergrund für Schüler mit Migrationshinter-grund". Mit dieser Anforderungslage sind künftige Lehrerinnen und Lehrer nicht allein zu lassen: *Reflexion wie Handwerk entsprechenden Umgangs müssen Teil der Ausbildung werden.*

In diesen Zusammenhängen stellt sich auch eine Rückfrage nach der Kulturalität der Philosophie, die ja selbst um ihren Status als Projekt einer genuin abendländischen Rationalität ringt.[28] Obwohl als historisch-konstruktive Hervorbringungen des Menschen aufzufassen, gewinnen „kulturell" transportierte traditionelle oder aktualisierte Leitlinien für die Einzelindividuen zugleich eine normativ stark prägende Bedeutung. Es liegt im Wesen kultureller Identität, dass sie sich zunächst als jeweilige konstituiert – in diesem Spannungsfeld muss sich ein Arbeitsbegriff von „Kultur" für jedes Konzept, dem es um

---

[26] Rauf Ceylan: *Ethnische Kolonien. Entstehung, Funktion und Wandel am Beispiel türkischer Moscheen und Cafés*, Wiesbaden 2006.

[27] Vgl. zur Beschreibung der Situation anhand kartographischer Überblicke sowie eines „kleinen Lexikons der in NRW vertretenen Religionsgemeinschaften" Markus Hero, Volkhard Krech u.a. (Hrsg.): *Religiöse Vielfalt in Nordrhein-Westfalen*, Paderborn 2008. Sehr informativ ist die Netzseite: *www.religion.plural.org*. – Vgl. auch Ina Wunn: *Muslimische Gruppierungen in Deutschland*, Stuttgart 2007.

[28] Vgl. Franz Wimmer: *Interkulturelle Philosophie*, Wien 1990, 18 ff.

interkulturelle Bildungsprozesse geht, bewähren. Mit *Wolfgang Welsch* („Transkulturalität") und *Franz Martin Wimmer* muss das Ziel dennoch das einer *Kultivierung der Verständigung* von Menschen unterschiedlicher traditioneller Bezüge sein. Statt in der Tradition abendländischer Aufklärung umstandslos „die eine Kultur der Menschheit" anzustreben – die implizierte oder gar explizite Didaktik liefe wohl schnell genug auf eine Assimilationsforderung hinaus –, wären die verschiedenen Erscheinungsformen eines (schädlichen, als Gegenbild der angestrebten interkulturellen Verständigung verstandenen) „Zentrismus" auch im schulischen Raum zu identifizieren. Eine gewisses „Innehalten" gegenüber vorschnellen Wertungen kann dagegen in Bildungsprozessen eine bessere Wahrnehmung der kulturellen Überzeugungen des anderen sowie deren Rückbezug auf eigene Einstellungen bzw. deren mögliche Überprüfung erlauben (was wiederum auch vom anderen zu erwarten ist). Dies kann konkret heißen: den anderen zu Wort kommen lassen, wenn in kulturell heterogenen Lerngruppen die Emotionen „hochkochen" etwa zu dem, was manche Schüler türkischer Herkunft zur Homosexualität denken usw., ihn anzuhören, den „Prägekontext" der Mitschülerin / des Mitschülers einzuschätzen lernen („Warum empfindet der so?"), eine Fähigkeit zu partieller Rollenübernahme/begrenzter Empathie der Sicht des anderen zu entwickeln, der Erkenntnis Raum geben, dass auch das eigenen Denken als Mitglied einer historischen Kulturgemeinschaft geprägt ist, zumindest aber formulieren zu können, warum Einigung und Verständnis schwer fallen.[29] Schülerinnen und Schüler müssen dabei an ihr eigenes Empfinden anknüpfen, wenn sie die Perspektiven anderer verstehen wollen. Ihre Einstellungen sollen ein Stück weit „polylogisch-reflexiv" werden – der Unterricht des Faches Praktische Philosophie könne ein Medium dazu sein. In ihm könnte eine entsprechende *Haltung* eingenommen werden, die eine „Öffnung" für das Verstehen anderer Lebenszusammenhänge erlaubt.

Allerdings gilt auch: Schülerinnen und Schüler, im Unterrichtsdiskurs selbstverständlich und mit oft hervorragenden Resultaten im Unterricht als gleichberechtigte Diskurssubjekte ernst genommen, sind gleichwohl nicht die Repräsentanten „ihrer" Kulturen, sondern orientieren sich unter bestimmten konkreten kulturellen, sozialen und psychologisch zu analysierenden Bedingungen. Es unterschlüge die argumentativ ausweisbaren Aufklärungsgehalte der Kulturgeschichte und in manchen Einzelfällen wohl auch den Stand der durchgesetzten Rechtslage moderner Staatlichkeit in der Bundesrepublik (und stellte keinen Zug von „Authentizität" dar), wenn eine Lehrperson sich auf bloßes Nichtwissen beriefe und in „partnerschaftlicher" Weise mit den Schülern in Bescheidenheit nach „gemeinsamen Werten" suchen wollte. Philosophielehrer müssen nicht „Priester der Vielfalt" werden wollen und nur „alteritätsbesessen" noch eine „ethnologische" Partikularität, Heterogenität und Differenz der kulturellen Welt betonen. Es wäre seinerseits diskriminierend, so hat man bemerkt, Schülerinnen und Schüler mit Migrationshintergrund einer argumentativen und vernunftbestimmten Auseinandersetzung mit Tradition und Religion von vornherein nicht für fähig zu halten.

---

[29] Vgl. Markus Bartsch: *Gesellschaftlicher Dialog im Klassenzimmer. Didaktische Implikationen interkultureller Hermeneutik*, Münster (LIT) 2008; Gabriele Münnix: *Das Ethos der Pluralität*, Münster (LIT) 2004.

2.4 Ein Ansatz: Philosophieren als *Kulturvollzug* im Anschluss an Ekkehard Martens

Wie aber sind vor dem Hintergrund der bisher angesprochenen vielschichtigen Ausgangssituation die grundlegenden Sinnbildungsleistungen die Philosophie so aufzufassen, dass dies aus didaktischer Sicht anschlussfähig und fruchtbar zu machen ist?

Ich möchte hierzu einen kulturphilosophisch argumentierenden Vorschlag machen. Dieser Vorschlag versteht Philosophie im Anschluss an den bereits vorgestellten Philosophen und Didaktiker *Ekkehard Martens* als eine grundsätzliche Ausdrucksform des Menschen, als ein sinnhervorbringendes und sinnvermittelndes Geschehen: er begreift *Philosophieren als Kulturvollzug*, an dem wir – zweifellos aufgrund anthropologischer Konstanten dazu disponiert, jedoch zugleich als ein Ergebnis der Geistesgeschichte der Moderne hierzu auch aufgefordert – *als Menschen, die wir sind, allesamt Anteil haben.*[30] Dem entspricht als Konkretisierungsform konsequentermaßen das Anliegen einer Grundorientierung in Sinn- und Wertfragen in den Schulen, also im Pflichtschulsystem als dem – etwa im Unterschied zu Erwachsenenbildung – gesellschaftlich am nachhaltigsten organisierten Teilbereich institutionalisierter Bildung.

Dies ist eine zentrale, in letzter Instanz dem geistesgeschichtlichen Projekt des Humanismus[31] geschuldete Einsicht: dass *Philosophieren das durch und durch und von Grund auf Menschliche ist.* Philosophie ist eine eminente Form bewusster Kulturteilhabe: wir können als Menschen gar nicht leben bzw. einen halbwegs anspruchsvollen Begriff unseres Menschseins nicht realisieren, so lässt sich hier behaupten: ohne ein mehr oder weniger bewusstes Selbst- und Weltverhältnis zu entwickeln. Dieses Denken methodisch klarer zu gestalten und ihm die Sinngehalte der Philosophie zu vermitteln, ist die Aufgabe philosophischer *Bildung.* Der Rekurs auf den Humanismus hilft, an jene *Sinnperspektive der Bildung* zu erinnern, die im *Eigenwert humaner Selbstkultivierung* und einer von hierher ermöglichten verantworteten gesellschaftlichen Handlungsfähigkeit liegt.

Macht man eine solche Voraussetzung, muss die Philosophie den Status eines gesellschaftlichen Spezial- und Miniatur-Sektors überwinden, den sie als ledigliches Gelehrtentum zweifellos nur allzu oft innehat. Zugleich liegt es nahe, die Philosophie in diesem Zusammenhang auch in ihrem szientifischen Status in einer bestimmten Weise zu verstehen. Als ein Teil jener kulturellen Anstrengungen, die auf den Begriff zu bringen es angetreten ist, ist nämlich auch alles Philosophieren – worauf noch zu verweisen sein wird – als „Arbeit am Logos" aufzufassen. Dieser Logos, diese Vernunft erweist sich als in die Geschichte eingelassenes und auf seine Prägung und Belehrung durch die Geschichte angewiesenes *Projekt kultureller Arbeit.*

---

[30] So die grundlegende These in dem Aufsatz von Ekkehard Martens: Lesen, Schreiben, Rechnen – Philosophieren als vierte Kulturtechnik. Konsequenzen aus Kants Didaktik. In: S. Dietz/H. Hastedt/ G. Keil / A. Thyen (Hrsg.): *Sich im Denken orientieren. Für Herbert Schnädelbach*, Frankfurt a.M. 1996, 71-83.

[31] Vgl. Jörg Ruhloff: „Humanismus, humanistische Bildung". In: *Historisches Wörterbuch der Pädagogik*, hrsg. von D. Benner / J. Oelkers, Weinheim/Basel 2004, 443-454. – Zur Redeweise von einer „humanistischen Illusion" sich zu äußern, ist hier nicht der Ort.

Alle *Bildung* steht dabei gerade an jener Stelle, an der in jedem solchen Projekt anzusetzen wäre. Wie die Kultur überhaupt ist sie nicht nur Gegebenes, sondern vor allem auch Aufgegebenes. Wie immer man mögliche Wirkungen der Philosophie in unserer sich verändernden Gegenwart beurteilen mag – und die Philosophiedidaktik steht dafür, dass es solche Wirkungen gibt – diese Wirkungen sind nicht möglich, *ohne dass wir ein Verständnis dessen zu entwickeln suchen, was Kulturprozesse und unsere Teilhabe an ihnen bestimmt.* Ich gehe im Weiteren davon aus, dass es die Theorie der Hermeneutik ist, die ein solches Verständnis liefert.[32]

2.5 *Hermes und die Eule der Minerva* – Der entscheidende Beitrag der Hermeneutik zum Verständnis kultureller Bildungsprozesse

Die „Hermeneutik" geht als *Lehre vom Verstehen* ihrem Begriff nach vielleicht auf den geflügelten Götterboten *Hermes* zurück, der in der Antike als Sohn des Göttervaters Zeus zu den Menschen unterwegs war. Sie handelt davon, wie wir Kulturvorgänge aufnehmen, für uns realisieren, weitertragen und womöglich beeinflussen können. Damit repräsentiert sie einen humanen Grundvollzug, dessen lebensweltlich grundsätzliches Wirken die Zusammenarbeit menschlicher Individuen als Kommunikation allererst ermöglicht – angefangen von der Paarbeziehung und ausgreifend bis zur Begegnung der Kulturen. Mit Wurzeln in der antiken und biblischen Textexegese vollzieht die Theoriegeschichte der Hermeneutik als Beschreibung dieses Grundverhältnisses eine Entwicklung zu einer allgemeinen Kulturtheorie. Für eine Feststellung diese Umstands spielt vor allem der Philosoph der Kulturwissenschaften *Wilhelm Dilthey* (1833-1911) eine herausragende Rolle, für den das Verstehen eine lebens- und alltagsweltliche Urfähigkeit des Menschen ist: „Ein großer Teil menschlichen Glücks entspringt dem Nachfühlen fremder Seelenzustände", bemerkt Dilthey und verweist nicht ohne ein gewisses Pathos auf die enorme Spann- und Reichweite des dabei Aufzufassenden: „Dies Verstehen reicht von dem Auffassen kindlichen Lallens bis zu dem des Hamlet oder der Vernunftkritik. Aus Steinen, Marmor, musikalisch geformten Tönen, aus Gebärden, Worten und Schrift, aus Handlungen, wirtschaftlichen Ordnungen und Verfassungen spricht derselbe menschliche Geist zu uns und bedarf der Auslegung".[33]

---

[32] Vgl. zu den im Folgenden nur knapp skizzierten Zusammenhängen genauer meinen Beitrag: „Hermes und die Eule der Minerva. Zur Rolle der Hermeneutik in philosophischen Bildungsprozessen". In: J. Rohbeck (Hrsg.): *Philosophische Denkrichtungen* (Jahrbuch für Didaktik der Philosophie und Ethik Band 2), Dresden 2001, 81-115; auch in V. St.: *Philosophie und Lebenswelt*, Hannover (Siebert) 2012, 141-166. Vgl. auch V. St.: „Hermeneutik und Bildung". In: *Zeitschrift für Didaktik der Philosophie und Ethik* 23 (2001), 254-259.

[33] Vgl. meine Textvorstellung: „Wilhelm Dilthey: Die Entstehung der Hermeneutik" („Philosophische Meisterstücke"). In: *Zeitschrift für Didaktik der Philosophie und Ethik* 23 (2001), Heft 4: „Hermeneutik", 305-309.

Wie andere philosophische Paradigmata ist zwar die solcherart hier bemühte Hermeneutik in ihrer erfolgreichen Theoriegeschichte immer auch kritisiert worden: In ihrem Fall von solchen Kritikern, die sich an natur- bzw. gesetzeswissenschaftlichen Kategorien orientierten, von solchen, die im Besitze Marxscher Kategorien eine klassenspezifisch beschränkte Hermeneutik überboten, von solchen, die in der Entdeckung „selbstorganisierender Systeme" den Schlüssel für die Beschreibung der natürlichen wie der kulturellen Welt gefunden zu haben glauben, zuletzt eine Zeitlang unter dem Signum der „Dekonstruktion" von avantgardistischen Künstler-Denkern im Gestus der technizistischen Provokation, eines Nietzscheschen Antihumanismus und mit französischem Akzent. Je mehr (und je schneller) diese Moden vergehen, um so deutlicher erweist sich freilich die bleibende Relevanz der Hermeneutik als *umfassender Kulturtheorie* (was nicht bedeutet, dass sie nicht aus jeder dieser Herausforderungen auch gelernt hätte und ihre theoretischen Zugriffe sich nicht auch ergänzen ließen). Gegenüber mancher philosophischen Richtung, die „die Sachen selbst", den „klaren Begriff" oder „die reine Logik" der Dinge herauszupräparieren wähnt, rechnet sie – dies dürfte einer ihrer kennzeichnenden Grundzüge sein – immer schon mit ihrer eigenen kulturellen Kontextualität. Zu verstehen und verstanden zu werden ist Teil eines dichten, sich in einem fort weiter spinnenden Netzes von sozialen Beziehungen und kulturellen Bedeutsamkeiten. Das Kulturelle ist dabei, wie wir seit der Etablierung des historischen Bewusstseins im Historismus wissen, vor allem beschreibbar als eingelassen in die Sphäre der Geschichte (nicht jedoch einer hypostasierten „Tradition"), auch übrigens ihrer Brüche und Diskontinuitäten. *Die Hermeneutik bezeichnet den Modus der Bildung: die Art und Weise überhaupt, in der wir uns zu den kulturellen Sinn- und Sachverhalten in ein Verhältnis setzen, sie uns zu eigen machen und sie durch eigene Beiträge fortzuführen suchen.* Sie hat es mit einem Wissen zu tun, in dem über das (unabdingbare und im Unterricht durchaus kontrollierbare) reine Faktenwissen hinaus sozusagen der Mensch selbst in seiner gesellschaftlichen und kulturellen Prägung, in seiner jeweils eigenen Bildung und Entwicklung, ja selbst noch in seiner biologischen und tierischen Natur mitschwingt, wenn etwas Bedeutsamkeit gewinnt. Jede(r), der bzw. die an den Lernorten als Lehrende(r) oder Lernende(r) in wechselseitigem Austausch steht, arbeitet zugleich an solchen Verstehensprozessen mit. Diese repräsentieren, was wir über uns und unsere Teilhabe an der kulturellen Welt wissen. *Menschliches Leben und menschliche Kultur sind – wie noch ihr Selbstreflexivwerden – als auf Verstehensleistungen basierend aufzufassen.*

Die Hermeneutik als Theorie des Humanen und der Kultur führt dabei fast zwangsläufig auf die Perspektive, das, was Menschen in hermeneutischen Prozessen erreichen können, individuell und für alle durchzusetzen. Es gilt in einem solchen Sinne das Wort vom „Verstehen als Menschenrecht". Für dessen Realisierung wiederum steht im Deutschen der Begriff der *Bildung*, auf den der folgende Abschnitt hinaus will.

Nichts bringt, glaube ich, das, was wir als Pädagogen und Philosophen tun, derart treffend auf den Begriff, wie das Zusammenspiel von Hermeneutik und Bildung. Beide Konzepte beschreiben in erhellender Weise, wie Individuen zur Teilnahme an Kulturprozessen fähig werden, und beide bieten Ansätze zur Thematisierung der Kompetenzen, aus denen heraus sie diese gestalten können. Der in hermeneutischen Prozessen sich bildende Mensch ist keine idealistische Hypostase – er ist die Aufgabe *kultureller Arbeit* in natürlichen, sozialen und kulturellen Kontexten. Die kulturtheoretische Relevanz der Hermeneutik lässt sich darum in ihrer didaktischen Bedeutung ausweisen und umgekehrt vermag der Bildungsaspekt die kulturphilosophischen Leistungen der Hermeneutik zu erhellen. Dass wir „verstehen" können, ist Grundlage aller Prozesse kultureller Bildung. Alle Bildung wiederum ist lauter Triumph einer kulturtheoretisch und historisch aufgeklärten Hermeneutik. Die Re- und Neuproduktion der Kultur ist nicht möglich, ohne dass ihre Subjekte zur Teilhabe an ihren Gehalten und Prozessen befähigt werden, und dies wiederum ist undenkbar ohne den Einsatz eines konkreten *Instrumentariums didaktisch-methodischer Schritte und Verfahren*. Dies gilt insbesondere auch für die Philosophie: Wenn die Philosophie eine engagiertere Rolle in Kulturprozessen übernehmen kann und soll, wenn die Eule der Minerva auch zu tagaktiven Aufgaben aufbrechen soll, wird sie der Hilfe des Hermes bedürfen.

2.6 Quintessenz: Philosophische Bildung als reflektierende Orientierung und „Arbeit am Logos"

Wenn ein *Platon* einst sein metaphysisches Bildungskonzept als Antwort auf die Krise der Polis konzipierte, ein *Humboldt* das seine auf die Krise seines Zeitalters, die in der Französischen Revolution ihren Ausdruck fand, deren Augenzeuge er war, so stehen kulturelle Lehr-Lernprozesse heute wiederum in einer neuen Problemstellung, sowohl hinsichtlich der Entwicklungen in unserer Gesellschaft, als auch globaler und prinzieller Art.[34] Bildung erscheint nicht zuletzt als Antwortversuch auf solche gesellschaftlichen Transformationen: Sie steht an eben genau jener Stelle, an der bei jedem Projekt einer „Arbeit am Logos" anzusetzen wäre, beansprucht sie doch immer auch eine Kompetenz, menschliche Verhältnisse zu beurteilen und einzurichten zu helfen. Ungeheuer viel hat die Bildungsexpansion gerade in der westlichen Welt bewegt. Zugleich aber erscheint ein auch nur halbwegs nachhaltiger Begriff von Bildung angesichts der wissenschaftlich-technischen Entwicklungen, sozialer Probleme, in der gegenwärtig zu konstatierenden Ökonomisierung aller Lebensvollzüge und in der kommerzialisierten Massen- und Populärkultur gefährdeter denn je.

Der Begriff der „Bildung" wird heute gelegentlich für überholt gehalten. „Bildung" gilt etwa als (im Nationalsozialismus) gescheitertes oder als („lediglich") „deutsches Projekt". Ein weiterer, auch nicht nur positiver Befund ist – zugleich – die ungeheure Inflation des Begriffsgebrauchs, die für einen bewussten Umgang eher hinderlich ist. Wir reden von: Bildungsministerien, Bildungskatastrophe, Bildungssystem, Bildungsplanung, Bildungspolitik usw. Eine solche Verwendungsintensität beweist freilich auch: Kaum ein Begriff ist inzwischen so gründlich von einstmaligen elitären Engführungen befreit, ist so präsent im Lebensalltag, ist derart nahe bei den Kulturvollzügen an unseren Bildungsorten, wie –

---

[34] Diese Bemerkungen gehen auf einen Vortrag zurück, den *Helmut Peukert* am 7. 5. 2002 an der Westf. Wilhelms-Universität Münster vor einem Kreis von Studierenden, Referendaren und Lehrern im Rahmen meines „Kontaktseminars Fachdidaktik: Praktische Philosophie" gehalten hat.

„Bildung". Dies aber wiederum ermöglicht die These: Es ist die Kraft eines in wichtigen
seiner Grundelemente, nämlich in seiner Auffassung des Subjekts wie in seinem Weltbezug
erneuerten Bildungsbegriffs, die das, was eine philosophische Orientierung im Besonderen
leisten kann und angesichts gegenwärtiger Tendenzen auch leisten können muss, in
adäquater Weise zu formulieren vermag.[35]

Zur Bildung gehört zunächst und ganz grundsätzlich die *Identitätsfindung konkreter
Subjekte und ihre „Arbeit an sich selbst"* in Auseinandersetzung mit der kulturellen
Konstruktion der Welt. Bildung erscheint demnach prinzipiell, mit einem Wort von
Theodor Adorno, als „Kultur nach der Seite ihrer subjektiven Zueignung". Alles Philosophieren und damit auch jeder Philosophieunterricht, der sich nicht selbst verleugnen will,
muss und kann Lernende zur „Arbeit" am „Projekt ihrer Identität" anregen. Die unaufgeb-
bare Zielbestimmung der Ausprägung jeweiliger Ich-Identität ist eine Idee des abendländischen Denkens und der Philosophie. Eine „Subjekt-" als Individualitätsvorstellung, wie
man sie heute hegen mag, ist historisch erarbeitet, so z. B. einer häufig vertretenen
Auffassung nach von *Descartes* (1596-1850) allererst recht konstituiert worden, aber noch
im Sinne eines metaphysischen, kulturell nicht vermittelten Substanzbegriffs. *Kant*
überwindet den Substanzendualismus, nicht jedoch, wie *Wilhelm Dilthey* beklagt hat, die
historische und kulturelle Leere des Subjektbegriffs. Dessen adäquate Ausprägung ist
Leistung der klassischen Bildungsphilosophie des 19. Jahrhunderts, vor allem des bereits
erwähnten *Wilhelm von Humboldt*, mag diese auch die Bildung in einem Modus idealistischer Garantien gedacht haben, die die Geschichte nicht nur in Deutschland als dem Land
der Bildung in bitterster Weise nicht eingehalten hat. Nicht erst seit der Subjektkritik der
einstigen „Postmoderne" kann das Bildungssubjekt auch nicht mehr einfach als Zielbestimmung eines „soliden, authentischen Ichkerns" begriffen werden. Dies ist der Tatsache
geschuldet, dass es für die Persönlichkeits-Entwicklung keinerlei Gewährleistungen gibt,
dass, wie in unterschiedlichsten Kontexten beklagt, das Ich auch gleichsam „klein" bleiben
kann und das Problem der „negativen" – gestörten, zerstörerischen – Persönlichkeit zu
bedenken wäre.

So scheint eine Beschreibung zuzutreffen, der zufolge das Subjekt als „Differen-
zierungsereignis einen Ort etabliert, an dem Identität modelliert wird, ohne je eine letzte
Gestalt zu erhalten".[36] Die dabei in Lehr-Lernprozessen (hoffentlich) sich bildende

---

[35] Zur weiteren Begründung vgl. meine *Theorie der Kulturellen Bildung*, München 1999. Vgl. auch
Hans-Ulrich Lessing / Volker Steenblock (Hrsg.): „Was den Menschen eigentlich zum Menschen
macht ..." *Klassische Texte einer Philosophie der Bildung*, Freiburg 2010. – Die Relevanz einer
humanen Ansprüchen verpflichteten *Bildung* im *philosophischen Sinne ihres Begriffs* angesichts
neuerer empirischer Unterrichtungsforschung hat am 30. 6. 2009 *Jörg Ruhloff* („Frankfurter
Einspruch: Das Bildungswesen ist kein Wirtschaftsbetrieb") bei einem „Workshop" mit einem Kreis
von Philosophiedidaktikern im Kulturwissenschaftlichen Institut (KWI) in Essen mit großer
Eindrücklichkeit betont (Vgl. Bericht im Heft 4/2009 der *Zeitschrift für Didaktik der Philosophie
und Ethik*: „Person und Bildung").

[36] Vgl. hierzu Käte Meyer-Drawe: „Individuum". In: *Historisches Wörterbuch der Pädagogik*, hrsg.
von D. Benner u. J. Oelkers, Weinheim/Basel 2004, 458-481, dies.: *Illusionen von Autonomie.
Diesseits von Ohnmacht und Allmacht des Ich*. 2. Aufl. München 2000. Vgl. mit unterschiedlichen

Vernunft verkörpert gegenüber dem (unabdingbaren) reinen Faktenwissen ein „persönliche[s]", ein „als Wissen selbst evident eingesehene[s] und verantwortete[s] Wissen".[37] Als solches impliziert „Bildung" eine gewisse Einheit von Theorie und Praxis im Selbst- und Weltverhältnis des Menschen bis hin zu der Hoffnung, ihre Subjekte auch praktisch handlungsfähig werden zu sehen, d. h. Bildung zu verweisen auf die eigene Mitverantwortung für die Gestaltung des sozialen und kulturellen Lebens.

Als *Elemente eines heute aktuellen Bildungsbegriffs* lassen sich insgesamt von dem soeben genauer beschriebenen Ausgangspunkt in unserem „Ich" aus zusammenfassend die folgenden auflisten:

- Eine Zielsetzung im Bildungs*subjekt* diesseits von Demontage oder Hypostase und ...
- ... eine zugleich auch auf *praktisches* Sich-Bewähren ausgehende Sicht der Bildung.

Abb.: Elemente eines philosophischen Bildungsbegriffs

Zugriffen auch Jürgen Straub / Joachim Renn (Hrsg.): *Transitorische Identität. Der Prozesscharakter des modernen Selbst*, Frankfurt a. M. 2002.
[37] Diese Formulierung verdankt sich *Gunter Scholtz*: „Sokrates und die Idee des Wissens". In: H. Kessler (Hrsg.): *Das Lächeln des Sokrates*, Kusterdingen 1999, 247-269, 263.

- Diese Bildung ist zugleich aufzufassen als „Arbeit am Logos". Das bedeutet, dass Bildung als Teil der Kultur selbst eingelassen ist in die Prozesse, die auf den Begriff zu bringen, zu begleiten und womöglich zu steuern sie angetreten ist – in ihre Irrtümer wie in ihre Errungenschaften und Fortschritte.

- Bildung kann ihrem humanen Begriff nach nicht elitär sein; sie zielt auf kulturelle Kompetenz *jedes* Menschen, nämlich dort, wo sie uns alle institutionalisiert erreicht: im Pflichtschulsystem – und darüber hinaus.

- Es gibt keine Bildung ohne *Bildungsgehalte*, d. h. ohne eine „materiale" Seite, Objektseite.

- Bildung muss darum Anwältin der Tradition, aber zugleich ein *Reflexionsbegriff* in einer Welt kultureller Konflikte und ambivalenter naturwissenschaftlich-technisch induzierter zivilisatorischer Entwicklungen sein.

- Die Bildungsperspektive ist *interdisziplinär* und *verbindet die Orte des Lernens.*

- Eher als eine Frage bleibt am Ende eine Überlegung von großer geschichtsphilosophischer Tradition: Gibt es einen „Bildungsprozess" der Gattung?

Diese Aspekte zusammennehmend ist es vielleicht einiges von der spezifischen und signifikanten *Verbindung und Balance* der acht aneinander und gemeinsam arbeitenden und wirkenden Faktoren, das die Bedeutung der Bildung ausmacht: der Ausprägungen des Subjekts und der materialen Gehalte, die es sich aneignen muss, von Tradition und Aktualität, Wissenschaft und Praxis, demokratischer Verpflichtung und Universalität, Eigenanspruch und Menschheitsperspektive. Der „Zauber der Bildung" besteht dabei weniger in den metaphysischen Garantien, die noch ein *Humboldt* ihr hat geben wollen, als in der Kraft der Vermittlung ihrer Elemente untereinander. Sie müssen sich beständig aufeinander beziehen, aneinander korrigieren und abarbeiten, vor allem aber sollen sie einander beflügeln. Kritik an Bildungszuständen drängt sich immer da auf, wo wichtige Elemente fehlen oder wo die Balance gestört erscheint.

Warum eine *philosophische Bildung?* Die Philosophie als grundlegende Kulturtechnik vertritt in einem besonderen Maße den Anspruch eines jeden Einzelnen, an den kulturellen Errungenschaften des Menschen teilzuhaben und sie mitzugestalten und so vom *Objekt* aller ihn prägenden Umstände, des Marktes, der Medien usw. zum *Subjekt* seiner selbst zu werden. Sind wir nicht, so hat man schon gefragt, die Getriebenen fremdbestimmter Einflüsse, im Grunde Niemande, die auf der Bühne des Lebens ein gespenstisches Stück aufführen, Schablonen, Masken und Puppen des Profits und vielfacher anderer äußerer Umstände – aber nichts dahinter, kein Selbst? Oder bestenfalls ein Sammelsurium disparater Elemente? Dem steht entgegen das „Werde, der du bist", die Chance, mehr aus uns zu machen, ein reicher ausgeprägtes, vielstimmigeres Leben zu erlangen – eine Chance, die vergänglich ist und genutzt werden muss, denn, mit *Heinrich Heine*, jeder einzelne Mensch ist schon eine Welt, die mit ihm geboren wird und mit ihm stirbt. Die Grundidee der Bildung ist seit Humboldt – wie generell, so auch und gerade gipfelnd in der Philosophie –, die Vorstellung, dass eine Ausweitung und kulturelle Selbstfindung unserer Ich-Existenz erstrebenswert und Lebensziel ist – auch noch gegen die angesichts des Leides gelegentlich ironisch beschworene Erkenntnis, dass wir besser nicht da wären. Alle Bildung widerspricht einer Abtötung des Ich oder seiner theoretischen Demontage. Es gilt, wie man formuliert hat, „am eigenen Menschsein zu arbeiten" oder, wie der zeitgenössische kanadische Philosoph *Charles Taylor* formuliert, „das Ideal der Selbstwahl als moralisches Ideal".[38]

Was möchte man eigentlich wissen, wenn man sich womöglich fragt: „Wer bin ich"? Die Frage nach der eigenen Identität ist in Bildungsprozessen nicht zuletzt eine nach der Selbstwiederfindung und Kontinuität des „Ich". Menschen tragen aber in unterschiedlichen Kontexten, wie jede/r schon an sich selbst feststellen kann, durchaus verschiedene „Gesichter". Muss man an seiner eigenen Identität zweifeln, wenn diese sich mit wechselndem Umfeld mit zu verändern scheint? Was ist es an mir, das immer gleich bleibt, von dem ich sagen könnte: „das bin ich"? Gibt es Momente im Leben, wo ich mehr „ich selbst" bin als zu anderen Zeiten? Wie ist das Verhältnis zwischen mir und den anderen? Wie weit grenze ich mich ab? Wie weit lasse ich mich auf die anderen ein? Wie bestimmt dieses Verhältnis meine Selbstkonzeption (und umgekehrt)? Einen wesentlichen Aspekt der Identität bildet auch deren emotionale Beschaffenheit. Welches Gefühlsspektrum prägt das Bild meiner Persönlichkeit, welches das anderer Menschen? Verändern wir uns im Laufe der Zeit in allen diesen Aspekten?

Aufschlussreich für solche Fragen ist die bei Taylor mit *Johann Gottfried Herder* gewonnene Einsicht, dass der Einzelne in seinem Geprägtwerden wie in seinem Handeln immer schon in die natürliche wie kulturelle Welt verwoben ist. Eine völlige Autonomie ist sinnvoll gar nicht vorstellbar. Wir Menschen sind immer schon aufeinander bezogen – gewissermaßen sozial kontextuell konzipiert. Wir bilden unser Eigenes, indem wir wechselseitig aneinander teilhaben. Wir müssen einen kulturellen Horizont mit anderen teilen, um selbst zu „werden". Diese kulturellen Bedingungen setzen wir zunächst nicht selbst. Wir können uns nicht aussuchen, in welcher Zeit, welcher Kultur, welcher Nation wir geboren werden. Identitätsbildung bedeutet deshalb zunächst einmal, Traditionsgehalte und Normen für sich zu realisieren und kennen zu lernen. Kulturell impliziert dies deren Präsentation, um einen Überlieferungsabbruch zu vermeiden und über die alltagsweltlichen Üblichkeiten und Verwirrungen hinaus Potentiale der Traditionen in die Lebensgestaltung einfließen zu lassen, die mithelfen, zunächst einmal Orientierung in jeweiligen Gegenwarten zu ermöglichen. Wir legen dann wieder oft genug in alte Worte das Unsere hinein und „erarbeiten" uns neue Zusammenhänge, die unseren Horizont und unsere Möglichkeiten erweitern. Die Tradition hilft uns, für uns selbst einen Resonanzboden des Weiterdenkens herzustellen.

Ohne eine persönliche Perspektive wie die vorbenannte kommt kein Bildungsprozess zustande, aber ohne Argumentation, Weltkonfrontation und Sachinformation kommt er

---

[38] Charles Taylor: *Das Unbehagen in der Moderne* („The Malaise of Modernity"), Frankfurt a. M. 1995, 50.

nicht weiter. Bildungssubjekte, die von der Philosophie profitieren sollen, benötigen Kenntnisse über die unterschiedlichen kulturell bereits etablierten Sinnangebote und Alternativen, wenn sie informiert, mit Gründen und Vergleichspunkten Standpunkte beziehen oder kritisieren wollen. Philosophische und moralische Bildung sind nicht vorstellbar als eine rückhaltlose Kritik und Neuentwicklung *ab ovo*, die die lebendigen Traditionspotentiale übersähe, die zweifellos unsere Orientierung in der Welt und unsere Vorstellungen von sittlichem Handeln stets auch speisen. Die Orientierung ist aber der Vergangenheit nicht einfach zu entnehmen; sie ist vielmehr beständig und immer wieder neu von den Einzelnen selbst zu leisten.

All dies hat didaktische Konsequenzen, denn wir müssen unsere Fähigkeiten als Bildungssubjekte, die beschriebene möglichst fruchtbar Vermittlung von Traditionsbewahrung und Neuorientierung leisten zu können, zu fördern suchen. Dies geschieht im Interesse unserer Gegenwart: Je mehr wir in die alltäglichen Sachzwänge der Arbeits- und Konsumgesellschaft und nicht zuletzt der Unterhaltungsindustrie eingebunden sind, statt dass wir uns aktiv an kultureller Orientierung beteiligen, um so eher sinken die Chancen auf gesamtkulturelle Partizipation, um so ungehemmter kann in den einschlägigen Teilsektoren vorgegangen werden, um so mehr schwinden die Möglichkeiten, auf die Entwicklung Einfluss zu nehmen. Die Arbeit der Bildung ist bei aller Komplexität ihres Gegenstandes, nämlich der menschlichen Angelegenheiten, gleichwohl nicht die Arbeit des Sisyphos. Sie verkörpert vielmehr – wie angesprochen – die spezifische und signifikante Chance, die in der Verbindung und Balance der in Bildungsprozessen aneinander und gemeinsam arbeitenden oben aufgeführten Aspekte liegt: Bildung kann die Ausprägungen des Subjekts mit den materialen Gehalten der in der Geschichte sich aufarbeitenden kulturellen Vernunft vermitteln, Tradition mit neuen Anforderungen, Wissen mit Verantwortung. Die *Philosophie* gehört der Bildung dabei konstitutiv an, ja: sie bildet gleichsam die reflexive Spitze kultureller Orientierung. In einer Gegenwart rascher gesellschaftlicher Veränderungen, medialer Infantilisierung und kultureller Amnesie hat sie Gelegenheit mehr als genug, ihren besonderen Anteil am „uneingelösten Versprechen" der Bildung für Individuum und Gesellschaft präsent zu halten und zur Wirkung zu bringen.[39]

Die bisher beschriebene *grundsätzliche Vermittlungsstruktur der Bildung* prägt somit auch das Profil eines Konzeptes „Philosophischer Bildung". Sie zeigt sich gerade auch näherhin vor dem Hintergrund der eingangs dargestellten philosophiedidaktischen Theoriegeschichte: Bildung bringt *Expertenkulturen und Alltagswelt* zusammen. Sie kann *Tradition und Orientierung* überzeugend vermitteln. Ein Konzept Philosophischer Bildung ist erforderlich und in der Lage, die vielbeklagte Kluft zwischen Expertenkulturen und Alltagswelt aufzulösen und die von *Jürgen Habermas* geforderten professionellen Übersetzungs- und Vermittlungsdienste zwischen der „Alltagswelt" und jener kulturellen Moderne, die sich in ihre eigengesetzlichen Entwicklungsfelder entfernt, zu leisten. Aufgabe der Philosophiedidaktik ist hier, angesichts der beschriebenen Diagnosen gegenwärtiger Lebensverhältnisse die Angebote, Antworten (und die Fragen!) der

---

[39] Vgl. Helmut Peukert: „Bildung – Reflexionen zu einem uneingelösten Versprechen". In: *Bildung – Friedrich-Jahresheft*, Seelze 1988, 12-17.

Philosophie aus den „Expertenkulturen" zu entbinden bzw. hierbei mitzuwirken und diese durch die Vermittlungsleistungen alle Bildungsorte für neue Bildungsprozesse zugänglich zu machen. In einem durchaus anspruchsvollen und emphatischen, jedoch verteidigenswerten Gestus hat man gesagt, dass die Bildung dabei in radikaler Unbedingtheit alle Menschen in ein Universum der Gleichheit, Freiheit und Brüderlichkeit aufnimmt.

Die Kategorie einer *Philosophischen Bildung* stellt hiermit ein weithin durchaus etabliertes rein szientisches Selbstverständnis der Fachphilosophie in Frage. In einem eigentümlichen Gegensatz steht, wie man empfunden hat, der eindrucksvolle akademische Aufwand philosophischer Reflexion zu deren eher kümmerlicher Einspeisung in die realen Orte und Zusammenhänge alltagsweltlicher Orientierungserfordernisse. Ihre Sinnpotentiale „trocknen" ohne kulturelle Handlungskompetenzen in einem gleichsam „borniertem Sachverstand" (*Jörn Rüsen*) regelrecht aus.[40]

Um dem zu widerstreiten, ist es erforderlich, in systematischer Art und Weise und mehr als gegenwärtig *Verbindungen* zwischen den Orten und Arten (Medien) des Philosophierens einzurichten, denn nur eine verstärkte integrative Vernetzung der Bildungsorte kann die verlangte Vermittlungsleistung erbringen. Die eigentliche Relevanzzone der Bildung sind nicht die je spezischen Ebenen unversitärer, schulischer, alltagskultureller Professionalität (so wichtig diese sind), sondern sie besteht in einer diese Ebenen allesamt noch einmal schneidenden, durch sie hindurch gehenden „Achse" und Dimension allgemein menschlicher Orientierung, zu der jede der Ebenen Beiträge leistet, von denen sie aber wissen muss, dass sie die „blinden Flecke" ihrer je eigenen Sachlogik nur gemeinsam mit den anderen klären kann (vgl. Abb.).

Philosophische Bildung bringt zugleich eine Didaktik auf den Begriff, die in stets aktuellen Prozessen Bildungssubjekte die ihre Orientierung ermöglichenden Kompetenzen *eigentätig* ergreifen lässt. Wäre dem nicht so, bedürfte es statt aller Pädagogik und Didaktik lediglich einer „Schnittstelle" zum „Überspielen" von Sachverhalten. In einer fachdidaktischen Spezizierung von Humboldts „Lernen des Lernens" erscheint vor diesem Hintergrund eine „Kompetenzentwicklung zum Philosophieren" als entscheidender Prüfstein, der mit unterschiedlichen methodischen Zugängen zu eigenem Arbeiten motiviert und anleitet. Die Philosophiedidaktik möchte nichts „billiger verkaufen": Sie möchte das vielfältige Alltags-Meinen, wie es nicht nur Jugendliche, sondern wir alle an die verschiedensten Bildungsorte mit- und heranbringen, ernst nehmen, es aufgreifen, zum Ausgangspunkt von Kursen und Seminaren machen, es aber zugleich mit nötigen Kompetenzen befähigend ausrüsten bzw. zu einer entsprechenden „Selbstausrüstung" anleiten. Indem philosophische Bildungsprozesse antreten, das Sich-Orientieren und Denken methodisch klarer zu gestalten, ihm die Sinngehalte der Philosophie zu vermitteln und auf ein Sich-Interessieren, auf kritisches Prüfen und Weiterfragen hinzuwirken, möchten sie der Einsicht Rechnung tragen, dass Lernen vor allem aus aktivem Handeln in eigengesteuerten Lernsituationen resultiert. Die akademische Fachwissenschaft gewinnt dabei unbeschadet ihrer anzunehmenden eigenen Bildungsprozessstruktur die wichtige Funktion einer Überprüfung, Erhellung und Erweiterung der aus den Lebensverhältnissen, d. i. aus den tagtäglich

---

[40] Vgl. Jörn Rüsen: *Kultur macht Sinn*, Köln 2006.

ablaufenden kulturellen Orientierungsprozessen, aufsteigenden und an sie zurückzu-spiegelnden Hinsichten. Die Grundfragen der Bildung sind von und mit den (gegenwärtig so gerne beschworenen) Eliten zu diskutieren – sie sind aber nicht an Experten zu delegieren, denn niemand kann andere weltanschaulich orientierend für sich denken lassen oder stellvertretend für sich „Mensch" sein lassen.

Mit den vorgenannten Überlegungen formuliert eine Philosophische Bildung *einen Grundansatz, dem die konkreten Aspekte der Philosophiedidaktik, wie sie in den folgenden Abschnitten versammelt werden, sich zuordnen.*

Einige wichtige dieser Konkretionen eines philosophiedidaktischen Bildungskonzeptes werden im Weiteren näher entwickelt:

- Eine These des Konzeptes Philosophischer Bildung ist es gewesen, dass Bildung immer die *Bildung aller* ist und dass darum die verschiedenen *Orte des Philosophierens zusammengehören*. Das dritte Kapitel (Sie befinden sich derzeit noch am Ende des zweiten...) stellt darum im Folgenden diese *Orte* des Philosophierens, d.h. Lehr-Lernprozesse in ihrem jeweiligen Kontexten vor.

- Auch *Bildung und Methode* gehören zusammen. Jede Bildungsabsicht muss sich in Methode umsetzen. Philosophische Bildung ist aufzufassen als eine Ingangsetzung von „Erkenntnisarbeit",[41] ja, wenn der Begriff erlaubt ist, von methodisch geleiteter „Orien-tierungsarbeit". Dies bedeutet etwa konkret, in Bildungsprozessen darauf hinzuwirken, Gedanken besser ordnen, Einschätzungen kompetenter ausdrücken zu können und den „Raum" sozusagen zu vergrößern, in dem „philosophiespezifische" begriffliche und argumentative Klärungen eine strukturierende Kraft entfalten können. Einen Überblick über methodische Möglichkeiten des Philosophieunterrichts gibt das vierte Kapitel.

- Philosophische Bildung sollte die Veränderungen nutzen, die in den Bereichen der *neuen* wie der *längst bekannten Medien*, also in einem Spektrum vom Internet und der digitalen Medien bis zum Buchsektor, vor sich gehen. Sicherlich ist hier manche Spreu vom Weizen zu trennen, sicherlich bieten sich aber auch viele neue Zugänge zur Philo-sophie. Über sie berichtet das fünfte Kapitel.

- Didaktische Theorie ist zwar zweifellos nicht unwichtig, sie darf aber nicht nur Theorie sein, sondern muss sich mit konkreten Projekten vermitteln können, die sich im Bil-dungsalltag zu bewähren haben (*theoria cum praxi*). Darum werden abschließend einige konkrete und kommentierte Vorschläge für *Unterrichtsprojekte* an den verschiedenen Bildungsorten vorgestellt.

---

[41] Dies widerspricht, wie sich zeigen wird, nicht der Notwendigkeit von Prozessen der Sensibili-sierung, Steigerung des Problembewusstseins und der Erfahrung, nicht nur über eigene, sondern auch über andere Standpunkte nachzudenken bzw. sich in die Perspektive von Betroffenen hineinzuversetzen und Empathie zu ermöglichen.

Abb.: Eine *Philosophische Bildung* ist nur realisierbar unter Einbeziehung *aller* Reflexions-ebenen. Vgl. im vorliegenden Band im Folgenden zu den verschiedenen Ebenen: Kapitel 3.8 bis 3.10. zum lebensweltlichen Philosophieren, Kapitel 3.1 zum Philosophieren mit Kindern sowie 3.2 und 3.3 zur Philosophie an der Schule; Kap. 3.4 bis 3.6 zur Lehrerausbildung und zur universitären Fachdidaktik.

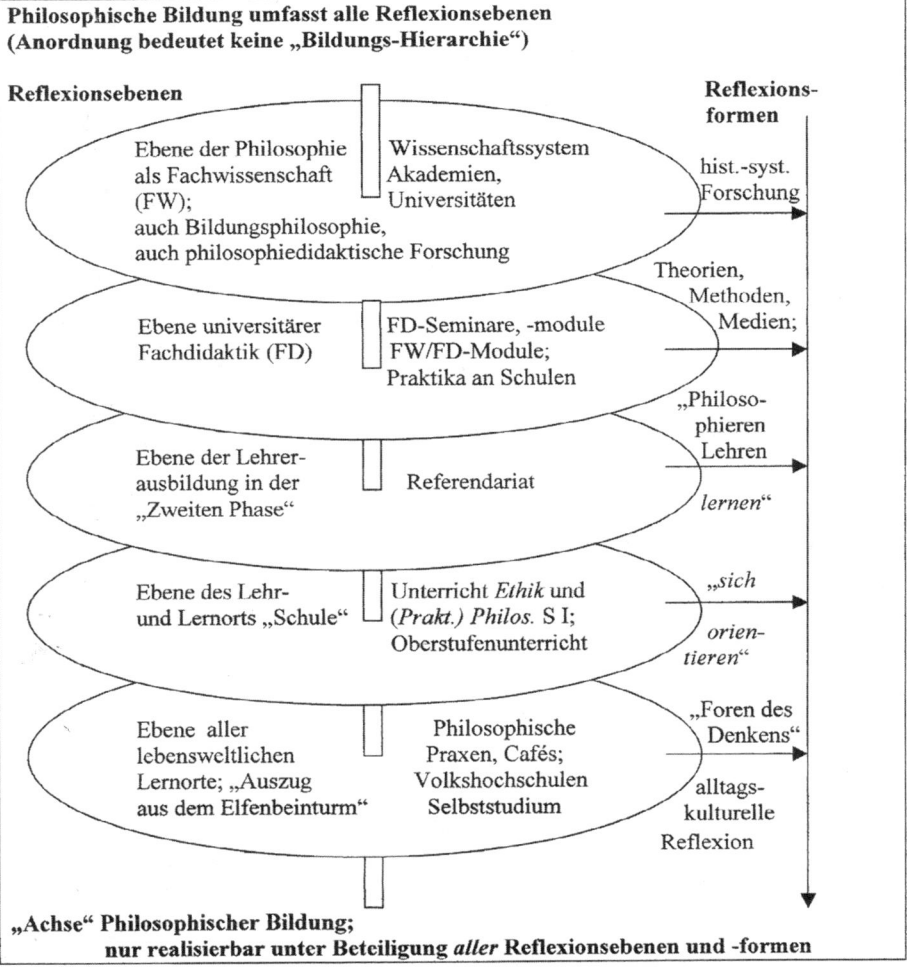

3. „Wo" wird „wie" philosophiert? –
Einladung zum Blick auf Orte und Arten des Philosophierens

Menschen suchen einen Zugang zur Philosophie in jedem Lebensalter, von acht bis achtundneunzig, im Selbststudium mit den verschiedensten alten und neuen Büchern oder mittels des Internet zu Hause und an den verschiedensten anderen Lernorten: von der Grundschule bis hin zu den Volkshochschulen und zum „Studium im Alter". Seit einigen Jahren gibt es gerade in der Philosophie außerhalb der Universitäten vielfältige und faszinierende neue Bestrebungen: z. B. „Kinderbücher", die Bestseller werden, Philosophische Gespräche mit Jugendlichen (nicht nur) an Schulen, eine Wiederentdeckung der von der „männlichen" Philosophiegeschichte vernachlässigten Philosoph*innen,[1] Philosophische Praxen, ein neues Interesse an philosophischer und kultureller Bildung in der „Freizeit-" und (zugleich auch:) „Risikogesellschaft". Diese Entwicklungen hat man geradezu als eine Folge von „Ortswechseln" interpretiert, die bewirken, dass die universitäre Philosophie als alleinige „Institution im Wissenschaftsbetrieb und als besonders bevorrechtigtes Unternehmen der Wahrheitsfindung aufgehoben wird".[2]

Ob man es so radikal sehen will, wie dieser Satz klingen kann, oder nicht: Es tut sich etwas, das die Lehr- und Lernorte der Philosophie neu herausfordert. Dem angesprochenen „Ortswechsel" korrespondiert nämlich auch ein *Standortwechsel*: Indem die unterschiedlichen Bühnen des Philosophierens im Kontext betrachtet werden, ergeben sich Konsequenzen für die Rolle, in der die Philosophie selbst sich heute sehen kann, nämlich die Frage: ist nicht in jedem – auch im akademischen – Falle der Versuch von Menschen, sich über das eigene Leben und die Welt zu orientieren?

Diese Einsicht ist wohl nicht selbstverständlich. So mag man auf der einen Seite an der Universität vielleicht gelegentlich noch denken, an der Schule finde auf einem aus Gründen

---

[1] Die berühmteste Frau der Philosophiegeschichte ist wahrscheinlich die alexandrinische Philosophin Hypatia (370-415), nach der auch eine englischsprachige feministisch-philosophische Zeitschrift benannt ist. *Hegel* bestimmt die Frau zwar als „das sittliche Geschlecht", aber in seine Theoreme wie etwa die berühmte „Dialektik von Herr und Knecht" tritt sie gar nicht erst ein, weil, wie festgestellt worden ist, die „dem Männlichen" bloß „komplementär strukturierte Weiblichkeit [...] selber schon reduziert" ist: „Der emanzipative Zug der Menschheit zur Verwirklichung von Freiheit und Autonomie des vernünftigen Subjekts lässt die Hälfte seiner Mitglieder schlicht auf einem Nebengleis stehen: Für Hegel braucht die Frau keinen aktiven Anteil an der Verwirklichung der Freiheit in der Geschichte zu haben". Vgl. Antje Gimmler: „Vernunftkritik und Geschlechterdifferenz. Zur Stellung der Frau bei Hegel und Max Weber". In: Antje Deuber-Mankowski u. a. (Hrsg.): *1789-1989. Die Revolution hat nicht stattgefunden*, Tübingen 1989, 114-124, 114 ff. Untersucht man die Philosophiegeschichten, Lexika und die sonstige Literatur auf die den Philosophinnen gewidmeten Beiträge, so gewinnt man, trotz vorliegender Arbeiten zu Hypatia, Hannah Arendt und einigen anderen, wohl nicht zu Unrecht den Eindruck einer primär männerfixierten Geistesgeschichte. Erst unlängst wurde die Frage nach dem lange verschütteten Beitrag von Frauen in der Philosophie auf dem deutschen Buchmarkt in expliziter Weise gestellt; diese Kritik kann man mit Leichtigkeit weitertreiben, indem man die philosophische Frauenquote auf Lehrstühlen, an Seminarthemen usw. untersucht. Vgl. auch Marit Rullmann u. a.: *Philosophinnen*, 2. Aufl. Zürich/Dortmund 1994; Neuaufl. Frankfurt a. M. 1998.

[2] Detlef Horster: *Philosophieren mit Kindern*, Opladen 1992, 14 f.

der Verständlichkeit „erniedrigten" Niveau eine „Weitergabe" bestimmter grundlegender Denkerrungenschaften an die dafür möglicherweise noch viel zu junge Klientel statt (ein Vorwurf, der der „Schul"-Philosophie traditionell begegnet ist). So mag man auf der anderen Seite im Alltag finden, an der Universität gebe es lediglich emsige Letztklärungsversuche ebenso abstrakter und theoretischer wie entlegener Detailprobleme oder die akademische Philosophie sei etwas, das mit den eigenen Fragen und der eigenen Wirklichkeit nichts zu tun habe.

Der folgende vergleichende Blick in Studierstuben und Hörsäle, Klassenzimmer und Seminarräume, getreu dem Worte *Epikurs*, dass niemand zu jung oder zu alt zum Philosophieren sei, zeigt, dass das Philosophieren an allen seinen Orten als menschliche Orientierung und Bildung in Kontexten und aus Kontexten heraus geschieht. Natürlich gelten in der Fachphilosophie recht eigentlich die Prinzipien der geschichtlich durchgesetzten und institutionell etablierten mehr oder weniger wissenschaftlichen Verfahrenweisen bzw. gewisse übliche Kriterien und Korrektive, die darüber entscheiden, was als argumentativ akzeptabel gelten kann und was nicht. Aber auch hier besteht das Denken in einem geschichtlich sich aufarbeitenden kommunikativen Selbstverständigungs- und Weltdeutungsprozess konkreter Menschen, der in Produktion und Aneignung, Lehren und Lernen verläuft (und übrigens auch an ganz konkret aufzusuchenden Orten ihres Aufenthalts).[3] Diesem Selbstverständigungsprozess gibt keine überhistorische Instanz irgendeine andere Rückendeckung, als er aus sich selbst hat. Philosophieren erscheint darum als ein kulturell sich aufarbeitendes Entdecken; es ist nicht das Empfangsmedium extern vorgegebener Wahrheiten und hat auch sonst keinen (z. B. konstruktiv-methodischen, intuitiven, „auffindenden", zwingend-diskursiven) Zugriff auf Erkenntnisse von überhistorischer Gültigkeit. Philosophieren bedeutet schon dem Begriff nach, Freund(in) der Erkenntnis zu sein; es bedeutet, so hatten wir gesehen, *Arbeit am Logos*. Aus der Feststellung dieser lebensweltlichen Rückgebundenheit folgt eine enge Verbindung von Praxis und Theorie in der Philosophie: es leuchtet nicht ein, das Bedürfnis denkender Subjekte, sich über die sie interessierenden Fragen zu orientieren, abtrennen zu wollen von den Gehalten, mit denen das Denken operiert. Aufgrund letzterer ist der Philosoph ein „Philosophie-Wissenschaftler", aufgrund des ersteren aber immer auch jemand, der eine bestimmte Lebenshaltung oder „philosophische Praxis" verkörpert – von der simpelsten Alltagsphilosophie bis hin zum „Weisen".[4] Aus diesen Feststellungen folgt ein innerer Zusammenhang der uns im Folgenden interessierenden verschiedenen Lehr- und Lernorte der Philosophie, auch wenn damit natürlich ein weites Spektrum zu umreißen sein wird. Vom Philosophieren mit Kindern bis zur akademischen Philosophie – „Freunde der Sophie" sind wir alle.

---

[3] Vgl. zu diesem nicht uninteressanten Nebenaspekt einer Frage nach den „Orten des Philosophierens" Hartmut Sommer: *Der philosophische Reiseführer*, Darmstadt 2005. Sommer führt sehr lesenswert ans Tübinger Stift wie nach Königsberg, an die Pariser Universität des 13. Jahrhunderts wie nach Hannover zu Leibniz oder in die Kölner Minoritenkirche zum Grab des Johannes Duns Scotus.

[4] Vgl. Ekkehard Martens: „Didaktik der Philosophie". In: Ders. / H. Schnädelbach (Hrsg.): *Philosophie. Ein Grundkurs*, 2 Bde., 2. Aufl. Reinbek 1991, 748-780, 750 f.

3.1 *Sophie und die Jüngsten* – Zum Philosophieren mit Kindern (mit einem einführenden Text von *Ekkehard Martens* und einem Interview mit *Gareth B. Matthews*)

Da Aristoteles als den Anfang aller Philosophie das Staunen (thaumázein) bestimmt hat (Met I, 2), hat man in dem unverfälschten *Sich-Wundern* von Kindern eine besondere philosophische Qualität entdecken können.

In einer vergnüglichen kleinen Episode beschreibt *Jostein Gaarder*, der norwegische Erfolgsautor von *Sofies Welt*, jenes „Romans über die Geschichte der Philosophie" „für Erwachsene ab 14 Jahren",[5] wie der zwei- bis dreijährige Thomas durchaus erstaunt ist zu sehen, dass sein Papa unter der Decke schwebt. Er ist freilich nicht erstaunter als sonst in anderen Fällen auch, denn für jemanden, der die Welt noch nicht so genau kennt, passieren verständlicherweise viele ungewöhnliche Dinge und gerade Papa macht die verschiedensten merkwürdigen Sachen. So steckt er ja auch manchmal den Kopf in den Automotor, um ihn zu reparieren und kommt rabenschwarz wieder zum Vorschein. –

Was aber, wenn *Mama* Papas Flug über dem Frühstückstisch bemerkt (er hätte sich längst bessere Tischmanieren angewöhnen sollen!)? Sie wird, weil sie an ein völlig anderes Verhalten *gewöhnt ist*, entsetzt sein und womöglich das Marmeladenglas fallen lassen, das sie gerade in der Hand hält.

Gaarder entwickelt aus dieser Episode die These: „Die Fähigkeit, uns zu wundern, ist das Einzige, was wir brauchen, um gute Philosophen zu werden". Im Laufe unserer Entwicklung gewöhnen wir uns nämlich an das eigentlich doch überaus merkwürdige und wundersame Leben und das kindlich großartige „Staunen" droht, vergessen und verschüttet zu werden. Dabei wäre es doch äußerst seltsam, zu leben und auf der Welt zu sein – und über diese ungeheure Tatsache nicht nachzudenken. Wenn wir also davon ausgehen wollen, dass Philosophie vor allem aus einem ursprünglichen „thaumázein" entsteht, also daraus, dass Menschen „sich wundern", so ist dies möglicherweise etwas, das mit der wachsender Lebenserfahrung und durch zunehmende Professionalisierung in der Geschichte unseres Faches auch verloren gehen kann. Philosophie muss hiernach zurück zu ihren Wurzeln, und finden sich diese in der Entwicklung der Fachphilosophie auf dem Marktplatz von Athen (oder doch eher an der kleinasiatischen Küste), so liegen sie in der Philosophiekarriere jedes Einzelnen womöglich im – *Kindergarten*, der seit Friedrich Wilhelm August Fröbel (1782-1852) als Synonym für den ersten Bildungsort nach der Familie gelten kann. So weit der Bogen hier auch gespannt wird: „unphilosophisch" erscheint das nicht, haben doch schon *Adorno* und *Bloch* die Philosophie auf die „Wiederherstellung der eigenen Kindheit" bzw. das „kindliche[] Staunen" zurückgeführt[6] und kann doch jeder die Erfahrung machen,

---

[5] Jostein Gaarder: *Sofies Welt. Roman über die Geschichte der Philosophie*, München/Wien 1993; vgl. Eckhard Nordhofen: „Marktplatz und Kindergarten". In: *Zeitschrift für Didaktik der Philosophie* 2 (1994), 138-141; sowie Jostein Gaarder: „Denken heißt neugierig sein": Interview mit Eckhard Nordhofen. In: *Focus* Nr. 51 (1993).

[6] Vgl. auch Detlef Horster: „Philosophieren mit Kindern". In: *Ethik und Sozialwissenschaften*.

dass die ganz prinzipiellen Probleme, die so genannten „letzten Fragen" für Kinder häufig die ersten sind. Darum lässt sich in der Beurteilung der verschiedenen Konzepte und Vorschläge eines Philosophierens mit Kindern die Faszination und Anerkennung, auf die diese stoßen, weitaus besser verstehen als die vereinzelt erhobene Behauptung, es handele sich hier um „ausgemachtem Schwindel".

Aber das Philosophieren von Kindern spricht auch nicht „letzte Weisheiten" von „ursprünglich reinem Status" aus. Zwar erscheint Gaarders Inszenierung eines philosophisch vorbildlichen kindlichen Staunens weder falsch noch gar unsympathisch. Im Gegenteil: Wir alle müssen – das ist doch plausibel – „staunen" können und können hierbei von Kindern Einiges lernen.

Zugleich aber ist das, was Kinder sagen, seinerseits immer bereits kulturell vermittelt; Kinder argumentieren etwa, von der Philosophin und Didaktikerin *Barbara Brüning* aufgefordert, sich zum geplanten Abholzen eines Baumes zu äußern, mit erlerntem ökologischen Gedankengut („Ein Baum ist eigentlich klüger als ein Mensch. Der Mensch zerstört seine Umwelt. Der Baum dagegen produziert Sauerstoff, den wir Menschen wiederum brauchen"). Diese Erfahrung ließ sich jedenfalls bei dem Projekt machen, mittels der „klassischen" Frage von *Gareth B. Matthews*: „Können Blumen glücklich sein?" mit Schulkindern ins Gespräch zu kommen. Jüngere Kinder beantworten die Frage nach dem Glück der Blumen positiv. Sie führen das „traurige" Herabhängen von Blättern oder das „blutähnliche" Austreten von Harz aus Bäumen ebenso als Gegenindizien an wie das gute Gedeihen, Grünen, Wachsen und Blühen als Glückausdruck. Auch manche(r) Erwachsene weiß – nur halb im Scherz – zu vermelden, er/sie „spreche" zum besseren Gedeihen und Wohlfühlen mit den Pflanzen. Mit zunehmenden biologischen Kenntnissen wächst hinsichtlich der Ausgangsfrage in den Gesprächsgruppen die Skepsis. Dem philosophischen Gespräch geht es aber nicht um Inhalte, die durch naturwissenschaftliche Kenntnisse „beantwortet" werden könnten. Vielmehr fragt *Matthews* weiterführend nach den Glückschancen anderer Wesen (Roboter?) und schließlich nach eigenen Glücksvorstellungen. Auf diese Weise kann das Gespräch einen ersten Blick auf ein hochinteressantes und traditionsreiches philosophisches Thema werfen und zugleich einen

Streitforum für Erwägungskultur 4 (1993), Heft 3, 379-419. Ferner zum Thema: Barbara Brüning: *Mit dem Kompaß durch das Labyrinth der Welt. Wie Kinder wichtigen Lebensfragen auf die Spur kommen,* Bad Münder 1990; Hans-Ludwig Freese: *Kinder sind Philosophen,* Weinheim 1989; Ekkehard Martens / Helmut Schreier (Hrsg.): *Philosophieren mit Schulkindern. Philosophie und Ethik in Grundschule und Sekundarstufe I,* Heinsberg 1994; Doris Daurer: *Staunen – Zweifeln – Betroffensein. Mit Kindern Philosophieren,* Weinheim 1999; Martin Bolz: *Philosophieren mit Kindern in der Grundschule,* Münster (LIT) 2000; Michael Niwiem: *Über die Möglichkeiten des „Philosophierens mit Kindern und Jugendlichen" – Auffassungen aus zwei Jahrtausenden,* Münster 2001; Hans-Bernhard Petermann: *Kann ein Hering ertrinken? Philosophieren mit Bilderbüchern,* Weinheim/Basel 2004; Thomas Ebbers / Markus Melchers: *Praktisches Philosophieren mit Kindern* sowie Michael Fröhlich: *Philosophieren mit Kindern* (beide in der Reihe: Philosophie und Bildung, hrsg. von E. Martens / V. Steenblock, Münster (LIT) 2005 ff.; Birgit Becker: Spuren der Philosophie im Kind, Paidosophos, Darmstadt / Books on Demand, Norderstedt 2012. – Vgl. auch die Beiträge im Heft 1 des 33. Jahrgangs der Zeitschrift für Didaktik der Philosophie und Ethik (2011).

Schritt zum Bewusstsein, zum Nachdenken über die Umstände der eigenen Existenz bedeuten.

Differenzierend hat zur Frage nach dem „Staunen" *Ekkehard Martens* in seinem Buch: „Philosophieren mit Kindern. Eine Einführung in die Philosophie" Stellung genommen:[7] Bei Aristoteles ist das „Sich-Wundern" als Terminus durchaus in aporetischem Sinne gemeint und nicht als emphatisches Staunen über die Schönheit oder Erhabenheit des Kosmos zu verstehen. Philosophie, so bestimmt Aristoteles zu Anfang seiner Metaphysik den Status der gesuchten „ersten" Wissenschaft, ist kein Wissen, das auf einen außerhalb liegenden Zweck abzielt, auf das Herstellen von etwas:

> „Denn Verwunderung (thaumázein) veranlasste zuerst wie noch jetzt die Menschen zum Philosophieren, indem man anfangs über die unmittelbar sich darbietenden unerklärlichen Erscheinungen sich verwunderte, dann allmählich fortschritt und auch über Größeres sich in Zweifel einließ (diaporesantes), z. B. über die Erscheinungen an dem Monde und der Sonne und den Gestirnen und über die Entstehung des Alls. Wer aber in Zweifel und Verwunderung über eine Sache ist, der glaubt sie nicht zu kennen" (Met I 2).

Das hieraus zu gewinnende philosophische Weiterdenken „entwickelt sich aber nicht von selbst, sondern bedarf einer Kultivierung und Bildung".[8] Die Anfänge jener Bewegung, die sich diese Aufgabe auf ihre Fahnen geschrieben hat, gehen u.a. auf den deutschen Pädagogen *Herman Nohl* zurück; das Philosophieren mit Kindern ist dann vor allem in den USA von *Gareth B. Matthews* und *Matthew Lipman* weiterentwickelt und in Deutschland erneut aufgegriffen worden. Hierfür stehen Namen wie: *Ekkehard Martens, Detlef Horster, Daniela Camhy, Barbara Brüning, Hans-Ludwig Freese* u. a. Bis zu Wittgenstein, Adorno, Benjamin und Lyotard lassen sich weitere Bezüge herstellen.

Ausgehend von der Beobachtung eines möglichen Zusammenhangs zwischen den ersten radikalen Fragen der Kinder, die sich noch nicht in alltägliche oder professionalisierte Üblichkeiten kanalisieren lassen, und der Philosophie insgesamt, gibt es so in den deutschsprachigen Ländern und Amerika viele Philosophinnen und Philosophen, die auch angesichts der als stigmatisierend und aus dem Kontinuum eines ernstaften Gesprächs ausgrenzend angegriffenen „Phasentheorie" des Entwicklungspsychologen *Jean Piaget*, die Kindern abstraktes Denken erst ab dem 12. Lebensjahr zuspricht,[9] mit jüngeren Kindern philosophieren – Kindergärten also als frühe „philosophische Orte"? –, dabei interessante Resultate erzielen und an den Äußerungen der kleinen Philosophen merkbare Freude haben.

An 10jährige Schulkinder richtet sich das 1974 erstmals im Amerikanischen erschienene und seither in viele Sprachen übersetzte Buch „Harry Stottelmeiers (!) Entdeckung", dessen Geschichten für ein Philosophieren mit Kindern zur Grundlage dienen können:

---

[7] Ekkehard Martens: *Philosophieren mit Kindern. Eine Einführung in die Philosophie*, Stuttgart (Reclam) 1999, 149 ff. Dieses Buch sei als maßgebliche Veröffentlichung zum Thema empfohlen.

[8] E. Martens: a.a.O.

[9] Für eine differenzierte und umfassende Darstellung zu Piaget vgl. Thomas Kesselring: *Jean Piaget* (Beck'sche Reihe „Denker"), 2. Aufl. München 1999. Vgl. hier auch zur „Kinderphilosophie" und zur Kritik von Matthews an Piaget 228-232.

Harry Stottelmeier ist ein Junge, dem in einer ersten Geschichte im Unterricht widerfährt, was wohl jedem schon einmal passiert ist: er träumt vor sich hin, passt nicht auf und kann so die Frage des Lehrers nicht beantworten: „Was hat einen langen Schweif und dreht sich alle 77 Jahre einmal um die Sonne?" Weil Harry weiß: Alle Planeten drehen sich um die Sonne, antwortet er zur nicht geringen Erheiterung seiner Klassenkameraden: „Ein Planet". Nach dem Ende der Stunde überlegt Harry, dass sich die Aussage. „Alle Planeten drehen sich um die Sonne" offenbar nicht zu der Aussage „Alle Dinge, die sich um die Sonne drehen, sind Planeten" umdrehen lässt.

Diese Regel wendet er auch sogleich alltagsweltlich an: als er nach Hause kommt, findet er seine Mutter im Gespräch mit der Nachbarin, Frau Olson. „Frau Olson meinte gerade: ‚Ich muss ihnen etwas sagen, Frau Stottelmeier. Diese Frau Beermann, die eben hier eingezogen ist, spricht immer davon dass, man die Armen und die Minderheiten unterstützen soll. Nun, das glaube ich auch, aber dann überlege ich mir, dass alle Radikalen auch immer davon sprechen, und dann denke ich mir, ob Frau Beermann nicht auch so eine, nun Sie wissen schon ...' ‚Ob Frau Beermann auch so eine Radikale ist?' fragte Harrys Mutter höflich. Frau Olson nickte. Plötzlich machte etwas in Harrys Kopf KLICK!' ‚Frau Olson', sagte er, ‚nur weil, wie Sie sagen, alle Radikalen die Armen und die Minderheiten unterstützen wollen, heißt das nicht, dass alle, die die Armen und die Minderheiten unterstützen wollen, Radikale sind'".[10]

In vielen dieser Geschichten geht es um Gesetzmäßigkeiten der elementaren Logik, die Entwicklung alternativer Denkmodelle und um die Ausbildung kommunikativer Fähigkeiten, die der Autor den Kindern nahe bringen will. Etwas anders liegt der Akzent bei dem zweiten amerikanischen Kinderphilosophen Gareth B. Matthews:[11]

Ekkehard Martens: Über Gareth B. Matthews

Gareth B. Matthews, Professor an der Universität Massachusetts/Amherst, war nicht nur ein renommierter Fachphilosoph, insbesondere für antike Philosophie (Platon, Augustin), sondern auch *der* Praktiker und Theoretiker für das Philosophieren mit Kindern, auch für ein kindlich-elementares Philosophieren mit Jugendlichen (1). Philosophieren hat für Matthews von sich her etwas Kindliches an sich. In einem neuesten Buch „Socratic Perplexity" (Oxford University Press) bezeichnet er es als sich wundern, perplex sein, dass und warum etwas so und nicht anders (als normalerweise erwartet) ist. Scheinbar Selbstverständliches wird in Frage gestellt, es wird nach möglichen Antworten gesucht und auch diese werfen wieder neuen Fragen auf. Desorientierung statt der erhofften Orientierung? Auch diese Annahme erweist sich als Schein. Vielmehr ist die Aufgabe von Scheinlösungen und der Versuch größtmöglicher Sicherheit durchaus orientierend. Die wesentliche Perplexität des Philosophierens zeigt sich beispielsweise in der Frage des sechsjährigen Tim, die ähnlich schon Platon und vor allem Descartes gestellt haben: „Wie können wir wissen, dass nicht alles nur ein Traum ist?" Von dieser und ähnlichen „wunderbaren" Fragen berichtet Matthews in seinem Buch „Denkproben", das vor allem vom Philosophieren mit kleineren, bereits auch mit sechsjährigen Kindern handelt. Derartige Fragen kann jeder entdecken.

---

[10] Matthew Lipman: *Harry Stottlemeiers Entdeckung / Handbuch zu Harry Stottlemeiers Entdeckung*, Wien 1990, 8.

[11] Vgl. Gareth B. Matthews: „Hamburger Gedanken". In: *Zeitschrift für Didaktik der Philosophie und Ethik* 30 (2008), 7-9. Vgl. auch die weiteren Beiträge in diesem Heft.

Als ich mich vor kurzem auf Gareth Matthews' Spuren in der Schulpraxis bewegte, stellte ein Kind die Frage: „Was ist eigentlich normal?" Der kleine Prinz in Antoine de Saint-Exuperys bekanntem Buch (für Kinder und Erwachsene) begegnet auf seiner Reise auf verschiedene Asteroiden einem König, der Macht über alles beansprucht, auch über den Sonnenuntergang. Das fanden die Zwölfjährigen sofort lächerlich. Allmählich aber kippte die Stimmung um. Ist nicht manches doch normal, was zunächst überhaupt nicht als normal erscheint? Könnte der König vielleicht mit einer elektronischen Fernsteuerung einen Sonnenuntergang machen, fragte sich ein Junge? Aber, warf ein anderer ein, darf der König wirklich alles machen, auch wenn er es könnte? Ist das immer gut? In der anschließenden Gesprächsrunde meinte ein Vater: „Normal? Das ist doch ganz einfach: normal ist, was einer Norm entspricht!" Die Kinder schauten sich verwundert – oder sollte man besser sagen: verdutzt? – an: *so* schlau waren sie auch gewesen, mindestens.

Gareth Matthews nun knüpft sein Philosophieren mit Kindern – erstens – ebenfalls an literarische Texte an, wie er seit Jahren in Matthew Lipmans „Thinking. The journal of philosophy for children" berichtet. So empfiehlt er etwa, außer amerikanischer Kinderliteratur, auch Peter Bichsels „Kindergeschichten" (Vol. 8, No. 4, 1990). Außerdem geht Matthews – zweitens – von selbst geschriebenen, offenen Geschichten aus, über die die Kinder nachdenken und deren Ende ihnen Matthews aufgrund der von ihnen geäußerten Gedanken schließlich aufschreibt und vorliest. Die Frage etwa: „Können Blumen glücklich sein?" aus dem Buch „Philosophische Gespräche mit Kindern" gehört unterdessen zu den Highlights der Kinderphilosophie. Ein Fachphilosoph wie Jean-Claude Wolf zitiert diese Frage in seinem Buch „Tierethik", wenn auch ziemlich skeptisch, als Beleg dafür, dass sich unser normales Denken über die Glücksfähigkeit von Menschen, Tieren oder Pflanzen ändern könnte (Freiburg/Schweiz 1992, S. 75; vgl. S. 19).

Schließlich sind – drittens – auch klassische Texte, vor allem Platons Dialoge, für Matthews eine Fundgrube und Anregung zum Philosophieren mit Kindern – als praktizierter sokratischer Dialog (2). Zuletzt ist zu betonen, dass Gareth Matthews' Praxis und Theorie des Philosophierens mit Kindern nicht nur unsere Vorstellung von den philosophischen Fähigkeiten von Kindern verändern kann (Matthews mündlich: Mit Intelligenz geht es schneller, prinzipiell aber kann jeder philosophieren, vor allem gründlich). Beides kann auch unsere Vorstellung von Kindheit verändern, wie er sie in seiner – der ersten – „Philosophie der Kindheit" analysiert und begründet. Alle Kinder sind potentielle Philosophen (und haben unter anderem auch ein Recht darauf, dies wirklich zu sein), und alle Philosophen sind oder sollten Kinder sein, die sich wundern oder „perplex" sein können.

Anmerkungen:
(1) Siehe Näheres bei: Ekkehard Martens, Philosophieren mit Kindern. Eine Einführung in die Philosophie. Stuttgart (Reclam) 1999 (bes. Kap. 5 „Sich-Wundern", S. 125-148).
(2) Siehe auch Gareth B. Matthews, „Freundschaft" und „Autorität" bei Sokrates – Sokrates in der Schule: Ein Versuch. In: Zeitschrift für Didaktik der Philosophie 3/1993, S. 174-178. – Der vorstehende Text entstand als Einführung zu einer Veranstaltung mit Lehrern und Schülern zum Philosophieren mit Kindern im Rahmen der Qualifikation für das Fach: „Praktische Philosophie" (Nordrhein-Westfalen) am 17. 3. 2000 in Hilden. Auch das nachstehende Interview mit Gareth B. Matthews wurde im Rahmen derselben Veranstaltung geführt, die im Auftrag der Bezirksregierung Düsseldorf von Jörg Peters, Bernd Rolf, Brigitte Wiesen und Franz W. Nussbaum organisiert wurde, denen für ihre freundliche Unterstützung gedankt sei.

Wie sind Sie zum Philosophieren mit Kindern gekommen, Herr Prof. Matthews?

Gareth B. Matthews (1929-2011) lehrte Philosophie an der Universität von Massachusetts in Amherst (USA). Durch seine von Times Literary Supplement bis FAZ gelobten Bücher ist Matthews einer der Pioniere des Philosophierens mit Kindern geworden. Aufnahmen seiner auch in deutscher Sprache geführten Gespräche mit Kindern sind legendär (vgl. auch den Beitrag von Ekkehard Martens).

Veröffentlichungen: Denkproben. Philosophische Ideen jüngerer Kinder (Philosophy and the Young Child), Berlin 1989; Philosophische Gespräche mit Kindern (Dialogues with Children), Berlin 1990; Die Philosophie der Kindheit. Wenn Kinder weiter denken als Erwachsene (The Philosophy of Childhood), Weinheim 1995.

Wie sind Sie zum Philosophieren mit Kindern gekommen?

Nun, zur Zeit des Vietnamkrieges, 1969/70, schien meinen Studenten die Philosophie nicht besonders wichtig und relevant. Als ich dann eines Abends meinem Sohn eine Kindergeschichte vorlas, fiel mir ein: Warum bringe ich diese Kindergeschichte nicht einfach mit in die Vorlesung? So bin ich auf das Philosophieren mit Kindern gekommen. Meine Idee war, die Studenten dazu zu bringen, einmal über ihre eigene Kindheit nachzudenken und die Philosophie an der Uni als Fortführung von fundamentalen und wichtigen Fragen zu begreifen, die sie sich schon als Kinder gestellt haben.

Danach habe ich untersucht, wo in der Kinderliteratur philosophische Fragen auftauchen und darüber auf einer Philosophietagung berichtet. Überraschenderweise waren die Philosophen davon angetan. Dann beschäftigte ich mich mit Piaget, und Matthew Lipman begann mit seinen Harry Stottelmeier-Geschichten. Lipman wollte am Anfang nur Logik machen, später hat er das dann erweitert. In dieser Zeit habe ich begonnen, neben den Gesprächen mit meinen eigenen Kindern auch an Schulen philosophische Gespräche zu führen.

Warum soll man mit Kindern philosophieren?

Ich möchte Freude an der Philosophie vermitteln. Ich glaube, dass fast jeder das Philosophieren genießen kann. Ich habe noch kaum jemanden getroffen, auf den das nicht zugetroffen hätte. Das gilt auch für uns: Wer nie mit Kindern philosophiert hat, hat eines der schönsten Erlebnisse verpasst, die das Leben zu bieten hat.

Was können Erwachsene beim Philosophieren mit Kindern von den Kindern lernen?

Mein erstes Buch [„Denkproben. Philosophische Ideen jüngerer Kinder", V. St.] sollte zeigen, dass Kinder oft philosophisch interessante Gedanken haben und Fragen stellen, von den erwachsenen Eltern und Lehrern aber keine richtigen Antworten bekommen. Erwachsene denken immer, dass sie die Antworten schon wissen oder wenigstens wissen müssten. Da ist es gar nicht zu erwarten, dass sich ein philosophisches Fragen entwickelt. Nun meine ich natürlich nicht, dass Kinder generell die besseren Philosophen sind. Doch die Unbekümmertheit, Ungeduld und Natürlichkeit von Kindern könnte auch uns Erwachsenen die Philosophie näher bringen.

Natürlich bedarf es auch anderer Fähigkeiten als nur der Bereitschaft, hergebrachte Überzeugungen in Frage zu stellen und Begriffe zu klären. Würde man sich aber nur auf die Philosophie von Erwachsenen konzentrieren, bekäme man kaum mit, was Menschen treibt, bestimmte ursprüngliche Fragen wieder und wieder zu überlegen.

Wie gehen Sie dabei vor?

Man kann philosophische Gespräche mit Geschichten ins Leben rufen, wie wir es auch auf dieser Veranstaltung tun. Philosophieren ist im Kern Gespräch. Wichtig ist, dass es eine echte Aktivität ist, in der Kinder und Jugendliche begreifen, dass es um ihre eigenen Fragen geht. In meinem zweiten Buch („Philosophische Gespräche mit Kindern", V. St.) wollte ich zeigen, dass man solche Gespräche bewusst zustande bringen kann. Das habe ich vor allem in Edinburgh gemacht. Wenn Kinder älter werden, verlieren sie nicht einfach das philosophische Fragen, aber sie lernen, dass es sich angeblich nicht lohnt, solche Fragen zu stellen. Darum muss eine solche Diskussion bewusst wieder zustande gebracht werden – das war die These des zweiten Buchs. Schließlich wollte ich dies zu einer Philosophie der Kindheit erweitern. Wie man Kinder zu verstehen hat – das kann man philosophisch betrachten. Das war die These meines dritten Buches: „Die Philosophie der Kindheit".

Welche Themen besprechen Sie mit den Kindern?

In der Vergangenheit ging es zum Beispiel um die Frage, ob Pflanzen glücklich sein können. Oder ein Beispiel, das Probleme der Identität vor Augen führt, nämlich ob ein altes Schiff, dessen Planken zu 85 % durch neue ersetzt sind, noch als das ursprüngliche alte Schiff gelten kann. Ich habe auch selbst unvollendete philosophische Geschichten zu philosophischen Zwecken geschrieben.

Sie haben den Entwicklungspsychologen Jean Piaget kritisiert. Wie ist das Verhältnis des Philosophierens mit Kindern zur Entwicklungspsychologie aus Ihrer Sicht?

Ich will dazu nur eins sagen. Das Merkwürdige an der Entwicklungspsychologie war für mich, als ich mich damit beschäftigte, dass Piaget gerade in den ersten Büchern Begriffe auswählte und mit den Kindern besprach, die philosophisch problematisch waren. Diese philosophischen Probleme selbst schienen ihn aber gar nicht zu interessieren. Das ist ja fast, als wenn gar kein Problem übrig bliebe, wenn man eine bestimmte Stufe des Urteilens erreicht hat. Dabei müssen wir doch immer über solche Probleme weiter nachdenken.

3.2 *Sich orientieren* am Bildungsort „Schule":
Zum vieldiskutierten Fächerspektrum: „Ethik – Werte und Normen – LER – (Praktische) Philosophie" in der Sekundarstufe I

Einer der wichtigsten Orte philosophischer Bildung ist die *Schule*. Die gesamtgesellschaftlich nachhaltigsten Anstöße zu einer Reflexion über die Sinn- und Wertfragen des Lebens erfolgen im Pflichtschulwesen als dem Kernbereich unseres Bildungssystems.

Die Varianten des Philosophie- und Ethikunterrichts, um die es uns im Folgenden gehen soll, finden sich in Deutschland an einigen Grundschulen, an den (ebenfalls aus den „Volksschulen" hervorgegangenen) Hauptschulen, an den (praxis- und berufsvorbereitend orientierten) Realschulen, an Gymnasien und Gesamtschulen. Zusammen mit dem Schwesterfach „Religion" ist sichergestellt, dass kaum ein Schüler – welcher dieser Ausrichtungen des Schulwesens auch immer – das schulpflichtige Alter verlässt, ohne sich mit Sinn- und Wertfragen auseinandergesetzt zu haben. Dies ist eine historisch keinesfalls selbstverständliche Errungenschaft des systematisch aufgebauten und ausdifferenzierten Bildungssystems einer modernen, hochkomplexen, in vielen Hinsichten jedoch zugleich spannungsreichen Gesellschaft, in der eine grundsätzliche Bildung allen Menschen zur Verfügung steht. Zugleich freilich gilt: eine Steigerung allgemeiner philosophischer und ethischer Bildung ist angesichts der genannten Spannungen und Veränderungen von offenkundiger Notwendigkeit.

Die *Schule* hat sich vor allem mit der – inzwischen tendenziell weltweiten – Etablierung des modernen Nationalstaates seit dem 19. Jahrhundert herausgebildet; die im Bildungssystem institutionalisierte Reproduktion kultureller Gehalte dient traditionell nicht zuletzt auch der nationalen Identität. Das Bildungswesen erfüllt als Teilsystem der Gesellschaft aber vor allem Aufgaben der Grundqualifikation ihrer Bürger zur kulturellen, politischen und ökonomischen/beruflichen Teilhabe ebenso wie der (selektiven) Verteilung nachwachsender Generationen auf unterschiedliche Positionen. Es stellt dabei eine „gesellschaftliche Antwort auf die im Zuge der sozio-kulturellen Evolution des Menschen gewachsene Wissenskumulation" dar.[12]

Die sog. „Stanforder Forschungsgruppe" um den US-amerikanischen Organisations-soziologen und Bildungsforscher *John W. Meyer* vertritt die (freilich nicht unumstrittene, siehe auch S. 248) These eines von vormodernen menschlichen Gesellschaften zu modernen hinführenden Rationalisierungsprozesses, demzufolge, gipfelnd in gegenwärtiger globaler Universalisierung, alle Staaten einer analog prägenden Kraft kultureller Strukturbildung, auch des Rechts, formaler Organisationsstandards usw. unterliegen. Zu Trägern einer „world culture" würden neben den Staaten vor allem transnationale Konzerne, internationale Regierungs- und Nichtregierungsorganisationen sowie die Wissenschaften. Entsprechend bildeten sich auch ähnliche Merkmale eines organisierten Schul- und Bildungswesens aus, z. B. staatliche Bildungsadministration, analoge Schultypen und -stufen, professionalisierte universitäre Lehrerausbildung, Zertifizierungen usw.[13] Es entsteht hiernach – anknüpfend auch an die Forderung nach Bildung in Menschenrechtserklärungen – ein „globales Curriculum", das nicht nur für Eliten, sondern

---

[12] Christel Adick: *Die Universalisierung der modernen Schule*, Paderborn 1992, 162 f.

[13] Vgl. John W. Meyer: *Weltkultur. Wie die westlichen Prinzipien die Welt durchdringen*, hrsgg. von Georg Krücken, Frankfurt a. M. 2005, 9. – Der Kritik von Skeptikern zufolge, die anders als Meyer eher in der *Ökonomie* eine weltkulturelle Hauptwirkungsebene sehen, kommt es freilich angesichts der vieldiskutierten „Globalisierung" zu einer Reduktion des Einflusses von Nationalstaaten und einem „Ende der Volkswirtschaften" im bisherigen Sinn, so dass es womöglich lediglich noch bildungspolitisches Ziel einer Nation sein könnte, möglichst viele ihrer Bürgerinnen und Bürger in die Lage zu versetzen, ihre Dienste auf dem globalen Markt zu verkaufen.

in zunehmender Breite einen allgemeinen Unterricht in der Nationalsprache, in Mathematik, Natur- und Sozialwissenschaften, Kunst und Sport sowie – allerdings deutlich weniger einheitlich und ausgeprägt – *in religiöser Unterweisung bzw. Moralerziehung / Philosophie* umfasst.

Praktikanten bzw. Referendare/innen treten in deutschen Schulen in durchaus unterschiedliche Lehrerzimmer ein:[14] in die naturwissenschaftlich profilierter Schulen und in die ehemaliger Lateinschulen bzw. „humanistisch-altspachlicher" Gymnasien (z. B. das *Ratsgymnasium* in Osnabrück und das in Bielefeld, dessen ältester Teil der „Grestehof " im Stil der Weser-renaissance ist).

Beide sind reformatorische Gründungen, wobei die evangelisch gewordenen Stadträte die Schulen offenbar gerne einmal in ehemalige (Franziskaner-)Klöster verlegten; dies geschah zum Beispiel auch bei einer weiteren traditionsreichen Schule, dem *Gymnasium zum Grauen Kloster* in Berlin.[15]

Greifen wir noch weiter zurück, so können wir fast sagen: Schulen entstehen geradezu im religiösen Zeitalter, in dem die Kirche den wichtigsten Bildungsträger darstellt, im Zeichen einer Sinn- und Werterziehung, nämlich als Ausbildungsstätten für den geistlichen Nachwuchs. Im Zuge der Christianisierung unter den germanischen Stämmen errichtet man feste Plätze mit Kirche und Kloster, mit Wohnräumen für die Kleriker und eben einer Schule. Als „älteste Schule Deutschlands" in einem ununterbrochenen Unterrichtsbetrieb bezeichnet sich u. a. auf seiner Netzseite das „von Karl dem Großen gegründete" *Gymnasium Carolinum* in Osnabrück neben dem dortigen Dom.[16]

Ähnliches behauptet das *Paulinum* im westfälischen Münster.[17] Eine wichtige Etappe in der sich dann etablierenden Herausbildung eines nachhaltig geordneten Schulwesens stellt das 19. Jahrhundert dar.[18] Der Staat löst die Kirche als hauptsächlichen Schulträger ab; er etabliert seine Schulaufsicht, reglementiert den Fächerkanon, vereinheitlicht den Abschluss bzw. das Abitur, ermöglicht und fördert schließlich Mädchenbildung und Koedukation.

---

[14] Vgl. Johannes Bilstein: „Im Reich der Lehrer. Beobachtungen im Lehrerzimmer". In: Eckart Liebau / Wolfgang Mack / Christoph Scheilke (Hrsg.): *Das Gymnasium*, Weinheim 1997, 15-32

[15] Vgl. Ursula Matthias: *Das Kloster der Grauen Mönche in Berlin und das Berlinische Gymnasium*, Gernrode 2002; Harald Scholtz: *Gymnasium zum Grauen Kloster 1874-1974*, Weinheim 1998.

[16] Der heutige Komplex um einen Bau aus dem Jahre 1762 steht als Bastelbogen im Netz (*www.carolinumosnabrueck.de/modellbogen.html*).

[17] Dieser Konflikt wird jährlich per Fußballspiel ausgetragen. – Vgl. als Beispiel für die Gattung der Schul-Festschriften Günter Lassalle (Hrsg.): *1200 Jahre Paulinum Münster 797-1997*, 1997.

[18] Karl-Ernst Jeismann: *Das preußische Gymnasium in Staat und Gesellschaft*, 2 Bde., Stuttgart 1996.

 Die wenigsten Traditionsschulen residieren heute nach den Kriegszerstörungen noch in einem der oft prächtigen und repräsentativen Schulgebäude, die diese Zeit errichtet hat, oder in einem noch älteren Domizil. Typisch für das äußere Erscheinungsbild bundesdeutscher Schulen sind eher die schlichteren Backstein- und Betonbauten der 1950er, 60er und 70er Jahre.

Weitere berühmte Schulen sind z. B. die Lehranstalt *Schulpforta* nahe Naumburg in Sachsen-Anhalt, auf die einst *Johann Gottlieb Fichte* (1762-1814) und *Friedrich Nietzsche* (1844-1900) zur Schule gingen, das *Johanneum* (ursprünglich auf dem Domplatz, seit 1914 in einem Bau des Architekten Fritz Schumacher in der Maria-Louisen-Straße) und das *Christianeum* in Hamburg usw.

Schulen können als „konservativ" gelten, aber auch, nicht nur im ländlichen Raum, als Aufklärungsstätten; ihre Einzugsgebiete reichen von sozialen Problemgebieten zu „bildungsbürgerlichen" Wohnvierteln. Eine Vervierfachung der Abiturientenzahlen und Anteile von fast 40 Prozent eines Schülerjahrgangs werten als Ergebnis der letzten Jahrzehnte der Schulentwicklung die Gymnasien auf.

Auch Konfessionsschulen mit ausgeprägter Werteerziehung erfreuen sich einer gewissen Beliebtheit. Allenthalben beschreiben Schulprogramme pädagogische Ziele und Profile.

Die als Alternative zum dreigliedrigen Schulwesen von Haupt- und Realschulen sowie Gymnasien angetretene *Gesamtschule* ordnet sich einer Vorstellung zu, die auch im Gefolge der „Pisa"-Ergebnisse (vgl. Abschnitt 4.2) wieder neu vertreten worden ist. Diese Vorstellung besagt, dass es ein gemeinsames Lernen letztlich *aller* Schülerinnen und Schüler bis zur 9./10. Klasse/Jahrgangsstufe gegeben sollte, um eine zu frühe „Selektierung" zu verhindern. Im Rahmen eines solchen Grundsystems werden zugleich Differenzierungen und Förderungen gemäß jeweiligen Begabungen möglich. Allerdings haben die verschiedenen Ausprägungen der Gesamtschule von Anbeginn in der Diskussion gestanden.

An einer der bisher im Überblick genannten Schulformen vor eine Klasse oder einen Kurs mit 35 oder 20 Schülerinnen und Schülern als Ethik- bzw. Philosophielehrer/in zu treten, zählt zu den schwierigsten, verantwortungsvollsten und zu den schönsten Aufgaben, auf die ein Studium vorbereiten kann. Die Schule gehört dabei zweifellos mit zu den Foren, auf denen in unserer Gesellschaft *Sinn- und Wertfragen im Sinne grundsätzlicher Orientierung thematisch werden.* Es ist nicht übertrieben, von einem „gesellschaftlichen Dialog im Klassenzimmer" zu sprechen. Für jede einzelne Schülerin und jeden Schüler kann in diesem Rahmen der Philosophieunterricht Haltung und Inhaltsgewinnung vernunftgeleiteter Selbst- und Welt-Reflexion anstoßen. Eine Philosophie, die schon

Kindern „Denk-" und „Mitdenkgelegenheiten" anbietet, führt sich bestens in die Sekundarstufe I unserer Schulen ein.[19]

Sich philosophisch in Sinn- und Wertfragen unter gegenwärtigen Bedingungen zu orientieren, wird „institutionell" vor allem für die steigende Zahl derjenigen Schülerinnen und Schüler relevant, die sich aus dem Religionsunterricht abmelden. Zugleich stellt sich durch die Diskussion um Philosophie/Ethik als „Ersatzfach" für Religion in der Sekundarstufe I verstärkt die Frage nach den normativen Gehalten des Philosophie-unterrichts an der Schule. Woher diese Frage kommt, ist, etwa am Beispiel Nordrhein-Westfalens, *historisch* zu verdeutlichen. Nach der moralischen und staatlichen Katastrophe Deutschlands am Ende des zweiten Weltkriegs und unter der Erfahrung des National-sozialismus war z. B. in den ersten „Übergangslehrpläne[n] für die höheren Schulen in der Nord-Rheinprovinz" im Oktober 1945 formuliert: „Der christliche Glaube muss die verpflichtende Norm aller Bildung wieder werden"; dieser feste moralische Auftrag, auszuführen vor allem durch den Religionsunterricht, war eine unwidersprochene Setzung, die sich auf einen großen gesellschaftlichen Konsens stützen konnte.[20] Ein solcher Konsens besteht durch die seither eingetretenen gesellschaftlichen und kulturellen Wandlungen in der Bundesrepublik in dieser Art nicht mehr, wenn sich bis zu zwei Drittel der Schüler/innen einer Jahrgangsstufe 9 oder 10 an Gymnasien vom vormaligen moralischen Erneuerungsfach abmelden.

Kommt es also in der Sekundarstufe I der Schulen, teils schon in der Primarstufe, zur Einrichtung eines „Ersatz-" bzw. „Alternativfaches" für die aufgrund der vieldiskutierten Säkularisierungs- und gesellschaftlichen Veränderungsprozesse steigende Zahl von Abmeldern vom Religionsunterricht, so ergibt sich die Aufgabe zu einer inhaltlichen und methodischen Gestaltung dieses Faches, die eine entsprechende philosophische und moralische Bildung sicherstellen kann. Dass dies von Anfang an in ganz Europa ein Thema ist, zeigt auf der Basis einer umfassenden Analyse entsprechender Lehrpläne *Barbara Brüning*.[21]

Ein Blick auf die Lage in den verschiedenen Bundesländern[22] lehrt dabei schnell, dass die föderale Struktur der Bundesrepublik eine ganze Topographie von Ersatz- und

---

[19] Vgl. meine Bemerkungen hierzu: „Aristoteles schießt keine Tore – Gegenwartskulturelle Möglich-keiten philosophischer Bildung am Beispiel des Schulfaches ‚Praktische Philosophie' (NRW)". In: H. Burckhart (Hrsg.): *Praktische Philosophie – Philosophische Praxis*, Darmstadt (WBG) 2005, 117-131; auch in V. St.: *Philosophie und Lebenswelt*, Hannover (Siebert) 2012, 37-47. – Vgl. ferner Peter Berens / Barbara Fäth / Volker Steenblock: „Philosophieren mit Kant als grundlegende Kulturtechnik im Projektunterricht einer Jahrgangsstufe 5". In: *Zeitschrift für Didaktik der Philosophie und Ethik* 24 (2002), 297-303.

[20] Vgl. Erwin Menne: „Philosophie als Ersatzunterricht in der Sekundarstufe I". In: *Realschule in Deutschland* 102 (1994), Nr. 2; hier nach: FV Philosophie NRW, Mitteilungen 25 (1994), 4-14.

[21] Vgl. Barbara Brüning: *Ethikunterricht in Europa*, Leipzig 1999.

[22] Eine Sammlung von Lehrplänen und Studienordnungen findet sich auf der Netzseite des „Forums für Didaktik der Philosophie und Ethik". – Vgl. auch Hans-Peter Mahnke: „Reale Ethik-Didaktik im Sumpf des Alltags. Berichte über Altes und Neues aus den Bundesländern". In: *Ethik macht Schule* II, hrsg. von R. Breun, edition ethik kontrovers 12 – eine Publikation der Zeitschrift „Ethik & Unterricht", Velber 2004, 61-80 (Tabellen zur rechtlichen Situation und zu den Unterrichtsinhalten

Alternativfächern in der Sekundarstufe I ermöglicht. Dies hat Gründe in der jeweiligen Konstellation der Fachentstehung und kann in einer gewissen Passgerechtigkeit an jeweilige Verhältnisse von Bayern bis Brandenburg seinen guten Sinn haben.

In *Hamburg* etwa stand das Fach lange in einer stark von Politik/Gemeinschaftskunde, Sozial- und Rechtserziehung geprägten Tradition, hat sich aber mittlerweile neu orientiert;[23] gleich nebenan in *Schleswig-Holstein* heißt es schlicht „Philosophie" und orientiert sich thematisch an den Kantischen „vier Fragen". Nach der Neuaufstellung des Sek. I-Faches „Philosophie" in Hamburg hat das *Berliner* Abgeordnetenhaus beschlossen, beginnend mit den 7. Klassen und ausgreifend bis zur Jahrgangsstufe 10 ein zweistündiges Pflichtfach „Ethik" einzuführen. Der Unterricht begann im Schuljahr 2006/07 für 28.000 Schülerinnen und Schüler und überstand in seiner Konzeption das Volksbegehren „ProReli" im Jahre 2009. Am Berliner Landesinstitut für Schule und Medien LISUM wurde ein Rahmenlehrplan erarbeitet, die Senatsverwaltung für Bildung, Jugend und Sport organisiert entsprechende Lehrerfortbildungsveranstaltungen. Der Ansatz des „Werte- und Normen-Unterrichts" *Niedersachsens* ist es,[24] „zu ethischer Reflexion anzuleiten" (Joachim Detjen). In *Mecklenburg-Vorpommern* gibt es das „Philosophieren mit Kindern" als Unterrichtsfach; eine entsprechende Lehrerausbildung findet als Studiengang „Philosophieren mit Kindern" an der Universität Rostock statt.[25] In *Bayern* und *Baden-Württemberg* heißt das Fach „Ethik". An den sechs Pädagogischen Hochschulen in Freiburg, Heidelberg, Karlsruhe, Ludwigsburg, Schwäbisch-Gmünd und Weingarten erfolgt die Ausbildung der Lehrerinnen und Lehrer für die Grund-, Haupt- und Realschulen, so z. B. für die *Tulla-Grund- und Hauptschule in Karlsruhe*, die zugleich Ausbildungsschule für die dortige Pädagogische Hochschule ist. Für Gymnasiallehrer ist eine Lehramtsausbildung „Ethik" an den baden-württembergischen Universitäten wie Freiburg, Heidelberg und Tübingen eingerichtet.[26]

---

in den Bundesländern; Einzelberichte unterschiedlicher Autoren aus den Ländern zum Ersatzfach auch in der gymnasialen Oberstufe).

[23] Vgl. Michael Fröhlich / Christian Gefert / Hans Christof Kräft / Markus Tiedemann: „Der neue Rahmenplan Philosophie in Hamburg". In: *Zeitschrift für Didaktik der Philosophie und Ethik* 27 (2005), 75-79.

[24] Vgl. Till Warmbold: „Das Fach Werte und Normen und die neuen Rahmenrichtlinien". In: Fachverband Philosophie (Bundesverband): *Mitteilungen* Heft 39 (Mai 1998), 22-27.

[25] Das dabei überspannte Feld reicht von der Jahrgangsstufe 1, also der Grundschule, bis zur Jahrgangsstufe 10. Der Lehrplan ist hier gleichfalls nach den Kantischen Fragen organisiert, die sich als Leitfaden für diesen gesamten Bereich durchaus geeignet erweisen. So lassen sich im Primarbereich der Frage „Was ist der Mensch?" zum Beispiel Einzelfragen zuordnen wie „Lernen Menschen ein ganzes Leben lang?" – „Braucht jeder Mensch andere Menschen?" usw. Im Unterricht der Primarstufe greifen bereits viele der im Folgenden besprochenen Unterrichtsmethoden (vgl. Kap. 4). Besonders aber können z. B. präsentative Formen, das Gestalten und Deuten eigener Bilder etc. eine große Rolle spielen. – Vgl. hierzu Silke Pfeiffer: *Philosophieren mit Kindern in der Grundschule. Versuch der Fundierung eines neuen Unterrichtsfachs*, Diss. Rostock 2002.

[26] Vgl. hierzu genauer die Gespräche mit Dr. *Monika Sänger* und Prof. em. Dr. *Claus Günzler*, abgedruckt in der 2. Aufl. dieses Arbeitsbuches, 78 ff. – Vgl. weiter: Monika Sänger: „Die neuen Bildungsstandards Baden-Württemberg, Gymnasium Ethik". In: *Zeitschrift für Didaktik der*

Im *Saarland* wird „Ethik" als Ersatzfach für Religion von der Jahrgangsstufe 9 an angeboten und kann auch mündliches Abiturfach sein. „Philosophie" gibt es daneben in geringem Umfang parallel, das Fach kann an einigen Schulen sogar zusätzlich gewählt werden, so dass für Interessierte zu den zwei Stunden, die Ethik (wie Religion) hat, noch drei Stunden Philosophie sich zu fünf Stunden insgesamt addieren können. Für beide Fächer – Ethik und Philosophie – wird nach dem an der Universität des Saarlandes in Saarbrücken möglichen Lehramtsstudium im Referendariat auch ausgebildet – vom selben Fachleiter.[27]

In *Thüringen* und *Sachsen* orientiert sich die Fachgestaltung wie in Baden-Württemberg und Bayern an verschiedenen Ethik-Konzepten. Für die Lehramtsausbildung gibt es reguläre Lehramts-Studiengänge ‚Ethik', die in *Sachsen-Anhalt* z. B. an den Universitäten in Halle und Magdeburg studiert werden können.[28]

Am meisten Publizität dürfte im Zuge seiner Entwicklung das Fach „LER" (also der so genannte „Lernbereich Lebensgestaltung – Ethik – Religionskunde") im Lande *Brandenburg* auf sich gezogen haben. Es handelt sich hierbei um den in den 1990er Jahren konzipierten Versuch einer den Gesamtbereich der Sinn- und Wertfragen abdeckenden lebenskundlichen Grundbildung, die den Religions- *wie* einen Philosophieunterricht ersetzen sollte, jedoch mit seinem im Titel deutlich werdenden integrativen Ansatz in das Schussfeld der Kirchen geraten ist, die für den konfessionellen Religionsunterricht einen dem Fach LER gleichgestellten Status verlangen.[29]

Nordrhein-Westfalen hat als letztes unter den Bundesländern ein Alternativfach zum Fach „Religion" eingerichtet. Es bezieht sich auf Gesamtschule und Gymnasium ebenso wie auf Real-, Berufs und Hauptschule, auch übrigens auf die seit den 1960er Jahren so genannten Schule für Lernbehinderte oder Förderschule, der ehemaligen Hilfsschule, an der gerade das Fach auf eine hohe Motivation rechnen kann. Hier gilt es vor allem, eine basale Gesprächskultur zu entwickeln, ein Lernen zu ermöglichen, das auf den jeweils anderen

---

Philosophie und Ethik 26 (2004), 253-262; Dies.: „Die Lust am eigenen Denken". In: Günter Abel (Hrsg.): *Kreativität. XX. Deutscher Kongress für Philosophie*, Sektionsbeiträge Bd. 2, Berlin 2005, 781-789, bes. 786 ff. – Vgl. auch den sehr instruktiven knappen Überblick bei Klaus Goergen: „Zwanzig Jahre Ethikunterricht in Baden-Württemberg". In: *Ethik und Unterricht* 4 (2004), 44.

[27] Für seine Hinweise in manchem Treffen in der Dudweiler „Kaminstube" danke ich *Wolfgang Meiers* (Saarlouis/Dillingen).

[28] Vgl. hierzu das Gespräch mit Prof. Dr. *Georg Lohmann*, abgedruckt in der 2. Aufl. dieses Arbeitsbuches, 75.

[29] Vgl. hier den glänzenden, aber trotzdem grundweg eine falsche Alternative inszenierenden Titel von Achim Leschinsky: *Vorleben oder Nachdenken? Bericht der wissenschaftlichen Begleitung über den Modellversuch zum Lernbereich LER*, Frankfurt a. M. 1996. Vgl. ferner das Plädoyer für ein Integrationsfach bei Jürgen Lott: *Wie hast Du's mit der Religion? Das neue Schulfach LER und die Werteerziehung in der Schule*, Gütersloh 1998. Ein zum Lehramt für LER befähigender Studiengang an der Universität Potsdam entwickelte sich danach „unter Federführung der Philosophie": vgl. Hans Julius Schneider: „Das neue Fach ‚Lebensgestaltung – Ethik – Religionskunde': Sinnvolle Propädeutik oder fragwürdiger Ersatz für den Religionsunterricht?" In: *Deutsche Zeitschrift für Philosophie* 46 (1998), 305-318, 305, 312.

eingehen kann, sowie mit Beispielen das Abstrakte konkret und gleichsam sinnlich erfahrbar zu machen.[30]

Teil des *Schulversuches*, der der Einrichtung des Faches vorausging, war eine landesweite „Qualifikationserweiterungsmaßnahme" für diejenigen Lehrerinnen und Lehrer, die das neue Fach an den pro Jahr ca. 140 Modellschulen zuerst unterrichtet haben. In jedem der fünf nordrhein-westfälischen Regierungsbezirke wurden hierzu seit dem Schuljahr 1997/98 Kurse für etwa 30 Kolleginnen und Kollegen, meist Lehrkräfte geisteswissenschaftlicher Fächer wie Philosophie, Pädagogik, Geschichte, Deutsch und Kunst – nicht jedoch Religionslehrer –, eingerichtet. Mit Abschluss des Kurses (Gesamt-umfang etwa 320 Fortbildungsstunden) wurde ein Zertifikat erworben, das zur Erteilung des Unterrichts im neuen Fach berechtigt. Zwei bis drei Moderatoren leiteten jeden dieser Kurse, die teils in Zusammenarbeit mit den Universitäten Münster, Köln, Essen, Bielefeld und Paderborn durchgeführt wurden und in denen grundlegende didaktische Prinzipien des Faches zur Ausbildung gekommen sind.[31] Ein Blick in das in Zusammenarbeit mit Lehrerinnen und Lehrern aller Schulformen am Landesinstitut für Schule und Weiterbildung in Soest erarbeitete „Kerncurriculum" zeigt die wesentliche Rolle der Philosophie als Bezugswissenschaft des Faches „Praktische Philosophie".[32]

Kernelemente des Lehrplans sind einerseits drei „Perspektiven", die selbst keine Inhalte festlegen, sondern drei strukturierende Dimensionen entfalten, welche der Unterricht bei allen Einzelthemen berücksichtigen soll: eine „personale Perspektive" im Ausgang von den Lernsubjekten, deren Orientierungsbedürfnisse und Fragen den Ausgang des gemeinsamen Arbeitens bilden sollen, eine Perspektive gesellschaftlicher Wertvorstellungen und Konflikte, schließlich eine „ideengeschichtliche" Perspektive, die auf die Gehalte der philosophischen und weltanschaulichen Traditionen verweist.

Wie philosophieren Sie mit Ihren Schülern im Schatten der „Arena auf Schalke", Frau Grzanna?

Dagmar Grzanna ist Beratungslehrerin für die Jahrgangsstufen 9 und 10 an der Gesamtschule „Berger Feld" in Gelsenkirchen. Die Schule wird von 1.400 Schülerinnen und Schülern besucht; der Anteil von Schülern mit Migrationshintergrund liegt bei 40 %. Der Gebäudekomplex befindet sich in unmittelbarer Nähe des alten Parkstadions und der neuen Arena – ein ganzes Stück weit weg vom

---

[30] Vgl. Franz W. Nussbaum: „Wir im Kosmos. Eine fächerübergreifende Unterrichtsreihe in der Schule für Lernbehinderte". In: *Zeitschrift für Didaktik der Philosophie und Ethik* 22 (2000), 22-24.

[31] Vgl. hierzu auch die Ausführungen in der 2. Aufl. dieses Arbeitsbuches 84 ff.

[32] Vgl. *Kerncurriculum Praktische Philosophie, Erprobungsfassung*. Ministerium für Schule und Weiterbildung des Landes Nordrhein-Westfalen, Juni 1997 sowie neu: *Kernlehrplan Sekundarstufe I. Praktische Philosophie*. Heft 5017, Düsseldorf 2008. – An der Evaluation des Schulversuches waren als wissenschaftliche Begleitung die Professoren *Ekkehard Martens* (Hamburg), *Dieter Birnbacher* (Düsseldorf) und *Peter Nenninger* (Koblenz) beteiligt. Vgl. weiter: *Praktische Philosophie in NRW. Erfahrungen mit einem neuen Schulfach/Abschlussbericht der Wissenschaftlichen Begleitung*, hrsg. vom Ministerium für Schule, Wissenschaft und Forschung, Frechen 2002: „Eingesetzte Fragebögen", 197 ff.; „Statistische Übersichten", 207 ff.

nächsten Wohngebiet. Schulbusse bringen die Schüler zu der weitläufigen und komplexen Anlage. In der großen Haupthalle verweisen eine Lore, ein angedeuteter Stollen und andere Exponate auf die Bergbaugeschichte der Region, deren letzte Zechen allerdings vor der Schließung stehen.

Die Schule verfügt u.a. über eine große eigene Unter-, Mittel- und Oberstufen-Bücherei mit vielen Schüler-Arbeitsplätzen. Angesichts der pädagogischen Herausforderungen geht das Kollegium didaktisch und organisatorisch vielfach neue Wege, so im Abschluss vertraglicher Vereinbarungen mit den Eltern, die sich auf das gemeinsame Engagement für die Schulbildung beziehen und von der Elternpflegschaft über das Pausenbrot bis zur Pünktlichkeit der Schülerinnen und Schüler reichen.

Frau Grzanna, wie finden Ihre Schüler/innen und Schüler sich in dieser großen Anlage zurecht?

Ganz so einfach ist das für unsere „Kleinen" und Neuanfänger wirklich nicht. Aber wir haben hier eine orientierende Organisationsform gefunden. Die Klassenräume einer Jahrgangsstufe sind in einer bestimmten „Region" konzentriert und die Kinder haben eigene Spielplätze und Schulhöfe. Gemeinsam ist ein unterer, zentraler Bereich mit Cafeteria und Fachräumen; im zweiten, oberen Stock liegen die Klassenräume.

Wie wird das Fach „Praktische Philosophie" bei Ihnen erteilt?

Wir sind ja 8-10zügig und müssen darum recht große Kurse im Fach „Praktische Philosophie" bilden, d. h. Kurse mit ca. 30 Schülerinnen und Schülern und mehr. Hinzu kommt, dass unsere Leute sich aus sechs Nationen rekrutieren. Sie können sich vorstellen, dass eine Gesprächatmosphäre da erst einmal hergestellt werden muss. Wir scherzen manchmal, dass die großen, dunkel und „cool" gekleideten Schüler wie eine „dunkle Macht" über die Flure auf einen zu kommen und sich regelrecht vor einem aufbauen. „Praktisch Philosophieren" heißt hier, über grundlegende Dinge des Lebens aus Sicht der Jugendlichen ins Gespräch zu kommen. Da spielt nicht so sehr der abstrakte Text, sondern viel eher der motivierende Impuls, die alltagsnahe Reflexion eine Rolle.

Welchen Einfluss hat die Arena hier nebenan?

Wir sind natürlich alle Fans und bei den Heimspielen dabei! Zugleich stammen einige unserer Schüler aus dem Schalke-Nachwuchsinternat und so mag eines Tages manch berühmter Kicker aus unseren Reihen hervorgehen...

Eine in besonderem Maße „praktisch" werdende Philosophie kann Schülerinnen und Schülern in besonderer Weise dabei zu helfen versuchen, zu „leben, statt gelebt zu werden".[33] Auf der Basis der genannten „drei Perspektiven" bieten in NRW sieben Fragenkreise, die sich im Unterricht noch zu vielen einzelnen Projekten konkretisieren sollen, philosophische Orientierung in den Lebensverhältnissen der Gegenwart an. Sie beinhalten: 1. Die Frage nach dem Selbst, 2. Die Frage nach dem Anderen, 3. Die Frage nach dem guten Handeln, 4. Die Frage nach Recht, Staat und Wirtschaft, 5. Die Frage nach Natur und Technik, 6. Die Frage nach Wahrheit, Wirklichkeit und Medien, 7. Die Frage nach Ursprung, Zukunft und Sinn (Gegenstand des Kursprogramms sind, wie die Thematik des 7. Fragenkreises bereits deutlich macht, auch die großen Weltreligionen). Ein

---

[33] So etwa der Titel von Gabriele und Norbert Münnix: *Leben statt gelebt zu werden. Wie wir Kindern Orientierung geben*, Zürich/Düsseldorf 1998.

grundlegendes Schema (vgl. S. 79) zeigt, wie diese Fragezugriffe stets in allen drei Perspektiven erfolgen sollen.

In allen Bundesländern werden die Fächer Philosophie und Ethik wegen der Verkürzung der Schulzeit auf 12 Jahre und der bildungspolitischen Tendenz „nach PISA" zur Konzentration auf testable und standardisierbare Grundkompetenzen und Hauptfächer darauf achten müssen, ihren formalen und organisatorischen Status zu wahren (Philosophie in der Stundentafel der Oberstufe nur noch zweistündig und nur noch als mündliches, nicht mehr schriftliches Abiturfach?).

Resümiert man inhaltlich die nach Bundesländern unterschiedlichen Konzeptionen eines sinn- und wertorientierenden Unterrichts für die Sekundarstufe I und versucht eine Auswertung nach ihrem jeweiligen theoretischen Hintergrund, so fällt auf, dass vor allem *zwei konkurrierende Konzepte* Abhilfe anbieten. Das eine Konzept (a) besagt: Angesichts der in Rede stehenden lebensweltlichen Veränderungen müssen verstärkt Traditionen, Normen und Üblichkeiten kompensierend in das Alltagsbewusstsein eingespeist werden. Das andere Konzept (b) setzt dagegen auf eine – nicht primär traditionsorientierte – „Lebenskunde", die in der Auseinandersetzung mit psychologisch aufzufassenden sogenannten „authentischen" oder „Grunderfahrungen" Orientierung zu finden und zu geben hofft. Beide Konzepte, das kompensatorische und das lebenskundliche, sind nicht einfach unplausibel. Beide führen jedoch gravierende ungelöste Problemüberhänge mit sich, die zugleich auf ein Profil dessen verweisen, was „Philosophische Bildung" in der Sekundarstufe I zu bedeuten vermag (c).

(a) Die „kompensatorische Lösung", die ich mir jetzt zunächst vornehme, sucht dem konstatierten Orientierungsverlust durch eine verstärkte Präsentation normativer Traditionen und Sinnüberlieferungen entgegenzusteuern. So verweist der Philosoph *Robert Spaemann* (geb. 1929) auf die „Fundamente" der Religion und der Tradition im Sinne von „Sitte und Anstand", die man einer zunehmend orientierungslos werdenden neuen Generation wieder „beizubringen" hat. Es muss aber auf zwei Probleme aufmerksam gemacht werden, aufgrund derer diese Lösung in der Diskussion mit Recht kritisiert wird. Erster Einwand: „Werte" können nicht einfach „unterrichtet" und dann womöglich mit den gängigen Methoden einer Leistungsüberprüfung abgefragt werden. Versucht man das, dann schreibt einem womöglich, mit einem Beispiel von *Martin Buber* (1878-1965), der schlimmste Gewohnheitslügner der Klasse einen glänzenden Aufsatz über die zerstörende Macht der Lüge.[34] Zweiter Einwand: Die Bedingungen menschlichen Zusammenlebens, die diese Normen regeln sollen, sind selbst komplizierter geworden. Während natürlich nach wie vor Jugendliche im Rahmen christlicher Vorstellungen denken, unterliegen andere in geradezu dramatischer Weise der Zeitgeist-Tendenz einer „Jugend ohne Gott". Diese verweltlichten Abmelder vom Religionsunterricht finden sich dann im neuen Fach oft genug mit einem steigenden Anteil nichtchristlicher, oft von sehr engen Traditionen geprägter Schüler zusammen wieder. In dieser Situation kann man nicht einlinig, wie

---

[34] Vgl. Ekkehard Martens: „Was soll der Ethik-Unterricht leisten?" In: *Zeitschrift für Didaktik der Philosophie und Ethik* 3 (1994), 209-211.

Spaemann das tut, von „Werteevidenz" sprechen.[35] Unsere vielfach widersprüchliche Alltagskultur kann schwerlich auf einen weitgehend geschlossenen Kanon von Traditionen und Üblichkeiten zurückgeführt werden. Spaemann unterbietet die komplexe gegenwärtige Situation von Tradition und Traditionskritik, die einlinige Sinnzuschreibungen kaum mehr zulässt. Dies bedeutet überhaupt nicht, dass es nicht gute Gründe gibt, an Traditionen festzuhalten. Viele Traditionen widersprechen einander aber auch; und neue Situationen entstehen. Eine Antwort auf gegenwärtige Orientierungsprobleme kann demnach nicht darin liegen, bestimmte Üblichkeiten als – angebliche – Evidenzen einzufrieren und dann portionsweise den Folgegenerationen zur Rezeption zu übergeben.

(b) Ein zweiter angesichts der beschriebenen gesellschaftlichen Veränderungen diskutierter Vorschlag zielt auf eine Art Lebensgestaltungshilfe. Bereits angesprochen wurde die Diskussion um das Fach „LER". Dieses stellte unter anderem Hilfe in Aussicht, „ein Lebenskonzept aufzubauen"; es schloss an schulpädagogische Konzepte an, die, wie es in einschlägigen Veröffentlichungen heißt, die „klassische Schule hin zu einer sozialpädagogischen Schule" zu transformieren trachten.[36] Auch in anderen Bundesländern erschien manchem ein ganz neues Prinzip des Lernens anhand wesentlich psychologisch aufgefasster „authentischer Erfahrungen" oder „Grunderfahrungen" notwendig. Lernprozesse seien nur erfolgreich, wenn sie in einer unmittelbaren Auseinandersetzung mit menschlichen Grunderfahrungen (wie „Freundschaft und Liebe", „Konflikten", „Angst" und „Grenzerfahrungen") und gesellschaftlicher Wirklichkeit (mit flexiblen Lernorten vom Altenheim bis zum Krankenhaus) stattfinden. Dies neue Lernen solle Raum und Zeit dafür gewähren, so hieß es, dass die „Schülerinnen und Schüler intimer und persönlicher und deshalb auch geschützter ihre individuellen Lebensfragen und -probleme zum Ausdruck und zur Sprache bringen können, was hohe Anforderungen an die zukünftigen Lehrkräfte stellen wird". Auch hier muss freilich auf zwei ungelöste Probleme aufmerksam gemacht werden: Erster Einwand zur „Lebenskunde": Die Forderung nach einem Integrationsfach ist

---

[35] Vgl. Spaemanns Beitrag in H. Huber (Hrsg.): *Sittliche Bildung*, Asendorf 1993, 349 ff. und die nachhaltige Kritik hieran von Ruth Dölle-Oelmüller: „Ethik- und/oder Philosophieunterricht – Ersatzfach für den Religionsunterricht?" In: *Zeitschrift für Didaktik der Philosophie und Ethik* 17 (1995), 204-212, 209.

[36] Vgl. etwa die erste Version: *Hinweise zum Unterricht im Modellversuch Lernbereich L-E-R, Sekundarstufe I*, hrsg. vom Ministerium für Bildung, Jugend und Sport des Landes Brandenburg, Potsdam 1994, Vorwort. Vgl. auch als Beispiel für die Reaktionen: *Gemeinsame Presserklärung der Evangelischen Kirche in Berlin-Brandenburg und des Erzbistums Berlin zum Religionsunterricht im Land Brandenburg vom 17. 10. 1995 / 25. 10. 1995*. Vgl. schließlich zur „sozialpädagogischen Schule" Ulf Preuss-Lausitz: „Schulische Werte unter Pluralitätsbedingungen". In: *Ethik und Unterricht* 7 (1996), 35-42, 42.

[36] Vgl. etwa die erste Version: *Hinweise zum Unterricht im Modellversuch Lernbereich L-E-R, Sekundarstufe I*, hrsg. vom Ministerium für Bildung, Jugend und Sport des Landes Brandenburg, Potsdam 1994, Vorwort. Vgl. auch als Beispiel für die Reaktionen: *Gemeinsame Presserklärung der Evangelischen Kirche in Berlin-Brandenburg und des Erzbistums Berlin zum Religionsunterricht im Land Brandenburg vom 17. 10. 1995 / 25. 10. 1995*. Vgl. schließlich zur „sozialpädagogischen Schule" Ulf Preuss-Lausitz: „Schulische Werte unter Pluralitätsbedingungen". In: *Ethik und Unterricht* 7 (1996), 35-42, 42.

möglicherweise letztlich deshalb nicht überzeugend, weil es in der Gefahr steht, gar nichts
richtig zu machen und weder das eine: religiöse Bildung, noch das andere: philosophische
Orientierung leisten zu können. Zweiter Einwand: Es besteht die Gefahr einer
„Praxisüberforderung" (Martens) des Lehrenden, der ja in der Regel kein ausgebildeter
Psychologe ist. Auch scheint die Gefahr einer Denunziation der Bildung zugunsten eines
hypostasierten „authentischen Lebens" nahe zu liegen.

Eine Antwort auf gegenwärtige Orientierungsprobleme kann demnach in dem Rekurs
auf die psychologische „Ursituationen" eines womöglich geschichts- und traditionsfreien
Ich genauso wenig liegen wie in der bloßen Verabreichung von Traditionsbeständen. Sie
muss anders lauten: Traditionen müssen in lebendigen *Bildungsprozessen* mit neuen
Zugriffen zu neuer Orientierung verschmolzen werden.

(c) Dies legt nahe, dass sich als Alternative zum Religionsunterricht ein Fach anbietet,
das auf die *spezifischen Orientierungsleistung der Philosophie*, zugleich aber konsequent,
sozusagen praktisch werdend, auf den Erfahrungshorizont der betroffenen sich orientierenden Subjekte ausgerichtet ist. Deshalb gewinnt der in Nordrhein-Westfalen wohl
zunächst eher als Kompromissformel gewählte Titel „Praktische Philosophie" über die
regionalen Besonderheiten eines Bundeslandes und über seine eingebürgerte Bedeutung für
ein philosophisches Teilgebiet hinaus, wie treffend bemerkt worden ist, seinen guten
Sinn.[37] Philosophische Orientierung schon in der Schule kann helfen, über die
alltagsweltlichen Üblichkeiten und Verwirrungen hinaus Potentiale der Traditionen in die
Reflexion einfließen zu lassen und zugleich durch begriffliche und argumentative
Klärungen Gedankenmuster auf Kosten von Unkenntnis, Unreflektiertheit und mangelnder
Bewusstheit „vernünftiger zu machen".[38] Sicherlich wird sich, worauf hingewiesen worden
ist, der Unterricht hier eher an Beispielen und noch sehr viel enger am lebensweltlich
Konkreten orientieren, als dies der auf ein Regelwissen und auch auf eine gewisse
Wissenschaftspropädeutik hin ausgerichtete Philosophieunterricht in der Oberstufe tun wird
(der jedoch seinerseits ebenfalls in einem alltagsweltlichen Orientierungsbedürfnis
wurzelt). Moralisch bewusstes Handeln ist zudem nicht nur eine kognitive Angelegenheit,
sondern auch eine der Kultivierung eines Perspektivwechsels, des „Sich-Hineinversetzens"
in die Gefühle anderer Menschen (Rollenspiele, „Vertrauensübungen").

---

[37] Roland Henke: „Bericht zum Schulversuch ‚Praktische Philosophie' in NRW". In: *Ethik und Unterricht* 1 (1998), 37-39.
[38] Vgl. meine Darlegungen: „Ethik statt Philosophie?" In: *Information Philosophie* 35 (1997), Heft 2, 70-72 *sowie:* „Das neue Fach ‚Praktische Philosophie' in Nordrhein-Westfalen – Aufgaben und Ziele philosophischer Bildung in der Sekundarstufe I". In: L. Krappmann / C.T. Scheilke (Hrsg.): *Religion in der Schule – für alle?* Neue Sammlung. Sonderheft, Seelze 2003, 125-133.

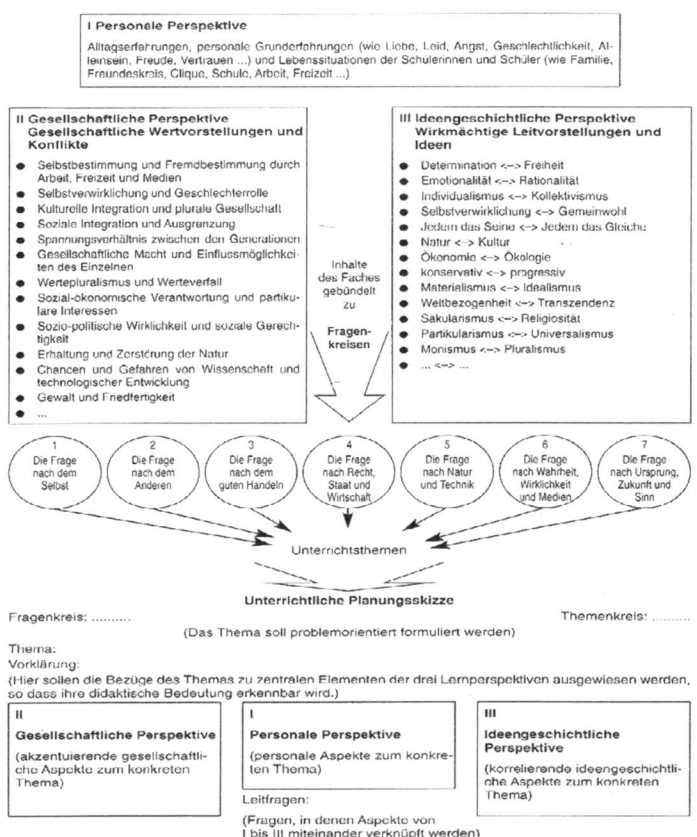

3.3 Philosophie- und Ethikunterricht in der Sekundarstufe II

Philosophie ist in der Sekundarstufe I und, wie sich versteht, in weitergehendem Maße in der Sekundarstufe II der Schritt zur Bewusstheit und zur Prüfung alltagsweltlicher Selbst- und Lebensdeutungen, zu einem zunehmend methodisch angeleiteten Denken und zur Bekanntschaft mit der Tradition der „großen Denker". Die dabei aktualisierte „Orientierung" ist stets ein *Prozess*, dessen Ergebnisse – das ist ja das Paradox aller Bildung – nur begrenzt vorgegeben werden können, sondern von den Bildungssubjekten selbst hervorgebracht werden sollen, die ihre kulturbildenden Kompetenzen jeweils neu ergreifen – und dazu eben „sich orientieren" – müssen. Dass dies nunmehr als eine Angelegenheit der gesamten Kindheit und des Jugendalters erkannt wird, bedeutet eine

Stärkung des Philosophie-Orts „Schule", in dem Philosophie lange lediglich ein Fach der Oberstufe gewesen ist.

In dieser Sekundarstufe II bewegt sich der Unterricht in einer gewissen Spannung zwischen einer Konzeption als Philosophieunterricht einerseits und als Ethikunterricht andererseits; aus diesem Spektrum seien Beispiele und Hinweise herausgegriffen.

In einigen Bundesländern, so in Baden-Württemberg und Sachsen, besteht das bereits angesprochene Fach „Ethik" als Religionsersatzfach von der Sekundarstufe I bis hinein in die Oberstufe (Sachsen: Jahrgangsstufe 5-12, Baden-Württemberg: Jahrgangsstufe 8-12). In Baden-Württemberg ist dieses Fach „Ethik" mündliches und schriftliches Abiturfach im Zentralabitur. Entsprechend wurde in Baden-Württemberg für die angehenden Gymnasiallehrer und -Lehrerinnen der Fächer „Ethik" und „Philosophie" ein reguläres Studienfach: „Philosophie/Ethik" eingerichtet.

In anderen Bundesländern führt statt der „Ethik" die „Philosophie" mit durchschnittlich ein bis drei „Grundkursen" (2-3 Wochenstunden) pro Schuljahr und Schule (aber praktisch keinen „Leistungs-"/„Neigungskursen" mit 4-5 Wochenstunden) ein durchaus etabliertes Dasein und ist auch schriftliches und mündliches Abiturfach. Mit der Neuorganisation der Oberstufe im Jahre 2006 ff. (4 bzw. 2 Stunden für Haupt- bzw. Ergänzungsfächer) gibt es hier – z. B. in Nordrhein-Westfalen – nicht unerhebliche Veränderungen. Folgende Untersuchungsfelder können derzeit in den verschiedenen Jahrgangsstufen gewählt werden.

Der Einführungskurs fragt etwa: Was ist Philosophie? Welche Fragen, welche methodischen Denkansätze sind fachtypisch? Die Texte, mit deren Hilfen entsprechende Themen aus den Horizonten der Schülerinnen und Schüler heraus untersucht werden, sollten so angelegt sein, dass zugleich wichtige inhaltliche Bereiche der Philosophie berührt werden. Hierdurch kann ein Einblick in die Philosophie gewonnen werden, damit eine spätere Wahl des Faches nicht ohne Vorkenntnisse hinsichtlich eines jeweils möglichen Programms in den Folgekursen getroffen werden muss, für die Ethik/Politische Philosophie, Geschichtsphilosophie, Erkenntnistheorie und Ästhetik im Lehrplan stehen. Ein eindeutiger Schwerpunkt liegt allerdings in gesteigerten „formalen und methodischen Anforderungen",[39] d.h. einer besonderen Methodenorientierung dieses Faches in der Oberstufe; vgl. das Methodenkapitel dieses Bandes). Die Methodenorientierung zeigt sich etwa in dem Gewicht, das auf – gegenüber älteren Lehrplanversionen – „neue" Formen der Schriftlichkeit wie „Facharbeit", „Essay" und „literarische Darstellung philosophischer Probleme" gelegt wird. Eine „Ganzschrift" (zum Beispiel Kants *Grundlegung zur Metaphysik der Sitten*) muss in Nordrhein-Westfalen in den drei Jahren der Oberstufe nunmehr gelesen werden. Zu den Schritten zum Zentralabitur, die Kultusministerien wie das nordrhein-westfälische in Orientierung an süddeutschen Bundesländern unternehmen, gehören darüber hinaus neuerdings kanonische Philosophen-/Text-Programme, die im

---

[39] Ministerium für Schule und Weiterbildung, Wissenschaft und Forschung des Landes Nordrhein-Westfalen: *Richtlinien und Lehrpläne für die Sekundarstufe II – Gymnasium/Gesamtschule – Philosophie*. Frechen 1999, 17; vgl. für das Folgende 33 ff.

Hinblick auf die Abschlussklausuren absolviert sein sollen und sich zu einer curricularen Nebeninstanz zu entwickeln scheinen.[40]

Auf der Lehrerseite besteht als Interessenvertretung der Ethik-Lehrerinnen und -lehrer mit Schwerpunkt in Süd- und Mitteldeutschland der „Fachverband Ethik", betraut mit der Aufgabe, „ein genuin eigenes fachwissenschaftliches und didaktisches Profil zu entwickeln sowie bundesweit eine Qualifikation der Lehrer an den Universitäten zu fordern" (*Monika Sänger*, langjährige Vorsitzende; derzeitiger Vorsitzender ist *Peter Kriesel*, Brandenburg). Eine weitere wichtige Schaltstelle für die Philosophie (nicht nur) in der Oberstufe der Schulen ist der „Fachverband Philosophie", ein sowohl bundesweit als auch für die einzelnen Bundesländer organisierter Zusammenschluss der Philosophielehrer, der die Interessen des Philosophieunterrichts an der Schule vertritt und Fortbildungstagungen für Lehrerinnen und Lehrer veranstaltet. Mitglieder des Fachverbandes Philosophie erhalten die zur Information über Unterrichtsentwicklungen wichtigen „Mitteilungen" des Bundesverbandes sowie in NRW die Reihe „Beiträge und Informationen" des Landesverbandes; Vorsitzende und Heftherausgeber sind *Dr. Klaus Draken* (Landesverband, Fachleiter in Wuppertal) und *Dr. Bernd Rolf* (Didaktiker und Referendarausbilder in Kleve).[41]

---

[40] Zum Programm der Oberstufe generell vgl. V. Steenblock: „Philosophiekurse in einer sich verändernden Gegenwart" in: ders. (Hrsg.): *Philosophiekurse* (Münsteraner Philosophische Arbeitsbücher Band 3), Münster (LIT) 2004 (Parallelband dieser Reihe), 14-62. – Vgl. Vanessa Albus: *Kanonbildung im Philosophieunterricht*, Dresden 2012.

[41] Vgl. die sehr instruktiven Übersichten von *Bernd Rolf* aus Anlass des Jubiläumsjahres 2006: „50 Jahre Fachverband Philosophie bzw. 50 Jahre Fachverband Philosophie in NRW". In: *Mitteilungen* Heft 46 (2006), 9-14 sowie in *Beiträge und Informationen* Heft 41 (2006), 7-11; auch in: Franz Josef Albers / Roland Simon-Schaefer: *Philosophie konkret: Praktische Philosophie in der Diskussion*, Münster (LIT) 2009, 167-178. Vgl. auch das Gespräch mit Dr. Rolf in der 2. Aufl. dieses Arbeitsbuches, S. 96, sowie im Netz die Seite: *www.fv-philosophie-nrw.de*. Einen guten Überblick über die Aktivitäten des Bundes- und Landesverbandes gibt das gemeinsame Heft Nr. 49 (2009) der „Mitteilungen".

3.4 Philosophie und ihre Didaktik an der Universität – die Aufgaben der Fachdidaktik Philosophie (Interview mit *Ekkehard Martens*)

„Universität" bezeichnet einen gesellschaftlichen Verbund, eine „Gesamtheit" (lat. *universitas*) an einem bestimmten Ort Lehrender und Lernender bzw. auch exklusiver Zirkel von „Meistern" und „Schülern", deren gemeinsame Bemühungen in traditionellen Abschlussgraden wie *baccalaureus, magister* und *doctor* münden (nach Absolvierung der propädeutischen *septem artes*, also der Artisten-, später Philosophischen Fakultät und vor allem der drei „oberen Fakultäten", Recht, Medizin und Theologie). Nach der „Verlagerung" des Schauplatzes von der antiken Mittelmeerwelt als der „Ursprungslandschaft" der Philosophie nach Mittel-, West- und Nordeuropa wurden nicht wenige Aufgaben einer Bildungsmittlerschaft von der Kirche übernommen, freilich in einer gewissen Verengung und unter religiösen Vorzeichen. In Kloster- und Domschulen hatten auch solche Leute Zugang zur Bildung, die nicht Priester werden wollten, vorausgesetzt, sie konnten sich dies von ihrer sozialen Stellung her leisten. Die Idee einer Gemeinschaft von Schülern und Lehrern erinnert ebenso wie die Architektur der Innenhöfe und Kreuzgänge in Oxford und Cambridge an die klösterliche Herkunft der Universität. Beide englische Universitäten haben über Jahrhunderte eine nationale Elite hervorgebracht; nicht viel anders auch ihre transatlantischen Reflexe Harvard und Yale.

Gründungs- und Entwicklungsschübe in der Geschichte der Universität liegen im Mittelalter. So gibt man für Bologna das Jahr 1119 an, für die Gründung der Universität Oxford (rechts: Radcliffe Camera/Bodleian Library) das 12. Jh., für die Pariser Sorbonne die Zeit um 1200, Heidelberg 1386, Köln 1388 (vgl. aber schon Kairo 970).

   Ab dem 15. Jahrhundert (Marburg, Jena, Königsberg) und vor allem ab dem 17. Jahrhundert in Deutschland entstanden Universitäten u. a. zu den Verwaltungs- und Wissenschaftsbedürfnissen der Landesherrschaften (Göttingen, Halle, Breslau, Münster). Weitere Gründungen gab es im 19./20. Jahrhundert (Berlin, Hamburg, Frankfurt) sowie in vielen, meist Campus-Neugründungen nach dem Zweiten Weltkrieg (z. B. in Saarbrücken in signifikanter Neu-Nutzung einer vormaligen Kaserne; in NRW in Essen, Dortmund, Wuppertal, Bielefeld).[42] Die *Philosophie* als universitäre Disziplin, die bis ins 19.

---

[42] Herbert Grundmann: *Vom Ursprung der Universität im Mittelalter*, Berlin 1957; Hans-Werner Prahl u.a.: *Die Universität. Eine Kultur- und Sozialgeschichte*, München 1981; Thomas Ellwein: *Die deutsche Universität. Vom Mittelalter bis zur Gegenwart*, Königstein/Ts. 1985; Walter Rüegg: *Geschichte der Universität in Europa. Bd. 1, Mittelalter*. München 1993; Alexander Demandt, *Stätten des Geistes*, Köln 1999; Wolfgang E. J. Weber: *Geschichte der europäischen Universität*, Stuttgart 2002; Hans-Albrecht Koch: *Die Universität*, Darmstadt 2008. – Zur Entwicklung der

Jahrhundert viele spätere Einzelwissenschaften aus ihrem Verbund entließ, hatte sich zugleich ihres eigenen Status zunächst zu vergewissern.[43] Sie präsentiert sich gegenwärtig in unterschiedlichen Fakultäts-Kontexten sowie kleineren wie größeren Instituten bzw. Seminaren, z. B. an der Ruhr-Universität Bochum (gegründet als Campusuniversität 1965; die Abb. zeigt einen Blick auf das Auditorium Maximum und die Universitätsbibliothek).

Von Anfang an bewegt sich die Universität in einem Spannungsfeld zwischen „separater Studiengemeinschaft" mit „reinem Wissenschaftsethos" und staatlicher/gesellschaftlicher, ökonomischer Indienstnahme. Über die internen Abläufe und Funktionsweisen des Systems „Hochschule" hinaus suchen Universitäten sich nicht nur als Forschungs-, sondern auch als Bildungsorte für ein breiteres Publikum zu profilieren.[44]

Eine weitergehende Öffnung der Hochschule für die sie tragende Gesellschaft ist eine didaktische Forderung.[45]

Primär freilich ist die Fachphilosophie eigenlogisch geprägt: teils von einem analytischen, teils von einem historisch-systematischen Forschungsprofil. Sie umfasst in Deutschland neben zahlreichen weiteren Stellen immerhin über 300 Professuren, dokumentiert sich in Publikationen, Fachzeitschriften, Jahrbüchern, folgt einem „Exzellenz"-Bemühen,[46] wird gesteuert von Kriterien wie Drittmittelakquirierung, richtet „Zentren für …", Graduiertenkollegs, Forschungsstellen usw. ein und unterliegt mit alldem einer keineswegs zurückzunehmenden organisatorischen Verwissenschaftlichung in dem Sinne, in dem das Soziokonstrukt „Wissenschaft" gegenwärtig eben auftritt. Im Vergleich zu den umfangreichen pädagogisch-theoretischen Bemühungen um die Philosophie in der

---

Philosophie im universitären Kontext vgl. Rainer Christoph Schwinges (Hrsg.): Artisten und Philosophen, Basel 1999.

[43] Vgl. als ein Dokument dieses Prozesses Immanuel Kant: *Der Streit der Fakultäten* (Königsberg 1798). In: Kants Werke Bd. VIII (Akademieausgabe), Berlin 1917, 1-116. – Signifikant: Gegenwärtig richtet der sogenannte „performative turn" in der Geschichtswissenschaft den Blick darauf, dass die Philosophen einstmals ihr Recht erstreiten mussten, im akademischen Senat *sitzen* zu dürfen. Vgl. Marian Füssel: Gelehrtenkultur *als symbolische Praxis. Rang, Ritual und Konflikt an der Universität der frühen Neuzeit*, Darmstadt 2004, 234 ff.: „Der lange Weg der ‚Magd'" …

[44] Vgl. Volker Gerhardt: „Warum wollen wir eigentlich etwas wissen? Vortrag zur Eröffnung der Ringvorlesung ‚Kinderuniversität' der Humboldt-Universität". In: *Zeitschrift für Didaktik der Philosophie und Ethik* 26 (2004), 338-347. – Auch das so genannte „Studium im Alter" enthält weitaus mehr Potenzial als lediglich eine Freizeitbeschäftigung zu sein (siehe Abschnitt 3.10).

[45] Ortfried Schäffter: „Der Beitrag der Hochschule zum lebensbegleitenden Lernen". In: *Hessische Blätter für Volksbildung* 1 (1997), 37-52.

[46] Vgl. kritisch Richard Münch: *Die akademische Elite*. Zur sozialen Konstruktion wissenschaftlicher Exzellenz, Frankfurt 2007; Ders.: *Globale Eliten, lokale Autoritäten*. Bildung und Wissenschaft unter dem Regime von PISA, Kinsey und Co., Frankfurt 2009; Ders.: *Akademischer Kapitalismus*, Frankfurt 2011.

Schule ist eine „Hochschuldidaktik", die das philosophische Lehren und Lernen an den Universitäten selbst zum Thema machte, bis heute geradezu ein Desiderat.[47] An äußerst prominenter Stelle, am Keimpunkt der neueren deutschen Universität überhaupt, scheint diese (philosophie)didaktische Abstinenz theoretisch abgesichert, nämlich bei *Wilhelm von Humboldt* (vgl. Abschnitt 1.5), der eine didaktische Kompetenz zum Ziel einzig der Schule macht. Der Schüler, so heißt es in den berühmtesten Passagen seiner Schulpläne, „ist [...] auf doppelte Weise, einmal mit dem Lernen selbst, dann mit dem Lernen des Lernens beschäftigt" und er „ist reif, wenn er so viel bei anderen gelernt hat, dass er nun für sich selbst zu lernen in Stand ist"; wenn also „der Elementarunterricht den Lehrer erst möglich macht, so wird er durch den Schulunterricht entbehrlich".[48] Obwohl Humboldt ausgeht von der „Einheit und Continuität des Unterrichts in seinen natürlichen Stadien": Elementarschule, Gymnasium und Universität, zieht er im Anschluss an diese Bestimmung einen deutlichen Trennungsstrich zwischen Schule und Universität. Es kennzeichnet die Universitäten, dass sie „die Wissenschaft immer als ein noch nicht ganz aufgelöstes Problem behandeln und daher immer im Forschen bleiben". Humboldt sieht hier einen fundamentalen Unterschied zur Schule, die es doch „nur mit fertigen und abgemachten Kenntnissen zu thun hat und lernt". Für ihn steht im Vordergrund Unterricht als ein vom Lehrer zum Schüler gerichtetes „Beibringen". Schüler und Lehrer handeln nach klar zu trennenden Rollen, Wissensinhalte werden letztlich, wie man formuliert hat, „zum passiven Stoff, den es nur zu übertragen gilt".[49] Weil ja der Lehrer durch erfolgreichen Schulunterricht obsolet wird, ist „der Universitätslehrer nicht mehr Lehrer, der Studierende nicht mehr Lernender, sondern dieser forscht selbst, und der Professor leitet seine Forschung und unterstützt ihn darin"; beide sind nun insofern in der gleichen Rolle, als sie Forschende sind, „die sich nur der Erhöhung und Verbreitung der Wissenschaft widmen"; in dieser Gemeinsamkeit löst sich die Trennung von Lehren und Lernen auf. In der gemeinsamen Forschungsarbeit zählt, wie Humboldt immer wieder betont, recht eigentlich der Begriff der *Wissenschaft*, deren Gegenstände stets als ein weiter aufzulösendes Problem behandelt werden. Der Universität bleibt „vorbehalten, was nur der Mensch durch und in sich selbst finden kann, die Einsicht in die reine Wissenschaft. Zu diesem SelbstActus im

---

[47] Dies gilt trotz verschiedener Ansätze wie etwa dem von *Johannes Wildt*: „Ein hochschul-didaktischer Blick auf Lehren und Lernen. Eine kurze Einführung in die Hochschuldidaktik." In: Ders. / B. Berendt / H.-P. Voss (Hrsg.): *Neues Handbuch Hochschullehre – Lehren und Lernen effizient gestalten*, Berlin 2002 ff. – Vgl. ferner an einem signifikanten Beispiel Wolfgang Böttcher: „ ‚Ich hab nur eine ganz kurze Frage und zwar ...' " – Sprechstundengespräche an der Hochschule. In: *Handbuch Hochschullehre. Informationen und Handreichungen aus der Praxis für die Hochschullehre*, April 2001, E 2.14, 1-28. – Vgl. zur grundlegenden und bekanntesten Form Gerrit Walther: „Vorlesung" in ders. u.a. (Hrsg.), *Bildung*, Stuttgart 2011, 170-173.

[48] Wilh. v. Humboldt: *Werke*, hrsg. von A. Flitner und K. Giel, 5 Bde. Darmstadt 1960, IV, 169 f., 190 f., 256.

[49] Manfred Riedel: „Forschung und Bildung. Wilhelm von Humboldts ursprünglicher Begriff der Wissenschaft". In: F. Kaulbach / W. Krawietz (Hrsg.): *Recht und Gesellschaft. Festschrift für Helmut Schelsky zum 65. Geburtstag*, Berlin 1978, 427.

eigentlichsten Verstand ist nothwendig Freiheit, und hülfereich Einsamkeit, und aus diesen beiden Punkten fließt zugleich die ganze äußere Organisation der Universitäten."

Die Universität ist bei Humboldt dennoch nicht, wie in der Schrift „über die innere und äussere Organisation der höheren wissenschaftlichen Anstalten in Berlin" deutlich wird, „in den didaktischen Naturzustand entlassen" (*Manfred Riedel*), obwohl man hier – anders als bei den vorangehenden Stufen – das Wesentliche eher erwarten als organisieren und kontrollieren kann – ein Grundproblem und -motiv aller Hochschuldebatten bis heute. Am Ende steht auch bei Humboldt die Betonung eines „Zusammenwirken(s)":

> „Da diese Anstalten ihren Zweck indess nur erreichen können, wenn jede, soviel als immer möglich, der reinen Idee der Wissenschaft gegenübersteht, so sind Einsamkeit und Freiheit die in ihrem Kreise vorwaltenden Principien. Da aber das geistige Wirken in der Menschheit nur als Zusammenwirken gedeiht, und zwar nicht bloss, damit Einer ersetze, was dem Anderen mangelt, sondern damit die gelingende Thätigkeit des Einen den Anderen begeistere und Allen die allgemeine, ursprüngliche, in den Einzelnen nur einzeln oder abgeleitet hervorstrahlende Kraft sichtbar werde, so muss die innere Organisation dieser Anstalten ein ununterbrochenes, sich immer selbst wieder belebendes, aber ungezwungenes und absichtsloses Zusammenwirken hervorbringen und unterhalten".[50]

In dieser Atmosphäre vollendet sich sozusagen die menschliche *Bildung*, die als eines der großen Themen und Hauptmotive der Philosophie und Pädagogik und damit gleichsam als die reflexive Spitze der Kultur seit Platon ohne Wissenschaft und Universität nicht denkbar, mit ihr aber keineswegs identisch ist. Wissenschaften, selbst noch die Philosophie, unterliegen Abhängigkeiten und Inanspruchnahmen: die Naturwissenschaften durch Ökonomie und Technik, die Geisteswissenschaften durch Zeitgeist, Gesellschaft und Politik, wie sie ihrerseits noch einmal kritisch zu prüfen sind. Darüber hinaus gilt: *Bildung* integriert alle wissenschaftlichen Hinsichten letztinstanzlich und bezieht sie auf die Idee der *Humanität* zurück (vgl. Kapitel 2). Sie gipfelt in der Idee einer Selbstfindung des „wahrhaft menschlichen" Menschen, des Menschen, insofern er sozusagen seinen Begriff erfüllt, des „ganzen Menschen", verfolgt damit aber zugleich auch das Anliegen, sich im Spektrum der Institutionen und Weltverhältnisse *für alle Menschen* zu realisieren. Diese Perspektive steht im Übrigen auch dem nahe, was nur Ziel der Hochschul-Ausbildung sein kann: nämlich zukünftige Lehrerinnen und Lehrer als pädagogische Persönlichkeiten zu gewinnen, als kompetente, engagierte und glaubwürdige Anwälte der Bildung, die Freude am Lernen anderer haben, weil sie selbst gerne lesen, dazulernen und philosophieren. Zu Humboldts „forschendem" Ideal muss damit gleichsam komplementär immer auch das Anliegen treten, Wissensgehalte in Bildungsprozesse zu entbinden und freizusetzen.

Der eminente Erfolg der „Humboldt-Universität" in der deutschen Bildungsgeschichte ist ebenso bekannt wie die gegen sie erhobenen Gravamina (etwa einer Vernachlässigung der beruflichen Bildung und der Veränderungsprozesse im Industrie- und Massenzeitalter). Aus heutiger Sicht werden, um nur eine Anmerkung zu machen, manche Aussagen Humboldts weder der Auffassung vom Schulunterricht als gemeinsamem „Er"forschungs- und

---

[50] Humboldt: a.a.O., 170; vgl. Riedel: a.a.O., 427 f.

Entdeckungsprozess gerecht, noch der – wohl nicht ohne jeden Grund – „verschulten" Praxis im Grundstudium vieler kulturwissenschaftlicher Fächer.

Dennoch ist es sicherlich im Sinne dieser Bildung, wenn die universitäre Lehre grundsätzlich und vor allem die Lehrerbildung einen neuen Zugriff zu gewinnen sucht. Es gibt kein der *Lehrerbildung* vergleichbares Instrument, „in der Wiederkehr der Generationen Zukunft zu erzeugen" (*Elmar Tenorth*). Aufgrund des Kulturföderalismus in der Bundesrepublik gelten dabei in den Bundesländern bei allen Entsprechungen in den Grundzügen signifikante Differenzierungen. Generell erfolgt eine Umstellung der bisherigen Lehrerausbildung, in der die Fachdidaktik sowie die Praxiserfahrung nicht immer eine wünschenswerte Rolle spielten, auf eine Bachelor/Master of Education-Struktur im Rahmen des sogenannten „Bologna-Prozesses".[51]

Was erwartet Ihr von einem Fachdidaktik-Seminar?

Ausschnitt aus einer Diskussion von Studierenden, Referendaren und Lehrern im Rahmen einer Seminarveranstaltung an der Westf. Wilhelms-Universität Münster; Protokoll: Karen Niermann.
[...]
Karen: Es geht wohl zuerst darum, dass man die Rahmenbedingungen kennen lernt, vor allem natürlich Lehrpläne und mögliche Unterrichtsinhalte.
Sabine: Wichtig scheint mir, dass man schon in Fachdidaktik-Seminaren auch Kontakte mit der Schule bekommt.
Cornelia: Was erwartest du dabei? Es kommen doch alle von der Schule!
Sabine: Das ist immer noch zu sehr getrennt: Die Uni macht die akademische Ausbildung, die Praxis kommt erst in der Schule – das ist zu spät!
Jens: Diese Reihenfolge hat aber auch viel für sich, schließlich muss man erst etwas wissen, um es dann anwenden zu können. Dabei scheint mir nicht so sehr Spezialwissen, sondern auch ein umfassendes Wissen, ein Überblick über viele Positionen in Hinsicht auf schulische Anwendung wichtig.
Ingo: In dem von Sabine angesprochenen Brückenschlag liegt die Chance von Didaktik-Seminaren: Theorie und Praxis, Uni und Schule zusammenzubringen. Wichtig finde ich dabei auch die Tages- und Blockpraktika.
Sabine: Dazu braucht die Uni allerdings Leute, die sich in beiden Bereichen auskennen, die beides im Blick haben.
Oliver: Viele Didaktikseminare sind einfach zu theoretisch.

---

[51] Vgl. hierzu genauer Michael Flacke / Volker Steenblock: „*Eule über'm Campus*. Kontexte und Konzepte für ein neues Philosophiestudium/Lehramts-Studium Philosophie/Praktische Philosophie am Beispiel der Ruhr-Universität Bochum". In: Ekkehard Martens / Christian Gefert / Volker Steenblock (Hrsg.): *Philosophie und Bildung. Beiträge zur Philosophiedidaktik*, Münster (LIT) 2005 (Reihe *Philosophie und Bildung*, Band 1), 147-167; auch in: Johannes Rohbeck (Hrsg.): *Hochschuldidaktik*. Dresdner Jahrbuch für Didaktik der Philosophie und Ethik 2007, 82-105. Vgl. auch *www.ruhr-uni-bochum.de/philosophy/Studienfuehrer_M_Ed.pdf.*

Karen: Die Art der Veranstaltung muss den didaktischen Ansatz selbst widerspiegeln, sie darf kein Referateseminar sein wie die anderen.

Michael: Man muss alles konkret durchgehen: vom Finden geeigneter Texte über die Planung einer Unterrichtsstunde bis zu ihrer Durchführung. Nur daran merkt man, ob man selbst einer Unterrichtsstunde gewachsen ist und wie man sich dabei verhalten kann.

Cornelia: So dass man also Unterrichtsvorbereitungen kennen lernt, Einstiege und Methoden überlegt...

Karen: ... und lernt, wie man das macht: Lernziele zu verwirklichen.

Ingo: Didaktikseminare haben womöglich eine Tendenz, in fachphilosophische, didaktiktheoretische und praktische Anteile (Unterrichtsplanung und -durchführung) zu zerfallen. Ein Didaktikseminar muss aber nach meiner Ansicht Inhalte, Didaktik und praktische Erfahrungen an der Schule stimmig zusammensetzen – das darf nicht unverzahnt nebeneinander stehen. Ich könnte mir darum auch die Planung und Durchführung eines Unterrichtsprojekts unter allen drei Hinsichten als Lösung dieses Problems vorstellen. [...]

Dieses Ende der 1990er Jahre in Münster geführte Gespräch lässt bestimmte Reformwünsche und -erfordernisse für die Lehrerausbildung von studentischer Seite erkennen. Den Reform*erfordernissen* antworten in gewisser Weise die Reform*ansätze* in den neuen *Master of Education-Studiengängen*. Diese suchen den Status quo ante zu überwinden, der lediglich einzelne und mit den Fachinhalten oft unverbundene fachdidaktische Ergänzungen eines fachphilosophischen Programms vorsah und manchen Orts bis heute vorsieht. Eine universitär verantwortete, nicht jedoch universitär beschränkte *Fachdidaktik Philosophie* hatte sich allererst zu entwickeln. Diese Entwicklung ist durchaus nicht abgeschlossen (vgl. das folgend abgedruckte Gespräch mit *Ekkehard Martens*).

Die in diesem Zusammenhang erforderlichen Veränderungen lassen sich in (wenigstens) *vier Thesen* formulieren, die ich im Folgenden aufführen möchte. Die Thesen fordern bestimmte grundlegende Schritte, die geeignet sind, eine Philosophiedidaktik allererst grundzulegen und zu etablieren.

Zu diesen Erfordernissen gehört erstens als nötiges „Signal" (*These 1*) die Etablierung einer *zentralen Referenzstelle zur Wahrnehmung und Steuerung philosophischer Bildungsprozesse*. Eine solche Referenzstelle stellt mittlerweile das Dresdener „Forum für Didaktik der Philosophie und Ethik" dar, das institutionell in die *Deutsche Gesellschaft für Philosophie* (DGPhil), d.h. die Organisation der universitären Philosophie, eingebunden ist (vgl. den Info-Kasten zum „Forum").

Wie ist die Situation der Philosophiedidaktik heute, Herr Prof. Martens?

Prof. Dr. Ekkehard Martens (geb. 1943) lehrt Didaktik der Philosophie und der Alten Sprachen an der Universität Hamburg. Zahlreiche Veröffentlichungen zu Sokrates, zum Philosophieren mit Kindern, Platonübersetzungen; Mitbegründer der „Zeitschrift für Didaktik der Philosophie und Ethik".
Wichtige Schriften zur Philosophiedidaktik von Martens sind u. a.:
Dialogisch-pragmatische Philosophiedidaktik *(Hannover 1979).* Einführung in die Didaktik der Philosophie *(Darmstadt 1983). „Didaktik der Philosophie". In: Ders. / H. Schnädelbach (Hrsg.):* Philosophie. Ein Grundkurs, 2 Bde. Reinbek 2. Aufl. *1991, 748-780. „Philosophie als Kulturtechnik humaner Lebensgestaltung". In:* Zeitschrift für Didaktik der Philosophie und Ethik 17 *(1995), 2-4. „Philosophiedidaktik". In: A. Pieper (Hrsg.):* Philosophische Disziplinen, Leipzig 1998, *281-30.* Methodik des Philosophie- und Ethikunterrichts, 5. Aufl. Hannover 2010. Platon, Stuttgart *2009.*

Hingewiesen sei auch auf die kleine Exemplifizierung: Theages – ein Schüler für das neue Unterrichtsfach „Praktische Philosophie"? In: W. Greber / V. Steenblock / K. Tesching (Hrsg.): Schulische Bildung in einer veränderten Gegenwart. Immanuel-Kant-Gymnasium Münster-Hiltrup 1999. Vgl. schließlich: Dieter Birnbacher / Joachim Siebert / Volker Steenblock (Hrsg.): Philosophie und ihre Vermittlung, Festschrift für Ekkehard Martens, Hannover (Siebert) 2003.

Herr Martens, Sie haben die These vertreten, dass alltagsweltlich die Didaktik für die Philosophie konstitutiv und Philosophie immer schon didaktisch konstituiert ist. In welchem Verhältnis steht aber die Philosophiedidaktik als Universitätsdisziplin zur Philosophie?

Philosophiedidaktik als Theorie und Praxis gehört aus historischen und systematischen Gründen seit Platon, aber auch aus aktuellen schulpolitischen Gründen notwendigerweise zur Philosophie. Als eigene Institution, als wissenschaftliches Fach ist sie interdisziplinär zwischen der Philosophie und der Erziehungswissenschaft angesiedelt. Sie nutzt einerseits die Ergebnisse von Allgemeiner Didaktik, Lehr-, Lern- und Bildungstheorie, Unterrichtsforschung, Motivationspsychologie usw.

Auf der anderen Seite steht natürlich ihre inhaltliche Zuordnung zum Fach Philosophie (das seinerseits interdisziplinär ist) völlig außer Frage. Faktisch allerdings hat sich bisher eine Institutionalisierung in Form eigener Lehrstühle mit entsprechender Personal- und Sachmittelausstattung kaum etabliert. Die Regel ist vielmehr eine Reduktion fachdidaktischer Aktivitäten auf methodisch-praxeologische Lehrerausbildung ohne eine hinreichende innovative und konzeptuell fundierte Forschungsarbeit.

Warum ist hier noch so viel zu tun?

Dies mag vor allem daran liegen, dass im Gegensatz zu den seit langem etablierten übrigen Fächern und ihren Fachdidaktiken Philosophie als Unterrichtsfach relativ neu ist und daher über die spezifischen Aufgaben einer Philosophiedidaktik noch weitgehend Unklarheit herrscht.

Worin liegen die Aufgaben der universitären Philosophiedidaktik?

Die Aufgaben einer institutionalisierten Philosophiedidaktik lassen sich in Grundsatz- und Anwendungsfragen unterscheiden. *Grundsatzfragen* sind zum Beispiel: sich der Geschichte philosophiedidaktischer Reflexionen, Institutionen und Praktiken zu vergewissern, sich über Kernbegriffe klar zu werden, zum Beispiel über die Esoterik-/Exoterik-Spannung (ist Philosophie etwas für wenige oder etwas für alle?), schließlich das Verfassen populärer und elementarer philosophischer Einführungen und Überblicke.

Als *Anwendungsfragen* lassen sich aufzählen: die Aus- und Fortbildung (Philosophielehrer, Philosophicum elementare für alle Studierenden, zumindest für die Lehramtskandidaten); die wissenschaftliche Begleitung und Erforschung von Unterrichts- und Schulversuchen (in der Lehrerausbildung, bei der Neueinführung und Fortentwicklung zum Beispiel des Faches Praktische Philosophie in Nordrhein-Westfalen), Lehrplanmitarbeit und Lehrplananalyse, Lehrbuchmitarbeit und Lehrbuchanalyse, Unterrichtsforschung (Motivation, Methoden, Medien, Lernerfolgskontrolle und Bewertung, individuelle Lernprozesse), die Sammlung von Lehrplänen und (auch audio-visueller) Unterrichtsmedien (Mediothek), vergleichende Philosophiedidaktik (einzelne Bundesländer, Europa, Interkulturalität), schließlich eine Didaktik der verschiedenen Lernorte und ihrer Verbindungen ...

Auf die Rolle der Philosophie in unserer veränderten Gegenwart geht ja aber vor allem auch Ihr Kulturtechnik-Theorem ein...

... Ja, darunter verstehe ich ein Philosophieren als Kulturtechnik, die ebenso elementar ist wie Rechnen, Schreiben und Lesen. Wobei man beim Ausdruck „Technik" nicht vergessen sollte, dass Lesen, Schreiben und Rechnen nicht im rein Technischen aufgehen – genau so wenig wie die Kunst der Weisheitsliebe. Schließlich ist die Philosophie seit den Griechen beides: Liebe zur Weisheit (Philo-Sophie) und Redetechnik nach Art der Sophisten, der auch ein Sokrates sich durchaus bedient.

Ein zweiter Punkt (sozusagen eine *These 2*) betrifft die Notwendigkeit der *institutionellen Einführung einer akademischen Philosophiedidaktik*, so, wie es eine Deutschdidaktik, Religionspädagogik usw. gibt. So wichtig die Arbeit lehrbeauftragter Schulpädagogen sich auch darstellt: es ist kein Grund zu erkennen, aus dem die Philosophie eine Fachdidaktik auf akademischem Niveau nicht nötig haben sollte. Im Gegenteil: Der Bedeutung philosophischer und moralischer Bildung in einer veränderten Gegenwart müssen die institutionalisierten Formen der Philosophiedidaktik gerecht werden. Was Einzelinitiative war, muss *System* werden. Auch hierfür setzt das „Forum für Didaktik der Philosophie und Ethik" sich ein.[52]

---

[52] Das Forum ist zugleich eine Unterorganisation der „Deutschen Gesellschaft für Philosophie" (DGPhil), der Dachorganisation der akademischen Philosophie in Deutschland: *www.dgphil.de*. Die Berichte zu den ersten Tagungen des Forums halten diesen Aufbruch fest. Vgl. V. Steenblock: „Didaktik der Philosophie und Ethik im Aufbruch – Zweite Fachtagung: Didaktik der Philosophie und Ethik unter dem Titel ‚Denkrichtungen der Philosophie in didaktischer Perspektive' ". In: *Zeitschrift für Didaktik der Philosophie und Ethik* 23 (2001), 233-235; Ders.: „Kompetenzen-Entwicklung zwischen Methodisierung und Lebenswelt. Dritte Fachtagung zur Didaktik der Philosophie und Ethik unter dem Titel ‚Ethisch-philosophische Basiskompetenz' ". In: *Zeitschrift für Didaktik der Philosophie und Ethik* 25 (2003), 298-300; Roger Hofer: „Bildung anders denken. Plädoyer für einen erweiterten Bildungsbegriff. Die vierte Fachtagung zur Didaktik der Philosophie und Ethik unter dem Titel ‚Ethisch-Philosophische Bildung und Ausbildung' ". In: *Zeitschrift für*

Das „Forum für Didaktik der Philosophie und Ethik"

Am 23. und 24. April 1999 gründete sich auf der ersten deutschen Fachtagung zur Philosophie- und Ethikdidaktik an der Universität Dresden, veranstaltet vom dortigen Hochschullehrer für Philosophie und ihre Didaktik, Prof. Dr. *Johannes Rohbeck*, das „Forum für Didaktik der Philosophie und Ethik". Diese Gründung reagierte auf die Ergebnisse einer nationalen Umfrage (vgl. Information Philosophie 1/1999), in der die institutionelle Situation der Fachdidaktik Philosophie und Ethik erfasst worden ist. Dabei zeigte sich zwar, dass Philosophie- und Ethikdidaktik an fast allen deutschen Hochschulen und Universitäten gelehrt wird, wo Lehrerinnen und Lehrer für die Fächer Philosophie bzw. Ethik ausgebildet werden. Allerdings hat sich zugleich auch herausgestellt, dass

61 % der didaktischen Ausbildung von externen Lehrbeauftragten übernommen werden,
25 % der wissenschaftlichen Mitarbeiter mit solchen Seminaren beauftragt und nur
14 % der Professoren beteiligt sind.

Ebenso erstaunlich ist die Heterogenität, die in der Fachdidaktik *Philosophie und Ethik* herrscht. Es fehlt ein bundesweiter Grundkonsens darüber, was und wie auf diesem Gebiet gelehrt werden soll. Könnte man sich auf einen quantitativen und qualitativen Standard der fachdidaktischen Grundausbildung einigen, so wäre dadurch die Chance eröffnet, dass die bestehende Heterogenität sich nicht negativ, sondern positiv auf die Qualität von Lehre und Forschung auswirkt. Wünschenswert wäre ein integratives Modell miteinander kooperierender und spezialisierter Lehr- und Forschungszentren. Es bedarf demnach eines Netzwerkes, das zur Nutzung der verfügbaren Ressourcen und zur Systematisierung der vorhandenen Ansätze beitragen soll. Wenn es gelingt, auf der Grundlage einer arbeitsteiligen Kooperation die eigene Fachdidaktik weiterzuentwickeln, zu differenzieren und zu spezialisieren, könnten die Aufgaben in Lehre, Forschung und Institution künftig besser wahrgenommen werden.

Mitglieder des Forums sind professionell Lehrende an Hochschulen, Lehrerbildungsstätten und weitere Didaktiker. Ein Katalog von Aufgaben hält fest, was in Lehre, Forschung und auch an administrativen Aufgaben ansteht. Der Entwurf eines Curriculums versucht, Formen der Lehre, bildungstheoretische und didaktische Grundlagen, Themen und Inhalte, Methoden und Medien zu standardisieren. Per E-mail können zu einer spezielle Internetseite Informationen und Diskussionen beigetragen werden: Informationen über Formen, Inhalte und Methoden der philosophiedidaktischen Lehre in den verschiedenen Bundesländern, Hinweise auf (Seminar-)Arbeiten, Examens- oder Dissertationsvorhaben, Habilitationen sowie Beiträge und veröffentlichungsfähige Materialien.

Adresse: „Forum für Didaktik der Philosophie und Ethik" in eine der bekannten Suchmaschinen eingeben.

Drittens (*These 3*) legt sich in der Didaktik der Philosophie die *Entwicklung bestimmter Seminarformen bzw. -typen* nahe. Lehramtsstudenten haben ein durchaus sehr berechtigtes Interesse daran, sich – zusammen mit der nötigen exemplarischen Fachvertiefung und Spezialisierung – einen *Überblick* über philosophische Strömungen und über die historischen und systematischen Dimensionen ihres Faches erarbeiten zu können. Grundkenntnisse in einer gewissen Breite verhelfen nicht nur dazu, Schwerpunkte bewusster setzen zu können. Sie vermitteln unter anderem auch jenes Wissen, über das Referendare und Philosophielehrer verfügen müssen, wenn sie im Philosophieunterricht in der gymnasialen Oberstufe Schülerinnen und Schülern motivierende und kompetente

---

Didaktik der Philosophie und Ethik 27 (2005), 253-257 (auch die Berichte der Folgejahre finden sich in der ZDPE).

Angebote machen wollen. Studierende erwarten in Fachdidaktik-Seminaren außerdem *konkrete Vorübungen* zur späteren pädagogischen Praxis, die zugleich auch eine Rückmeldung über die eigene Berufseignung und -neigung ermöglichen.

Wichtige *Aufgabenfelder* einer universitären Philosophiedidaktik[53] sind weiterhin (*These 4*) die Entwicklung und Etablierung zentraler Ausbildungsinhalte: vor allem eine professionelle Schulbuchanalyse, die Beschäftigung mit den Curricula, mit Praxis und Theorie der Methoden des Philosophierens in didaktischer Perspektive, Analyse von Unterrichtsprozessen, Aufarbeitung von Geschichte und Theorie philosophischer Bildung, Zusammenarbeit von Schulpädagogik und Universität bei der Einrichtung von Studiengängen zur Lehreraus- und -fortbildung. Nicht zuletzt ist dabei wichtig, dass auch die Fachdidaktik und die „professionellen Schemata" der ersten und zweiten Ausbildungsphase *forschungsrelevant* sind (nicht jedoch in einem unterrichtsempirisch beschränkten Sinne).

Die Prozesse einer solchen Professionalisierung von universitärer Fachdidaktik und Lehramtsausbildung sind bei weitem nicht abgeschlossen. Viele Bundesländer haben bereits die „gestuften" Strukturen der neuen Bachelor- und Masterstudiengänge, in welche die dem Staatsexamen gleichzusetzenden M.-Ed.-Prüfungen studienbegleitend integriert sind, andere behalten das alte Staatsexamen bei. Nicht nur deutschlandweit, sondern noch innerhalb desselben Bundeslandes (wie z. B. bei den Universitäten, die in NRW Lehrerausbildung betreiben) bemüht jede Universität sich auf eigene Art, die Zugänge zu einer pädagogischen Professionalität in Modulen und Studienarchitekturen abzubilden. *Zentren für Lehrerbildung* oder *Professional Schools of Education* suchen diese Aktivitäten in den jeweiligen Universitäten zu koordinieren. Zugleich beharren die Institutionen staatlicher Aufsicht darauf – zum Beispiel durch Einfluss auf das Akkreditierungssystem, das ja als Qualitätskontrolle wirken soll – die Studienstrukturen, die die Hochschulen in Eigenregie aufstellen, mitzubestimmen. Die Universitäten ihrerseits müssen sich der – in Zeiten letztlich ökonomisch dominierter „Exzellenzkriterien" hochschulpolitisch nicht sonderlich attraktiven – Lehre/Lehrerbildung nachhaltiger zuwenden – dies ist eine Frage veränderten Denkens und veränderter Strukturen. Teil der eingangs angesprochenen Hochschuldidaktik ist somit auch eine *Didaktik der Lehrerbildung* (*Johannes Wildt*).

Zugleich täte in der Bildungspolitik mehr Kohärenz sicherlich gut, denn die Notwendigkeit eines Kompromisses unter den sechzehn Bundesländern erzwingt einen vielbeklagten „Krebsgang" der *Kultusministerkonferenz* als der entsprechend koordinierenden Instanz in Deutschland. Leitlinien der Lehrerausbildung bilden die „Quedlinburger Vereinbarungen" der Kultusministerkonferenz (KMK, „Ständige Konferenz der Kultusminister der Länder" mit Sitzen in Bonn und Berlin; langjähriger Generalsekretär war der Philosoph Erich Thies) aus dem Jahre 2005, deren Konkretisierung in „Ländergemeinsamen inhaltlichen Anforderungen für die Fachwissenschaften und Fachdidaktiken in der Lehrerinnen- und Lehrerbildung" (verabschiedet im „Saarbrücker

---

[53] Vgl. auch Ekkehard Martens: „Philosophiedidaktik". In: A. Pieper (Hrsg.): *Philosophische Disziplinen*, Leipzig 1998, 300, sowie das Gespräch mit *Heribert Woestmann* in der 2. Aufl. dieses Arbeitsbuches. Für Hinweise zu einigen Kriterien der folgend angesprochenen Evaluation danke ich *Vanessa Albus* und ihren Studierenden an der Universität Duisburg-Essen im SS 2006.

Beschluss" vom 16. 10. 2008) im Punkt 12 auch ein „Fachspezifisches Kompentenzprofil" und *Studieninhalte* für das Fach Philosophie beinhaltet.[54] Während es dem Studium vor allem um den Erwerb des nötigen Fachwissens sowie fachdidaktischen, pädagogischen und psychologischen Wissens[55] unter Einbezug schulpraktischer Studien – neuerer Tendenz nach auch bereits in der B.A.-Phase – geht, richtet das nachfolgende, in den Lehrerausbildungsmodellen einiger Bundesländer teilweise in das Studium integrierte Referendariat sich vor allem auf Erfahrungs-, Methodik- und Handlungswissen in Vorbereitung auf den späteren Beruf, in dem dann vor allem auch Handlungsroutinen eine wichtige Rolle spielen. Bis in die veröffentlichte Meinung verbreitet sich zudem die Einschätzung, dass Lehrer in ihrer späteren Unterrichtspraxis eher auf der Grundlage eigener Erfahrungen handelten und noch nicht einmal eine Kausalbeziehung von Studien- und Berufserfolg sicher nachweisbar sei.[56]

Ausgehend von der *kulturell grundlegenden Bedeutung sinn- und wertreflektierender Orientierung für unsere Gesellschaft* muss jedoch jedem Studien-Modell: Philosophie/Lehramt daran liegen, Studierende zu kompetenten und engagierten Anwälten philosophischer Bildung werden lassen. Gerade die Philosophie zielt – so haben wir bereits mehrfach gesehen – auf eine *Reflexionskultur*, zu der wir als denkende Wesen unserer Anlage nach disponiert und zugleich als ein Ergebnis der Geistesgeschichte auch aufgefordert sind. So sehr aber durch die Zivilisationsdynamik die Notwendigkeit reflexiver Orientierung Tag für Tag vor unseren Augen steigt, so ortlos bleiben für unsere Gesellschaft die zumeist akademisch verwalteten Gehalte der Philosophie ohne ihre beständige Vermittlung und Umsetzung. Deswegen müssen *integrative* Studienstrukturen Lehramtsstudierende auf die in der Gegenwart immer dringlicher werdenden Übersetzungsleistungen zwischen dem kognitiven und reflexiven Potential der Philosophie und den Orientierungsbedürfnissen von Menschen vorbereiten. In den Studienarchitekturen sind die fachwissenschaftlichen Profile der Philosophieinstitute auf die Frage- und Problemdimensionen allgemein lebensweltlicher menschlicher Reflexionserfordernisse auch tatsächlich zu beziehen. Eine Integration von Fachwissenschaft und Fachdidaktik muss Markenzeichen des Lehramtsstudiums sein. Das Studium sollte beide mit systematisch angeleiteten Praxiserfahrungen in integrativen Modulen so kombinieren, dass Lehramtsstudierende solide Voraussetzungen dafür erwerben, philosophische

---

[54] Bildungsstandards der Kultusministerkonferenz. Erläuterungen zu Konzeption und Entwicklung, Neuwied 2005.

[55] Die angesprochenen „Ländergemeinsamen inhaltlichen Anforderungen für die Fachwissenschaften und Fachdidaktiken in der Lehrerinnen- und Lehrerbildung" führen zusätzlich noch ein „sozialwissenschaftliches, kulturreflexives und religionskundliches Kontextwissen bei der Gestaltung von Bildungsprozessen in ethnisch und religiös/weltanschaulich heterogen geprägten Lerngruppen" auf. – *Gute Lehrerausbildung* heißt nun, dies auch wirklich umzusetzen: zielgenaues psychologisches und entwicklungspsychologisches Wissen in entsprechenden Veranstaltungen zugänglich zu machen, praxisnahe religionskundliche Bildung aufzubauen usw. Die gängige Verfahrensweise aber ist immer noch: irgendeine Veranstaltung aus einem entsprechenden Fachbereich belegen zu müssen.

[56] „Wie Lehrer wirklich sind". In: *Die Zeit* Nr. 24, 4. Juni 2009.

Bildungsprozesse unter Gegenwartsbedingungen („Bastelbiographien",
„Patchworkfamilien", Migration, Allpräsenz der Medien und der Popkultur) zu moderieren,
und in Sonderheit die Fächer „Philosophie" (Sekundarstufe II) und „Praktische Philosophie
(Sekundarstufe I)" erfolgreich zu unterrichten. Gemäß einem *Konzept philosophischer
Bildung* können die Studierenden *philosophische Erschließungs- und Orientierungs- sowie
kulturelle Handlungskompetenzen gewinnen*, die dem Anspruch einer Grundbildung für alle
Lebensbereiche mit schulischen wie außerschulischen Berufsperspektiven (Philosophieren
mit Kindern und Jugendlichen, in der Erwachsenenbildung, philosophische Praxen etc.)
Rechnung tragen. – Eine nicht zu vernachlässigende Rolle hat in diesen Zusammenhängen
auch das Instrumentarium der Evaluation zu spielen. Vgl. hierzu abschließend die folgende
kleine Beispielliste:

Studierendenbefragung/Evaluation zum Fachdidaktikseminar (nur Auszug, nur Beispiel)

	Bitte schätzen Sie die Realisierung der folgenden Punkte ein:	Trifft überhaupt nicht zu	Trifft völlig zu	Kann ich nicht beurteilen
1	Eine gute Erreichbarkeit des/r Dozenten/in in der Vorlesungszeit ist gewährleistet. (Präsenz)	☐ ☐ ☐ ☐ ☐		☐
2	Eine gute Erreichbarkeit des/r Dozenten/in in der *vorlesungsfreien* Zeit ist gewährleistet.	☐ ☐ ☐ ☐ ☐		☐
3	Die Relevanz der Lehrinhalte für das Studienziel wird plausibel verdeutlicht. (Konzeption und Umsetzung)	☐ ☐ ☐ ☐ ☐		☐
4	Zu Beginn jeder Sitzung gibt es eine ausreichende Einordnung in den Gesamtzusammenhang des Seminars.	☐ ☐ ☐ ☐ ☐		☐
5	Verschiedene Sozialformen und Lehr-/Lernmethoden (z. B. Lernen in Kleingruppen) werden den fachdidaktischen Inhalten entsprechend eingesetzt.	☐ ☐ ☐ ☐ ☐		☐
6	Der Einsatz von Referaten und Medien erscheint mir sinnvoll in die Arbeitsschritte der Lehrveranstaltung eingefügt.	☐ ☐ ☐ ☐ ☐		☐
7	Die Gestaltung der Lehrveranstaltung veranlasst zu eigenständiger Auseinandersetzung mit ihren Inhalten. (Motivation)	☐ ☐ ☐ ☐ ☐		☐

8	Es bestehen genügend Gelegenheiten, sich an der Seminardiskussion zu beteiligen.	☐ ☐ ☐ ☐ ☐ ☐	☐
9	Die/der Dozent/in greift Fragen und Beiträge der Studierenden angemessen auf.	☐ ☐ ☐ ☐ ☐ ☐	☐
10	Die/der Dozent/in zeigt Interesse am Lernerfolg der Studierenden. (Durchführung)	☐ ☐ ☐ ☐ ☐ ☐	☐
11	Leistungs- und Prüfungsanforderungen werden transparent dargestellt.	☐ ☐ ☐ ☐ ☐ ☐	☐
12	Der verlangte Vor- und Nachbereitungs-aufwand ist angemessen.	☐ ☐ ☐ ☐ ☐ ☐	☐
13	Art und Umfang der in der Lehrveranstaltung verhandelten Inhalte scheinen mir angemessen und sind für mich zu bewältigen.	☐ ☐ ☐ ☐ ☐ ☐	☐
14	Den Praxisbezug der philosophiedidaktischen Veranstaltung empfinde ich als gegeben.	☐ ☐ ☐ ☐ ☐ ☐	☐
15	Im Seminar kann ich mich gut äußern und konstruktiv einbringen.	☐ ☐ ☐ ☐ ☐ ☐	☐
16	Die Arbeitsatmosphäre im Seminar ist gut.	☐ ☐ ☐ ☐ ☐ ☐	☐
17	Ich empfinde die von mir erzielten Lerneffekte als befriedigend.	☐ ☐ ☐ ☐ ☐ ☐	☐

18   Folgendes hat mir an der Lehrveranstaltung gut gefallen:

_____

_____

_____

19   Ich habe hinsichtlich des Seminars folgende Verbesserungsvorschläge:

_____

_____

_____

3.5 „Frühzeitig das Berufsfeld kennen lernen!"
Schulpraktika und *Praxissemester* im Lehramtsstudium

In Schulpraktika sollen Lehramtsstudierende Einblicke in die Alltagspraxis des Lehrers/der Lehrerin gewinnen. Ihr Ziel ist es, Studierenden möglichst früh und möglichst häufig Gelegenheit zu geben, in allen Schulformen *unter fachdidaktischer Anleitung* praktische Erfahrungen zu sammeln und zu reflektieren.[57] Im Unterschied zum berufsqualifizierenden Referendariat (vgl. Abschnitt 3.6) – die „zweite Phase" erzeugt pädagogische Handlungskompetenz – liegt der Schwerpunkt der Praxisstudien eher auf einer Entwicklung von *Analyse- und Beobachtungskompetenzen*, die auch Rückschlüsse auf ein eigenes Verhältnis zum anvisierten Beruf erlauben sollen. Im Allgemeinen ist bereits der sechssemestrigen Bachelorphase ein erstes grundsätzliches *Orientierungspraktikum* (an der Ruhr-Universität Bochum: „Schulpraktische Studien") zugeordnet; in der Masterphase ist pro Fach je ein *Fachpraktikum*, auch *Kernpraktikum* genannt, von vier Wochen zu absolvieren. Das Orientierungspraktikum richtet sich zunächst auf eine Erkundung der allgemeinen Organisations- und Lernbedingungen einer Schule; das Fachpraktikum alsdann auf den Philosophieunterricht als solchen (generelle Hinweise zum Philosophieunterricht an den Schulen geben die Abschnitte 3.2 und 3.3 des vorliegenden Buches).

In jedem Fall dürfte das Praktikum beim Lehramts-Interessenten von durchaus gemischten Gefühlen begleitet werden. Studierende überlegen in mehreren Phasen ihres Studiums, ob sie für den Umgang mit Schülern und Schule geeignet und wirklich motiviert sind. Neben ihrer Stundenbeobachtung in den Hospitationen (vorgängige bzw. begleitende Entwicklung von Evaluationskompetenz im begleitenden fachdidaktischen Seminar: „Wie sieht ein gelingender Unterricht im Fach aus?") und dem Gespräch mit den Schulpraktikern sollten sie darum auf die *Abhaltung einiger eigener Stunden unter Anleitung* in der Sekundarstufe I und der Sekundarstufe II drängen, um diese Frage ebenso anhand didaktischer Kriterien objektivieren zu können wie für sich selbst gleichsam „leibhaftig" besser beantworten zu können – sich ein Stück weit „selbst auszuprobieren". So schön es ist, der angestrebten Berufspraxis ein Stück näher zu kommen, so sehr stehen doch auch Fragen mit auf dem Prüfstand wie: Akzeptieren die Schülerinnen und Schüler mich? Schaffe ich es, eine sinnvolle und motivierende Stunde zu moderieren? Wie kann ich vor Ort Beziehungen zu Schülern, Ansprechpartnern aus den Lehrerkollegien, Mentoren (im Allgemeinen haben die Schulen eine/n Praktikumsbeauftragte/n) aufnehmen?

Praktikumsbüros, angesiedelt an den Zentren für Lehrerbildung (ZfL) der Universitäten, weisen die Schulen zu. Im Ruhrgebiet zum Beispiel, in einer der sicherlich interessantesten Bildungslandschaften in Deutschland, reicht das Spektrum der Gesamtschulen und Gymnasien von der *Goetheschule* im Essener Süden bis zur Gesamtschule *Berger Feld*

---

[57] Vgl. Manfred Rotermund (Hrsg.): *Schulpraktische Studien – Evaluationsergebnisse und neue Wege der Lehrerbildung*, Leipzig 2006. Der vom Leiter des Praktikumsbüros an der Ruhr-Universität Bochum hrsg. Band diskutiert die Chancen von Lehramtspraktika sowie weiterer Praxisformen, etwa der sog. „Praxissemester" und „Assistenzlehrer" (Studierende gehen ein Semester lang einen Wochentag an die Schule).

neben der Arena „auf Schalke" im Norden von Gelsenkirchen – verbunden übrigens durch die Stadtbahnlinie 107 –, vom Dortmunder *Max-Planck-Gymnasium* unweit des Westfalen-stadions bis zum *Gymnasium am Ostring* neben dem Bochumer Hauptbahnhof (demnächst mit der Einstein-Schule zum „Neuen Gymnasium Bochum" fusioniert), zu *Schiller* und *Graf Engelbert* an der Bochumer Königsallee unweit des Schauspielhauses („keine Modenschauen…"), zum Bochumer *Goethe-Gymnasium* mit schönem Altbau und zu vielen anderen Schulen mehr.

Man unterscheidet beim Praktikum eine (informierende, theoretische) Vorbereitungs-, eine (praktische) Durchführungs- und schließlich eine (reflexive, verschriftlichende) Nachbereitungsphase. Alle drei Zugriffe zusammen konstituieren für Studierende die Einsichten, Erfahrungen und Einstellungen, die ihnen aus dem Praktikum erwachsen können, d. h. die theoretische Ausbildung soll den Blick für den Unterricht schärfen und vorbereitende Fragestellungen und begründete Beurteilungskriterien für die schulpraktische Erfahrung liefern; umgekehrt sollen aus diesem Praktikum neue Anregungen und zusätzliche Motivationen für das nachfolgende Studium resultieren.

Beide Praktikumsformen finden darum in neu organisierten Master of Education-Studiengängen in der Regel in einem strikten Zusammenhang mit einem entsprechend vor- und nachbereitenden Seminar/Modul statt, nämlich einem allgemeinpädagogischen Seminar (beim Orientierungspraktikum) und je einem fachdidaktischen Seminar der beiden Fächer (bei den Fach- bzw. Kernpraktika). In diesen Veranstaltungen werden sozusagen die grundlegenden didaktischen Kategorien aufgespannt, die den Studierenden zur Praxis wie zur abschließenden Reflexion dienlich sein sollen. Die ersten Unterrichtserfahrungen bedeuten dabei auch eine erste Auseinandersetzung mit Planungsvorgängen (Projekt-, Stunden- und Reihenplanung), Unterrichtsmethoden, Schulbuch- und Medienanalyse, allgemein- und fachdidaktischen wissenschaftlichen Theorien und Lehrplänen.

Neben den zu absolvierenden Hospitationen sollen im Fachpraktikum auch einige Unterrichtsstunden von den Praktikanten/innen selbst übernommen werden; zu diesen sind Entwurfsskizzen anzufertigen. Diese Stunden werden von den Praktikanten/innen mit den Lehrkräften an den Schulen und / oder dem universitären Fachdidaktiker/der Fachdidak-tikerin gemeinsam geplant bzw. nach einem Praktikumsbesuch des/der betreuenden Fachdidaktikers/in an der Schule oder in der Sprechstunde besprochen. Auf der Basis eines anzufertigenden schriftlichen *Praktikumsberichtes* wird die zum erfolgreichen Abschluss des Studiums erforderliche *Praktikumsbescheinigung* erstellt. Schon zur eigenen Vergewisserung ist eine solche Dokumentationsform („Praktikumsakte", „Praktikums-bericht", „Portfolio") unbedingt sinnvoll.

Für Praktikumsberichte gibt es recht unterschiedliche Vorgaben. Für das Fachpraktikum „Praktische Philosophie/Philosophie" an der Ruhr-Universität Bochum gilt z. B., dass die Studierenden auf ca. 12-15 Seiten im Grundsatz solche Fakten, Beobachtungen, Erfahrun-gen und Reflexionen verschriftlichen sollten, *die sie für Ihren eigenen Bewusstwerdungs-prozess im Hinblick auf den von ihnen angestrebten Beruf als wichtig erachten.*

Sie ziehen die einschlägige Literatur zur Gewinnung eines kategorialen Horizonts mit heran. Hierfür gelten die folgenden Regeln (Literaturverzeichnis!/Abfassung des Textes gemäß Hausarbeitskriterien; die folgend in Klammern genannten Gliederungspunkte sind nur Vorschläge):

- Stellen Sie das Profil der Schule kurz vor (Gespräche mit den Kolleg/innen vor Ort, Internetauftritt, fachlich-pädagogische Schwerpunkte / „selbständige Schule"?, äußere Eindrücke, soziokulturelle Voraussetzungen / Einzugsgebiet der Schule, Schülerprobleme und Problemschüler, „Fördern und Fordern", womöglich Konflikte und Konfliktlösungen) und charakterisieren Sie den Status des Faches an der Schule („Praktische Philosophie" vorhanden? Zahl der Oberstufenkurse, der Schüler/innen im mdl. bzw. schriftl. Abitur? eingeführte Schulbücher?) (1).

- Berichten Sie über Ihre Eindrücke und Hospitationserfahrungen: behandelte Inhalte, Sozialformen wie Frontalunterricht oder Gruppenarbeit usw.; sind alle Schüler am Arbeitsprogress beteiligt? Anonymisieren Sie dabei Schüler- und Lehrernamen (z.B. „die Fachlehrerin" etc.) (2).

- Im Sinne einer kleinen „Voraussetzungsanalyse" für Ihre ersten Schritte als Lehrer/in ist es sinnvoll, sich die Lerngruppe, mit der Sie in Ihren Gastunterricht arbeiten, vor Augen zu führen (Klassengröße, Sozialverhalten, Motivation, typische Merkmale der Lehrer-Schüler-Kommunikation in der Klasse/im Kurs, mögliches Vorwissen) (3).

- Stellen Sie Ihr eigenes Unterrichtsprojekt im Rahmen einer kleinen Sachanalyse dar (evtl. verwendete Medien und Texte im Anhang dokumentieren) (4).

- Entwickeln Sie sodann Überlegungen zu den *Zielen*, zu den *Methoden*, *Sozialformen* und zum Verlauf Ihres Unterrichts (incl. Stundenskizze, z.B.: nach dem kleinen Schema aus Abschnitt 3.6) (5).

- Reflektieren Sie über Erfolge und Schwierigkeiten; nehmen Sie zum Schülerverhalten wie zu Ihrem eigenen Verhalten Stellung, vergleichen Sie Planung und Realisation Ihres Projekts (6).

- Insgesamt gilt: Da Ihr Praktikumsunterricht für Sie *eine Erfahrungs-, keine Prüfungssituation* darstellt, können Sie offen und kritisch über evtl. Probleme berichten. Weil Sie in den Lehrerberuf erst ganz neu einsteigen wollen, haben Sie von Rückmeldungen nichts zu befürchten, können aber viel aus ihnen lernen. Gestalten Sie dabei auch *Ihren* Umgang mit den Lehrer/innen so, dass Sie berücksichtigen, dass diese als Mentoren für Sie einen zusätzlichen Aufwand betreiben, der neben eine bis zu 26stündige Unterrichtsverpflichtung pro Woche tritt. Je interessierter Sie auf die Kollegen/innen zugehen, um so mehr werden diese Sie in der Regel an genau denjenigen Erfahrungen des Lehrerberufes teilhaben lassen, um derentwillen *Sie* sich dem Praktikum unterziehen.

An manchen Universitäten wird die Einführung von „Praxissemestern" betrieben, die eine intensivere Berufsvorbereitung durch eine kontinuierlichere Präsenz an den Schulen ermöglichen sollen.

Der Bogen einer ebenfalls verfügbaren einschlägigen Literatur spannt sich von einer „pädagogischen Diagnostik" bis hin zu „Prinzipien und Verfahrensweisen wissenschaftlicher Beobachtung"; von Theorie, Auftrag und Bedingungsfaktoren der Schule bis zur Analyse von Unterrichtsprozessen. Manchmal werden „Berufseignungstests" angeboten, die aber mit Vorsicht wahrzunehmen sind („Sind Sie psychisch und physisch belastbar?"; „Verfügen Sie über Ichstärke / Selbstdisziplin / Geduld?") („Na?").

> „Meine Praktikumserfahrungen haben mich in meinem Berufswunsch bestätigt, auch wenn natürlich viele Fragen offen bleiben. Ich habe Stunden bei den unterschiedlichsten Lehrern besucht, von der strengen Direktorin, die bei der Praktischen Philosophie ganz lieb wurde, über den verpeilten Philosophen, der seine Stunde fünf Minuten vor Beginn aus dem Ärmel geschüttelt hat, bis hin zur total überforderten Referendarin, die bei ihrem bedarfsdeckenden Unterricht nahezu verzweifelt ist und bei deren Stunden ich mir mehr als einmal gewünscht hätte, im Kurs auf den Tisch hauen und für Ruhe und Ordnung sorgen zu können."
> *Janine P., Lehramtsstudierende an der Ruhr-Universität Bochum, über ihr Praktikum im Frühjahr 2009 an einem Gymnasium im Ruhrgebiet.*

> Neben den vorstehenden allgemeinen Informationen können an dieser Stelle nur zwei empfehlenswerte knappe Bände genannt werden, die in hilfreicher Weise das Orientierungsbegehren angehender Praktikanten/innen und die Praxis von Schule und Unterricht mit einem ersten Blick auf didaktische Modelle zusammenbringen.
>
> Marc Böhmann / Regine Schäfer-Munro: *Kursbuch Schulpraktikum*, Weinheim 2006.
> Wilhelm Topsch: *Grundwissen für Schulpraktikum und Unterricht*, 2. Aufl. Weinheim 2004.

Die einfachste Form eines kleinen Stundenprotokolls, das Sie vielleicht bei Hospitationen abgekürzt führen, notiert Schüler- (S) und Lehreräußerungen (L) in der folgend wiedergegebenen Weise in Stichworten.

> Westfälische Wilhelms Universität Münster
> Fachdidaktisches Hauptseminar „Philosophische Bildung"/ SS 2003
> ProtokollantIn: (N.N.)
> Praktikumsschule: Johann-Conrad-Schlaun-Gymnasium Münster
>
> **Beobachtungsprotokoll aus der Unterrichtsstunde „Süchtig nach Mario" –**
> **Ein Unterrichtsprojekt zum Thema „Allpräsenz der Medien"** (Ausschnitt, Stundenabschnitt)
>
> Allgemeine Bemerkungen: (…)
> L: (…)
> S1: (…)
> S2: (…) usw.
> Auswertende Bemerkungen: (…)

Praktika können nicht Ausbildungsinhalte des Referendariats oder anderer Praxisausbildungen vorwegnehmen (wiewohl eine möglichst genaue Abstimmung beider Ausbildungssegmente natürlich wünschenswert ist und Universitäten wie Studienseminare hier auch Schritte zu einer besseren Kooperation unternehmen). *Praktika sollen vielmehr exemplarische Einsichten in den Charakter und die Anforderungen des Lehrberufs und des Arbeitsfeldes „Schule" ermöglichen und an Beispielen typische Anforderungen des*

Lehrberufs erkennen lassen. „Aufgerüstet" um eine entsprechende didaktische Theorie (vgl. Abschnitt 4.1), werden die Studierenden im Verlauf des Referendariats Selbst- wie Fremdbeobachtung, -beratung und Entwicklung im Hinblick auf ihre Kompetenzen weiter vorantreiben können. Als eine Hilfe für den eigenen Bewusstwerdungsprozess hinsichtlich des Lehramtsberufes bieten sich in der Literatur verschiedenste „Check"-, Beobachtungs- und „Selbsterfahrungs"- Listen an (auch professionelle Unterrichtsforschung geschieht ja mittels Videobeobachtung, Abhaklisten etc.). Es werden z. B. Fragebögen für Studierende, Referendare und Interessierte vorgegeben, die etwa die folgenden Punkte enthalten können:

Fragebogen für Praktikumsabsolventen (nur Auszug, nur Beispiel)

	Bitte schätzen Sie Ihre gegenwärtigen pädagogischen Kompetenzen/Absichten gemäß den nachfolgenden Aussagen ein.	Trifft überhaupt nicht zu Trifft völlig zu	Kann ich nicht beurteilen
1	Ich lerne, wie man Schüler/innen und Schülern motivierende Rückmeldungen geben kann. (Motivationsförderung)	☐ ☐ ☐ ☐ ☐ ☐	☐
2	Ich kann in positiver Weise Erwartungen an Schülerinnen und Schüler formulieren. (Motivationsförderung)	☐ ☐ ☐ ☐ ☐ ☐	☐
3	Ich kann anhand ihres Verhaltens Aggressionen, Ängste und Blockierungen bei Schülerinnen und Schülern beobachten. (Konfliktmangement)	☐ ☐ ☐ ☐ ☐ ☐	☐
4	Ich kenne Strategien (bzw. lerne sie kennen), wie man Schülerinnen und Schüler vor Verletzungen (Auslachen, Kränkungen…) schützen kann. (Konfliktmanagement)	☐ ☐ ☐ ☐ ☐ ☐	☐
5	Ich weiß (bzw. lerne), wie man konstruktive Konfliktlösungen fördert. (Konfliktmanagement)	☐ ☐ ☐ ☐ ☐ ☐	☐
6	Ich kann Lernziele festlegen, formulieren und begründen. (Lernzielanalyse)	☐ ☐ ☐ ☐ ☐ ☐	☐
7	Ich kann Lernziele auf die Lernvoraussetzungen der Schülerinnen und Schüler hin ausrichten. (Lernzielanalyse)	☐ ☐ ☐ ☐ ☐ ☐	☐
8	Ich kann Lerninhalte in sinnvolle aufeinander aufbauende Schritte gliedern. (Didaktische Reduktion/Unterrichtsphasierung)	☐ ☐ ☐ ☐ ☐ ☐	☐
9	Ich kann für Schülerinnen und Schüler Aufgaben mit differenzierten Anforderungen entwickeln. (Didaktische Reduktion/Unterrichtsphasierung)	☐ ☐ ☐ ☐ ☐ ☐	☐

10	Ich kann Gruppenarbeit effektiv einrichten und moderieren bzw. stehe im Begriff, dies zu lernen. (Methodenrepertoire)	☐ ☐ ☐ ☐ ☐ ☐	☐
11	Ich kenne verschiedene Unterrichtsmethoden. (Methodenrepertoire)	☐ ☐ ☐ ☐ ☐ ☐	☐
12	Ich kann meine Methoden- und Sozialformwahl didaktisch begründen. (Methodenrepertoire)	☐ ☐ ☐ ☐ ☐ ☐	☐
13	Ich kann motivierende Unterrichtsmethoden und -materialien sinnvoll auswählen bzw. selbst erstellen. (Methodenkompetenz/Innovation)	☐ ☐ ☐ ☐ ☐ ☐	☐
14	Ich lerne, die richtigen Fragen zur Steuerung des Unterrichtsprozesses zu stellen. (Gesprächsführungskompetenz)	☐ ☐ ☐ ☐ ☐ ☐	☐
15	Ich kann auf praktikumsbetreuende Lehrpersonen bzw. Lehrerinnen und Lehrer, in deren Unterricht ich hospitiere, zugehen, um mir Informationen zu beschaffen bzw. um Gedanken auszutauschen.	☐ ☐ ☐ ☐ ☐ ☐	☐
16	Ich kenne Kategorien/Ratschläge aus der einschlägigen Sekundärliteratur, mit deren Hilfe man Unterricht beobachten und auswerten kann. (Medienkompetenz/Innovation)	☐ ☐ ☐ ☐ ☐ ☐	☐
17	Ich kann bezüglich meiner Arbeit mit Rückmeldungen, Anregungen und Kritik konstruktiv umgehen.	☐ ☐ ☐ ☐ ☐ ☐	☐
	Wie schätzen Sie das Fachdidaktikmodul, dessen Teil das Praktikum ist, insgesamt ein?	Trifft überhaupt nicht zu ⟶ Trifft völlig zu	Kann ich nicht beurteilen
18	Ich wurde in diesem Fachdidaktikmodul zu einer Reflexion meiner Berufswahl angeregt.	☐ ☐ ☐ ☐ ☐ ☐	☐
19	Der Erwerb theoretisch-philosophie-didaktischer Kenntnisse war auf die anstehenden Praxiserfahrungen abgestimmt .	☐ ☐ ☐ ☐ ☐ ☐	☐
	Wie schätzen Sie das Praktikum ein, das Sie an der Schule absolviert haben?		
20	Im Praktikum habe ich erfahren, was es bedeutet, theoretische Konzepte auf die Praxis zu übertragen.	☐ ☐ ☐ ☐ ☐ ☐	☐

| 21 | Ich habe im Praktikum hinsichtlich meiner Selbstwahrnehmung und der Wahrnehmung von Schüler-Feedback erste wichtige Erfahrungen gemacht. | ☐ ☐ ☐ ☐ ☐ ☐ | ☐ |
| 22 | Ich finde die Organisation des Praktikums im Rahmen des Fachdidaktikmoduls sinnvoll. | ☐ ☐ ☐ ☐ ☐ ☐ | ☐ |

23	Ich habe hinsichtlich des Praktikums folgende Verbesserungsvorschläge:
	_____
	_____
	_____

3.6 Philosophieren lehren lernen – Zum Doppelcharakter des Referendariats

„Also, heute machen wir Abtreibung!" – So die knappe und erschöpfende Auskunft des Referendars, abgegeben vor Unterrichtsbeginn. Eine schriftliche Planung liegt – familiäre Überlastung! – nicht vor. Ein authentischer Fall aus der Praxis, mitteilbar, da längst verjährt. Zeit und Ort der Veranstaltung: Das Jahr 1980; Unterrichtsbesuch in einem katholischen Mädchengymnasium in A. 30 Schüler/innen der Klasse 11, um die 16 Jahre alt. Zudem erschienen: Schulleiterin, Fachlehrerin, Seminar- und Fachleiter.

Hier nun das Protokoll der ‚Einstiegsphase': Lehrer: *„Ein Fall aus dem Leben!"* *– Stellt euch vor: Ihr werdet alle schwanger."* – Ungläubiges Staunen, verlegenes Tuscheln bei den jungen Damen, Schreck in der Morgenstunde beim beteiligten Lehrkörper. Doch nicht genug: *„Ihr beschließt nun alle abzutreiben".* – ‚Stummer Impuls' des Lehrers, Ratlosigkeit der Schüler/innen, betretenes Schweigen bis bleiches Entsetzen der anwesenden Ordensschwestern, um Fassung bemüht: Seminar- und Fachleiter. Es kommt, wie es kommen muss. Was so (toll-)kühn und angeblich lebensnah beginnt, endet im pädagogischen Desaster: Die Schüler/innen diskutieren – mangels thematischer Struktur und methodischer Anleitung – den komplexen Sachverhalt durchaus bereitwillig und *‚in alle Richtungen'*. Der Referendar ringt mit dem entfesselten Zeitgeist (*‚Mein Bauch gehört mir!'*), Fachlehrerin und Seminarleiter notieren, was das Zeug hält. Entnervt bricht schließlich die ordinierte Schulleiterin den Unterrichtsversuch noch vor dem Pausengong ab.

Mit diesem Bericht eröffnet der langjährige Fachleiter Winfried Kuchen einen Beitrag in der *Zeitschrift für Didaktik der Philosophie und Ethik*, der – weit über das Referendariat hinaus und in für den Philosophieunterricht insgesamt erhellender Weise – den Wert von *Fallstudien* aufweist.[58] In unserem Zusammenhang vermag das skizzierte Beispiel – natürlich die Ausnahme und nicht die Regel – einführend zu zeigen, was angehende Lehrerinnen und Lehrer zu berücksichtigen haben und zu welchen Fertigkeiten und Kenntnissen ihre Ausbildung hinführen muss. Dies gilt an dieser Stelle selbstverständlich, ohne zu behaupten, dass dem erfahreneren Lehrer jede Stunde ge-, Referendaren dagegen misslinge. Auch gilt: jede/r Lehrende wird Stunden und Situationen benennen können, in denen die von ihr und von ihm verantworteten pädagogischen Abläufe sich nicht wie erwartet entwickelten. Wichtiger als der Blick auf Einzelprobleme, wie sie in der Durchführung von Unterricht immer auftauchen können, sind gerade Fragen der Antizipation (Planung) und der Unterrichtsreflexion, d. h. der zu ziehenden Konsequenzen. Mithin sind die *Lernprozesse* und das *Engagement* von Bedeutung, mit dem alle Beteiligten die Moderation von Reflexionsvorgängen nachhaltig und kompetent entwickeln und verbessern.

Man versteht jedoch anhand des geschilderten Fallbeispiels – darum dieser Einstieg in das vorliegende Kapitel – anschaulich und gut, was Referendar, Fachlehrer und Fachleiter miteinander besprechen müssen. Hierzu dürfte gehören, dass vor einer Unterrichtsstunde umfassende didaktische Überlegungen hinsichtlich ihrer Ziele und eine reflektierte Artikulation ihres vorauszusehenden Ablaufs nötig sind. In der Stunde selbst wiederum darf es nicht zu einem ausufernden, unreflektierten Palaver beliebiger Meinungen kommen (so wenig übrigens wie auch zu einer bloß sachbezogenen, die Interessen und Untersuchungswünsche eines Kurses missachtenden Textarbeit). Es sind weiterhin gewisse pädagogische und allgemein menschliche Grundregeln zu beachten, so der Schutz der Privatsphäre von Schülerinnen und Schülern, denen gemäß deren womöglich konkrete Konflikte kein Unterrichtsgegenstand sein können, da der Unterricht eben keine therapeutische Veranstaltung ist. Schließlich ist, wie Kuchen am Ende seiner Ausführungen zu recht bemerkt, ein gewisser Takt erforderlich, um der Gefahr einer Scheinergötzung des Schülerpublikums auf dem Niveau der Nachmittags-Talks der Kommerzsender zu entgehen.

Ein Referendar oder eine Referendarin dürfte sich aber gegenwärtig auch seiner- bzw. ihrerseits Gedanken über den Beruf machen, den zu ergreifen er bzw. sie sich anschickt. Bis in die Medien verbreitet sich unter Titeln wie *S.O.S. Schule* und im neuen Medium der „Doku-Soap" (2009: *Die Superlehrer*) ein geradezu dramatischer Eindruck des nervenauf-reibenden „harten Alltags" an einigen als Beispielen aufgesuchten deutschen Hauptschulen im Blick auf Verhältnisse, die sicher nicht durchgehend an allen diesen Schulen (und umgekehrt ganz bestimmt auch nicht nur dort) bestehen: aggressive Jugendliche, die ihre

---

[58] Winfried Kuchen: „*Ein Fall aus dem Leben*. Fallstudien im Philosophieunterricht und Beant-wortung der Frage, was sie der Fachdidaktik nutzen können". In: *Zeitschrift für Didaktik der Philosophie und Ethik* 28 (2006).

Lehrer beleidigen und sich für Unterrichtsgegenstände weder interessieren noch womöglich konzentriert an ihnen arbeiten können, Schulverweigerer, Migrantenkinder in der zweiten Generation zwischen Macho-Subkultur und massiven sprachlichen Defiziten, desinteressierte, oft zerrüttete Elternhäuser, Politiker, die den künftigen Lehrkräften unter diesen Verhältnissen aber dennoch Klassenstärken von 33 Schülern zumuten. Eine solche Situation besteht an sehr vielen durchschnittlichen Schulen und Gymnasien in Deutschland zwar sicherlich nicht; dennoch müssen Lehramtsstudierende sich etwas vor Augen führen, das in der Universität wohl oft genug nicht richtig deutlich wird: dass sie einen *pädagogischen Beruf* ergreifen. Wenn dieser Aspekt sich mit dem vorliegenden Abschnitt etwas besser ins Bewusstsein heben lässt, ist dessen Absicht erreicht.

„Lehrer bzw. Lehrerin zu werden" bzw. sich als solche(r) weiterzuentwickeln, kann unter vieldiskutierten Aspekten wie „Unterrichten", „Erziehen", „Beurteilen", „Beraten", „Innovieren", „Organisieren / Verwalten" als *berufsbiographisch-lebenslanger Prozess* aufgefasst werden. Angehende Referendare mit Engagement wie Können auszubilden, sollen bereits im Studium die im vorstehenden Abschnitt angesprochenen Veränderungen in der Lehrerausbildung mithelfen: vor allem eine unterrichtsnahe Fachdidaktik, die den Lehramtsstudierenden ihr künftiges Betätigungsfeld von Anfang an in den Blick rückt (ohne auf fachwissenschaftliches Niveau zu verzichten oder Lehrer als „Akademiker zweiter Klasse" auszubilden). Wer unter solchen Bedingungen in das Referendariat eintritt, weiß – dies ist das Ziel – schon genauer, was ihn erwartet und was man von ihm erwarten kann; dies hilft, den vielzitierten „Praxisschock" zu vermeiden. Auch die Philosophiedidaktik insgesamt kann von der Initiative profitieren, Theorie und Praxis, eigenes Lernen und Berufsperspektive, Forschung und Lehre besser miteinander zu verzahnen. Je praxisnäher und ausbildungsdienlicher die Universitätsbildung in ihrer Vermittlung adäquaten philosophischen Fachwissens wird, desto mehr kann das Referendariat sich auf seine Aufgaben konzentrieren, nämlich vor Ort zur Planung und Durchführung von Unterricht bzw. zur erfolgreichen Organisation von Bildungsprozessen zu befähigen.[59]

Der eigentliche Zugang zum Beruf der Lehrerin bzw. des Lehrers kann – im Unterschied zu gelegentlichen Überlegungen, eine einphasige Ausbildung einzuführen – nach gängiger Auffassung nur in der „zweiten Phase", also in der eigentlichen Referendarsausbildung erfolgen, auf welche etwa die Praktika lediglich (wenn auch möglichst exemplarische) *Vorgriffe* im Zusammenhang mit den in den zugehörigen universitären Fachdidaktikseminaren behandelten Themen beinhalten.

Von Köln und Kleve im Rheinland bis nach Bielefeld in Ostwestfalen reichen die Bezirke der „Staatlichen Studienseminare" z. B. im Bundesland Nordrhein-Westfalen. Es gibt („ländliche") „Flächenseminare" (mit nicht unerheblichen Fahrstrecken für alle Beteiligten) und „Städteseminare/-bezirke". An diesen werden die Referendarinnen und Referendare in (derzeit) zwei Jahren zum berufsqualifizierenden Staatsexamen geführt.

---

[59] Für Hinweise danke ich den Fachleitern *Peter Gollan* und *Winfried Kuchen* sowie ihren Fachseminargruppen. – Vgl. auch Ulrike Handke: *Der Mutmacher.* Ratgeber für den pädagogischen Berufseinstieg, Berlin 6. Aufl. 2010; Karin Brose: *Survival für Referendare*, Göttingen 2010.

Manuale, Rahmenpläne und Ausbildungsstandards regeln Inhalt und Ablauf. Ein zentrales Prüfungsamt für die „Zweite Staatsprüfung", das diesen Abschluss verwaltet, befindet sich in Dortmund. Die *Prüfung*, die das Referendariat abschließt, erfolgt jedoch an den Schulen vor Ort, die für die Dauer des Vorbereitungsdienstes auch beauftragte Kolleginnen und Kollegen als ausbildende Fachlehrer und „Ausbildungskoordinatoren" (AKO's) zur Verfügung stellen. Gerade die Fachlehrer arbeiten tagtäglich mit den Lehramtsanwärtern, indem sie diese beraten, korrigieren und betreuen.

Die Studienseminare (Abb. Seminar Hagen) residieren meist etagenweise in älteren und neuen Verwaltungsbauten (oft mit einer kleinen pädagogisch-didaktischen Bibliothek); das Studienseminar Gelsenkirchen, das auch Unterrichtsentwürfe ins Netz stellt, gar in der Wasserburg Lüttinghof.[60]

Lehramtsanwärter sollen vor allem lernen, Schülerinnen und Schüler altersgemäß anzusprechen, sie aktiv in den Unterricht einzubeziehen und ihre Verstehensprozesse zu motivieren und zu unterstützen. Angehende Lehrerinnen und Lehrer – so hört man allgemeingesellschaftlich oft als Erwartung und Ideal formuliert – sollen ihre Schülerinnen und Schüler *erreichen,* ja *begeistern* können; sie müssen zudem über jene fachliche Breite und didaktische Kompetenz verfügen, die die Potentiale philosophischer Reflexion für Schüler nachhaltig zu erschließen vermag. Die Ausbildung, die sie hierzu qualifiziert, setzt nicht auf direkte „Belehrung".

Statt „*Philosophieren lehren* lernen" müsste es in der Überschrift zu diesem Abschnitt nämlich genauer heißen „eine Moderationstätigkeit gegenüber einer Lerngruppe zu deren eigenem Philosophieren in Gang setzen" zu können, denn genau hierin wird das eigentliche Ausbildungsziel gesehen. Hierzu gilt es vor allem auch, die Methodenkompetenz der Lehramtsanwärter und die Qualität ihrer Entscheidungsprozesse zu entwickeln. Es sollen wesentliche Befunde fachdidaktischer, pädagogischer und lern- bzw. entwicklungspsychologischer Forschung auf (hoffentlich) guter universitärer Studiengrundlage aktualisiert werden und die Referendare sollen in die Lage versetzt werden, diese in die von ihnen verantworteten Bildungsprozesse einzuspeisen. Wie Lehrer/innen überhaupt sollten sie sich zugleich und darüber hinaus dazu qualifizieren, ihre Vorstellungen von gutem Unterricht auch für sich selbst zu überprüfen und fortzuschreiben. „Fach"- und „Hauptseminarleiter" beraten und beurteilen in Unterrichtsbesuchen bei der Weiterentwicklung solcher didaktischer Kompetenzen. Das Referendariat weist also einen gewissen Doppelcharakter von Beratung und *Coaching* durch die Fachleiter einerseits und Begutachtung bzw. Evaluierung der Arbeit des Referendars andererseits auf.

---

[60] Studienseminare sind (wie Schulen) im Internet aufzusuchen. – Stundenentwürfe bei *4teachers* u.ä. – Vgl. auch Peter Daschner / Ursula Drews (Hrsg.): *Handbuch Referendariat*, aktual. Neuaufl. Weinheim 2007; Michaela Schmidt u.a.: *Lehrer werden*, Göttingen 2009.

Nur im Referendariat (und nicht schon in den Praktika, die eher – nötige – Vorgriffe bieten) kann der Gang vom Novizen zum Experten nachhaltig beschritten werden, also die Vermittlung wirklicher Berufspraxis / Gewinnung entsprechender Handlungskompetenzen erfolgen. Referendarinnen und Referendare lernen zunächst unter Anleitung erfahrener Ausbilder am philosophie(didaktischen) Ort „Studienseminar" in meist einem allgemein-didaktischen Hauptseminar, in zwei Fachseminaren sowie an den Ausbildungsschulen. Fachseminarsitzungen in der Referendarsausbildung ebenso wie Didaktikseminare an der Universität arbeiten im Zuge der Ausbildung nicht selten exemplarisch, d. h. sie üben zusammen mit der inhaltlichen Behandlung einer Thematik deren Form bereits als ein „Erleben am eigenen Leib".

Über verschiedene Hospitationen – also Unterrichtsbeobachtungen, auch als Gruppen-hospitationen – steigen die angehenden Lehrerinnen und Lehrer in ihr Berufsfeld ein. Kriterien einer solchen anfänglichen wie weiteren Unterrichtsbeobachtung können *Artikulation* (Lernphasierung, Arbeitsschritte, Transparenz), *Fragetechnik/Impulsgebung, Unterrichtstempo, Schülerkontakt* (dominanter, integrativer Unterrichtsstil?), *Begriffsarbeit, Ergebnisgewinnung* und *-sicherung* etc. sein.

Der nächste Schritt ist, dass die Lehramtsanwärter sodann ihren ersten eigenen Unterricht unter Beobachtung erteilen; dabei werden sie verständlicherweise nicht gleich am Anfang und mit „voller Wucht" der gesamten Komplexität der Anforderungen ausgesetzt, sondern Schritt für Schritt mit dem Schulalltag konfrontiert.

Die Ausbildung muss sie jedoch recht schnell auch für die Praxis „fit machen", also berücksichtigen, dass die Referendare/innen bereits knapp ein halbes Jahr nach Antritt ihrer Tätigkeit einen sogenannten „bedarfsdeckenden Unterricht" bzw. „eigenverantwortlichen Unterricht" zu geben haben. Mindestens ein Jahr lang unterrichten sie im Rahmen dieser Ausbildung also wirklich selbst und sind dabei mit vollen Berufspflichten u.a. auch für die Beurteilung von Schülerinnen und Schülern – und das geht ja bis hin zur Verteilung von Sozialchancen – zuständig. Das Referendariat hat, wie dies zeigt, auch darin einen doppelten Zugriff, dass der – wenn man so will: – „heteronome", selbst ja noch in einem Ausbildungsverhältnis stehende Erwerb unterrichtlicher Kompetenzen mit der „autonomen" Erteilung eigenen Unterrichts eng verknüpft ist.

Das Referendariat als zentrale Lehrerausbildungsphase befindet gerade derzeit seinerseits in einem Prozess nachhaltiger Weiterentwicklungen und Veränderungen. So erreicht die Standard- und Kompetenz-Orientierung auch die Ausbildungscurricula und Seminar- bzw. Fachseminarprogramme, z. T. werden fachübergreifende Modulphasen ein-geführt, die Ausbildung erfolgt mittlerweile als integrierte Ausbildung in Philosophie S II und „Praktischer Philosophie" S I etc. Insbesondere ist nach Einführung der gestuften BA-/ MA-Studiengänge noch offen, wie das Aufgabenverhältnis von „erster" (universitärer) und „zweiter Phase" (Studienseminar) sich gestalten wird. Mit Blick auf das *Praxissemester* ist eine Zusammenarbeit mit den Fachleitern sinnvoll. Im Gegenzug wird das zweijährige Referendariat auf 18 Monate verkürzt.

Mit dem „Bundesarbeitskreis der Fach- und Studienseminarleiter/innen" und dem Periodikum „Seminar" gibt es in solchen und anderen Fragen eine gemeinsame Stimme der Ausbildenden. Der BAK möchte – wie es auf seiner Netzseite unter *www.bak-online.de* im Herbst 2006 heißt – ihre „Arbeitsbedingungen optimieren und die Qualität der Ausbildung fördern"; seine Aktivitäten sind von der „Überzeugung geleitet, dass eine wirkungsvolle schulnahe Schulreform am besten durch gut ausgebildete Lehrer/innen vorangebracht werden kann" (auf der Website auch Informationen zur Zeitschrift „Seminar").

Aber auch generell unterliegt die Berufsausbildung von Lehrerinnen und Lehrern derzeit durchaus grundsätzlichen, auch politisch inaugurierten und begleiteten Veränderungen. Dem neueren erziehungswissenschaftlichen Gestus, die Lehrer/innen mit Ergebnissen der empirischen Unterrichtsforschung über das aufzuklären, was sie nach Auffassung mancher Forschender offenbar weitgehend unbewusst tun (vgl. Abschnitt 4.2 diese Bandes), entspricht auch in der Lehrerbildung eine Wendung, die von früherer „Bildungs-eigentlichkeit" fort und zum „Management" hin führt. Wie in Wirtschaftsunternehmen oder auch bereits in vielen Sparten der Verwaltung könnte demnächst womöglich ein *Assessment* Voraussetzung für die Lehrerausbildung bzw. für den Eintritt in das Lehramt werden, sowie eine *Personalentwicklung* sich an den Maßgabe einer Berufs- bzw. Personalpsychologie orientieren. Kriterien wie „Organisationsfähigkeit", „Durchsetzungsvermögen" und „Wahrnehmungskomplexität" sollen z. B. an der Universität Münster aus einem Internet-Fragebogen hervorgehen, mit dem Lehramtsstudierende ihre Tauglichkeit für den Lehrerberuf testen können sollen („Self-Assessment"). Inwieweit dergleichen „Professionalisierung" (in einem eminenteren Sinne:) pädagogisch sinnvoll und hilfreich sein wird, mag die Zukunft erweisen.

Zum Abschluss sei ein auszugsweises Beispiel für einen Stundenentwurf angefügt. Referendare legen zu den Unterrichtsbesuchen bzw. Ausbildungsberatungen ihrer Fachlehrer und Fachleiter Unterrichtsskizzen bzw. -entwürfe in der Art des nachfolgenden Schemas vor. Hier sind allerdings mehrere Einschränkungen zu bedenken. Die kleine Skizze zeigt lediglich den geplanten Verlauf der Stunde bzw. Sequenz (die Gesamtentwürfe sind mit den fachlichen und didaktischen Kommentierungen und Begründungen insgesamt meist zwei bis fünf Seiten stark). Vor allem aber gilt: solche Übersichten variieren schon von Studienseminar zu Studienseminar; ihre Terminologie und ihr Aufbau werden fortlaufend dem jeweiligen curricularen Stand angepasst und weiterentwickelt. Schon deshalb handelt sich bei unserem Beispiel also nur um eine erste Andeutung eines möglichen Stundenentwurfes.

Die im Folgenden in einer solchen Übersicht vorgestellte, von der Studienreferendarin *Sabine Herbst* am Münsteraner Immanuel-Kant-Gymnasium entworfene Stunde beschäf-tigte sich mit Problemen der *Ethik*.

Studienseminar Münster   **1. Unterrichtsbesuch**

Studienreferendar/in: Sabine Herbst
Schule: Immanuel-Kant-Gymnasium Münster-Hiltrup
Fach: Philosophie
Klasse/Kurs: Pl 1
Datum/Zeit/Stunde: Freitag, 13. September 2002, 5. Stunde
Fachlehrer(in):   Herr Steenblock
Fachleiter (Hauptseminarleiter):   Herr Paetzold

Thema der Unterrichtsreihe: GenEthik – Zur philosophischen Auseinandersetzung mit einem der wichtigsten Probleme gegenwärtiger wissenschaftlicher und zivilisatorischer Entwicklung

Thema der Unterrichtsstunde: *Gebt uns die Lizenz zum Klonen!/Einspruch im Namen der Menschenwürde!* – Zwei Haupt-Argumentationsstrategien zur GenEthik in der Diskussion

Schwerpunktziel der Stunde: Die Schüler/innen sollen in die Lage versetzt werden, sich selbständig und begründet(er) urteilend mit Chancen und Risiken der Gentechnik auseinander zu setzen.

Geplanter Verlauf der Stunde:

Phase	Thema/Sachaspekt/ Unterrichtsinhalte	Sozialform/ Interaktions- Form/ Medium	Medien/ Unterrichts- materialien
Aufbau der Lernsituation	Ermittlung einer Leitfrage: „Wie wird in der Öffentlichkeit argumentiert?"	Lehrervortrag/ Unterrichts- gespräch	Tafel
Hinführung/ Einordnung in den Zusammenhang der Unterrichtssequenz	Sechs Argumentationsperspektiven in der Gentechnik-Debatte	Unterrichts- gespräch	
Erarbeitung	Analyse zweier Zeitungsartikel; Herausfinden der Kernaussagen	Gruppenarbeit/ Partnerarbeit	Textkopien Schülerhefte
Auswertung	Präsentation der Ergebnisse und Sicherung durch ein gemeinsam entworfenes Tafelbild	Schülerbeiträge	Schülerhefte Tafel
Reflexion	Stellungnahme zu den Thesen der untersuchten Autoren	Schülerbeiträge	
Evtl. zusätzlich: Methodenreflexion	Die Kursteilnehmer diskutieren die Angemessenheit der verwendeten Arbeitsformen	Schülerbeiträge	(evtl. Protokoll der Stunde)

Die Unterrichtsstunde verfolgte das Ziel, grundlegende, von der Philosophin und Didaktikerin *Christa Runtenberg* analysierte *Argumentationsstrategien* in den Debatten angewandter Ethik[61] anhand aktueller Beiträge – nämlich von Zeitschriftenartikeln von medizinsoziologischer und moraltheologischer Seite mit bereits recht sprechenden Titeln – zu exemplifizieren.[62] Die skizzierte Erarbeitung der Argumentationslinien bestätigte übrigens Runtenbergs Auflistung, indem sich erhellende Zuordnungen ergaben; zugleich kamen die Schülerinnen und Schüler in der Folge über die Thematik auch ihrerseits in ein lebhaftes Gespräch und in eine kontroverse Diskussion. All dies geschah zur Vorbereitung des Philosophiekurses auf eine Tagung mit einem profilierten Vertreter der Debatte um Formen angewandter Ethik, dem Hochschullehrer *Kurt Bayertz*, im „Franz-Hitze-Haus" in Münster, einer Einrichtung der Erwachsenenbildung.

---

[61] Vgl. Christa Runtenberg: „Angewandte Ethik in Bildungsprozessen über die ethischen Probleme der Gentechnik". In: Volker Steenblock (Hrsg.): *Praktische Philosophie/Ethik. Ein Studienbuch* (Münsteraner Philosophische Arbeitsbücher, Band 2), 3. Aufl. Münster (LIT) 2006, 186-191; vgl. im selben Band auch den Beitrag von Kurt Bayertz, 153-171.

[62] Die Titelgebungen lassen die vertretenen Hauptthesen erkennen, so dass hier keine weiteren Angaben zu den Textgrundlagen des Unterrichts erfolgen müssen. Vgl. Ulrich Müller: „Gebt uns die Lizenz zum Klonen! Ein Plädoyer für die schrankenlose Nutzung von Gen- und Biotechnik". In: *FAZ* 9. 3. 2001; Eberhard Schockenhoff: „Einspruch im Namen der Menschenwürde! Präimplantationsdiagnostik und therapeutisches Klonen instrumentalisieren das menschliche Leben für fremde Zwecke". In: *FAZ* 23. 4. 2001.

3.7 Wen zwingt das bessere Argument? – Das „Sokratische Gespräch" (mit einem einführenden Text von *Klaus Blesenkemper* und einem Interview mit *Ute Siebert*)

Zwischen einer Einschätzung als „Philosophie-Ort" und einer Identifikation als „Methode" steht das so genannte „Sokratische Gespräch", das von der inszenierten Methodizität eines vom akademischen Ballast befreiten Diskurses sich seine Ergebnisse sozusagen kraft reiner Gedankenarbeit erhofft.[63] Deshalb fasziniert das Sokratische Gespräch akademische Philosophen wie den Düsseldorfer Ordinarius *Dieter Birnbacher*, die Didaktiker *Klaus Blesenkemper* und *Ute Siebert*, aber auch philosophische Laien. Nicht dargestellt werden kann hier das intensive *Verfahren* des Sokratischen Gesprächs, das die angesprochene Faszination ausmacht; das gemeinsame Ringen um das bessere Argument muss man wirklich einmal *erlebt* haben.[64] Doch können die folgenden Darstellungen vielleicht neugierig darauf machen, dieses Verfahren einmal auszuprobieren.

Klaus Blesenkemper: Einführung in das (Neo)Sokratische Gespräch

Dr. Klaus Blesenkemper, Studiendirektor am Clemens-Brentano-Gymnasium in Dülmen, arbeitete maßgeblich an der Erstellung des Kerncurriculums Praktische Philosophie mit. Er ist Moderator im Schulversuch NRW und gehört dem Vorstand des „Fachverbandes Philosophie" der Philosophielehrerinnen und -lehrer dieses Bundeslandes an. Veröffentlichungen u.a. zu Kant, Mitarbeit an Schulbuchprojekten und didaktischen Handbüchern sowie Artikel zur Didaktik.

„Sokratisches Gespräch" wird meist kurz jene Methode der philosophischen Diskussion genannt, die auf die Schule von Leonard Nelson (1882-1927) und Gustav Heckmann (1898-1996) zurückgeht. Diese berufen sich bei ihrer Methode aus- und nachdrücklich auf die Diskussionspraxis des Sokrates, geben aber ihrem Verfahren ein eigenes, ein „neues" Gepräge. Daher ist die Bezeichnung „Neosokratisches Gespräch" vorzuziehen.

Im Folgenden versuche ich, die Entwicklung vom Sokratischen zum Neosokratischen Gespräch unter wenigen historischen und einigen systematischen Gesichtspunkten zu skizzieren.

Historisch: Der Name der Methode verweist auf *Sokrates* (470–399 v. Chr.), der nächste wichtige Autor in der Traditionslinie ist *Kant* (1724–1804). Es folgt ein weniger bekannter Kantianer des 19.

---

[63] Vgl. Gustav Heckmann: *Das sokratische Gespräch*, Hannover 1981. Dieter Birnbacher: Philosophie als sokratische Praxis. In: H. Gindt (Hrsg.): *Philosophen über das Lehren und Lernen der Philosophie*, St. Augustin 1996, 1-15. Detlef Horster: *Das sokratische Gespräch in Theorie und Praxis*, Opladen 1994. Vgl. die Kritik an Horster in der „orthodoxen" Variante bei Ute Siebert: *Das sokratische Gespräch. Darstellung seiner Geschichte und Methode*, Kassel 1996. Vgl. schließlich: Dieter Krohn: „Theorie und Praxis des Sokratischen Gesprächs". In: K. R. Lohmann / Th. Schmid (Hrsg.): *Akademische Philosophie zwischen Anspruch und Erwartung*, Frankfurt a. M. 1998, 119-132; Gisela Raupach-Strey: *Sokratische Didaktik*, Münster (LIT) 2001; Klaus Draken: *Sokrates als moderner Lehrer?* Münster (LIT) 2011.

[64] Horst Gronke: „Wen zwingt das bessere Argument?" In: *Zeitschrift für Didaktik der Philosophie und Ethik* 10 (1989), 52-56 (hiernach der Kapiteltitel). Einen anschaulichen Einblick bietet Klaus Blesenkemper: Beispiel „Schadenfreude" – Neuntklässler reflektieren Werte in einem neosokratischen Gespräch. In: V. Steenblock (Hrsg.): *Philosophiekurse*. (Münsteraner Philosophische Arbeitsbücher, Band 3), Münster (LIT) 2004, 127-140.

Jahrhunderts, nämlich *Jakob Friedrich Fries* (1773–1843). Ihm ging es in der Nachfolge Kants, aber in Abwandlung seiner Methode um psychologische Analyse des Bewusstseins. Innere Erfahrung und Selbstbeobachtung seien wichtig. Entscheidend ist dann der bereits erwähnte *Leonard Nelson*. Er wird noch näher zur Sprache kommen. Am 11.12.1922 hörte der Mathematik- und Physikstudent *Gustav Heckmann* Nelsons Vortrag „Die sokratische Methode" und wurde zum Sokratiker „bekehrt". Nach dem Exil wurde Heckmann in Hannover Hochschullehrer und bildete ab dem Ende der 60er Jahre Sokratische Gesprächsleiter aus. Diese schlossen sich dann in der „Gesellschaft für Sokratisches Philosophieren" (GSP, seit 1994 Verein) zusammen.

Systematisch: Ich werde mich hier auf wesentliche Gemeinsamkeiten und Unterschiede zwischen Sokratischen Dialogen und Neosokratischen Gesprächen beschränken und dabei auch einige wenige Theoreme von Kant, Nelson und Heckmann berücksichtigen. Am Anfang stehen methodisch/didaktische Gemeinsamkeiten, es folgen Unterschiede, und am Ende kommt noch eine zentrale lebenspraktische Gemeinsamkeit zur Sprache.

Übereinstimmungen liegen zwischen Sokratischen Dialogen und Neosokratischen Gesprächen in folgenden Punkten:

Gemeinsame Absicht ist die ernsthafte Suche nach Wahrheit.

Gemeinsam ist die Überzeugung, dass diese ernsthafte Suche nach Wahrheit nicht monologisch im stillen Kämmerlein erfolgen kann, sondern im Gespräch. Sokrates ging auf den Marktplatz. Neosokratiker philosophieren in Gruppen zu 6 bis 12 Teilnehmern.

Gemeinsam sind Marktplatzthemen: Es ging und geht um Fragen, die die normalen Menschen, nicht Wissenschaftler, unmittelbar angehen, die entweder von ihnen kommen oder deren Bezug zu ihnen schnell deutlich wird. Es versteht sich, dass praktische Fragen, Fragen nach dem guten Handeln und dem gelingenden Leben dabei eine herausgehobene Rolle spielen.

Gemeinsam ist der Ausgangspunkt der ernsthaften dialogischen Suche nach Wahrheit bei allen Marktplatzproblemen: Als Ausgang gilt die Erfahrung der Gesprächsteilnehmer. Vom Wissens- und Lebenshintergrund von Handwerkern, Dichtern, Politikern usw. ging Sokrates aus. Die konkreten eigenen Erfahrungen der Teilnehmer sind konstitutiv, nicht illustrativ, sind das Lebenselixier des Neosokratischen Gesprächs. Warum eigentlich?

Gemeinsam ist der von der Erfahrung ausgehenden ernsthaften dialogischen Suche nach Wahrheit bei allen Marktplatzproblemen die Überzeugung, dass wir als Vernunftwesen das Wahre im Grunde schon kennen. Die Wahrheit gilt es, im Vertrauen auf die Kraft der Vernunft in kritischer Untersuchung nur aufzudecken, herauszuschälen. Die Didaktikerin *Gisela Raupach-Strey* erläutert: „Wie geschieht solche kritische Untersuchung? Idealtypisch wird von der Anfangsaussage ausgehend immer weiter zurückgefragt nach den Gründen und zugrunde liegenden Voraussetzungen, so dass man allmählich zu den *letzten* Grundsätzen und Prinzipien verstößt. Es wird also vorausgesetzt: wir besitzen die Kenntnis der letzten Gründe immer schon, aber sie sind uns nur dunkel bewusst und müssen deshalb ans Licht gebracht werden. Nelson nennt diese Begründungsweise die *regressive Abstraktion*. Die Nähe zur Anamnesis-Lehre Platons fällt auf" (Ethik und Unterricht, Heft 2/1997, S. 20 f.).

Gemeinsam ist die Überzeugung, dass dieses Herausschälen der Wahrheit eine Leistung der je eigenen Vernunft ist. Gefordert ist das Kantische Selberdenken, das Kantische „sapere aude". Abgelehnt werden vorgefertigte Lehren. Wer sich auf Autoritäten beruft, verleugnet die Kraft des eigenen Denkens. (Nebenbei: In den fünf Wochen, an denen ich bisher an den Sokratischen Gesprächen der GSP teilgenommen habe, habe ich – außer in der Freizeit – niemals den Namen des von mir besonders geschätzten Philosophen Immanuel Kant erwähnt, und es ist mir – zu meiner eigenen Überraschung – nicht schwer gefallen!)

Gemeinsam ist die Überzeugung, dass beim schwierigen Selberdenken Hilfen nötig sind, aber nur in der Gestalt von Geburtshilfen. Wie Sokrates nimmt die Neosokratik die Maieutik in Anspruch.

Es gibt aber auch Unterschiede zwischen Sokratischen Dialogen und Neosokratischen Gesprächen:
Anders als bei Sokrates ist die neosokratische Hebammenkunst nicht auf den Leiter bezogen – er
ist allenfalls ein Hebammenassistent –, sondern auf die Teilnehmer. Sie helfen sich gegenseitig bei
der Geburt ihrer Gedanken.

Deutlich konsequenter als bei Sokrates wird jede Form der sachlichen Unterweisung durch den
Gesprächsleiter abgelehnt. Der Lehrer ist kein Be-Lehrer, sondern – didaktisch up to date – ein
Lernbegleiter. In der Neosokratik geht es um wirkliche Diskurse zwischen mehreren. Es geht nicht
um Scheingespräche, bei denen wie nicht selten bei Sokrates die Dialogpartner zu Statisten des
großen Meisters degradiert erscheinen.

In der Neosokratik kümmert sich der Gesprächsleiter nur indirekt um die Sache, er sorgt vor
allem dafür, dass die Teilnehmer zu wechselseitigen Hebammen werden. Er hat damit auch
psychologische Aufgaben, auf die vor allem Heckmann hingewiesen hat. Er war es auch, der das
„Metagespräch" eingeführt hat. In diesem Metagespräch geht es u.a. um gruppendynamische
Probleme, aber nicht um ihrer selbst willen, sondern um der Sache willen.

In der Sache sind die Klärungsversuche der Neosokratiker zum Teil anders ausgerichtet als bei
Sokrates: Neosokratiker begnügen sich nicht mit „hermeneutischem Explikationswissen", sie wollen
also nicht nur, wie dies häufig in platonischen Dialogen zu beobachten ist, Begriffe klären, ihnen liegt
vor allem an dem „(wahrheitsorientierten) Begründungswissen" (*Dieter Birnbacher*). Wenn wir
wissen, was wir meinen, wenn wir von „Tugend" sprechen, so wissen wir noch lange nicht, was
Tugend der Sache nach denn eigentlich ist. Unser gemeinsames Sprachverstehen könnte schließlich
falsch sein. Die radikale Suche nach Wahrheit bleibt sich insofern treu, als die gemeinsamen,
konsensuell gefundenen Ergebnisse immer nur Vorläufigkeitscharakter haben. Der möglicherweise
erreichte Konsens wird nie dogmatisch. Der Diskurs bleibt offen.

Eine zentrale Gemeinsamkeit möchte ich zum Abschluss jedoch noch herausstellen:
Sokrates hat nicht nur über wichtige Fragen des Lebens wie Tapferkeit und Gerechtigkeit geredet,
sondern wie er geredet hat, so hat er auch gelebt. Die Faszination, die von Sokrates noch heute
ausgeht, verdankt sich nicht zuletzt der Einheit von Einsicht und Handeln. An dieser Einheit hielt er
mit letzter, mit tödlicher Konsequenz fest. Die Neosokratiker waren zwar keine Märtyrer, aber auch
ihre Einsicht blieb nicht im Elfenbeinturm der Theorie. Nelson gründete eine Schule mit sokratischen
Grundsätzen, die Walkemühle, die dann vor den Nazis nach Dänemark und später nach London floh.
Er gründete auch den Internationalen sozialistischen Kampfbund, dessen Ideologie ein Kantianischer
Sozialismus war. Der ISK war eine Widerstandsbewegung im Dritten Reich, im Innern und von
außen. Selberdenken hatten ihre Mitglieder praktiziert, und sie waren der Überzeugung, dass, wenn
alle so gehandelt hätten, es zum Nationalsozialismus nicht gekommen wäre. Schon 1932 war die
Nelson-Gruppe sehr aktiv. Sie machte den Versuch, die Linksparteien zu einer Einheitsfront gegen
Hitler zusammenzubringen. Sie formulierte einen „Dringenden Appell", der mit Gustav Heckmanns
Worten schloss: „Sorgen wir dafür, dass nicht Trägheit der Natur und Feigheit des Herzens uns in die
Barbarei versinken lassen!" (Aufruf abgedruckt in: Gustav Heckmann zum Gedächtnis. Hrsg. von der
Philosophisch-Politischen Akademie, Bonn 1996, S. 12). Der Appell war an vielen Litfasssäulen zu
lesen. Über 30 Personen haben ihn unterschrieben, unter ihnen Willi Eichler, Albert Einstein, Erich
Kästner, Käthe Kollwitz, Heinrich Mann, Ernst Toller und Arnold Zweig.

Wie sind Sie zum Sokratischen Philosophieren gekommen und was bedeutet es für Sie, Frau Siebert?

Dr. phil. Ute Siebert, geb. 1944, studierte Germanistik und Philosophie. Neben ihrer Lehrtätigkeit am Gymnasium arbeitete sie in verschiedenen Gremien in der Bildungsplanung und Lehrerfortbildung und trug damit sowie durch die Mitherausgabe von Unterrichtsmaterialien zur Etablierung des Schulfaches Philosophie in Niedersachsen bei. Nach dem Abschluss ihres Zusatz-Studiums in Pädagogik sowie einer therapeutischen Ausbildung widmet sich Ute Siebert jetzt Aufgaben in Erwachsenenbildung und Beratung, zurzeit mit einem Arbeitsschwerpunkt in Osteuropa.

Veröffentlichungen: Vernunft, ungeteilt. Ein Beitrag zu afrikanischen Beratungsinstitutionen im Vergleich zum Sokratischen Gespräch, Frankfurt a.M. 1994 (= Sokratisches Philosophieren. Schriftenreihe der Philosophisch-Politischen Akademie. Band 1); Das Sokratische Gespräch. Darstellung seiner Geschichte und Entwicklung, Kassel 1996; Kann eine kritische Haltung zu seelischer Gesundheit beitragen? Thesen zur psychohygienischen Wirkung philosophischer Wahrheitsverpflichtung. In: Zeitschrift der Deutschen Gesellschaft für Logotherapie und Existenzanalyse 1 (1997); Bildung vom Menschen aus. Das Sokratische Gespräch im Entwicklungsprozeß Einer Welt, Kassel 2002.

Wie sind Sie zum Sokratischen Philosophieren gekommen und was bedeutet es für Sie?

Als junge Lehrerin stand ich Anfang der siebziger Jahre vor der Situation, dass im Zuge der Bildungs-Reformen althergebrachte Unterrichtsmethoden und -materialien keinen Bestand mehr hatten. Es galt, phantasievoll Neues zu erproben, insbesondere im damals in den meisten Bundesländern „neuen" Schulfach Philosophie. Mit meinen Schüler/innen und Schülern zusammen suchte ich nach Wegen, das Selbst-Denken zu lernen und zu lehren, getreu dem Kant-Wort: „Der wahre Philosoph muss also als Selbstdenker einen freien und selbsteigenen, keinen sklavischen Gebrauch von seiner Vernunft machen." Von Leonard Nelson und seiner Neubegründung der Sokratischen Gesprächs-Methode hatte ich bis dahin noch nichts gehört, was nicht verwundern muss, ist Nelson doch bis heute im akademischen Lehrbetrieb weitgehend unberücksichtigt geblieben.

Nach einigen Jahren lernte ich Gustav Heckmann kennen, in dessen Kreis die Sokratische Methode praktiziert wurde, und ich wurde in die Runde der Leiter für Sokratische Gespräche aufgenommen. Hier erwies sich, dass Nelsons und Heckmanns Denken und die Methodik des Philosophie-Unterrichts, wie sie sich in der Zusammenarbeit mit meinen Schülern entwickelt hatte, aufeinander passten. Die Übung im Sokratischen Gespräch, Philosophieren nach der Kritisch-Sokratischen Methode führen, nicht nur nach meiner Meinung, den Einzelnen *und* die Gemeinschaft zu freier und gleichzeitig verantwortungsvoller Lebenshaltung.

Was hat das Sokratische Philosophieren mit Sokrates zu tun?

Sokrates ist zunächst der Namengeber für die Methode, für die Formen des Sokratischen Gesprächs als Diskurs unter Geübten wie als Lern-/Lehr-Gespräch. Leonard Nelson hat sich zu seiner Zeit an der unwissenschaftlichen, methodisch nicht ausreichend kontrollierten Praxis der Philosophie gestoßen. Er sah eine den Ansprüchen der Kritik genügende, eine wirklich Kritische Philosophie nur bei Jakob Friedrich Fries, bei Immanuel Kant und eben bei Sokrates verwirklicht. Sokrates sei der erste Philosoph gewesen, der im Vertrauen auf die Kraft des menschlichen Geistes planmäßiges Nachdenken als Weg zur Wahrheit nicht nur entwickelt habe – er habe außerdem pädagogische Größe dadurch bewiesen, dass er seinen Schülern diesen Weg des Selbst-Denkens gewiesen habe. Leonard Nelson übersah nicht die oft suggestive Vorgehensweise des Sokrates oder auch die vielfach nur recht dürftigen Ergebnisse – er maß aber den großen Philosophen der Antike nicht an den Resultaten seiner Gespräche, sondern er lehnte sich an dessen Methode an.

In seiner berühmten Rede über Sokrates' Gesprächs-Methode hat Nelson 1922 seine eigene philosophische Praxis begründet und auch die Basis für die Weiterentwicklung zum Sokratischen Gespräch geschaffen. Dabei ist vor allem die strukturelle Veränderung vom Zweier-Gespräch bei Sokrates hin zum Gruppen-Gespräch wichtig, bei dem sich der Leiter – anders als es ja Sokrates tat – aus der inhaltlichen Erörterung ganz herausnimmt.

Wie würden Sie die Ziele des Sokratischen Philosophierens bestimmen?

Leonard Nelson selbst sah in der Sokratischen Gesprächs-Methode ein Mittel, um die Ausbildung der menschlichen Vernunft voranzutreiben. Sein Schüler Gustav Heckmann hat nach den bitteren Erfahrungen der nationalsozialistischen Zeit betont, welch einzigartiges Mittel das Sokratische Gespräch sei, um Menschen zu autonomer Wert-Erkenntnis und zu einer kritischen, wert-orientierten Denkweise und Lebenspraxis zu motivieren und zu befähigen. Heckmann begann damit, die Methode systematisch an Schlüssel-Personen wie etwa Lehrer weiter zu vermitteln, um so die erwünschten Haltungen in der Gesellschaft möglichst breit wirksam werden zu lassen. Ich stimme diesen Zielsetzungen der beiden Begründer der Kritischen Sokratischen Gesprächs-Methode uneingeschränkt zu.

Heute möchte ich jedoch noch einige andere Akzente betonen. Ich sehe die Methode des Sokratischen Gesprächs als *eine* von verschiedenen möglichen Gestalten an, die die Vernunftbegabung des Menschen angenommen hat. Die Geistes-Kraft des Menschen hat sich in anderen Kulturkreisen ebenfalls in bestimmten Lebens- und Gesprächs-Formen manifestiert und darin spiegeln sich die spezifischen Erkenntnisse wider. Man kann vielleicht sagen: Ähnlich wie die verschiedenen Sprachen der Menschen verschiedene Weltansichten repräsentieren, sind ihre unterschiedlichen Diskurs-Formen jeweils ein Puzzle-Teil im Mosaik des Gedächtnisses der Menschheit.

So verstanden, ist das Sokratische Gespräch eine Methode unter anderen, die in den Interkulturellen Diskurs eingebracht werden muss, damit alle Menschen in der Einen Welt ihre Denkerfahrungen zusammentragen können, um sie in die Gestaltung einer lebensfreundlichen Zukunft einfließen zu lassen. Ganz pragmatisch gesprochen: Das Sokratische Gespräch sollte als Methode in allen möglichen internationalen Foren, die dem Ziel einer friedlichen Weltgemeinschaft dienen, bekannt gemacht und praktiziert werden. Auf theoretischer Ebene sollte nach anderen Gesprächs-Methoden in anderen Kulturen geforscht werden, um Parallelen und Unterschiede zu ermitteln, vor allem die jeweils zugrunde liegenden Prämissen des Denkens. Das Sokratische Gespräch soll sozusagen in einen Dialog mit anderen Dialog-Formen eintreten. Über den Austausch nicht nur von Inhalten in der Gesprächs-Praxis, sondern auch der Gesprächs-Methoden werden Erkenntnis-Erweiterung und Voneinander-Lernen im Interkulturellen Diskurs wachsen zugunsten einer lebensfreundlicheren Welt.

Wie können Interessierte die Methode kennen lernen?

Die Philosophisch-Politische Akademie in Zusammenarbeit mit der Gesellschaft für Sokratisches Philosophieren bieten einwöchige Sokratische Gespräche an, beziehungsweise Seminare an verlängerten Wochenenden.

3.8 *Auszug aus dem Elfenbeinturm* – Philosophische Praxen

Neben den bisher vorgestellten Lernorten vornehmlich des Pflichtschulsystems und den Treffpunkten der „Neosokratiker" sind als weitere Orte des Philosophierens die Praxisräume der „Philosophischen Praktiker" zu erwähnen, deren bekanntester Vertreter wohl *Gerd Achenbach* ist. Hier kann man – freilich, wie eine interessierte Presse berichtet, „leider nicht auf Krankenschein" – „Denkstunden nach Vereinbarung" nehmen, „Beratung und Gespräch" finden. Warum sollte es nicht möglich sein, von philosophischem Standpunkt aus zu beraten, zu helfen, eine eigene „Lebensphilosophie" finden, andere womöglich zu glücklicheren Menschen zu machen? Seit vielleicht jetzt 20 Jahren arbeiten sich an solchen Ansprüchen – abseits der akademischen Philosophie – die Versuche ab, als eine neue Form angewandter Philosophie „Philosophische Praxen" zu betreiben.[65] Seit der Gründungstat des „Vaters" der philosophischen Praxis *Gerd Achenbach* gibt es eine kontinuierliche Weiterentwicklung.

Die „Internationale Gesellschaft für Philosophische Praxis" (IGPP) gibt seit Neuerem im LIT-Verlag ein Jahrbuch heraus. Über die aspektreiche „Szene" berichtet z.B. regelmäßig „Information Philosophie"; allein aus dieser aufschlussreichen Berichterstattung, darunter einer mehrseitigen Adressenliste von Praxen, ergeben sich fast 100 Namen von „Praktikern" von Kay Hoffmann in München und Achim Kuch / Alfons Matheis in Trier bis zu A. K. D. Lorenzen in Hamburg, von Münster nach Essen und von Wien bis Berlin. Ihre Kunden finden sie über Anzeigen in Tageszeitungen oder im Anschluss an andere Bildungskurse. Denn viele Praktiker suchen zudem in Erwachsenenbildung und Wirtschaft tätig zu werden – in einem weitreichenden und (wohl auch) disparaten Feld von Kommunikationstrainings und Rhetorikkursen, „Unternehmensphilosophien" und Weiterbildungen in der Wirtschaft.

Unter dem Titel „Sinn auf Rädern" wird zum Beispiel vom fahrradgestützten ambulanten philosophischen Service des *Markus Melchers* berichtet, der sozusagen den Sinn des Lebens direkt ins Haus liefert. Vorrangige Themen seiner Beratung, sagt Melchers, seien jedoch weder „Sinn" noch „Glück", sondern vor allem Fragen wie der nach „Liebe". Eine Grenze zu psychologischer Beratung bemüht sich der Philosoph freilich so scharf wie möglich zu ziehen. Bei diesem Beispiel etwa habe er philosophiegeschichtlich aufgezeigt, was unter Liebe verstanden werden kann und dann habe man das Für und Wider dieser Positionen diskutiert. Manche Gesprächspartner seien jenseits der 50 und empfänden die Welt als immer unübersichtlicher. Sie fragen: „So viele Werte gelten nicht mehr. Was kann ich da tun?" Auch bei anderen Fragen sei es für viele ein Trost, von den „großen Philosophen" zu erfahren, dass sie mit ihren Grübeleien nicht allein stünden. Im Schnitt ca.

---

[65] Eckart Ruschmann: *Philosophische Beratung*, Stuttgart 1999, 86 f.; Gerd B. Achenbach: Die reine und die praktische Philosophie, Wien 1983; Patrick Neubauer: *Schicksal und Charakter. Lebensberatung in einer ‚Philosophischen Praxis'*, Hamburg 2000; Christiane Pohl: „Die Praxis des Philosophischen Praktikers". In: *Information Philosophie* 30 (2002), 54-58; Andreas Lindseth: *Zur Sache der philosophischen Praxis*, Freiburg 2005; Andreas Mussenbrock, *Termin mit Kant. Philosophische Lebensberatung*, München (dtv) 2010; Detlef Staude: Methoden Philosophischer Praxis, Bielefeld 2010. – Ich danke *Achim Kuch* für Hinweise.

40 Euro nimmt Melchers pro Stunde. Der „öffentlichen Gebrauch der Vernunft" ist dabei Kriterium für Probleme, mit denen man vorher vielleicht zum Pfarrer ging: „Im Rahmen philosophischer Praxis gibt es keinen Gott, der unbedingt Recht haben muss. Das ist ein Vorteil, wenn es um die Anstrengung des Begriffs geht. Vielleicht ist es ein Nachteil, wenn es um die letzte Sicherheit geht. Wenn sie ein Gottesproblem haben, dann können sie mit mir über den Gott der Philosophen diskutieren".[66]

So unstrittig es ist, dass die Philosophie – schon seit der Antike eine Disziplin mit immer auch konsiliarischer Funktion – Rationalitäts- und Reflexionszuwächse für jeden bieten kann, so wesentlich scheint freilich auch noch der Klärungsbedarf hinsichtlich etwa der folgenden Fragen: Zunächst in der Frage nach dem recht unklaren Status der philosophischen Praxis, in der es kaum Standards der Handlungs- bzw. Ausbildungsrahmen gibt. Sodann nach möglichen Grenzen einer solchen Beratung, besonders nach dem Grenz- bzw. Übergangsfeld zur Psychotherapie hin: Wie ist das Verhältnis der „geistigen" zu den „seelischen" Fragen, der Philosophie zu Psychologie und Psychotherapie – etwa bei Berufung auf die „humanistische" Gesprächspsychotherapie nach *Carl Rogers* und eine systemische Therapie nach *Steve de Shazer*?[67]

Zweifellos stellt die Philosophische Praxis einen hochinteressanten Ansatz dar, das „Ghetto" der akademischen Philosophie auf neue Formen hin aufzubrechen. Zugleich zeigt sich gerade hier, wie nahe vor allem die Philosophie uns in Bildungsprozessen ist. Das Argument, die (traditionelle, akademische) Philosophie werde hier verkürzt, ist zynisch: umgekehrt ist es die Aufgabe jedes einzelnen Bildungsortes, das Sich-Orientieren aller mit den Gehalten der Philosophie aufzurüsten. Hierzu freilich bedarf es, wie an allen philosophischen Lernorten, gerade auch in der philosophischen Praxis intensiver Professionalisierungs- und offener Diskussionsarbeit. Die einschlägige Debatte zeigt aber deutlich das Bemühen, Inhalte, Methoden und Ziele einer „Philosophischen Beratung" als „Form hilfreicher Kommunikation" zwischen zwei autonomen Individuen mit der Hintergrunddisziplin Philosophie genauer zu klären.[68]

---

[66] „Marktlücke – Angebot für alle Fälle: Der Philosoph auf Rädern. Die Fragen stellte Ulla Hanselmann". In: *Chrismon. Das evangelische Magazin* 10 (2000), 9.

[67] Carl Rogers: *Klientenzentrierte Gesprächstherapie*, Frankfurt a. M. 1983; Steve de Shazer: *Das Spiel mit Unterschieden. Wie therapeutische Lösungen lösen*, Heidelberg 1994.

[68] Vgl. die Diskussion in: *Ethik und Sozialwissenschaften* 10 (1999) 4, 483 ff. mit den Basisartikel von Eckart Ruschmann und Kommentaren u. a. von W. Rehfus, R. Reuber, U. Thurnherr.

3.9 Foren des Denkens ...
... in Erwachsenenbildung und Volkshochschule; Philosophie als „Lebenskunst" und Reflexionsgewinn im Alltag

Menschen leben unter den verschiedensten Umständen: in täglicher Sorge, die lediglich eine Bewältigung des Tagesnötigen und hinzutretend noch Formen der Alltagsreflexion zulässt, in Reichtum und Geschäften, deren offenbare Erfolge zu einer kritischen Hinterfragung des eigenen Lebens nicht drängen, in Engagement und sozialer Verantwortung, die die eine praktische Antwort auf alles Sinnverlangen zu geben scheinen. *Hermann Lübbe* hat in seiner Studie über den „Lebenssinn der Industriegesellschaft" jedoch auf weitere Charakteristika unserer modernen Lebensweise in avancierten „westlichen" Gesellschaften hingewiesen.[69] Lübbe nennt vor allem eine weitreichende Befreiung von niederdrückender physischer Arbeit und die Steigerung der freien Zeit im Vergleich zur Arbeitszeit aufgrund der durch die technologische Entwicklung erzielten Produktivitätssteigerungen. Dies ist in der Tat ein Faktum, dem man die Aufgabe entnehmen kann, diese Muße in einer Weise sinnvoll auszufüllen, welche die Angebote der Unterhaltungs- und Freizeitbranchen und den ihnen eigenen Modus bloßer Zerstreuung übersteigt („soviel surfen kann man gar nicht"). Freie Zeit ist auch eine wichtige Vorbedingung für philosophische Reflexion. Genauso freilich ist festzustellen, dass mehr arbeitsfreie Zeit noch nicht eine sinnvolle Nutzung derselben bedeutet: Sie befördert eine philosophische Bildung durchaus nicht von selbst. Die unterschiedlichen konkurrierenden bzw. ergänzenden Beschreibungsmodelle der gegenwärtigen Lage der entwickelten Industriegesellschaft als „Egogesellschaft" und „Erlebnisgesellschaft", die einen „metaphysischen" eigentlichen Sinn nicht mehr thematisieren kann, scheinen nicht wenige zunehmend in Freizeit gesetzte Menschen eher mit dem Problem konfrontiert zu sehen, dass sie sich mit ihrer eigenen Langeweile arrangieren müssen. Hier bieten die Agenten der Konsum- und Unterhaltungsindustrie ihre Dienste einer amüsierfähig und konsumfreudig gewünschten Klientel an, wohingegen die „klugen Ausfüllungen der Muße" eine zunächst weniger große Rolle spielen mögen.

Über die Freizeitindustrie und ihr Bestreben nach kommerzieller Vernutzung auch der arbeitsfreien und damit dem Konsum offenstehenden Bereiche unserer Existenz hinaus kann man aber wohl mit einigem Recht zugleich auch eine Tendenz zu einer „(Weiter)Bildungsgesellschaft" ausmachen. Dies bezieht sich nicht nur auf solche Inhaltsfelder des Bildungsbegriffs, in denen die rasante wissenschaftlich-technische Innovationsrate schon im Interesse der beruflichen und gesellschaftlichen Funktionsfähigkeit des Einzelnen einen zunehmenden Nachrüstungsbedarf an Wissen und Kompetenzen und damit die Notwendigkeit lebenslangen Lernens evoziert.[70] Hierüber hinaus ist vielmehr auch ein Interesse an *kultureller Bildung* und – nicht zuletzt durch den „Wertewandel" provoziert – an *Selbsterfahrung* und *Orientierung* (und damit auch an Philosophie) konstatierbar, das sich nicht auf eine Rolle als Hilfswissenschaft des

---

[69] Hermann Lübbe: *Der Lebenssinn der Industriegesellschaft*, Berlin 1990.
[70] Joachim H. Knoll: *Erwachsenenbildung vor der Dritten Industriellen Revolution*, Ehningen 1988.

naturwissenschaftlich-industriellen Fortschritts reduziert, sondern im Sinne eines schärfer profilierten Begriffs von *Bildung* den Menschen befähigt, über sich selbst und seine Stellung in der Welt rational und in Kenntnis der Umstände gewichtend zu urteilen, sie wenn möglich nach Kriterien eines Menschseins, das seinen Begriff erfüllt, mit zu prägen und kulturellen Expressionen in sich selbst neuen Raum zu geben.

Vom Freizeit- und Kulturpädagogen bis zum „Bildungsanimateur" tragen immer mehr Vermittlungsberufe den veränderten Chancen und Bedürfnissen Rechnung. Die beschriebene Situation erfordert von ihnen Aufgaben wie die Erreichung eines „Umgehenkönnens" mit der Angebotsfülle in der Mediengesellschaft, die Entwicklung entsprechender Interessen und die praktischen Einübung entsprechender Eigeninitiative, die die systematische Induzierung erweiterter Handlungskompetenzen im kulturellen und gesellschaftlichen Bereich in unserer „reflexiven Moderne" einschließen.[71] *Die lebenslange Lernfähigkeit des Menschen verlangt es in unter den Bedingungen und Möglichkeiten avancierter Gesellschaften mehr denn je, auf das im Bildungsgedanken verkörperte Interesse an Mündigkeit und Selbstbestimmung als den Zentralwerten des erwachsenen, bewussten Lebens hin Ausrichtung zu finden.* Der Imperativ eines Menschenlebens bleibt bis in das Alter hinein seine möglichst umfassende *Selbstformung in der Bildung*; die gelegentlich eindrucksvoll beklagte „große Verschwendung" all des an Wissen, Reflexion, Menschlichkeit, ja: *Weisheit* Erreichten durch sein Ende im Tode bedeutet dabei kein Gegenargument.

Welche Rolle kann die Philosophie, etwa an *Volkshochschulen*, spielen? Obwohl auch Volkshochschulen sich in „Fachbereichen" organisieren, denken VHS-Teilnehmer nicht primär in den Kategorien der etablierten Fachwissenschaften und Universitäts-Fachbereiche, sondern eher in konkreteren lebensweltlichen Bezügen: Sie finden sich vor in Arbeits- und Berufsverhältnissen. Sie erleben sich unterschiedlich bewusst als politische und soziale Wesen mit kreativen/kulturellen sowie sprachlichen/kommunikativen Interessen. Sie sind schließlich als biologische Wesen angewiesen auf Gesundheit und Umwelt. Das Angebotsprofil einer Volkshochschule trägt dem, teilweise in Konkurrenz mit anderen Anbietern in der Erwachsenenbildung, Rechnung: Wer sich konkrete berufliche und andere Vorteile erhofft, wird sich z. B. für berufsqualifizierende Angebote (Wirtschaftsenglisch, Computer) und den Bereich: Recht-Finanzen-Steuer interessieren, beliebt sind auch der Gesundheitsbereich (z. B. Gymnastik) oder der Bereich „Sprachen".

Auch die Didaktik der Erwachsenenbildung bzw. der von allen Altersstufen nachgefragten Angebote der Volkshochschulen unterliegt Wandlungen und Moden. Aus den technikgläubigen 1970er Jahren ist mir die damals vielgerühmte „Mediothek" als „Selbstlernzentrum" der VHS Wuppertal in Erinnerung, deren pädagogischer „Clou" in Einzelarbeitsplätzen mit Videorekordern und Fernsehern bestand, an denen sich die Bänder des seinerzeit im Bildungsfernsehen ausgestrahlten „Telekollegs" abspielen ließen.

Die Philosophie kann demgegenüber wohl eher im lebendigen Gespräch zur Wirkung gebracht werden. Sie fällt in den Volkshochschulen erkennbar auch nicht unter jene Bereiche, in denen Kenntnisse einer „praktisch verwendbaren" oder qualifizierenden

---

[71] Vgl. Jürgen Wittpoth: *Einführung in die Erwachsenenbildung*, Opladen 2003, 61 ff.

Dimension erworben werden können. Philosophie passt, zumindest auf den ersten Blick, aber schließlich und drittens ebenfalls kaum in diejenigen Bereiche, die eher auf die Dimension der „Selbsterfahrung" setzen (Theater, Kreativität). Philosophie macht schließlich im Durchschnitt, wie man festgestellt hat, nicht einmal 1 % aller Veranstaltungen (in einem insgesamt allerdings sehr breit gefächerten Spektrum) aus. Den Hauptgrund für diese eher noch marginale Bedeutung hat man in der esoterischen „Belastung" des Faches durch Fachsprache und Spezialprobleme gesehen.

Was interessiert potentielle Teilnehmer gleichwohl an Seminaren in der Erwachsenenbildung?[72] Viele, die in ein philosophisches Seminar kommen, folgen zunächst einem allgemeinen „Bildungsinteresse", dem oft mit Veranstaltungstiteln wie „Die großen Philosophen" oder „Einführung in die Philosophie" Rechnung getragen wird. Darüber hinaus könnte die Philosophie aber auch eine Rolle bei der vielzitierten Suche nach „Lebenssinn" und neuen Lebensinhalten spielen. Im Orientierungsbedarf hinsichtlich solcher Fragen kann man wohl ein latentes Grund- wie ein gerade gegenwärtig aktualisiertes Bedürfnis des Menschen sehen; gleichwohl ist die Philosophie in der Erwachsenenbildung aufgerufen, zu dieser Aktualisierung beizutragen durch Angebote, Information, Werbung, ja „Bildungsanimation". Das *Haus bzw. die Räumlichkeiten von Erwachsenenbildungsinstitutionen* können, wie schon *Theodor Ballauff* festgestellt hat,[73] in diesem Zusammenhang sehr wohl zu festen, geschätzten „Orten" philosophischer Bildung werden, die für Menschen eine *Bedeutung* gewinnen.

Die Philosophie muss jedoch schließlich und endlich grundsätzlich hierüber hinaus den Schritt auf den Marktplatz, d. h. in die Öffentlichkeit zurück vollziehen, mit dem sie seit Sokrates vertraut ist. Der Marktplatz kann locken: man interessiert sich für das, auf das man einen Vorgeschmack bekommen hat, neugierig gemacht worden ist – etwa auf Fragen und Antwortversuche nach richtigem Leben, Handeln, Erkennen, zu Kunst und Schönem, aber auch nach Tod und Weiterleben. Philosophische Bildung vermag zur persönlichen geistigen Bereicherung und so zur Lebensqualität beizutragen. Sie vermag, „Lust zu lebenslangem Lernen" zu vermitteln, was im Idealfall auf eine sozial offene „Lebensform von Gebildeten"[74] und auf „Kultur für alle" (*Hilmar Hoffmann*) hinausliefe. *Bildung ist eine gesellschaftliche Aufgabe.* Ihre Anregungen können Wege eröffnen zu besserem Weltverständnis ebenso wie zu Selbstentfaltung und Selbstausdruck durch offeneres Wahrnehmen, umfassenderes Verstehen und auch schöpferisches Selbsttun. Der Schritt auf den Marktplatz bedeutet einen Auszug aus dem Elfenbeinturm und eine Wendung hin zu einem Philosophieren für alle. Diese Leistungen lösen sich nur aufgrund gesellschaftlicher Vermittlung und vielfacher Anschlussfähigkeit in Bildungsprozessen „vor Ort" ein. Ihr

---

[72] Vgl. die umfassende Monographie von Arnold K. D. Lorenzen: *Philosophie in der Erwachsenenbildung*, Göttingen 1986.

[73] Theodor Ballauff: *Erwachsenenbildung*. Sinn und Grenzen, Heidelberg 1958, 117.

[74] Vgl. auch Joachim Kade: „Die Bildung der Gesellschaft – Aussichten beim Übergang in die Bildungsgesellschaft". In: *Sozialwissenschaftliche Literatur-Rundschau* 24 (1992), 67-79, 75.

Spektrum reicht von Männern zu Frauen,[75] vom bereits erwähnten „Philosophieren mit Kindern" aus den USA bis zu *Peter-Ulrich Philipsen*s Berliner Arbeitskreis „MoMo"[76] und *Gerhard Alt*s „Cave Philo", einem Diskussionszirkel der Erwachsenenbildung im Saarland.[77]

Neben der Philosophie an den bisher vorgestellten Lernorten und an den mehr oder weniger zeitweisen philosophischen Orten wie Kongresszentren, Tagungsräumen philosophischer Gesellschaften, Akademien der Erwachsenenbildung, Buchhandelsregalen und gelegentlich Fernsehmattscheiben etabliert sich ein Netz von Angeboten zu philosophischen Salons, Philosophieren im Café, Diskussionen und Seminaren; möglich ist ein Philosophieren in diesem Sinne einer grundsätzlich menschlichen Reflexion natürlich auch im Altersheim, auch mit Alzheimerpatienten bzw. ihren Angehörigen,[78] auch mit strafgefangenen Jugendlichen,[79] höchstens nicht, wie *Ekkehard Martens* zu bemerken pflegt, „pränatal" – und offen bleiben muss, ob „postmortal".

Gernot Böhme, akademischer Philosoph, zugleich aber auch Grenzgänger am Rande des universitär Üblichen, verweist darauf, dass die Tradition der Philosophie sehr wohl beinhaltet, was die Fachwissenschaft Philosophie[80] in der Moderne eher verweigert: Raum „zur Formulierung von Lebensfragen", für ein „Innehalten", für die „Arbeit an sich selbst" und die „Ausarbeitung einer Lebenskunst".[81] Als Autor einer solchen „Philosophie der Lebenskunst" hat *Wilhelm Schmid* unlängst bei Suhrkamp einen mit mehr als 25.000 verkauften Exemplaren bezifferten Erfolg erzielt. Seine Diagnose: Unsere Gegenwart hat einen möglichen *Lebensstil* durch „Lifestyle" ersetzt, durch eine oberflächliche Stilisierung, die keinerlei Mühe macht und in der Konsumgesellschaft käuflich ist.[82] Dem steht

---

[75] Vgl. z. B. das Büchlein: Barbara Brüning (Hrsg.): Frauen-*Weisheit. Schriftstellerinnen aus aller Welt über den Sinn des Lebens*, Leipzig 2005.

[76] Vgl. *http://www.momo-berlin.de*.

[77] Gerhard Alt: „Philosophiedidaktik zwischen Philotainment und Autodidaktik". In: *Zeitschrift für Didaktik der Philosophie und Ethik* 25 (2003), 363-368.

[78] Vgl. Daniel Bremer: „Philosophische Gespräche für Alzheimerpatienten und ihre Angehörigen. Ein Pilotprojekt". In: *Printernet.info – Die Zeitschrift für Pflegewissenschaft / angewandte Pflegeforschung* 9 (2004), 473-482 (wie der Name schon vermuten lässt, auch im Internet unter *www.printernet.info*).

[79] Vgl. z. B. *Information Philosophie* 34 (2006), Heft 1, 120 sowie Vanessa Albus (die sich natürlich in ihrem Bericht hierüber Bezüge auf die Gefängnisinsassen *Sokrates* und *Boethius* nicht entgehen lässt): „Philosophieren im Strafvollzug". In: *Zeitschrift für Didaktik der Philosophie und Ethik* 28 (2006), 64-72.

[80] K. R. Lohmann/Th. Schmidt (Hrsg.): *Akademische Philosophie zwischen Anspruch und Erwartung*, Frankfurt 1998; Thomas Macho: „Institutionen philosophischer Lehre und Forschung". In: E. Martens / H. Schnädelbach (Hrsg.): *Philosophie. Ein Grundkurs*, Reinbek 1985, 579-603.

[81] Vgl. das Interview in: *Information Philosophie* 5 (1999), 22 ff. sowie: *Weltweisheit, Lebensform, Wissenschaft. Eine Einführung in die Philosophie*, Frankfurt a. M. 1997.

[82] Wilhelm Schmid: *Philosophie der Lebenskunst*, 3. Aufl. Frankfurt a. M. 1999. Vgl. zur Philosophie der Lebenskunst in Bildungsprozessen auch den Parallelband in der vorliegenden Reihe: V. Steenblock (Hrsg.): *Praktische Philosophie / Ethik. Ein Studienbuch*. Münsteraner Philosophische Arbeitsbücher Bd. 2, Münster (LIT) 2001, 2. Aufl. 2006, 39 ff. sowie den Beitrag von Schmid in: V.

gegenüber das nachhaltigere Interesse an einer argumentativ-vernünftig ausweisbaren und wahrhaft lebensrelevanten philosophischen Reflexion.

Immer mehr Menschen suchen (wie recht süffisant bemerkt wird) in philosophischen Cafés das Gespräch, während angesichts der lebensfernen Theorielastigkeit der Lehre an den Universitäten immer mehr Studenten der akademischen Philosophie ihr Studium abbrechen. Es bilden sich Vereinigungen unterschiedlicher Ausrichtung und mit unterschiedlichen Zielen und Ansprüchen; „studierte" wie nichtstudierte Philosophen treffen sich zum „Philosophieren in der Kneipe". All dies beweist, dass die Philosophie über die Schulen und Universitäten hinaus mittlerweile zunehmend eine Angelegenheit von Jedermann und Jederfrau sein kann. In Münster betreibt etwa der Verein: „Argos – Institut für gesellschaftswissenschaftliche Studien, praktische Philosophie und Bildung" (*www.muenster.org/argos*) eine Vielzahl von Aktivitäten von der Kneipenphilosophie über Diskussionen zu Themen wie „Dürfen Tiere getötet werden?", „Was bedeutet Personsein?", „Was ist Kunst?" bis zu Forschungsberichten zur „Klonierung von Tieren" oder „Genetischen Diagnostik". Auch wenn Philosophie kein Therapieersatz in Lebenskrisen zu sein vermag: – wer seine Probleme philosophisch betrachtet, sieht sie in einem größeren Rahmen, gewinnt so eine andere Sicht und partizipiert von der Wirkung der Distanz, so dem Vernehmen nach jener Yuppie aus der Werbebranche, den auch sein immenses Gehalt nicht darüber hinwegtrösten kann, dass das Drehen der Spots letztlich doch „eine einzige Scheiße" sei.[83]

Freie Geister im Café. Philosophie für jedermann: Eine Rundreise durch die Klubs und Debattierzirkel der Republik. (Zitate aus einem „Zeit"-Beitrag von Christian Schüle)

An einem der letzten Sonntage des Jahres 2010, elf Uhr morgens, steigen neun Leute für je acht Euro in die Katakombe des Café Ringelnatz hinab, München-Schwabing, es schneit. Im Raum sind, mit reichlich Sinn für Schönheit und Stil, acht Teelichter und vier Kerzen arrangiert (…) Der Raum ist 20 Quadratmeter klein, und Halbkreis stehen zehn Eisenstühle mit gelbem Sitzpolster. Cappuccino, Tee, Lachsscheiben, Melonenschnitze, Käse und Croissants bringt man vom Brunch-Buffet oben mit, man sitzt, man isst, man pellt ein Ei. Fünf Frauen und vier Männer sind gekommen, zwischen geschätzt 30 und geschätzt 65, manche mit überschlagenen Beinen, manche zurückgelehnt, manche vorgebeugt, Jeans, Pullover, auffallend viele Trekkingschuhe. Dr. Giovanni Russo, Spiritus Rector, Organisator und Moderator der „Denkbar", hat, allen gegenübersitzend, bereits Platz genommen – auf dem Tischchen neben ihm eine schmale Vase mit verblühter Rose –, er legt die Armbanduhr ab, und nun geht es los. „Stört Sie zurzeit etwas?", fragt er mit weicher Stimme. „Haben Sie Probleme, die Ihnen auf den Nägeln brennen?" „Das Verhältnis von Kirche und Staat", sagt einer, der jedes Mal kommt; das Thema „Entfremdung" wünscht sich eine ältere Dame, die neu ist; Rituale, Illusionen, Ängste – auch darüber könnte man reden, gewiss. Schließlich einigt sich die Runde akklamatorisch auf die „Freiheit des Denkens". (…)

Die sonntägliche Morgeneinheit „Reflexion in der Denkbar" des Café Ringelnatz ist ein typisches Exerzitium außerakademischen Philosophierens, lebensprall und binsenweise, und nur ein einziges Mal fällt, wie eine winterliche Klischeeflocke, zwischen elf und ein Uhr der Name Sokrates. Neunmalkluge Werk-Exegesen sind so wenig zu vernehmen wie geworfene Heidegger-Interpretationen oder systemische Hegel-Exkurse. (…)

Formen und Formate außeruniversitären Philosophierens – und es ist in der Tat eher Philosophieren denn Philosophie – sind seit über zehn Jahren in vogue, in der Provinz wie in den Metropolen. (…)

Steenblock (Hrsg.): *Zeitdiagnose* (Kolleg Praktische Philosophie, Bd. 3), Stuttgart (Reclam) 2008, 240-271.

[83] Vgl. Kerstin Holzer: „Plato statt Prozac. Lebensberatung beim Philosophen: Therapie-Müde treibt die Sinnsuche zu den alten Denkern". In: *Focus* Nr. 41 (1999), 107-111.

Der Austreibung des Geistes durch den totalen Boulevard setzen im aufgeräumten „Vierscheibenhaus" des Westdeutschen Rundfunks in Köln seit dreieinhalb Jahren drei Menschen etwas scheinbar Quotenkillendes entgegen. *Das Philosophische Radio*, WDR 5, freitagabends 20 bis 21 Uhr, ist Philosophie mit und durch das Medium Hörfunk, ein physikalisches Philosophicum in Wellenform. Resonanz und Renommee sind derart groß, dass führende Köpfe wie Peter Bieri, Otfried Höffe, Dieter Birnbacher, Thomas Metzinger, Herbert Schnädelbach oder Axel Honneth anstandslos aus ihren Instituten ins Studio kommen (…). Der geladene Gast, Moderator Jürgen Wiebicke und die Hörerschaft entwickeln ihr Thema des Abends, meist aus dem Bereich der praktischen Ethik, interaktiv, diskursiv und bestenfalls dialektisch. Jeden Freitagabend genießen deutsche Gebührenzahler eine Stunde Reflexion in der Reizflut, eine Stunde Niveauversprechen, eine Stunde Zeit, Auszeit, Denkzeit, während sie über „Unendlichkeit", „Liebe", „Vernunft" oder „Gefühle" hörsprechen. Heureka live! Bis zu 100 000 Hörer pro Sendung, 66 000 Podcast-Abrufe pro Monat – *Das Philosophische Radio* lebt von den Bedürfnissen eines medial vernachlässigten Teils der Gesellschaft. Man will verstehen, man will sich und sein Menschsein verstehen. All diesen außerakademisch Philosophierenden geht es nicht um Theorievermittlung, sondern um Partizipation und „Wertschöpfung": um das teilnehmende Verhandeln von Werten und Normen ohne Frontaldidaktik, es geht ihnen um Ansprache und Angehörtwerden inmitten einer abgehetzten Erregungsgesellschaft (…) Es dauert keine zwei Sekunden, da schnellt die erste Hand nach oben, und der Diskurs beginnt. Die Stimmung ist espritvoll-witzig, manchmal flapsig, man klärt Begriffe, fragt nach, nimmt aufeinander Bezug, lässt einander ausreden.

Die Frage nach dem, was Philosophie in alltagsweltlichen Zusammenhängen denn wohl leisten könne, ist längst auch ein Medienthema: „Man will verstehen, man will sich und sein Menschsein verstehen".[84] Während „trockene" Altmeister wie der emeritierte Konstanzer Wissenschaftstheoretiker *Jürgen Mittelstraß* vor „modischer Effekthascherei" warnten, „stürze", so berichtet der „Spiegel", der noch 1993 die Alltagsabstinenz der Universitätsphilosophie beklagt hatte, eine „neue Generation" sich „in Debatten über Klonierung und Abtreibung, Arbeitslosigkeit und die Wirkung der Bildmedien". Freilich zwar können von Philosophen „Sinn-Rezepte" und „Seelenstärkung" im Sinne bereitzuhaltender Vorgaben nicht erwartet werden. Worin einer Glück und Sinn finden wird, kann niemand ihm in Anleitungsform formulieren. Individuelle Sinnstiftung kann nur Ergebnis eigener Bildungsbemühung und einer Arbeit an sich selbst sein, zu der die Philosophie eher als Zulieferer und im Sinne einer methodischen Haltung auftreten kann. Zur Orientierung mehr denn je gefragt und gefordert, kann die Philosophie jedoch Wege zu den Überlegungen der „großen Denker" und Möglichkeiten zum Selbstdenken eröffnen, die vor allem in methodischen Hilfen liegen dürften, jene Vorstellungen über sich und die Welt, mit denen jede(r) von uns durch das Leben geht, bewusst zu machen und sie zu prüfen.

---

[84] Vgl. auch: Johannes Salzwedel: „Wiederkehr der Kinderfragen. Nach langen Jahren der Abstinenz trauen die Philosophen sich wieder an große, schlichte Themen: Wozu sind Menschen da? Was ist Glück? Mit Reflexionen über Lebenskunst sprengen jüngere Denker den Elfenbeinturm und machen Seelsorgern Konkurrenz". In: *Der Spiegel* Nr. 8 (2000), 296-302. – Vgl. auch: „Freie Geister im Cafe (…). In: *Die Zeit* Nr. 4 (2011), Zitat 40 f., hieraus auch die Zitate aus dem Infokasten. – Bemerkenswert sind Neugründungen Philosophischer Zeitschriften, die – und dies bedeutet eine *Botschaft*, was den anvisierten Interessentenkreis betrifft: – am Kiosk erhältlich sind; neben dem bewährten „Blauen Reiter" nun auch „Hohe Luft" und das „Philosophie-Magazin", Nr. 1 (2012).

3.10 „Kein Warten auf den Tod" – *Philosophieren im Alter*

„Ich sitze hier nicht, um auf den Tod zu warten", erklärt die rüstige Seniorin im Hörsaal der Universität Münster. Gleich wird die (theologische) Vorlesung beginnen und wie immer in diesem Semester werden ältere Menschen fast ein Drittel der Zuhörer stellen und sich neben die Studierenden in die engen Bänke zwängen. Eigenen Angaben zufolge sind die jüngsten Nutzer und Nutzerinnen des „Studiums im Alter" Mitte dreißig, die ältesten über achtzig Jahre alt.[85] Zusätzlich zu einer Auswahl von Veranstaltungen, die von den Dozenten für das „Studium im Alter" „geöffnet" werden – selbstverständlich auch solche der Philosophie –, gibt es besondere, nur für dieses Studium eingerichtete Lehrveranstaltungen; ein eigenes Vorlesungsverzeichnis listet sie inclusive der Veranstaltungskommentare auf. Es erfolgt eine Einschreibung; das Studium ist gemäßigt kostenpflichtig. Auch an anderen Universitäten gibt es entsprechende Aktivitäten.

Immer mehr Menschen erreichen ein hohes Lebensalter, die Lebensphase des Alters „dehnt" sich gleichsam aus. Dies stellt den Einzelnen wie die Gesellschaft nicht nur hinsichtlich der gesellschaftlich vieldiskutiert erforderlichen Lebens-, Wohn- und Pflegeformen, sondern auch in Sinnorientierung und Lebenskunst vor neue Herausforderungen. Eine pädagogische Theoriebildung untersucht Milieus und Lebensstile im Alter, biographische wie Lebensphasenbezüge, mit dem Altern eintretende Haltungen der Orientierung wie Desillusionierung usw.[86] Themen der Befristung der Lebenszeit, des Umgangs mit Schmerz und körperlichen Einschränkungen gewinnen eine neue Bedeutung – trotz der oft beschworenen „neuen Fitness" vieler Menschen, trotz „Reisen als Volkssport" und längerer Teilhabe am aktiven Leben. Die angesprochene Frage nach dem Tod, die sich im Grundsatz, notabene, in *jedem* Lebensalter und auf ganzer kultureller Breite stellt,[87] gestaltet sich naheliegenderweise im Alter dringlicher und nachhaltiger. Manche Menschen, wo sie diese Thematik nicht einfach auch verdrängen, suchen sich – je nach Gusto und Reflexionsstand – durch kulturelle Interessen, soziales Engagement oder die Planung der eigenen Beerdigung gleichsam zu immortalisieren oder sie suchen den Trost religiöser Jenseitsversprechen. Der Umgang mit dieser Frage ist eine Aufgabe bewusster Reflexion und des eigenen Nachdenkens. Auch biographische Zeugnissen alt gewordener Philosophen und überhaupt Lektüre, eine Nutzung der hinzugewonnenen Zeitressourcen für Bildung und intellektuelle Chancen, wie sie eben das „Seniorenstudium" bereithält, schließlich die Frage nach einer gelingenden Lebensführung im Alter stellen sich als neue Aufgaben. In unserer Didaktik finden sich eher noch selten Reflexionen auf das

---

[85] Kontaktstelle: Studium im Alter der Westfälischen Wilhelms-Universität, Bispinghof 9-10, 48143 Münster; vgl. auch: Lebenslanges Lernen e. V., Universitätsstraße 2, 45141 Essen.

[86] Sylvia Kade: *Altern und Bildung*, Bielefeld 2009.

[87] „Was tun, wenn die Zeit knapp wird? Jetzt sofort eine Weltreise oder lieber den Schrank aufräumen? Todkranke und ihre Kunst zu leben". In: *Chrismon. Das evangelische Magazin* 2008, 12-21. – Verena Begemann: „Von der Hospizarbeit im Philosophie- und Ethikunterricht lernen". In: *Zeitschrift für Didaktik der Philosophie und Ethik* 32 (2010), 279-285.

Alter, das in der Pastoraltheologie durchaus bereits zum Thema wird.[88] Dabei stellt sich der konstitutive Zusammenhang aller Ebenen der Bildung (vgl. Abschnitt 2.6) *gerade von der Lebensphase des Alters her hinsichtlich der Reflexivität auf den gesamten Lebenslauf exemplarisch dar.* Eine Ausnahme bildet ein Kapitel des Bandes „Gut leben" aus der bsv-Oldenbourg-Reihe „Philosophieren können", der von Ciceros „De senectute" über Schopenhauers grimmige Anmerkungen in den „Aphorismen zur Lebensweisheit" bis zu *Norberto Bobbio* einschlägige Texte versammelt.[89] Die Philosophiedidaktik ist gehalten, sich dieser Thematik verstärkt anzunehmen. –

Wir haben in diesem Kapitel verschiedene Gegenden unserer gegenwärtigen Bildungslandschaft vom „primären" bis zum „quartären" Sektor, also von der Grundschule und Sekundarstufe I bis zur Erwachsenenbildung und zum Studium im Alter, als Lernorte der Philosophie Revue passieren lassen. Insgesamt zeigt sich, dass die behandelten Orte des Philosophierens in konkreten Kontexten im Prozess der Kultur enger miteinander zusammenhängen, als ihre üblicherweise separaten Sichtweisen vermuten lassen.[90] Nicht nur hinsichtlich des Spektrums möglicher Berufe für Philosophieabsolventen[91] verdient diese Feststellung Interesse. Deutlich mag geworden sein, worin das Verbindende der Orte des Philosophierens besteht. Dies gilt für solche, die nach *Wilhelm Weischedel* die Vordertreppe zur Philosophie benutzen, wie für diejenigen, die es über die Hintertreppe versuchen. Natürlich ist nicht alles Philosophieren gleich. Aber immer handelt es sich um ein kulturell grundlegendes und wichtiges Bemühen endlicher Menschen, die sich in einer schwierigen und komplexen Welt ihre Verhältnisse zurechtzulegen suchen. In *allen* hierbei denkbaren und gemäß der zurückliegend versuchten kleinen Zusammenstellung auffindbaren Lehr- und Lernprozessen *orientieren* Menschen sich in jeweiligen Kontexten in gedanklichem Engagement und Bemühen; in *jedem dieser Fälle* handelt es sich um Versuche gemeinsamer theoretischer und praktischer „Arbeit am Logos". Niemand, kein Elfenbeinturmbewohner und kein Marktplatzinteressent, greift aus der historischen Immanenz heraus und fasst eine Ewigkeit an, in der alle Didaktik aufgehoben wäre.

---

[88] Vgl. z. B. Martina Blasberg-Kuhnke u. a. (Hrsg.): *Altern in Freiheit und Würde. Handbuch christliche Altenarbeit,* München 2007.

[89] Ekkehard Martens: *Gut leben,* München 2001, 85 ff.; ders., *Lob des Alters, Mannheim* 2011. – Norberto Bobbio: *Vom Alter,* Berlin 1996.

[90] Vgl. V. Steenblock: „,Wer jung ist, soll nicht zögern zu philosophieren, und wer alt ist, soll nicht müde werden im Philosophieren' (Epikur) – Philosophische Bildung in der menschlichen Lebenswelt und im Prozess der Kultur". In: V. Steenblock u.a. (Hrsg.): *Philosophische Denkrichtungen* (FS Rohbeck), Hannover 2007, 179-191; als: „Philosophische Bildung im Prozess der Kultur" auch in: V. St. *Philosophie und Lebenswelt,* Hannover (Siebert) 2012, 75-96.

[91] Vgl. Helge Klausener (Hrsg.): *Berufe für Philosophen,* Darmstadt 2004 („Anleitung für ein zukunftsorientiertes Studier- und Arbeitsverhalten" [S. 8] mit Beispiel-Werdegängen von „allgemein" [„gerade Philosophen besetzen eine erstaunliche Anzahl von Berufsfeldern"] bis „konkret" [Bildungsbereich, Presse, Non-Profit-Management etc.]).

4. *Philosophieren „können"* – Methoden und Paradigmata des Philosophierens und des Philosophieunterrichts

Es ist darauf hingewiesen worden, dass Philosophie als Selbstsorge und Bildung von Anfang an etwas impliziert, das seit dem Ende des 18. Jahrhunderts Pädagogik genannt wird.[1] Umgekehrt ist alle Pädagogik als *Bildung* in ihrem Kern Philosophie.

Philosophische Bildung stellt unter Gegenwartsbedingungen eine Aufgabe von stetig steigender Bedeutung dar. Sie ist nicht möglich ohne das Wirksamwerden eines konkreten Instrumentariums didaktisch-methodischer Schritte und Verfahren. Nach dieser methodischen Seite hin lässt das Philosophieren sich im Folgenden auffassen als die Ingangsetzung und Begleitung von „Erkenntnisarbeit", ja, wenn der Begriff erlaubt ist, von „Orientierungsarbeit", wie sie mittels eines lehr- und lernbaren Potentials argumentativer und anderer Techniken unter den institutionellen Rahmenbedingungen der verschiedensten philosophischen Orte von der Schule über die Erwachsenenbildung bis zur Universität erfolgt. Dabei sind die Methoden des Philosophierens überhaupt und die Text- und Problemerschließungsmethoden des Philosophieunterrichts verwandt (sonst würde an außeruniversitären Lernorten nicht philosophiert), aber natürlich nicht identisch.

Zur Entwicklung philosophischer Reflexionsfähigkeit im Unterricht sind handwerklich einzuübende, lehr- und lernbare Kompetenzen erforderlich, wie sie die Philosophiedidaktik zu entwickeln sich bemüht. Für diejenigen, die als kompetente Organisatoren solcher Lernprozesse auftreten sollen, heißt dies: Aus „Stoff" ist ein *Thema* zu machen, geeignete Lernmaterialien müssen gefunden werden, eine sinnvolle Abfolge von Lernschritten ist zu entwickeln, Sozial- und Arbeitsformen sind zu überlegen, Inszenierungstechniken auf ihre Angemessenheit zu befragen, ein Einstieg und Formen der Ergebnissicherung sind festlegen, vielleicht gar Formen wie Stationen lernen oder Projektarbeit zu verabreden.

Gegenüber aller Methodizität könnten Einwände erhoben werden: Natürlich sichert eine Einhaltung dieser und anderer Kriterien auf bewusstem Niveau nicht eo ipso philosophische Bildung. Und sicherlich sollten wir nicht so tun, als könnten wir Probleme lebensweltlicher Orientierung und unserer Selbst- und Weltdeutung nach Art einer Mathematikaufgabe lösen bzw. auch noch solche Lösungswege vermitteln. Zweifellos wichtig ist schließlich ebenfalls die Warnung vor allem überzogenen Methodenglauben: Eine der besten Methoden ist es, in Abwendung von allem Methodenmonismus und Methodenmanierismus die Grenzen einer jeder einzelnen zu berücksichtigen, ihre Vorteile insgesamt aber adäquat zu nutzen. Man kann sogar sagen: die richtige Mischung macht's. Eine didaktisch sinnvolle Methodizität bedeutet: jeweils angemessene und hilfreiche Schritte tun zu können, nicht aber: ein Ritual zu vollführen.

Der vorliegende Abschnitt sichtet die Möglichkeiten und Ansätze, den Bildungsauftrag der Philosophie zu operationalisieren und in konkretes Vorgehen umzusetzen. Ich unternehme nicht den Versuch, die folgend aufgezählten Hinsichten nach verschiedenen Ebenen zu sortieren (etwa nach Unterrichtsorganisationsformen und -methodiken, Informationszugängen, philosophischen Denkmethoden usw.) oder sonst weiter zu

---

[1] Vgl. Anton Hügli: *Philosophie und Pädagogik*, Darmstadt 1999.

metatheoretisieren.[2] Es geht auch nicht um eine lehrbuchähnliche Einführung in diese Methoden. Meine Absicht besteht vielmehr in einer offenen und sicherlich ergänzungsbedürftigen Sammlung von unterrichtspraktisch Vorhandenem. Die folgende Aufzählung versteht sich als eine Art „Scharnier" zwischen dem Interesse an methodischer Orientierung und dem, was es bereits in der Philosophiedidaktik und in der Pädagogik auf dem Methodensektor an Ansätzen gibt; hinter jedem der nur kurz skizzierten Stichworte aus der folgenden kleinen Liste einschlägiger Unterrichtsmethoden steht nämlich eine in vielen Fällen durchaus bereits recht umfangreiche philosophische, philosophie- und allgemeindidaktische Diskussion, Ausarbeitung und Begründung, auf die die Literaturangaben verweisen. Das Ziel meiner Zusammenstellung wäre erreicht, wenn Unterrichtende und solche, die es noch werden wollen, sich über das eine oder andere noch nicht Bekannte informieren oder auf Bewährtes neu zurückgreifen mögen und hierfür die Literaturverweise nutzen. Eine den Lehrenden wie den Lernenden in Bildungsprozessen interaktiv präsente, gemeinsam zugängliche und nutzbare Methodenkompetenz, ein wirkliches Verfügen über Methodenvielfalt stellt eine entscheidende Voraussetzung dafür da, das Ziel unseres Faches zu realisieren: eine Haltung des sich interessierenden wie kritischen Fragens, eine Ausweitung der bewussten Wahrnehmung und die Fähigkeit zur philosophischen Reflexion systematisch zu entwickeln.

4.1 Pädagogische Theorien und ihre Relevanz für die Philosophische Bildung

Wie funktioniert das menschliche Lernen – in Sonderheit die Erzeugung eines („philosophischen") Reflexionsniveaus? Von welchen Bedingungen hängt dies ab? Zur Beantwortung dieser Frage muss man zunächst etwas über die Gesellschaft wissen,[3] z. B.

---

[2] Verschiedene (Mikro-/Meso-/Makro-)Ebenen methodischen Handelns als „Formen und Verfahren der Weltaneignung" sortiert z. B. Hilbert Meyer: *Unterrichtsmethoden* Bd. 1, a.a.O., 109 ff. – Vorgeschlagen ist andernorts eine Unterscheidung in „Elementare Lern- und Arbeitstechniken" (wie etwa Lesetechniken, Texte analysieren und verstehen, Protokollieren, Heftführung/Schülerarbeitsheft, Arbeitsplanung), in „Elementare Gesprächs- und Kooperationstechniken" (Kurzvortrag / freies Reden, Präsentationsmethoden / Visualisierungen, Diskussion / Streitgespräch, Debatte) und in „Makromethoden" (Gruppenarbeit, Projektmethode, Literaturrecherche, Expertenbefragung, Schülerreferat, Facharbeit). Vgl. E. Verweyen-Hackmann / B. Weber: „Aufbau der Methodenkompetenz bei den Lernenden im Religionsunterricht". In: Dies. (Hrsg.): *Methodenkompetenz im Religionsunterricht*, Kevelaer 1999, 205-222. – Eine Auflistung und Abhandlung der „Grundmethoden" Argumentieren, Gedankenexperimente, Textinterpretation, Kreatives Schreiben usw. findet sich auch bei Barbara Brüning: *Philosophieren in der Sekundarstufe. Methoden und Medien*, Weinheim 2003.

[3] Unsere Schulen bilden gemäß einschlägiger soziologischer These nicht einen Bereich „außerhalb" der Gesellschaft, sondern neben Politik, Wirtschaft und Wissenschaft einen ihrer Zentralsektoren. Schon die allgemeine Schulpflicht macht deutlich, dass die Schule auf ganzer Breite sozialer Erfassung Menschen prägt wie sonst in der modernen Gesellschaft nur noch wenige andere Bereiche: natürlich kommt jeder auch als Wähler, als Ehepartner oder als mögliche Prozesspartei

über die Wohnorte rund um die Schulen, über Einkommen und kulturelle Vorbedingungen, über Geschlechterordnungen und soziale Zugehörigkeiten. Welche Rolle spielen z. B. unterschiedliche Migrationshintergründe bei der Definition so lebensweltlich grundlegender Konzeptionen wie der Vorstellungen von Glück oder Familie?[4] Hierüber forscht die *Soziologie* (vgl. auch Abschnitte 2.1 und 2.3).

Man müsste aber auch einiges aus der *Psychologie* wissen. Hierauf nimmt eine Debatte mit einschlägigen Beiträgen Bezug, etwa wenn *Manfred Spitzer*s und *Gerhard Roth*s Hirnforschungen der „alten Dame" Bildung wissenschaftliche Hilfe anbieten.[5] Lernen erscheint als eine „unvermeidbare" Leistung unseres Gehirns, die jedoch bedauerlicherweise durch Fehlorganisationen auf den verschiedensten Ebenen auch recht erfolgreich korrumpiert werden kann. Von hierher eröffnet sich ein aspektreiches Spektrum von Empfehlungen und Reflexionen, bei dem freilich das Gehirn als „Organ der Zukunft" auch mit einem „empirischen Pathos" von Offenbarungscharakter (Käte Meyer-Drawe) thematisiert wird. Ähnlich steht es seit mehr als zwei Jahrzehnten mit der Moralpsychologie (Kohlberg und die Folgen), die vielleicht weniger eine finale Lösung, sehr wohl jedoch wichtige und einzurechnende Kontexte moralischen Urteilens aufarbeitet: Das so wichtige Bildungsthema der Normen, Wertvorstellungen und Wertorientierungen angesichts der durch ein zunehmendes „Potential an Vielfalt" gekennzeichneten heutigen Lebenssituationen, angesichts auch von „Wertepluralismus" und Vielzahl der Wertorientierungen, wird in Sonderheit oft in Anschluss an entwicklungstheoretische Ansätze behandelt.[6]

Vor allem aber sind für unsere Frage nach den Gelingensbedingungen Philosophischer Bildung selbstverständlich *Pädagogik* und *Allgemeine Didaktik* einschlägig.

„Allgemeine Didaktik", so sei, wie er erzählt, dem Didaktiker *Meinert Meyer* von fachdidaktischer Seite einmal bedeutet worden, erscheine wie „Stricken ohne Wolle". Er könne dem zustimmen, habe Meyer darauf geantwortet, aber nur, wenn die Fachdidaktik im Gegenzug akzeptiere, dass Fachdidaktik Stricken für jemanden sei, dessen Maße man nicht kenne. Und eben diese Maße müssten denn doch in empirischer wie theoretisch ausgewiesener Weise festgestellt werden, um Anweisungen für das Stricken zu haben bzw. zu geben.

---

vor Gericht in Betracht. Die Schule erweist sich als ein Zentralbereich gesellschaftlicher Kommunikation, nicht als etwas, das „der Gesellschaft" gegenüber stünde.

[4]   Vgl. Markus Bartsch: „Zum Verhältnis von Integration und Bildung am Beispiel des Faches Praktische Philosophie in Nordrhein-Westfalen". In: E. Martens / Chr. Gefert / V. Steenblock (Hrsg.): *Philosophie und Bildung. Beiträge zur Philosophiedidaktik* (Philosophie und Bildung, Band 1), Münster (LIT) 2005, 205-218. Gabriele Münnix: „Philosophie, Didaktik und Interkulturalität", im selben Band, 99-124.

[5]   Vgl. Heinz Schirp: „Wie lernt unser Gehirn Wertorientierungen? Neurologische Befunde und schulpraktische Ansätze". In: Landesinstitut für Schule NRW (Hrsg.): *Erziehungskultur und soziales Lernen*, Soest 2004, S. 8-22; M. Spitzer: *Lernen. Gehirnforschung und Schule des Lebens*, Heidelberg-Berlin 2002. G. Roth: *Bildung braucht Persönlichkeit*, Stuttgart 2011.

[6]   Vgl.: Bardo Herzig: *Förderung ethischer Urteils- und Orientierungsfähigkeit. Grundlagen und schulische Anwendungen*, Münster 1998; vgl. weiter: Georg Lind: *Moral ist lehrbar. Handbuch zur Theorie und Praxis moralischer und demokratischer Bildung*, München 2003.

Jede Theorie des Lehrens und Lernens muss die Lehrenden und Lernenden ebenso wie die Unterrichtsinhalte berücksichtigen. „Didaktik" kann man dabei mit Meyer als die Lehre davon definieren, wie Lernende in Bildungsprozessen selbst einschlägig relevante Erfahrungen machen können. Lehrende müssen Lernende dabei kompetent unterstützen, aber sie können ihnen die Verantwortung für ihr eigenes Lernen nicht abnehmen. Vielmehr müssen Lernende im Unterrichtsprozess ihre eigene Bedeutungswelt aufbauen. Eine Bildungsgangdidaktik zeigt in Sonderheit, wie wir alle uns in Lernprozessen in unserer Menschlichkeit und Individualität ausprägen – ein Prozess, der sich keineswegs auf die Schule beschränkt.[7]

Gegenstand der Didaktik ist jenes „Megasystem des Lernens", in dem sich Kinder, Schüler, Studenten und Auszubildende, Lehrer und Hochschullehrer zu einem Millionenheer von Teilnehmern am Bildungswesen in Deutschland addieren. Dessen Funktion wird begleitet von den beständigen Debatten um das Bildungssystem der Bundesrepublik oder anderer Länder, hierbei wiederum vor allem über die Schulen angesichts gesellschaftlicher Veränderungen mit Folgen wie angeblich oder tatsächlich zunehmender Gewalt, Unterrichtsstörungen,[8] Veränderungen des Schülerverhaltens in der Mediengesellschaft, die mögliche oder unmögliche Rolle der Lehrer als „Ausputzer der Gesellschaft", Problemen der Gesamtschule, Abschaffung des 13. Schuljahres, Beherrschungsgrad der Muttersprache in Wort und Schrift, Ergebnissen von Effizienzprüfungen und Bildungsstudien usw.

All dies sucht eine allgemeinpädagogische Theoriebildung zu verarbeiten und zu steuern. *Prominent gewordene Didaktiken identifizieren grundlegende Elemente eines jeden Unterrichtens und halten sie in jeweiligen, jedem Referendar seither nur allzu gut bekannten Groß-Schemata fest; zugleich betonen sie die wichtigen Prinzipien einer positiven und zuwendungsvollen Schülerorientierung, der gemeinsamen interaktiven Unterrichtsplanung und der Multidimensionalität eines Unterrichts, der ebenso fachliche wie soziale und emotionale Erfahrungen umfassen soll.* Generationen von Lehrerinnen und Lehrern sind mit den beiden deutschen Hauptdidaktikern des 20. Jahrhunderts in den Unterricht gegangen: *Wolfgang Schulz* (1929-1992), kein Theoretiker, dem es an Einsicht oder Einfluss hinsichtlich der Schule gemangelt hätte, hat seit den frühen Arbeiten der „Berliner Schule"[9] die Unterrichtsplanung mit Grundmodellen bestimmt, die antraten, „so viel wie möglich ,herauszuholen' an allseitiger Entfaltung, für ein Leben mit der Natur, die Fähigkeit, die Bedingungen des Lebens in gesellschaftlicher Arbeit zu produzieren, mit anderen und ohne überflüssige, unkontrollierte Herrschaft zu leben, an kultureller Sinngebung teilzuhaben, an dem dafür notwendigen Durchblick zu arbeiten und diese

---

[7] Vgl. Meinert A. Meyer: *Didaktik für das Gymnasium. Grundlagen und Perspektiven*, Berlin 2000, 16 ff.; Jürgen Oelkers: *Gesamtschule in Deutschland*, Weinheim 2006.

[8] Rainer Winkel: *Der gestörte Unterricht*, 7. Aufl. Hohengehren 2005.

[9] Vgl. Paul Heimann / Gunter Otto / Wolfgang Schulz: *Unterricht. Analyse und Planung*, Hannover 1969; Wolfgang Schulz: „Ein Hamburger Modell zur Unterrichtsplanung". In: B. Adl-Amini / R. Künzli (Hrsg.): *Didaktische Modelle und Unterrichtsplanung*, München 1980, 49-87; ders.: *Unterrichtsplanung*, 3. Aufl. München 1981; ders.: „Die lehrtheoretische Didaktik". In: H. Gudjons / R. Teske / R. Winkel (Hrsg.): *Didaktische Theorien*, Braunschweig 1981. – Ewald Terhart, *Didaktik. Eine Einführung*, Stuttgart (Reclam) 2009.

Reflexivität für alle Mitbürgerinnen und Mitbürger einzuklagen".[10] Seit *Wolfgang Klafki* (geb. 1927) in seinem erstmals 1959 in der „Zeitschrift für Pädagogik" erschienen Aufsatz über „Kategoriale Bildung" den Gegensatz zwischen „materialen" und „formalen" Bildungstheorien auf den Begriff brachte, welch erstere an den Inhalten (die in der Moderne vor allem aus den Wissenschaften kommen), letztere am Subjekt orientiert sind, hat bereits ein weiteres Modell für Bildungsprozesse bestanden, das in seinen Transformationen über die Jahrzehnte für eine in meinen Augen plausible Vermittlung nicht nur der erwähnten, sondern auch weiterer, einen adäquaten Bildungsbegriff ausmachender Elemente stand.[11] Auch *Hilbert Meyer*, Bruder des bereits genannten Meinert Meyer, beherrscht seit Jahrzehnten mit ebenso einfühlsam und liebevoll gemachten wie reputierten und auflagenstarken Grundwerken die unterrichtspraktische Diskussion.

Ein Blick in die nähere pädagogische Diskussion zeigt, dass in den Paradigmata des Lernens an den Bildungsorten sich gewisse Grundtendenzen benennen lassen. In der Lehrerausbildung gelten seit nun bald zwei Jahrzehnten die Varianten des Ideals eines „entdeckenden" und „erforschenden" Lernens etwa im Anschluss an *Hans Aebli*. Im vielzitierten „Wandel der Lernkultur" werden Lehrer/innen dabei weniger als Vermittler und „Beibringer", denn als Lernarrangeure, -berater und -begleiter gesehen.[12] An die Stelle einer „Belehrungsdidaktik" tritt eine „Ermöglichungsdidaktik"; der Lehrer erzeugt nicht mehr das Unterrichtswissen, um es sozusagen in die Köpfe der Lernenden zu verfrachten, sondern er „ermöglicht" selbständige Bildungsprozesse. In den Vordergrund tritt, wie der Hannoveraner Pädagoge *Horst Siebert* formuliert, die Gestaltung, ja Inszenierung eines anregenden Lernumfeldes (räumliche Gestaltung der Lernorte), „Lernsettings" und einer adäquaten „Lernkultur" (Atmosphäre, Umgangsformen, Kommunikationsstil in der Gruppe) auf Kosten frontaler Lehre. Unterricht wird als Unterstützung selbstgesteuerten Lernens und der Selbstorganisation einer Lerngruppe verstanden, der der Lehrende bei Bedarf als Berater zur Verfügung steht. Gegenüber einer linearen Wissensvermittlung nach dem Sender-Empfänger-Modell tritt die Devise in den Vordergrund:

> „Lernen können nur die Teilnehmer und Teilnehmerinnen selbst. Die Verantwortung liegt bei ihnen. Allerdings kann ich günstige Voraussetzungen dafür schaffen und dies fortlaufend überprüfen. Dafür sehe ich mich professionell verantwortlich. Ich erwarte von den Teilnehmern,

---

[10] Wolfgang Schulz: „Die Perspektive heißt Bildung". In: *Bildung*. Friedrich-Jahresheft, Seelze 1988, 6-11, 10 f.

[11] Wolfgang Klafki: *Studien zur Bildungstheorie und Didaktik*, Weinheim 1963, 10. Aufl. 1975; Ders.: „Die bildungstheoretische Didaktik". In: H. Gudjons / R. Teske / R. Winkel (Hrsg.): *Didaktische Theorien*, a.a.O., 10-26; ders.: *Neue Studien zur Bildungstheorie und Didaktik. Zeitgemäße Allgemeinbildung und kritisch-konstruktive Didaktik*, Weinheim/Basel 1985, 2. erw. Aufl. 1991. – Das Werk, durch dessen Münsteraner Autor ich in meinem Lehramtsstudium Ende der 1970er Jahre die einschlägigen Theorien kennen gelernt habe, ist Herwig Blankertz: *Theorien und Modelle der Didaktik*, 10. Aufl. München 1977. Etwas neuer: Werner Jank / Hilbert Meyer: *Didaktische Modelle*, 5. Aufl. Berlin 2002; noch neuer: Gerhard Tulodziecki / Bardo Herzig / Sigrid Blömeke: *Gestaltung von Unterricht. Eine Einführung in die Didaktik*, Bad Heilbrunn 2004.

[12] Vgl. z. B.: Landesinstitut für Schule und Weiterbildung NRW: *Über die Nutzlosigkeit von Belehrungen und Bekehrungen*, Soest 1996.

dass sie selbst ein Interesse an der Optimierung der Arbeitsbedingungen haben und mir signalisieren, wenn sie meinen, anders besser lernen zu können oder etwas Anderes lernen zu wollen". [13]

Die Denkschrift *Wolfgang Klafkis* und der Kommission „Zukunft der Bildung – Schule der Zukunft" stellte im Jahre 1995 die „Bereitschaft und Fähigkeit zu lebenslangem Lernen", also die Erweckung von Kompetenz statt primärer Wissensvermittlung, ohne die es natürlich nicht geht, als zentrales Ziel der Schule und aller Bildung heraus.[14] Ohne an dieser Stelle auf einzelne Formen der Didaktik eingehen zu können, lässt sich doch festhalten:[15] Teilnehmerorientierung und -partizipation prägen, bei allen Unterschieden, die didaktische Theorie von Schule über Universität bis Erwachsenenbildung im Ganzen sehr.

Seit einiger Zeit erscheint zugleich der Schwerpunkt pädagogischer Reflexion auf das Feld einer neuen Intensität von Methoden- und Sozialforminszenierung verlagert. In allen Bildungsbereichen reüssieren ältere wie neuere entsprechende Programme vom Konzept einer Gleichrangigkeit von Gruppe, Individuum und Thema in der „themenzentrierten Interaktion" (TZI)[16] bis zum Technizismus des „neurolinguistischen Programmierens" (NLP)[17] und zur „Moderationsmethode" mit ihren „Blitzlichtern" und „Stimmungsbarometern", die ihr pädagogisches Heil von immer wieder neu inszenierten Gruppenprozessen erwartet. Unentbehrliches Requisit ist hier der *Moderatorenkoffer* (Maße: 95 x 60 x 40 cm) mit seinen vielen Kärtchen – auch einmal in Wolkenform – und den dicken Zeichenstiften.

Ein Beispiel zur Moderationsmethode: Bei dem so genannten „Schneeball-Verfahren" schreiben Teilnehmer zu einem Sachverhalt oder einer Fragestellung fünf wichtige Punkte auf einen weißen Bogen. In Partnerarbeit sollen sie sich dann auf sechs von den (insgesamt ja zehn) Punkten beider einigen und als gemeinsame Liste auf einem gelben Bogen notieren. Als nächstes müssen zwei Paare auf einem weiteren Bogen ihre Einigung auf beispielsweise wiederum sechs Punkte festhalten. Die übrig bleibenden Vorschläge und Wünsche werden ausgehängt und dabei zu Themenkomplexen zusammengefasst. Der Gesamtgruppe wird damit ein sozusagen kondensierter und verdichteter Arbeitsvorschlag präsentiert.

---

[13] Horst Siebert: *Pädagogischer Konstruktivismus*, Neuwied 1999, 140 ff. Vgl. ders.: *Didaktisches Handeln in der Erwachsenenbildung. Didaktik aus konstruktivistischer Sicht*, 2. Aufl. Neuwied 1997.

[14] Vgl. die Einschätzungen in: Bildungskommission NRW: *Zukunft der Bildung, Schule der Zukunft*, Neuwied 1995.

[15] Vgl. Meinert A. Meyer: „Immanuel Kant und die Pädagogik in einer veränderten Gegenwart". In: W. Greber / V. Steenblock / K. Tesching (Hrsg.): *Schulische Bildung in einer veränderten Gegenwart. Immanuel-Kant-Gymnasium Münster-Hiltrup* 1999, 64-67. Vgl. auch ders.: „Die ‚lernende Schule' als Antwort auf kulturellen Wandel". In: M. A. Meyer / J. Keuffer (Hrsg.): *Didaktik und kultureller Wandel. Aktuelle Problemlagen und Veränderungsperspektiven*, Weinheim 1997, S. 33-66.

[16] Vgl. hierzu Ruth Cohn: *Von der Psychoanalyse zur themenzentrierten Interaktion*, 13. Aufl. Stuttgart 1997.

[17] So etwa Vera Birkenbihl u. a.: *Einstieg in das Neuro-Linguistische Programmieren*, 6. Aufl. Bremen 1993.

Von der Moderatorentätigkeit werden Fähigkeiten und Fertigkeiten erwartet wie zum Beispiel das kommunikationspsychologische Grundwissen, Teilnehmer-Botschaften mit den schon fast sprichwörtlich gewordenen „vier Ohren" hören zu können (Sach-Ohr, Selbstoffenbarungsohr, Beziehungsohr, Appell-Ohr),[18] sich auf Störungen und Widerstände produktiv einstellen zu können (Konfliktmanagement), über ein Gesprächs- und Kommunikationstraining (Paraphrasieren, Spiegeln, Vermeiden von Blockaden) zu verfügen, ein Wissen zu haben über Phasen der Gruppenentwicklung (z. B. nach der Formel: „Forming, Storming, Norming, Performing, Transforming"), das Geben und Empfangen von „Feedback" organisieren zu können, Evaluationstechniken zu entwickeln usw.

Unter den Vertretern von Moden und Methoden der Didaktik tritt mit großem Erfolg (und einiger Kritik) auch *Heinz Klippert* auf.

Lehrer/innen stehen, so Klippert, im Normalfall vor der Klasse und halten Vorträge oder betreiben ein gelenktes, fragend-entwickelndes Unterrichtsgespräch. Dabei müssen sie nicht selten ihr Auditorium zu bändigen suchen, das ihnen aus Desinteresse und Langeweile aus dem Ruder zu laufen droht. Wenn der Lehrer nun „mehr" tut, drängt er seine Lerngruppe immer mehr in eine Rolle der Passivität, Unselbstständigkeit oder gar Denkfaulheit: Die Unterrichtenden „tun zu viel" und die Lernenden zu wenig. Oft genug sei dabei prägendes Unterrichtsprinzip, dass die Schüler/innen sozusagen erahnen sollten, was die Lehrperson hören wolle. Ergebnis seien dann ein „ausgepowerter" und enttäuschter Lehrer und eine demotivierte Schülerschar, die bereits nach kurzer Zeit mit der Wiedergabe des auf diese Weise „vermittelten" Stundeninhalts Schwierigkeiten habe.

Klipperts Anspruch ist es dagegen, die Lernenden zu aktivieren, Probleme *selbst* methodisch lösen zu können. Die Klippert-Kompetenzen werden dabei über immer neue „Lernspiralen" eingeübt, in denen Lernende zunächst in Einzelarbeit, dann im gegenseitigen Rapport in Partnersituationen, anschließend in Gruppen, dann im Plenum die nötigen Lernprozesse unter einander vollziehen sollen. Diese Vorgehensweise versucht, die Lernenden in möglichst intensive und selbstkontrollierende Einzelarbeits-, vor allem aber Interaktionsprozesse zu ziehen, die verhindern, dass man sich – wie in Vortragssituationen – in die „innere Emigration" zurückziehen kann. Die Schülerinnen und Schüler müssten sich nun auch vor ihren Mitschülern beweisen bzw. sich untereinander helfen. Eine dadurch eingeübte Teamfähigkeit sei zugleich etwas, das Wirtschaft und Berufsleben forderten.

Schülerinnen und Schüler selbst führen eigene Lernschwierigkeiten auf mangelnde Methodenbeherrschung zurück. Natürlich wird „irgendwie", aber doch ohne klares Konzept gelernt. Gegenüber einem lehrerzentrierten Unterricht, der auf eine eher abstrakt-verbale Rezeptionsfähigkeit der Lerngruppe setzt, können aktiv-kreative Zugänge zum Lernstoff auch praktisch-anschauliche Lerntypen ansprechen. Angesichts unserer permanenten Berieselung durch reizvolle optische Rezeptionsangebote in den Medien – die ungleich attraktiver sind als ein abstraktes Belehrungsangebot an den Bildungsorten – wird eine solche Aktivierung besonders empfohlen. Solche nützlichen Instrumentarien können zum Beispiel sein:

Mnemotechniken, Texte durch methodisch begrenzte Anstreichungen bzw. Stichwortauswahlen erfassen, einen „Spickzettel" mit maximal zehn Wörtern erstellen und für kleine Erklärungen bzw. Kurz-Statements nutzen. Oder: Strukturskizzen zeichnen, visualisieren, ein Plakat oder eine Pinnwand gestalten, eine Karikatur kommentieren, präsentieren, ein Referat, eine kleine Rede halten, eine Talkshow inszenieren.

---

[18] Einschlägig ist hier der „Klassiker": Friedemann Schulz von Thun: *Miteinander reden*, Reinbek 1987 u.v.ö.

Klippert plädiert für ein Konzept des „Eigenverantwortlichen Lernens und Arbeitens" („EVA"). Ihm schwebt der selbständig arbeitende Schüler vor, der allein, in Partner- und Gruppenarbeit Aufgaben zu lösen versucht und den Lehrer lediglich als Berater hinzuzieht. Lehrerinnen und Lehrer nämlich, vormalige „Vorturner", würden nunmehr durch „EVA" zu *Moderatoren* in Lernprozessen, die den „Teufelskreis der Belehrung" durchbrächen und den Lernenden systematisch gestatteten, eigenverantwortlich zu arbeiten – die Lehrenden sind dann nicht mehr die, „an denen alles hängt".

Die entsprechend erforderlichen Abläufe müssen in einer Lerngruppe dauerhaft installiert und als verfügbare Kompetenzen „ritualisiert" werden. Der „Gruppenarbeits-Guru" und „Lernschleifen-Schleifer" Klippert versucht deshalb, ein regelrechtes Trainingsprogramm zu inszenieren. Sein Vorgehen hat etwas Programmiertes, der Grundgestus ist technizistisch. Mit Recht wird auf die Nötigkeit vieler verdienstvoller Methoden und ihrer Einübung verwiesen: Informationen nachschlagen, effektiv Lernen und Behalten, Markieren und Strukturieren, Visualisieren und Gestalten usw. Doch gilt zugleich wohl auch: Jedes dieser Elemente kann im Unterricht nur ein Teilaspekt sein und der Unterricht darf insgesamt eben nicht technisiert werden. *Gelingensbedingungen für Bildungsprozesse haben vielmehr ein komplexes Ganzes als Bildungsgeschehen zu beschreiben.* Guter, fachgerecht geplanter und gehaltener Unterricht, der für Schülerinnen und Schüler stets auch gelungene Szenarien eigenständigen Lernens schaffen kann, ist dabei nichts weniger als unser *Berufsziel.* Lehrer und Lehrerinnen sind wichtige Referenzinstanzen für die kognitive, soziale und emotionale Entwicklung Heranwachsender, auf deren Lebenschancen sie Einfluss nehmen können. *Hilbert Meyer,*[19] auch schon einmal als „Papst der deutschen Didaktik" bezeichnet, nennt die folgenden „empirisch abgesicherten zehn Merkmale guten Unterrichts", an denen man sich dabei orientieren kann:

1. Klare Strukturierung des Unterrichts (Prozess-, Ziel- und Inhaltsklarheit; Rollenklarheit, Absprache von Regeln, Ritualen und Freiräumen);
2. hoher Anteil echter Lernzeit (durch gutes Zeitmanagement, Pünktlichkeit; Auslagerung von Organisationskram; Rhythmisierung des Tagesablaufs);
3. lernförderliches Klima (durch gegenseitigen Respekt, verlässlich eingehaltene Regeln, Verantwortungsübernahme, Gerechtigkeit und Fürsorge);
4. inhaltliche Klarheit (durch Verständlichkeit der Aufgabenstellung, Monitoring des Lernverlaufs, Plausibilität des thematischen Gangs, Klarheit und Verbindlichkeit der Ergebnissicherung);
5. sinnstiftendes Kommunizieren (durch Planungsbeteiligung, Gesprächskultur, Schülerkonferenzen, Lerntagebücher und Schülerfeedback);
6. Methodenvielfalt (Reichtum an Inszenierungstechniken; Vielfalt der Handlungsmuster; Variabilität der Verlaufsformen und Ausbalancierung der methodischen Großformen);
7. individuelles Fördern (durch Freiräume, Geduld und Zeit; durch innere Differenzierung und Integration; durch individuelle Lernstandsanalysen und abgestimmte Förderpläne; besondere Förderung von Schülern aus Risikogruppen);

---

[19] Vgl. Hilbert Meyer: „Qualitätsmerkmale guten Unterrichts in der Diskussion". In: Christian Fischer – Reinhard Schilmöller (Hrsg.), *Was ist guter Unterricht?* (Münstersche Gespräche zur Pädagogik) Münster 2010, 6-38.

8. intelligentes Üben (durch Bewusstmachen von Lernstrategien, Passgenauigkeit der Übungsaufgaben, methodische Variation und Anwendungsbezüge);
9. klare Leistungserwartungen (durch Passung und Transparenz) und klare Rückmeldungen (gerecht und zügig);
10. vorbereitete Umgebung (= verlässliche Ordnung, geschickte Raumregie, Bewegungsmöglichkeiten und Ästhetik der Raumgestaltung).

Aber auch über diese Auflistung hinaus noch gilt: Gelingende Bildungsprozesse bedürfen neben aller nötigen unterrichtstechnischen Handhabung und aller Forschungsbefunde der Schulforschung eines gewissen *kulturellen Engagements*. Was gelegentlich von neu zu bildenden „Eliten" erhofft wird, ist ganz im Gegenteil *gerade eine Frage des Ganzen*: Bildung zu einer offensiv und kraftvoll betriebenen gesamtgesellschaftlichen Angelegenheit und zu einer allgemeinen Aufgabe zu machen. Die Schule bildet dabei einen wichtigen Kern: Wer „Ehemaligentreffen" kennt, weiß, wie prägend für Persönlichkeit und Bildungsniveau die schulisch vermittelte Grundbildung ein späteres Lernverhalten steuern kann. Eine entsprechend *gesellschaftlich gemeinsame*, gute Schule erwächst aus vielen Faktoren. Dazu gehören Interesse und Teilhabe der Eltern und des sozialen Umfeldes an den Belangen der Bildung ihrer Kinder, Selbstbewusstsein und positive Traditionsbildung der Schule, interne wie extern begleitete Schulentwicklung, Fachwissen und Bildungs- wie Sozialengagement der Lehrenden und manches andere mehr. Vor allem wichtig scheinen mit Blick auf die Lehrerinnen und Lehrer eine gewisse ansteckende Neugier, lebenslanger Spaß auch am eigenen Lernen und Freude am Lernen anderer sowie etwas von der (im zweiten Kapitel des vorliegenden Bandes ja bereits angesprochenen) Überzeugung, *Bildung als ureigensten Ausdruck des uns wie unsere Mitmenschen umgreifenden Menschseins zu begreifen*.

Von einer solchen wirklichen *Bildung* ist jeder bloße Methodizismus weit entfernt – sie verkörpert eine Aufgabe, an der Philosophiedidaktik und Pädagogik, um zum Ausgangspunkt dieses Abschnitts zurückzukehren, gemeinsam stricken müssen.

Heinz Klippert: *Methoden-Training. Übungsbausteine für den Unterricht*, Weinheim 12. Aufl. 2002.

Ders.: *Eigenverantwortliches Arbeiten und Lernen*, Weinheim 4. Aufl. 2008.

Hilbert Meyer: *Was ist guter Unterricht?*, Berlin 2004.

Ders.: *Unterrichtsmethoden*. 2 Bde., 10. Aufl. Berlin 2002.

Guter Unterricht. Friedrich-Jahres Heft, Seelze 2008.

Horst Rumpf: „Aufmerksam machen und aufmerksam werden – Unterrichtsauftakte bei Aebli und Wagenschein". In: D. Bosse / P. Posch (Hrsg.), *Schule 2020 aus Expertensicht*. Rudolf Messner zum akademischen Abschied gewidmet, Wiesbaden 2009, 232-236

Ewald Terhart: *Didaktik. Eine Einführung*, Stuttgart (Reclam) 2009.

Themenhefte „Moderationsmethode I und II" der Zeitschrift *Pädagogik* 6 (1995), 12 (1996).

4.2 Philosophieunterricht „nach Pisa": Standards und Evaluation, Tests und Leistungsmessung

Sehr viele *Lernende* sind, um es so zu formulieren, gar nicht grundsätzlich gegen orientierende Leistungsrückmeldungen. Gute und engagierte *Lehrende* wollen wissen, was sie in den von ihnen verantworteten Bildungsprozessen verbessern können.

Gemäß einem allenthalben aufgekommenen Begriffsgebrauch kann „Evaluation" ebenso das in der Tradition etablierte System der Lernerfolgsüberprüfungen über Beobachtung der mündlichen Leistungen, „informelle Tests", Protokolle, Klausuren, Kontrolle der von Schülern geführten Hefte und Mappen usw. – also eine Bewertung der *Lernenden* – bedeuten wie eine Beurteilung der *Lehrenden* und ihres Unterrichts. Durch den vielzitierten „Pisa-Schock" – also das „schlechte Abschneiden" deutscher Schüler bei empirischen internationalen Schulleistungs-Vergleichstests – haben beide Zugriffe jedoch eine ungeahnte, neue Bedeutung gewonnen, welche die politischen, pädagogischen und zunehmend auch fachdidaktischen Debatten in der aktuellen Gegenwart dominiert (siehe Kapitel 7, S. 245 ff.).

Werfen wir zunächst einen kurzen Blick auf das große und in seiner Intensität sehr unterschiedliche Spektrum etablierter bzw. „klassischer" Evaluationsformen.

„*Blitzlichter*" (das sind kurze reflektierende Stellungnahmen), *Zettelabfragen* und *Ankreuzbögen* – ein liebevoll ausgedachtes System von Rückmeldungsformen bis hin zu Skalen in „Smilie"-Symbolik von ☺ über ☺ bis ☹ für „hat gefallen" zu „hat nicht gefallen" findet sich nicht nur in der Erwachsenenpädagogik oder in der sozialen Bildung. An allen Bildungsorten wird nicht nur auf solche kleinen Bewertungen, sondern auf Evaluationen schlichthin großer Wert gelegt. An den Schulen rufen *Klausuren* im Philosophieunterricht bis hin zum Abitur in Nordrhein-Westfalen (1) Fähigkeiten des Textverständnisses, (2) vergleichend aufgerufene Kenntnisse über philosophische Argumente und Positionen sowie schließlich (3) Kompetenzen der Beurteilung und Bewertung in einem „klassischen Dreischritt" ab. Einem ähnlichen Vorgehen folgen im Allgemeinen auch mündliche Prüfungen. Universitäten erstellen Evaluationsordnungen; zum Semesterende füllen Studierende entsprechende Bögen aus, und die „Hochschul-Informations-System GmbH" (HIS) führt *Befragungen* Studierender zu Studiensituation und Lehrqualität durch. Längst hat sich auch für alle Sorten von Evaluation eine psychologisch-pädagogische Fachveröffentlichungsszenerie herausgebildet. Insgesamt gilt: Vom Kursleiter „Praktische Philosophie" über das Qualitätsmanagement von Schulen bis zum Hochschullehrer (Schlagzeile: „Die Angst des *Profs* vor den Noten") entwickeln sich Schritte zu einer „Kultur der Rückmeldung", die es wirklich geben kann, wenn die Rückmeldung in der richtigen Form erfolgt (und nicht in der Art, in der ein Sokrates, wie *Ekkehard Martens* scherzt, am Ende recht übel „evaluiert" wurde). Diese Rückmeldung muss dann auch wirklich angenommen und beherzigt werden.

Das hergebrachte alltägliche Netz von Überprüfungen gewinnt in der gegenwärtigen Diskussion freilich das Odium von etwas „Handgemachtem", an eine neu sich etablierende Ebene nicht Angeschlossenen. Eine Evaluation über einzelne Lerngruppen hinaus ist nämlich mittlerweile zu einem bildungspolitischen Top-Thema von ganz eigener Dynamik geworden. „Parallelarbeiten" und „Lernstandserhebungen" halten in den Schulen die Pädagogen allenthalben auf Trab, Statistiker und Testpsychologen suchen als hochgefragte und karrierebegünstigte Fachleute ihre Abfrageschemata gemäß den Prinzipien der *Validität*, also Gültigkeit (der Test muss wirklich das messen, was er zu messen beansprucht) und *Reliabilität*, Verlässlichkeit (die Messung muss exakt sein) zu gestalten.

All dies ist Teil einer *Bildungssysteminnovation*. Durch „nationale Bildungsstandards" hallen die „Kompetenzstufen" und „Anforderungsbereiche" wider, die Schülerinnen und Schüler in bestimmten Altersstufen erwerben sollen.[20] Partner einer zu konstatierenden großen systeminnovativen Dynamik sind die Bildungspolitik auf der einen Seite und eine seit ihrer „realistischen Wendung" (Heinrich Roth) noch einmal um erfahrungswissenschaftliche Ansprüche aufgerüstete[21] Erziehungswissenschaft andererseits, die alle geisteswissenschaftlich-bildungsphilosophische Grundlagenreflexion und noch deren Aktualisierung im Sinne „kritischer Theorie" bei Herwig Blankertz und Wolfgang Klafki hinter sich zu lassen bemüht scheint.

Für die wohl nachhaltigste Innovation in diesem Zusammenhang steht eben das Akronym PISA („Programme for International Student Assessment" der OECD-Staaten).[22] „Pisa" hat eine regelrechte Wende zu Test und Statistik in der Pädagogik ausgelöst: vom Berliner *Max-Planck-Institut für Bildungsforschung* bis zum neueren *Institut zur Qualitätsentwicklung im Bildungswesen* (IQB) an der Humboldt-Universität. Das von den Regierungen der OECD-Mitgliedsstaaten gestaltete (also primär berufsqualifizierend konzipierte) und vor allem in Deutschland höchst medienwirksam präsentierte und diskutierte „Pisa"-Programm sucht „Basiskompetenzen" zu erfassen, die in modernen Gesellschaften in persönlicher und wirtschaftlicher Hinsicht sowie für eine aktive Teilnahme am gesellschaftlichen Leben notwendig seien. Dabei setzt man den auf eine mathematische und naturwissenschaftliche Grundbildung (*Mathematical* bzw. *Scientific Literacy*) – und damit nicht primär auf eine gesellschafts- bzw. kulturwissenschaftliche

---

[20] Vgl. Sekretariat der Ständigen Konferenz der Kultusminister der Länder in der Bundesrepublik: *Entwicklung und Implementierung von Bildungsstandards*, Bonn 2003. Andere kritisieren dergleichen als Selbstermächtigungsgestus scheinobjektiver Quantifizierung und eigentlichen Bildungsverlust (Frankfurter Einspruch: „Das Bildungswesen ist kein Wirtschaftsbetrieb").

[21] Dies gilt möglichst noch im Sinne quantitativer, nicht „nur" qualitativer Forschung, wie sie z. B. über Interviews betrieben wird. Dabei wäre letztere gerade wichtig. Vgl. Detlev Garz / Ursula Blömer: „Qualitative Bildungsforschung". In: Rudolf Tippelt (Hrsg.), *Handbuch Bildungsforschung*, Opladen 2002, 441-358. In eine Verbindung von qualitativer Bildungsforschung und Biographieforschung plädiert W. Marotzki: „Qualitative Bildungsforschung – Methodologie und Methodik erziehungswissenschaftlicher Biographieforschung", in: Ludwig Pongratz u. a. (Hrsg.): *Bildungsphilosophie und Bildungsforschung*, Bielefeld 2006, 125-137. – Vgl. schließlich E. Terhart, „Entwicklung und Situation des qualitativen Forschungsansatzes in der Erziehungswissenschaft". In: B. Friebertshäuser / A. Prengel (Hrsg.): *Handbuch Qualitative Forschungsmethoden in der Erziehungswissenschaft*, Weinheim 1997, 27-42.

[22] Jürgen Baumert u. a. (PISA-Konsortium Deutschland / Hrsg.): *PISA 2000 – Basiskompetenzen von Schülerinnen und Schülern im internationalen Vergleich*, Opladen 2002; sowie dies.: *PISA 2003 – Der Bildungsstand der Jugendlichen in Deutschland – Ergebnisse des zweiten internationalen Vergleichs*, Münster 2004; Eckhart Klieme u.a., *PISA 2009*, Münster 2010.

oder gar sinn- und wertorientierende bzw. philosophische Orientierung. Ein für unsere Zusammenhänge wichtiger Ansatzpunkt ist es jedoch, dass als dritte neben den erwähnten naturwissenschaftlich-mathematischen Fähigkeiten eine *Reading Literacy* in den Blick gerät, die als Grundlage einer Teilhabe an geistigen Gehalten, Ideen und Wertvorstellungen eingeführt wird. Wenn Bewusstseinsbildung aller kulturellen Erfahrung nach immer Versprachlichung heißt und die Sprache sozusagen als die „Physiognomie des Geistes" erscheinen kann, dann rekurriert in der Tat schon der nächste Schritt auf die grundlegende Kulturtechnik des Lesens. Dies aber heißt zunächst einmal mit einem fast bereits sprichwörtlich gewordenen Beispiel: Man muss einen Busfahrplan lesen können. Es ist keine Frage, dass Prüfungen und Übungen von derlei Grundschritten – „Erdung" gemäß konkreten Anforderungen sozusagen gegenüber allzu begeisterten Bildungsansprüchen – wichtig sind.

Wie aber steht es mit den komplexeren Bildungsprozessen, mit denen die Philosophiedidaktik es vor allem zu tun hat?[23] Der namhafte Münsteraner Schulpädagoge und Didaktiker *Ewald Terhart* hat das Verhältnis der (hoffentlich) auf der Basis einer gewissen Praxiserfahrung theoretisierenden und zugleich normativ orientierten allgemeinen („bildungstheoretischen", „kommunikativen", „konstruktiven" usw.) Didaktik (siehe S. 127 ff.) zu der neuen, auf *Franz E. Weinert* zurückführenden *empirischen Lehr-Lern-Forschung* unter dem treffenden Titel „Fremde Schwestern" bestimmt. Von der ersteren behaupten Spötter, dass sie lediglich den „Stoff für Lehramtsprüfungen" liefere; gegenüber der („strikteren", fast „naturwissenschaftlichen") empirischen Forschung erscheint sie als beides zugleich: ebenso von grundsätzlicherer Relevanz in der Art, in der sie Bildungsprozesse theoretisch-praktisch in den Blick nimmt, wie aber zugleich schon fast als „unwissenschaftlich". Eine Notwendigkeit *beider* ergibt sich, wie Terhart herausstellt, im Zusammenklang mit einer dritten wichtigen Größe, nämlich den *Fachdidaktiken* (zu denen ja auch die Philosophiedidaktik zählt), die ihrerseits ihren Status als bloße „Handwerkslehren" überwinden müssten: „Im Blick auf die zunehmende Bedeutung von Fachdidaktik bzw. domänenspezifischer empirischer Lehr-Lern-Forschung konvergieren also Allgemeine Didaktik und Lehr-Lern-Forschung [...] Die Zukunft empirisch-didaktischer Forschung liegt [...] in der Fachdidaktik".[24]

---

[23] Vgl. hierzu ausführlicher V. Steenblock: „Bildungstradition und Bildungssysteminnovation – Skizzen zu einer gegenwärtigen Problemlage Philosophischer Bildung". In: Johannes Rohbeck / V. Steenblock (Hrsg.): *Ethisch-philosophische Bildung und Ausbildung* (Dresdener Jahrbuch für Didaktik der Philosophie und Ethik, Band 7), Dresden (Thelem) 2006, 11-41; auch in: V. St.: *Philosophie und Lebenswelt*, Hannover (Siebert) 2012, 194-212.

[24] Ewald Terhart: „Fremde Schwestern. Zum Verhältnis von Allgemeiner Didaktik und empirischer Lehr-Lern-Forschung". In: D. Rustemeyer (Hrsg.): *Erziehung in der Moderne. Festschrift für Franzjörg Baumgart*, Würzburg 2003, 487-507, 501; ders.: „Die Perspektive der empirischen Unterrichtsforschung und der allgemeinen Didaktik". In: Chr. *Fischer / R. Schilmöller.* (Hrsg.): *Was ist guter Unterricht?* Münstersche Gespräche zur Pädagogik. Münster 2010, 39-52; ders.: „Allgemeine Didaktik – Fachdidaktik – Lehr-Lernforschung". In: M. Demantowsky / V. Steenblock (Hrsg.): *Selbstdeutung und Fremdkonzept. Die Fachdidaktiken der kulturwissenschaftlichen Fächer im Gespräch.* Bochum 2011, 19-38.

Hiernach ist auch die Philosophiedidaktik gefragt. Der gegenüber den Ansprüchen einer *geisteswissenschaftlichen* bzw. *philosophischen Bildung* (siehe Kapitel 2) deutlich reduziert konzipierte *Literacy*-Begriff einer „Grundbildung" bzw. von „Grundkompetenzen"[25] stellt für sie allemal eine Herausforderung dar.

An dieser Stelle (vgl. weiter S. 245 ff.) ist nur zu überlegen, welche Evaluations-Perspektiven sich im Sinne der „Pisa"-Logik für den Ethik- und Philosophieunterricht ergeben könnten. Die Philosophiedidaktik könnte es etwa unternehmen, unter einer gewissen Federführung der Deutschdidaktik sozusagen ihren Beitrag zur Förderung eines der wichtigsten „Pisa"-Zugriffe, nämlich der bereits angesprochenen Lesekompetenz zu leisten – ein sicherlich nicht sinnloses Unterfangen.[26] Zudem kann sie den Stellenwert der – von Ekkehard Martens immerhin bereits lange vor „Pisa" als „grundlegende Kulturtechnik" beschriebenen – philosophischen Bildung gemäß OECD-Kriterien zu bestimmen suchen, womöglich also zeigen, für welche *spezifischen* in modernen Gesellschaften unabdingbaren Basiskompetenzen sie – und nur bzw. gerade sie – steht.[27] Zwar sind in meinen Augen keinerlei Abstriche daran zu machen, dass Bildungsprozesse grundsätzlich in den Katego-rien jener sowohl traditionsreichen als auch aktuellen philosophisch-pädagogischen Theorie, nämlich der *Hermeneutik*, zu begreifen sind. Doch erscheinen empirische Herangehensweisen – vor allem freilich qualitativ-empirische – für einen solchen Ansatz durchaus anschlussfähig, womöglich gar in dem Sinne, nachzuweisen, dass in bestimmten Lernvorgängen der Fächer Philosophie bzw. Ethik „weniger reflektierte" Gedankenmodelle und Vorstellungen durch „reflektiertere" ersetzt werden. „Pisa" würde in solcher fach-didaktischer Forschung nicht kopiert, sondern in Richtung des Anforderungsspektrums „Reflektieren und Bewerten" weiterentwickelt; auch würde dem Verdacht begegnet, der heteronome Gestus des Testens dementiere jene auf *Autonomie* ausgerichteten pädagogischen Ziele, für die er zu arbeiten vorgebe. Die dabei in Aussicht stehenden Ergebnisse könnten sich – sicherlich aber nur „ein Stück weit" – als „Reflexionsniveaus" darlegen und in eine Progression bringen lassen.[28] Als Ziel philosophiedidaktisch begleiteter Bildungsprozesse ließe sich in einer allererst noch zu führenden Diskussion entsprechend etwa formulieren, Schülerinnen und Schüler seien dazu zu befähigen, ihre

---

[25] Zu dieser „Rekonstruktion" von „Bildung" vgl. noch einmal in Sonderheit: Jürgen Baumert: „Deutschland im internationalen Bildungsvergleich". In: Nelson Kilius u. a. (Hrsg.): *Die Zukunft der Bildung*, Frankfurt 2002, S. 100-150, bes. S. 113.

[26] Von Seiten des in Dresden von Johannes Rohbeck und anderen begründeten „Forums für Didaktik der Philosophie und Ethik" zeigen mehrere Tagungen das Interesse der Philosophiedidaktik an der in Rede stehenden Thematik. Vgl. J. Rohbeck / U. Thurnherr / V. Steenblock (Hrsg.): *Empirische Unterrichtsforschung und Philosophiedidaktik*, Dresden (Thelem) 2009.

[27] Als Pilotstudie kann gelten: Markus Tiedemann: *Ethische Orientierung für Jugendliche. Eine theoretische und empirische Untersuchung zu den Möglichkeiten der praktischen Philosophie als Unterrichtsfach in der Sekundarstufe I* (Reihe „Philosophie und Bildung", hrsg. von E. Martens / Chr. Gefert / V. Steenblock, Bd. 2), Münster (LIT) 2004.

[28] Vgl. auch Christian Gefert: „Bildungsziele, Kompetenzen und Anforderungen – Perspektiven für die Entwicklung von Bildungsstandards in philosophischen Bildungsprozessen". In: E. Martens / Chr. Gefert / V. Steenblock (Hrsg.): *Philosophie und Bildung*, Münster (LIT) 2005, 136-146.

lebensweltlich ursprünglichen Deutungen auf weiterreichende Reflexionsniveaus zu führen. Entsprechende Ergebnisse könnten nicht nur Unterrichtsprozesse, sondern auch die bislang eher implizite Didaktik des Mediums Schulbuch positiv beeinflussen. Zur weiteren Diskussion um die Bedeutung der mit „Pisa" verbundenen Veränderungen im Bildungssystem für die Philosophiedidaktik vgl. Kapitel 7 in diesem Band.

Jürgen Baumert u. a.: „Pisa"-Berichte, Opladen, danach Münster 2002 ff.
Horst Bayrhuber / Bernd Ralle / Lutz-Helmut Schön / Helmut Johannes Vollmer (Hrsg.): Konsequenzen aus „Pisa". Perspektiven der Fachdidaktiken, Innsbruck 2004.
Gerhard Eikenbusch: „Der kleine Methodenkoffer Evaluation". In: Pädagogik 5 (1997), 30-34.
Karlheinz Ingenkamp u.a.: Lehrbuch der Pädagogischen Diagnostik, 5. Aufl. Weinheim 2005.
Guy Kempfert / Hans-Günter Rolff: Qualität und Evaluation, 4. Aufl. Weinheim 2005 (Überblick).
Andreas Helmke: Unterrichtsqualität – erfassen, bewerten, verbessern, Seelze 2003 (Grundwerk).
Eckhart Klieme / Martina Dietrich: Schulleistung und Leistungsmessung. In: H.-E. Tenorth / R. Tippelt (Hrsg.), Lexikon Pädagogik, Weinheim 2007, 634 f.
Marieluise Mutke: „Klausuren". In: W. D. Rehfus / H. Becker (Hrsg.): Handbuch des Philosophie-Unterrichts, Düsseldorf 1986, 412-415 (beschreibt wie dieses gesamte Handbuch den teilweise nach wie vor unterrichtsprägenden Stand der 1970er und 80er Jahre).
Anita Rösch: Kompetenzorientierung im Philosophie- und Ethikunterricht, Münster 2009.
Volker Steenblock: „Bildungstradition und Bildungssysteminnovation". In: Ders. / J. Rohbeck (Hrsg.): Ethisch-philosophische Bildung und Ausbildung, Dresden 2006; auch in V. St.: Philosophie und Lebenswelt, Hannover (Siebert) 2012, 194-212.
Ders.: „Textkonstruktion und philosophisch-ethische Reflexivität. Überlegungen zu einer Nutzung von Elementen neuerer Leseforschung für den Philosophieunterricht". In: J. Rohbeck u.a. (Hrsg.): Empirische Unterrichtsforschung und Philosophiedidaktik, Dresden 2009, 47-63; auch als „Nach-Texte" in V. St.: Philosophie und Lebenswelt, Hannover (Siebert) 2012, 213-222.
Markus Tiedemann: Ethische Orientierung für Jugendliche, Münster (LIT) 2004.
Ders.: Philosophiedidaktik und empirische Bildungsforschung, Münster (LIT) 2011.
Hans Toman: Die „Pisa"-Vergleichsstudie und der öffentliche Meinungsaustausch. Das Lesebuch einer kritischen Bestandsaufnahme, Baltmannsweiler 2011.
Franz E. Weinert (Hrsg.): Leistungsmessungen in Schulen, 2. Aufl. Weinheim / Basel 2001 (Programmschrift des Pioniers der „Testungs-" bzw. „Empirisierungswelle").

4.3 Von elementaren Denkvollzügen zu den großen Philosophenschulen – und wieder zurück: Grundzüge der neueren philosophie-didaktischen Methodendiskussion

Über die allgemeinpädagogischen und -didaktischen Ansätze zu Unterrichtsmethoden, Methodentraining und Evaluation hinaus gibt es eine permanente und gerade in der jüngeren Vergangenheit erheblich intensivierte spezifisch philosophiedidaktische Methodendiskussion. So verfolgt der Dresdener Philosoph und Didaktiker Johannes Rohbeck als leitende Idee seiner neueren methodisch-didaktischen Überlegungen das Projekt, „die Denkrichtungen der Philosophie in philosophische Methoden des Unterrichts zu transformieren"; „Transformation" bedeutet dabei „die Übertragung und Umformung dieser Philosophien in philosophische Praktiken, die von Schülerinnen und Schülern gelernt und selbstständig angewandt werden können".[29] *Rohbeck* thematisiert dabei, wie im Folgenden noch deutlich werden wird, vor allem „große" Paradigmata. Er selbst hat aber auch sozusagen „eine Ebene darunter" in einer erhellenden Übersicht am Beispiel der Eingangspassage der „Nikomachischen Ethik" des *Aristoteles* zehn unterschiedliche Arten der Textinterpretation inklusive der jeweiligen Analyseaufträge von der objektiven Hermeneutik über Rezeptionsästhetik und Konstruktivismus zur Dekonstruktion durchexerziert.[30] Eine im Generierungsgestus gegenläufige *Methodik* hat *Ekkehard Martens* vorgelegt. Martens operiert sozusagen „von unten" (von alltagsweltlichen Operationen) „nach oben" (hin zu theoretischen Klärungen und Festlegungen) statt „von oben" (von den etablierten Denkrichtungen) „nach unten" (zu deren didaktischer Relevanz). Ergänzend zu dem also von Rohbeck beschrittenen Weg, didaktisch relevante Destillate aus den herrschenden philosophischen Denkrichtungen zu ziehen, demonstriert *Martens*, wie man induktiv Wahrnehmungen und Interpretationen aus Alltagssituationen aufnehmen und auf das Niveau systematischer und reflektierter Methodizität heben kann. Das „Wie" der Methodik ist dabei, wie Martens im einleitenden Kapitel seiner „Methodik" entwickelt, von dem „Wozu" und „Was" humaner Lebensgestaltung nicht zu trennen. Der bereits mehrfach angesprochene Begriff einer „elementaren Kulturtechnik" steht demnach nicht für die technizistische Unterbietung eines eigentlich Philosophischen, sondern gerade für den Ausweis eines handwerklichen, lehr- und lernbaren „Philosophieren Könnens" über ein alltagsweltliches bloßes „Meinen" hinaus. „Philosophieren" bedeutet, ein solches Alltags-Meinen ernst zu nehmen und zum Ausgangspunkt des Vorgehens zu machen, es aber zugleich methodisch auf Denkfortschritte und nachhaltige Reflexion hin befähigend auszurüsten. Es ist hierfür kein wahrhaftigerer philosophischer und kein günstigerer didaktischer Ansatzpunkt möglich, als die Grundeinsicht, dass ein Philosophieren im Prinzip für jede/n möglich und nötig ist.

Ein Konzept vom Beginn der abendländischen Philosophiegeschichte – nämlich eine zu reformulierende *sokratisch-aristotelische Methodenpraxis und Methodenreflexion* – dient plausibel als Brücke zwischen der Praxis philosophischer Bildungsprozesse einerseits und der elaborierten Methodizität der akademischen Philosophie andererseits. Mit einigem Recht erscheint letztere nicht selten mit der Lebenswelt unvermittelt und je nach Denkrichtung „methodenmonistisch" verengt.

Nun „denkt" zwar im Prinzip jeder und legt sich seine eigenen Verhältnisse und die der ihm erscheinenden Welt zurecht. Wenn wir von jemandem sagen, dass er „denken" könne, meinen wir damit nicht nur exaktes, schlüssiges und informationshaltiges Denken nach Art der logisch-empirischen Wissenschaften. Vielmehr haben wir ein *System* mehrerer, grundsätzlicher Vollzüge vor Augen. Martens unterscheidet in diesem komplexen Wechselspiel des Denkens vor allem die folgenden fünf Elemente:

---

[29] Johannes Rohbeck: „Didaktische Potenziale philosophischer Denkrichtungen" (vgl. Literatur-angaben im Anschluss an diesen Abschnitt), 83.

[30] Ders.: „Zehn Arten, einen Text zu lesen". In: *Zeitschrift für Didaktik der Philosophie und Ethik* 23 (2001), 286-292.

1) Am Anfang steht ein *Beobachten* der Phänomene,
2) es folgt das *Deuten* der beobachteten Wirklichkeit,
3) ferner das *begrifflich-logische Analysieren* der Deutungen der beobachteten Wirklichkeit
4) und ein *Abwägen* der Deutungen nach „Pro" und „Contra",
5) schließlich ist das Denken auf *überraschende Einfälle und Einsichten* angewiesen.

Weil jede(r) von uns sich aus seinen Lebenszusammenhängen heraus orientiert, ist dies ein Tun, das jede und jeder mit dem vielzitierten gesunden Menschenverstand in Angriff nehmen kann. So ging bereits Sokrates von dem alltäglich Selbstverständlichen aus. Nun wird freilich, so mag man einwenden, oft genug im Alltag nur „geredet". Kann man „Denken" lernen? Entscheidend ist es, in einen Prozess des Interesses und zunehmender Eigeninitiative *hineinzukommen*, Fragen, Kompetenzen, Wissensbestände in methodischer Weise immer weiter zu entwickeln. Martens spricht von der „Methodenschlange" der Erkenntnis, die sich immer höher schraubt (*die folgend genannten Methoden und die ihnen entsprechenden Buchstabenkürzel finden sich auf jeder „Windungsebene" analog angebracht*). Lernen und üben kann man ein mehr und mehr philosophisches Selbstdenken, indem man:

1) seine eigenen Gedanken und Äußerungen genauer auf Beobachtungen bezieht (phänomenologische Methode; „P"),
2) sich dabei seiner eigenen Deutungen als oft verdeckter Prämissen klarer bewusst wird und auch Deutungen anderer, etwa in philosophischen Texten, als Deutungshilfe ausführlicher heranzieht (hermeneutische Methode; „H"); indem man ferner
3) die verwendeten Begriffe und Argumente genauer analysiert (d. h.: analytische Methode; „A"),
4) unterschiedliche, kontroverse Positionen im Dialog schärfer zuspitzt und gegeneinander abwägt (also: dialektische Methode; „D") sowie schließlich
5) auch ungewohnten Einfällen und Einsichten genügend Raum gibt (demnach: intuitive/ „spekulative" Methode, „S").

Die sozusagen „von unten" entwickelten methodischen Denkvorgänge lassen sich wichtigen Strömungen des gegenwärtigen Philosophierens, nämlich Phänomenologie, Hermeneutik, Analytischer Philosophie, Dialektik und Spekulation zuordnen. Es sind dies die philosophischen Formationen, von denen hier *Rohbeck* Martens gleichsam entgegen kommt. Selbstverständlich bilden diese Methodenparadigmata keine apriorischen und homogenen Blöcke, sondern sind Ergebnisse philosophiehistorischer Arbeit und unterliegen als solche der Weiterentwicklung bzw. Veränderung (und der innerphilosophischen und „ideenpolitischen" Auseinandersetzung). Der „Clou" einer solchen Zuordnung zu den historisch-systematisch entwickelten philosophischen Denkmethoden ist vor allem die erhellende Konfrontation mit ihren nicht selten sprichwörtlichen Entartungsformen: Der phänomenologischen Wahrnehmung mit dem „Wahrnehmungsbrei" des *morbus phaenomenologicus*, der Hermeneutik mit der „Texthuberei" des *morbus hermeneuticus*, der Sprachanalyse mit der „Haarspalterei" des *morbus analyticus*, der Dialektik mit dem „Gelaber" des *morbus dialecticus*, schließlich der Spekulation mit der „Spinnerei" des *morbus speculativus*.

Die generellen philosophischen Denkmethoden können dann auch für *Martens* gegenläufig wieder auf das Alltagsdenken angewandt und für Bildungsprozesse fruchtbar gemacht werden: „Etwas wahrnehmen können", „Jemanden verstehen können", „Argumente und Begriffe klären können", „Auseinandersetzungen führen können", „Einfälle haben können". Zugleich kann die *Integration* dieser Methoden statt ihrer Konkurrenz für Bildungsprozesse empfohlen werden. Philosophisches Denken zeichnet sich dann gegenüber der Alltagsreflexion nicht prinzipiell etwa durch eine geheimnisvolle höhere oder tiefere Weisheit aus, sondern unterscheidet sich von ihm durch einen sich steigernden Prozess methodischer Kompetenzgewinnung in der Spiralform eines eigengesteuerten „Weiterbohrens" („Methodenschlange"). Die „phänomenologischen", „hermeneutischen", „analytischen", „dialektischen" und spekulativen Methoden realisieren philosophische Lernprozesse in einer offenen Spirale: Phänomene umfassend und differenziert wahrnehmen und beschreiben, wichtige Begriffe der Phänomenbeschreibung hervorheben und klären, unterschiedliche Deutungsweisen in der Phänomenbeschreibung und Begriffsklärung im Rückgriff auf die Geschichte des Denkens herausarbeiten (nicht nur Textanalyse), kontroverse Behauptungen, die sich aus der Phänomenbeschreibung, Begriffserklärung und Deutungsarbeit ergeben, zuspitzen, argumentativ prüfen und gegeneinander abwägen.

Beide Zugriffe der neueren philosophiedidaktischen Methodendiskussion sind – wie in der Darstellung deutlich geworden sein sollte – nicht nur komplementär, sie ergänzen und bestärken einander vielmehr gegenseitig. Der Gang in beide Richtungen verdeutlicht die lebensweltliche Verwurzelung und die Aufgabe der Philosophie, an eben diesem ihrem Stammort wirksam zu werden. Er bietet ein spezifisch philosophisches Instrumentarium, das in Bildungsprozessen schrittweise helfen kann, wie in einer Diskussion der Münsteraner Philosoph *Norbert Herold* bemerkt hat, „in eine Dynamik des Denkens hineinzukommen". Gegenüber einem methodizistischen Trainingsglauben hängt es von der gemeinsamen kompetenten situationsgerechten Reflexion und Entscheidung der „Schulprofis" Schüler und Lehrer ab, welche Methode sich als jeweils geeignet erweist. Wichtigste Quelle jeder Methodik sind Engagement, Phantasie und Unterrichtserfahrung der Praktiker – die allerdings sind nachhaltig und dauerhaft zu befördern, zu unterstützen und immer wieder neu anzuregen. Es sind im Kern dieselben Verfahren, deren *Analoga* in den philosophischen Denkrichtungen gleichsam theoretisch hochgerechnet bzw. gar „verabsolutiert" erscheinen können, die aber auf ihre Konkretionen wieder rückführbar und mit ihnen – als Aufgabe der Didaktik – auch vermittelbar sein müssen. Denn nur dann erscheint es auch möglich, sie als zugleich lebendig praktizierbare und praktizierte wie als theoretisch abgesicherte zu Methodenkompetenzen zu habitualisieren und für die Philosophische Bildung nutzbar zu machen.

Die planmäßige und bewusstmachende Stärkung dieser Zugriffe – dies kann als das Ergebnis der neueren philosophiedidaktischen Methodendiskussion gelten – vermag das alltagsweltliche Denken zu schärfen und zur philosophischen Klärungs-, Prüf- und Orientierungsarbeit entscheidend beizutragen.

Ekkehard Martens: *Dialogisch-pragmatische Philosophiedidaktik*, Hannover u. a.. 1979.

Ders.: *Einführung in die Didaktik der Philosophie*, Darmstadt 1983.

Ders.: „Didaktik der Philosophie". In: Ders. / H. Schnädelbach (Hrsg.): *Philosophie. Ein Grundkurs*, 2 Bde., 2. Aufl. Reinbek 1991, 748-780.

Ders.: „Philosophiedidaktik". In: A. Pieper (Hrsg.): *Philosophische Disziplinen*, Leipzig 1998, 281-303.

Ders.: *Methodik des Ethik- und Philosophieunterrichts. Philosophieren als elementare Kulturtechnik*, Hannover 2003, 5. Aufl. 2010.

Johannes Rohbeck: „Didaktische Potenziale philosophischer Denkrichtungen". In: *Zeitschrift für Didaktik der Philosophie und Ethik* 22 (2000), 82-93.

Ders.: *Didaktik der Philosophie und Ethik*, Dresden (Thelem) 2. Aufl. 2011.

4.4 Aspekte der Stunden- und Reihenplanung; das philosophische Unterrichtsgespräch, Diskussionsprozesse, Gruppenarbeit

In einer fachdidaktischen Spezifizierung von *Humboldts* „Lernen des Lernens" erscheint vor dem bisher entwickelten Hintergrund eine „Kompetenzentwicklung zum Philosophieren" als entscheidende Hinsicht der Philosophiedidaktik. Diese besteht darin, mit unterschiedlichen methodischen Zugängen zu eigenem Arbeiten zu motivieren und anzuleiten, nämlich: sich selbsttätig Informationen zu besorgen und Wissen anzueignen, sich selbständig und kritisch mit Sachverhalten auseinander zu setzen, zugleich jedoch auch eine gewisse „Kultur der Sensibilität" und die emotionale und praktische Bereitschaft zu Einfühlung und Toleranz zu entwickeln.[31] In diesem Zusammenhang liegt es nahe, „offene" statt „geschlossener" Lernsituationen in Gang zu setzen, statt rezeptiven Lernens Entdecken und Selberdenken zu fördern und Lehrer/innen und Schüler/innen konkrete Hilfen und Vorschläge für *Planung, Strukturierung und Steuerung des Unterrichts* zu geben sowie die Methodenkompetenz der Lernenden zu verbessern und aufzubauen.

„Orientierung" realisiert sich dabei in stets konkreten Prozessen; die Ergebnisse solcher Prozesse – das ist ja das Paradox aller Bildung – können allerdings in letzter Instanz nicht vorgegeben werden und sind nicht bis ins Letzte ausrechenbar. Sie müssen von den Bildungssubjekten selbst hervorgebracht werden.[32] Dies verbietet aber natürlich überhaupt nicht, das vernünftig und methodisch zu planen, was planbar ist. Nicht wenig vom

---

[31] Vgl. zu diesem Themenkomplex Rolf Göppel: „ ‚Emotionale Intelligenz' als Bildungsziel?" In: *Neue Sammlung. Vierteljahres-Zeitschrift für Erziehung und Gesellschaft* 39 (1999), 563-582.

[32] Matthias Balliet: „Licht ins Dunkel. Die erhellende Wirkung von Transparenz". In: Ders. und U. W. Kliebisch (Hrsg.), *LehrerHandeln*, Hohengehren 2012, 61-71

Philosophie-Lehrberuf besteht in entsprechenden (allgemeinen wie spezifischen) Entscheidungsakten unterschiedlicher Art und Reichweite.

Unterrichts*phasierungen*

So explizit in Stundenentwürfen und Besprechungen wie in der eigenen Reflexion das Ziel zu benennen ist, an dem man seine Stunde gemessen haben will, so unbezweifelbar die Planung von Stundenabläufen incl. Zeitbudget eine berechtigt strukturierende Funktion hat: beide sind durchaus kein Selbstzweck, sondern ein Rahmen für die Etablierung von Denkentwicklungs- und Reflexionsstufen. Viele Fachdidaktiken haben Phasenmodelle des Unterrichtsverlaufes entwickelt (z. B. *Jürgen Kreft* vs. *Harro Müller-Michaels* für den Deutschunterricht); einen diskussionswerten Vorschlag für die Philosophiedidaktik bietet *Rolf Sistermann*, der eine Antizipation der in den jeweiligen Texten angebotenen Problem-lösungen durch Schülerinnen und Schüler inkl. auswertendem Vergleich vorsieht („Bonbonmodell"), welcher die Spontaneität, Kreativität und den Ideenreichtum von SchülerInnen für Bildungsprozesse nutzen möchte.

Konkrete hieraus resultierende Stundenschemata bzw. Unterrichtspläne variieren in der Referendarsausbildung sehr stark. Hier genaue Abläufe vorzugeben, scheitert sowohl an der Vielgestaltigkeit der Unterrichtswirklichkeit selbst,[33] als auch an dem aller allzu genau unternommenen Lernorganisation entgegengebrachten Verdacht, „verplante Abrichtungs-prozesse" inszenieren zu wollen. An *Helmichs* entsprechender Diagnose dürfte sich bis heute wenig geändert haben. Helmich unterscheidet mit *Rehfus* – bezogen in wesentlichen Fällen, aber nicht notwendig und nicht immer, auf eine Einzelstunde – die folgenden Stufen und Phasen des Philosophieunterrichts: Problemeröffnungsphase, Assoziationsphase, Planungsphase, Erarbeitungsphase, Problematisierungsphase, Rekonstruktionsphase und Transferphase.

Variabler, zugleich aber dem Geist eines methodisch entdeckenden Philosophie-unterrichts angemessen erscheint es, statt genauer Ablaufvorgaben ein *Prinzip der Verknüpfung von Lernendeninteresse und seiner Beantwortung* zu etablieren. Der Gang eines Unterrichtsprojektes kann sich dabei nach *Ekkehard Martens* in die folgende Spiralbewegung einklinken:

- offenes Unterrichtsgespräch als Beginn der geplanten Sequenz mit dem Ziel einer Klärung der eigenen Interessen und Vormeinungen, Festlegung oder Umformulierung von Untersuchungsfeldern;
- Hinzuziehen von weiteren Dialogpartnern durch das Heranziehen von Experten oder das Lesen von Texten, auch Kennenlernen der Diskussionstradition einer Frage durch verschiedene Zeiten hindurch und differierender Antwortversuche verschiedener Philosophen;

---

[33] Durch Hospitation / Supervisionen: Videoaufzeichnungen und Transkribierungen von Unterrichts-stunden lässt sich hier ein genauerer Einblick gewinnen.

- Realisierung des dabei erhaltenen Dialogangebots durch Problematisieren der Antwort-angebote und Rückbezug auf die eigenen Ausgangsfragen.[34]

In einem Bildungsgespräch gilt es, den Teilnehmern Angebote zu machen, für sich und miteinander einen Diskurs in Gang zu setzen. Um ein bloßes „Gerede" zu vermeiden, ist es durchaus möglich, diejenigen Sachgesichtspunkte, die man über diejenigen hinaus, die von den Teilnehmern angeführt werden, seinerseits nennen möchte und die man sich vorher überlegt hat, schrittweise in den thematischen Progress einzubringen. Man kann zum Beispiel sagen: „Ich möchte jetzt eine weitere/letzte Diskussionsrunde eröffnen unter der Leitfrage ...". Im Zuge eines solchen Vorgehens lernen die Kursteilnehmer, auf deren Beiträge man gespannt sein darf, von einander (und man selbst im Zweifel auch noch). Eine gelingende Stunde ist immer ein (kleines) bisschen auch eine gemeinsame Inszenierung. Dabei gilt es, einen Begriff von Bildung zu reklamieren, der über das hinausgeht, was mit allem Recht auch ein Ziel menschlicher Lebensplanung sein kann (nämlich beruflicher und sozialer Erfolg).

Eine solche Bewegung kann situativ verschieden anheben: Texte können als Antwort-angebote auf Untersuchungswünsche dienen, die sich im Gespräch ergeben haben; sie können aber auch einen Ausgangspunkt darstellen: das Denken anregen, Interessen erwecken. Didaktisch lassen sich diesen Projektschritten, dem bislang Entwickelten zufolge, die folgenden Absichten zuordnen:

- Interessen, Vorwissen und Vorerfahrungen aufrufen;
- diese Ansätze ernst- und aufnehmen und in aktives und selbstgesteuertes (Einzel-, Partner-, Gruppenarbeit, Plenum) Arbeiten und Erforschen umsetzen;
- diesbezügliche Planungs- und Steuerungskompetenzen fördern und wachsen lassen, welche ihrerseits wiederum hinführen auf einen vierten Punkt:
- Themen, Vorhaben und Projekte entdecken, formulieren, abarbeiten, reformulieren und weiterentwickeln.

Hierzu kann es natürlich viele verschiedene Versionen der Umsetzung in einer konkreten Unterrichtsstunde geben. *Eine* solche mögliche Variante der Umsetzung, ausgehend von der (nicht zwingenden) Verwendung eines konkreten Unterrichtsmaterials, könnte sich aufbauen aus:

- „Materialkonfrontation",
- „Ausfragen" des Materials, Klärung unbekannter Begriffe (bei Textanalyse),
- Erstellung einer Aussagestruktur, z. B. Bestimmung eines möglicherweise vorhandenen „Clous", d. h. einer zentralen Aussage oder Hauptthese sowie stützender, differenzie-render und weiterer Aussagen,
- Bewertung, Auswertung des Materials im Hinblick auf das Untersuchungskonzept (Material als „Antwort" auf Untersuchungswünsche) *und/oder*

---

[34] Nach: Ekkehard Martens: „Didaktik der Philosophie". In: Ders. / H. Schnädelbach (Hrsg.): *Philosophie. Ein Grundkurs*, 2 Bde., 2. Aufl. Reinbek 1991, 748-780, 772.

- Verständnis des Materials als exemplarische Darstellung eines Problems zur Hervorbringung (neuer) Untersuchungsfragen (Eröffnungsstunde, „Gelenkphase" innerhalb des Unterrichtsprojekts).

Mit Blick auf die Lernorganisation soll schließlich eine letztliche Richtschnur aller Maßnahmen lauten: Es gilt, die Kompetenzen der Lernenden methodisch geleitet so wachsen zu lassen, dass die Lernorganisation durch die Lehrenden zugunsten der durch die Lernenden immer mehr zurückgenommen werden kann.[35]

Unterricht*sformen* und Diskussionsprozesse

Verschiedenste philosophische Arbeitsprozesse können in pädagogischem Licht betrachtet werden. Universitäten arbeiten traditionell mit Vorlesungen, Seminaren und Diskussionen; studentische Referate sind gängige Praxis. Seminare bieten zusätzlich zu den eher rezeptiven Lernformen der Vorlesung die Möglichkeit zu lebendigem Austausch. Die Schule ist zweifellos immer noch und immer wieder durch fragend-entwickelnden *Frontalunterricht* stark geprägt.[36] Lehrer wie Hochschullehrer trennen häufig nicht zwischen moderierenden und belehrenden Funktionen, so dass sie sich, ob nun gewollt oder ungewollt, zu Wahrheits- wie Diskussionsmonopolisten und -richtern aufschwingen – paradoxerweise didaktisch umso verderblicher, je mehr sie wirklich etwas zu sagen haben. Der lehrerzentrierte Frontalunterricht, diagnostisch nicht oder kaum abgesichert, getragen von einer starken Resistenz der Lehrkräfte gegen alle Beobachtung und Evaluation, gilt seit „Pisa" manchem als eine Hauptquelle der Bildungsprobleme. Die Person des Lehrenden ist aber in Bildungsprozessen ein wichtiger Faktor. Zugleich gilt: Nicht jeder Lehrer/innentypus ist gleich (oder gar „charismatisch"); viel hängt auch am Engagement, an der Freude am Umgang mit Menschen und an einer soliden Beherrschung des Handwerkszeuges.

In einem instruktiven, fachinhalts- und leistungsorientierten, von einer bedachten Fragetechnik geprägter Unterricht darf nicht das subjektive Räsonnement des Lehrers strukturierendes Unterrichtsprinzip werden. Man wird also schwerlich sagen können, bestimmte Methoden seien an sich „gut" und „richtig", andere „falsch". Welche Methoden jeweils angemessen sind, hängt vielmehr von den konkreten Kontexten und Erfordernissen der jeweils intendierten Bildungsprozesse ab. Kaum ein Lehrgespräch oder Fachvortrag kann verhindern, dass Teilnehmer sich ihre eigenen Gedanken machen – wir können ja gar nicht anders, als Lernstoffe *für uns* zu organisieren. Umgekehrt mag mancher sach- und rezeptionsorientierte Teilnehmer an Bildungsveranstaltungen über „Warming-up" („Wie ist Ihr persönliches Wetter heute?" – „Wollen wir nicht mit einer kleinen sportlichen Auf-

---

[35] Selbstverständlich haben im Ablauf von Stunden- und Reihenplanungen auch Methoden der Ergebnissicherung und Leistungsüberprüfung ihren Platz.

[36] Wie alle Methoden, so gilt gerade der *Frontalunterricht* nicht in Ausschließlichkeit. *Hilbert* und *Meinert Meyer* haben hierzu einen gemeinsamen Aufsatz mit listigem Titel verfasst. Sie plädieren auch im Frontalunterricht für den Primat einer Förderung der methodischen Kompetenz der Schüler. Vom gelenkten Unterrichtsgespräch möchten sie die wieder zu entdeckende Tugend eines gut geplanten Lehrervortrages trennen.

lockerung beginnen?"), meditativen Einstieg („Was fällt Ihnen zu diesem Postkartenbild ein?") und Kleingruppenarbeit nicht immer zu erfolgreichen Lernprozessen gelangen.

Was aber ist für philosophische Bildungsprozesse entscheidend? Menschen in ein Gespräch zu bringen, ihnen Wege zu eröffnen, eigene Gedanken für sich zu äußern und einen Diskurs in Gang zu setzen – das ist auch wichtiges Anliegen der Philosophie. Philosophische Bildung ist schwerlich als etwas vorstellbar, das immer nur alleine passiert. Sie ist vielmehr wesentlich auch als gemeinsame Tätigkeit an konkreten lebensweltlichen Orten, als Diskurs, wie es in den achtziger Jahren hieß, zu bestimmen.

Eine solche *Diskussionskultur* ist auch bei Nichtabgabe überhöhter diskurstheoretischer Garantien und bei Nichtinanspruchnahme einer spezifischen Metatheorie, wie sie in der Fachphilosophie und, mit Abstrichen am normativen Aufwand, auch in der Fachdidaktik entwickelt worden sind, ein vernünftig auszuweisendes Ziel. Für ihre Durchführung sind unterrichtspraktisch sinnvolle Kriterien auch dann formulierbar, wenn man auf ausgefeilte Gruppenmethodiken verzichtet.

Ein Beispiel hierfür stellen bereits einfache Regeln zur Pro- und Contra-Diskussion für eine Jahrgangsstufe 7 oder 8 dar (formuliert für die Sek. I; wenn nötig, zur ständigen Erinnerung an die Tafel schreiben oder auf Folie projizieren):

- Bestimmt einen Diskussionsleiter, der eine Rednerliste führt (schriftlich). Niemand darf ohne Aufforderung dieses Regisseurs das Wort ergreifen. Der Diskussionsleiter kann maximale Redezeiten festlegen (z. B. 3 Min.). Er sollte von Zeit zu Zeit objektive Zwischenzusammenfassungen des Diskussionsstandes geben.

- Je ein Vertreter bereitet eine kurze Stellungnahme zum verabredeten Thema „pro" und „contra" vor (schriftlich.; evtl. Hausaufgabe). Sie/Er bekommt nach einer ersten Diskussionsrunde noch einmal Gelegenheit, sich zu äußern. Für diese gilt wie für die Diskussionsteilnehmer: Fasst euch knapp! Macht euch Notizen, um eure Argumente sprachlich präzise und vollständig überbringen zu können (vor Aufregung oder in der Hitze des Gefechtes vergisst man oft etwas!).

- Spaß kann es machen, auch die Gegenargumente zu hören, zu würdigen und zu kontern. Wer souverän ist, kann fair sein: nicht ins Wort fallen, nicht persönlich verletzend werden!

Auch in Lerngruppen der Sekundarstufe II oder an anderen Bildungsorten zielen philosophische Dispute auf die Fähigkeit und Bereitschaft, eigene Wünsche und Vorstellungen zu artikulieren und in gemeinsame Projekte und Prozesse einzubringen, sich selbst Untersuchungsaufgaben vorzunehmen und Zielsetzungen zu gewinnen/zu formulieren. Freilich gilt, wie eingewandt wird, auch, dass das Gespräch nicht im Methodenkorsett auf niedrigem Niveau dahindümpeln darf, während geradezu ein Quantensprung durch einen sinnvollen sachlichen Impuls der Lehrperson möglich wäre. *Nicht bloßes Reden und kein gruppendynamischer Selbstzweck machen ein philosophisches Gespräch aus, sondern ein Progress, der sich mit Sachgesichtspunkten so anreichert, dass ein schrittweise sich aufarbeitender Gesprächserfolg entsteht, an dem alle adäquat teilhaben und in dem alle Gesprächteilnehmer voneinander lernen können.* Dabei gilt:

- Der Diskussionsleiter/die Diskussionsleiterin sollte mit Zwischenzusammenfassungen und evtl. weiterführenden Leitfragen bzw. fachlichem „Input" den Ablauf in der Hand haben, wo nötig, und sich aus der Gesprächssteuerung zurückziehen, wo möglich.
- Der/die Lehrende sollte die eigene Rolle eher als „Katalysator" gemeinsamer Kompetenzen und gemeinsamen (zu erarbeitenden) Wissens verstehen und den Gang des Gespräches nicht unnötig determinieren.

Wichtig auch für Lerngruppen im Philosophieunterricht ist es dabei zweifellos, Formen der *Gruppenarbeit* kennen zu lernen, entsprechende „Sozialform-" und Methodenkompetenzen einzuüben und im Plenum über ihren Einsatz zu entscheiden – gemeinsam geht es oftmals besser. In kleinerer Besetzung (und dabei intensiver) zu arbeiten und zu diskutieren, kann helfen, Diskurs- und Problemlösungsfähigkeiten weiter zu entwickeln und damit die Möglichkeiten kommunikativen Handelns zu stärken. Mit *Kant* und *Hilbert Meyer*: „Die Schüler/innen müssen lernen, sich ihres Verstandes ohne Anleitung anderer zu bedienen". Regeln für eine Gruppenarbeit können zum Beispiel die folgenden zusammengestellten sein.

- Die Aufgabe muss jedem klar sein.
- Der „Tagungsort" der Gruppe sollte angenehm und ruhig sein.
- Die Gruppe muss sich auf Modalitäten des Ablaufes einigen. Welche Schritte sind zur Bewältigung der Aufgabe zu gehen? Soll man einen Diskussionsleiter bestimmen? Wer protokolliert die Ergebnisse mit? Wer trägt die Resultate im Plenum vor?
- Man sollte auch „Zeit fürs Gemütliche" finden, ein Gespräch in lockerer Atmosphäre, eine Reflexion über die Arbeit der Gruppe; dies darf natürlich die eigentliche Gruppenarbeit nicht einschränken.
- Wichtig ist schließlich die Präsentation der Ergebnisse, auf die die gesamte Gruppe sich bewusst vorbereiten sollte (evtl. übersichtliche Folien, ein Plakat, Tafelanschrieb etc.). Über die/den Präsentierende(n) hinaus bleibt die gesamte Gruppe für Hilfen, zusätzliche Erklärungen etc. bereit und verantwortlich.
- Auch für die Gruppenarbeit gilt die Grundregel, dass sie nur *eine* Möglichkeit im Rahmen eines möglichst flexibel und angemessen einzusetzenden Gesamtinstrumentariums darstellt.

Ebenso übel wie ein ausschließlich auf Gruppenmethodiken fixiertes Pädagogisieren stieße eine bildungsobjektivistische Didaktik auf, die das Unterrichtsgespräch als „freie" Äußerung „borniertem" Vorverständnisses von Schülern und Schülerinnen auffasst, das dann sozusagen an den Ganzschriften der Philosophiegeschichte abzuarbeiten ist. Dem Gesprächsleiter ist es – so hatten wir festgestellt – nicht verwehrt, seinen Informationsvorsprung dem gemeinsamen Prozess der gedanklichen Arbeit zugute kommen zu lassen. Philosophieunterricht besteht jedoch nicht in der primären Korrektur zuvor angeblich beliebiger Meinungskundgebungen, die der „mühsamen" Gedankenarbeit allererst auszusetzen sind (vorher wurde nicht gedacht?). Eine philosophische Bildung, die erfolgreiche Prozesse zur Inbeziehungsetzung von Ich und Welt ermöglichen will, *lebt* vielmehr von subjektiven Herangehensweisen und Interessen ebenso wie von ihrer systematischen Förderung.

Dem entspricht, was die philosophische Bildung wirklich ausmacht: Statt definitiver Wahrheiten – das ist ihr Gestus oft genug auch gewesen – bietet die Philosophie eher einen Weg der Sensibilisierung sowie des Fragens und des kritischen Denkens an. Sie verkörpert einen Modus der Vermittlung mit den Leistungen wie Komplikationen der Moderne. Seine Ansichten und Einsichten allererst begrifflich klarer zu fassen, Begründungen und Erklärungen geben, einfordern und beurteilen zu können, Standpunkte anderer kennen lernen und über sie nachzudenken, auch ein „Nach-Vorne-Denken" (Was passiert, wenn nichts passiert?) – kurz: „sich im Denken orientieren": dies ist praktiziertes Philosophieren. Das Unterrichtsgespräch mag als reines Lehrgespräch vorkommen – berühmte Vorbilder gibt es hierfür allerdings –, doch entspricht der geschilderten Vorgehensweise der Philosophie weit eher eine Situierung gemeinsamen Bemühens aus jeweiligen sozialen und kulturellen Kontexten heraus in Diskurs und Disput, argumentativer Arbeit und informierender Lektüre.

Zur Strukturierung/Phasierung von Lernprozessen:

Mathias Balliet: „Licht ins Dunkel. Die erhellende Wirkung von Transparenz". In: Ders. und U. W. Kliebisch (Hrsg.), *LehrerHandeln*, Hohengehren 2012, 61-71.

Hans-Joachim Helmich: „Lernorganisation im Philosophieunterricht". In: W. D. Rehfus / H. Becker (Hrsg.): *Handbuch des Philosophieunterrichts*, Düsseldorf 1986, 288-301.

Ekkehard Martens: „Didaktik der Philosophie". In: Ders. / H. Schnädelbach (Hrsg.): *Philosophie. Ein Grundkurs*, 2 Bde., 2. Aufl. Reinbek 1991, 748-780.

Rudolf Reuber: „Wie plant ‚man' einen philosophischen Kurs?" In: *Information Philosophie* 2 (1994), 64-68.

Rolf Sistermann: „Konsumismus oder soziale Gerechtigkeit?" In: *Zeitschrift für Didaktik der Philosophie und Ethik* 27 (2005), 16-27 (dieser Aufsatz enthält das „Bonbonmodell" im Schema auf Seite 26).

„Wie sollte eine ganz normale Anfänger-Unterrichtsstunde grundsätzlich aufgebaut sein?" Im Internet unter: *www.referendar.de/unterricht/erste_schritte/bastelanleitung.html*. (Gibt ein übliches Minimal-Schema wieder: Phase 1: Einstieg, Motivation; Phase 2: Erarbeitung; Phase 3: Sicherung; Phase 4: Übertragung. Aber Vorsicht: derlei ist Gegenstand ab und an geradezu weltanschaulicher Debatten ...).

Unterrichtsgespräch und Gruppenarbeit:

Klaus Draken: „Das Unterrichtsgespräch. Oder: Auf dem Weg zu einer philosophisch geprägten Gesprächspraxis". In: *Ethik und Unterricht* (2000), 17-23.

Hilbert Meyer/Meinert A. Meyer: „Lob des Frontalunterrichts". In: dies. (Hrsg.): *Lernmethoden, Lehrmethoden: Wege zur Selbständigkeit*. Friedrich-Jahresheft, Seelze 1997, 34-37.

Landesinstitut für Schule und Weiterbildung NRW: *Methodensammlung. Anregungen und Beispiele für die Moderation* (Karteikasten), Soest 1996.

Horst Rumpf: *„Aufmerksam machen und Aufmerksam werden*. Unterrichtsauftakte bei Aebli und Wagenschein". In: D. Bosse / P. Posch (Hrsg.), *Schule 2020 aus Expertensicht*, Wiesbaden 2009, 231-136.

Andreas Siekmann: *Unterrichtsideen – das freie Problemgespräch im Philosophieunterricht*, Stuttgart/Dresden 1992.

Felix Winter: „Tipps für die Kleingruppenarbeit". In: M. A. Meyer u. a. (Hrsg.): *Lernmethoden, Lehrmethoden: Wege zur Selbständigkeit.* Friedrich-Jahresheft, Seelze 1997, Beiheft: Lernbox, 19.

4.5 Heft, Mitschreiben, Tafelbild, Flip-Chart, Wandzeitung, interaktives Whiteboard: Dokumentationen des gemeinsamen Arbeitsprogresses

Man werde demnächst die Hefte einsammeln... – eine Drohung? Viele Schülerinnen und Schüler haben Schwierigkeiten mit Schriftqualität und Vollständigkeit bei eigenen Aufzeichnungen sowie mit der Sammlung und Ordnung ausgegebener Arbeits- und Textblätter (nebenbei bemerkt: dies geht auch manchem Studenten so). Solche Aufzeichnungen sinnvoll führen zu können, ist aber eine Grundfertigkeit in der Organisation von Bildungsprozessen, von der jede und jeder für sich selbst in allen Altersstufen profitiert. Ähnlich ist es mit der Archivierung von Unterlagen. Es empfiehlt sich, auf deren Einkleben ins Heft oder auf der Anlage eines Hefters bzw. Aktenordners zu bestehen. Eine an meiner langjährigen Schule legendäre Kollegin pflegt vor dem Einsammeln die Hefte am Bund hochzuhalten und sie zurückzuweisen, wenn Arbeitsblätter herausfallen.

Das Heft kann aber allen Beteiligten auch regelrecht Spaß machen und gerade für ein interessantes Fach wie Ethik / Philosophie einen hohen Identifikationsfaktor beinhalten. Viele Schülerinnen und Schüler ergänzen findig die schriftlich niedergelegten Ergebnisse aus der Schule um selbst recherchiertes Material. Voraussetzung ist, dass auf diese Aufzeichnungen auch wirklich in Arbeitsprozessen, z. B. wiederholend, eingegangen wird: der Rekurs auf die eigenen Unterlagen – auch der Kursteilnehmer untereinander – muss ein lebendiger Teil der gemeinsamen Arbeit sein.

Zu einer guten Unterrichtsarbeit gehört übrigens, bei der Gruppenarbeit wie etwa auch bei Vorträgen, wie *Viola Zintl* dargestellt hat, ein aktives und bewusstes Zuhören auf der Teilnehmerseite, das sich dann im Heft dokumentiert. Hierzu hilft es, sich Fragen wie die folgenden zu stellen:

- Was weiß ich vorab von der Thematik?
- Was interessiert mich – was möchte ich lernen?
- Welche Gliederungs- und Aufmerksamkeitssignale gibt der/die Vortragende (Ich möchte hier zunächst... und dann...; meine Hauptthese ist/das Wichtigste ist...)?

Auch für ein erfolgreiches Mitschreiben sind diese Punkte wichtig. Hinzu treten beim Mitschreiben noch Aspekte wie:

- Kernaussagen, Definitionen usw. wörtlich festhalten,
- eigene Gedanken und Kommentare unterscheidbar notieren,
- viel Raum lassen für Markierungen beim Überarbeiten oder bei einem wiederholenden Lernen.

Wenn jetzt gleich nach den schriftlichen Unterlagen und vor der (in der Philosophie so entscheidenden) Textanalyse vom *Tafelbild* die Rede ist, wird noch einmal deutlich, dass die vorliegende Sammlung eine Aufzählung wichtiger Elemente aus Bildungsprozessen, nicht jedoch deren Systematisierung beabsichtigt. Aber wie schwärmen die Didaktiker bis in die jüngste Gegenwart gerade vom Tafelbild! ... nicht nur für *Hilbert Meyer* immer noch das wichtigste Medium der Schule. Und auch an der Universität ist trotz „Beamer" und „Powerpoint"-Bildfolge die Tafel bis heute ganz offensichtlich unverzichtbar.

- Ein schrittweise vor den Augen der Lerngruppe entstehendes Tafelbild hält den Arbeitsprozess strukturierend fest.
- Die Tafel kann wichtige Informationen über Schreibweisen unbekannter Namen und Begriffe vermitteln, was zur Persistenz von Lehrer- wie Schülerinformationen entscheidend beiträgt.
- Ein Tafelbild – es kann auch gemeinsam lustvoll gezeichnet und gemalt sein – vermag als Gruppenprodukt Spaß und Zusammengehörigkeitsgefühl zu stärken.

Wie jeder Unterricht steht auch das Tafelbild in einem Spannungsfeld von nötiger Vorplanung durch die Lehrenden und Offenheit für die Ergebnisse der Lerngruppe. Jede Lehrerin und jeder Lehrer wird mit einem vorentworfenen Tafelbild in den Unterricht gehen. Der Tafelbildentwurf kann hierbei sozusagen Leerstellen für die Schülerbeiträge einplanen. Es ist aber auch möglich, das Tafelbild insgesamt je nach Diskussionsfortschritt sozusagen „mitzurechnen". Schließlich kann auch die Lerngruppe Visualisierungsvorschläge machen und ausführen.

Neben dem Tafelbild bieten auch Flip-Chart und gemeinsam gestaltete Wandzeitungen Möglichkeiten einer für die gesamte Lerngruppe sichtbaren Dokumentation des Arbeitsprogresses. Man kann Collagen und Plakate erstellen und, z. B. in Zusammenarbeit mit Kunstpädagogen, einen künstlerischen Ausdruck seiner Einstellungen versuchen. Die Vorteile liegen dabei in der Möglichkeit einer dauerhaften („nicht abzuwischenden") Präsentation der Ergebnisse. Das „interaktive Whiteboard" (IWB) mit fest installiertem Beamer stellt die Verbindung zu den elektronischen Medien her.

Viola Zintl: „Zuhören und Mitschreiben". In: Dies.: *Lernen mit System*, München 1998, 49-58.

Wolfgang Mattes: „Tafelbildgestaltung". In: Ders.: *Methoden für den Unterricht. 75 kompakte Übersichten für Lehrende und Lernende*, Paderborn 2002, 62 f. (aufschlussreiche Hinweise in einem überhaupt *zur Schaffung eines Bewusstseins für die Vielfalt unterrichtsmethodischer Möglichkeiten sehr hilfreichen und empfehlenswerten Buch*. Weitere der 75 Hinsichten – neben vielen der auch in der vorliegenden Übersicht angesprochenen – sind zum Beispiel: Redekette, Sitzkreis, Einzelarbeit, Partnerarbeit, Gruppengespräche moderieren; Präsentation von Arbeitsergebnissen, innere Differenzierung; Wie führt man eine Meinungsumfrage durch? u. v. m.).

Thomas Seidel: „Kann man da auch ein Smartphone anschließen?" Unterricht zwischen interaktivem Whiteboard und Kreidetafel. In: *Schüler: Online, Offline*. Friedrich-Verlag, Seelze 2012, 109.

4.6 „So, dies lesen wir jetzt einmal laut, bitte!" – Zum Aufbau von Reflexivität durch die *Arbeit mit Texten in der Sekundarstufe I*

In der Sekundarstufe I müssen die zu behandelnden (meist kürzeren) philosophischen Textausschnitte, wie sie im Schulbuch oder in Kopie vorliegen, nach dem Kriterium altersgruppenadäquater Verstehensanforderungen besonders in den Anfangsklassen sorgfältig ausgesucht und didaktisch bewusst behandelt werden.[37] Gängige Vorgehensweisen sind u. a.:

- Text durch einzelne Kursteilnehmer laut lesen lassen,
- Text (ggfs. ein zweites Mal) von den Schülerinnen und Schülern je für sich lesen lassen,
- Text als Lehrperson selbst langsam und sinnakzentuierend vorlesen,
- „Ausfragen" des Textes im Hinblick auf unbekannte Begriffe durch die Kursteilnehmer (und andere Textbehandlungsroutinen) einüben,
- texterschließende Fragen als Lehrkraft im Unterrichtsgespräch bewusst einsetzen usw.

Manche Praktiker/innen an Haupt-, Real- und Gesamtschulen, aber auch an Gymnasien, berichten davon, dass sie vereinfachte „Nach-Texte" (nämlich „nach Platon" usw.) für den Unterricht verfassen (müssen), weil Schulbücher durch Wiedergabe von zu langen und sprachlich zu schwierigen Passagen die Lesefähigkeit vieler Schüler überschätzen (inclusive der von „diskontinuierlichen" Texten, also Graphiken, Tabellen etc.). Die Erstellung von „Nach-Texten" (vgl. auch Abschnitt 4.18) ist aus fachphilosophischer Perspektive bestreitbar, didaktisch jedoch dadurch zu rechtfertigen, dass andernfalls bestimmte Denkvorstellungen gar nicht in den Horizont von SchülerInnen gelangten, und es auf diese Weise immerhin möglich ist, einen (neudeutsch:) „Link" der Kenntnis und eines weiterführenden Interesses etwa zu einem Gedanken von Platon „zu legen". Genau wie die Arbeit mit den in der angeblichen „didaktischen Reduktion" gewonnenen Textausschnitten der Oberstufe ist alle Verkürzung (die eigentlich eine „didaktische Konstitution" darstellt) nur legitim, wenn der Ableitungs- und Verweisungszusammenhang zur Originalschrift immer wieder verdeutlicht und aktualisiert wird.

Der Mythos von den Kugelmenschen

Es hat einst die Kugelmenschen gegeben, die von Gestalt ganz rund gewesen sind. Jeder Kugelmensch hatte vier Arme und vier Beine und zwei Gesichter auf kreisrundem Hals. Dadurch stark und mächtig, kamen die Kugelmenschen auf die Idee, die Götter selbst anzugreifen. Daraufhin zerschnitt Zeus, der oberste der Götter, einen jeden in zwei Hälften, die nur noch zwei Beine und Arme hatten und so ihre Stärke verloren. Jeder von uns Menschen ist nur eine Hälfte eines solchen einstmaligen Kugelmenschen und sucht seither seine andere Hälfte. Trifft er sie wieder, so sind beide sehr entzückt und wollen ein Leben lang nicht mehr voneinander lassen. Ein solches Verlangen aber ist die Liebe.

„Nach Platon" (Text einem Schulbuch entnommen) [38]

---

[37] Der Titel dieses Abschnitts verdankt sich einem Aufsatz von Christina Hoegen-Rohls.

[38] Vgl. das Schulbuch *Sich orientieren*, München 2002, 61 sowie den zugehörigen Lehrerband, *Sich orientieren. Lehrermaterialien*, München 2004, 22 ff.

Die Lesefähigkeit insbesondere in der Sekundarstufe I ist unter anderem auch durch die „Pisa"-Untersuchungen in den Fokus besonderer, kritischer Aufmerksamkeit geraten (siehe auch Abschnitt 4.2). Zwar wird *Lesen* in solchen empirischen Untersuchungen oft unterkomplex und geradezu naiv als „Sinnentnahme" gefasst (durch die Hermeneutik wissen wir, dass Lesen eigentlich ein interpretierender, sinnerzeugend-(re)konstruktiver Vorgang ist). Außerdem beziehen sich die Lesetests gemäß dem angloamerikanischen „Literacy"-Modell stets nur auf Texte einer gewissen formalen und inhaltlichen „Mitte", nicht auf profiliertere Fachtexte wie die, um die es dem Fach Philosophie geht. Dennoch ist der Hinweis der Deutschdidaktik natürlich auch für den Philosophieunterricht von Interesse, dass sinnhafte Repräsentationen von Textzusammenhängen immer mehr Schülern nurmehr schwer gelingen, weil „hierarchieniedrige" Prozesse des Lesens durch mangelndes Lesetraining nicht automatisiert sind, sondern von den Schülerinnen und Schülern zunächst mühsam aktualisiert werden müssen, bevor Textgehalte in den gemeinsamen Unterrichtsprogress einfließen können.

Aus diesem Grund kann es hilfreich sein, Erkenntnisse der Leseforschung für philosophiedidaktische Zusammenhänge zu nutzen bzw. konkret vor Ort sich auch mit den Kollegen im Fach Deutsch hierzu auszutauschen und das Bemühen der Fächer um das Lesen in den unteren Klassen zu koordinieren. Ebenfalls aus der Deutschdidaktik stammen Vorschläge, das gängige Instrumentarium des Textumganges zu erweitern. Sinnvolle Markierungen anbringen, sich Notizen machen, Farben benutzen, Zusammenhänge graphisch darstellen: auch dies sind einfache, aber wirkungsvolle Strategien, mit denen Schülerinnen und Schüler sich einen Text zu erschließen vermögen.

In einem zweiten Schritt interessant wäre es, zu klären, inwiefern zu bestimmende „Reflexionsniveaus" von Schülerinnen und Schülern durch die Lektüre vorhandener oder theoriegeleitet konstruierter Texte positiv beeinflusst werden können. Implikationen philosophischer Bildung wären zunächst für die hier verfolgten Zwecke „zu operationalisieren und daraus spezifische Teildimensionen bzw. Niveaustufen abzuleiten".[39] Zu diesem Zwecke ließe sich das Philosophieren mit Christian Gefert als ein vielfältig und iterativ einsetzender Prozess begreifen, in dessen Verlauf „weniger reflektierte" Gedankenmodelle und Vorstellungen durch „reflektiertere" (z. B. „Glanz und Grenzen von Metaphern und Bildern unbedingter Liebe") ersetzt werden. Wer sagt: „Ich liebe Dich", formuliert in alltagsweltlich basaler Art eine Deutung seiner Gefühle. Wer sich für sich selbst wie im Diskurs mit anderen jedoch darüber hinaus fragt, was „Lieben" eigentlich bedeutet, begibt sich auf eine Ebene des „Deutens von Deutungen" und damit im hier vorgestellten Sinne auf eine Ebene lebensweltlichen Philosophierens als einer Reflexion, die die im Ursprungssatz zum Ausdruck gelangte Ursprungsempfindung besser, bewusster, weiter reichend verstehen möchte. Dieser Prozess ist – wie alle Bildungsprozesse – als gleichsam hermeneutisch wachsend vorzustellen, etwa indem sich das „Liebesverständnis"

---

[39] Christian Gefert: „Bildungsziele, Kompetenzen und Anforderungen – Perspektiven für die Entwicklung von Bildungsstandards in philosophischen Bildungsprozessen". In: E. Martens / Chr. Gefert / V. Steenblock (Hrsg.): *Philosophie und Bildung* (Reihe „Philosophie und Bildung", hrsg. von E. Martens, Chr. Gefert und V. Steenblock; Bd. 1), Münster (LIT) 2005, 135-146.

unbeschadet seiner primären emotionalen, persönlich-existentiellen und konkreten Komponente differenziert (Ausdrucks- und Anspruchdimensionen einer Lebenspartnerschaft im Unterschied zu Geschwisterliebe, Freundschaft) und mit textvermittelten Denkbildern aus der philosophischen Tradition „auflädt".[40] Es ergibt sich der potentiell unabschließbare Prozess einer *philosophischen Denkbewegung* als „geistiger Möblierung". Als Ziel philosophiedidaktisch begleiteter Bildungsprozesse lässt sich entsprechend formulieren, Schülerinnen und Schüler seien dazu zu befähigen, ihre lebensweltlich ursprünglichen Einstellungen auf weiterreichende Reflexionsniveaus zu führen und zugleich eine Deutungskompetenz im Sinne eines größeren „Eigenstandes" zu gewinnen, die sie den allzumeist auf sie zukommenden und tendenziell fremdbestimmenden Deutungsschablonen der Popkultur[41] entgegensetzen können („Leben statt gelebt zu werden"). Gegenüber der Macht der Medien-Erlebniswelten und dem permanenten Angebot von Bildreizen, die uns im Medienzeitalter umstellen, erweisen sich *Textlektüren* zur Beförderung von Reflexionsfähigkeit durch das Kennenlernen von „Denkmodellen" (zum Beispiel zum Thema „Glück") als wichtig, wobei zugleich der Einfluss unterschiedlicher kultureller Hintergründe zu eruieren und zu berücksichtigen wäre.

Ein Beispiel: „nach" Aristoteles: Glück als höchstes Ziel menschlichen Handelns

Alles, was wir tun, hat im allgemeinen ein Ziel. Allerdings gibt es zwischen Ziel und Ziel Unterschiede. Das Ziel liegt das eine Mal in dem, was man tut, selbst, das andere Mal in irgendeinem dadurch hervorzubringenden Gegenstand.

Was aber ist das höchste Ziel in unserem Leben, das um seiner selbst willen begehrt wird? Alle Menschen nennen es Glück. Was das Glück aber wirklich ist, darüber gibt es verschiedene Ansichten und die Leute allgemein stellen sich wohl darunter etwas anderes vor als derjenige, der lange darüber nachgedacht hat.

Die Leute meinen, Glück sei etwas, das man sehen, erleben und erfahren kann, so wie Spaß haben, viel Geld besitzen oder hohes Ansehen. Was gerade als Glück empfunden wird, kann wechseln: wird man krank, so sieht man das Glück in der Gesundheit, ist man arm, dann im Reichtum.

Wenn wir uns weiter anschauen, wie die Menschen leben, finden wir mindestens drei Arten der Lebensführung. Die meisten Leute verstehen unter Glück ein Leben in Lust und Genuss. Andere, die höhere Ansprüche stellen, streben nach Anerkennung und Ehre wie in der Politik.

Die dritte und höchste Lebensform besteht in einem bewussten Leben, im Nachdenken und Philosophieren. Sinnliche Befriedigung kann jeder genießen, Philosophieren aber entspricht der

---

[40] Vgl. hierzu das Kapitel „Freunde finden – Partner sein" in: *Sich orientieren*, a.a.O., 50 ff.

[41] In der Werbe- und Populärkultur dienen gerade Partnerschaftsstereotype sowie die vielbemerkte Pansexualisierung dazu, die systembedingt erforderlichen ökonomischen Erfolge zu erzielen. Jedoch vermögen es der These der „Cultural Studies" zufolge auch Elemente der Popkultur, als Resonanzfelder der Reflexion in Selbst- und Weltgewinnungsprozessen zu fungieren. Eine zu konstatierende Panökonomisierung sowie die allgegenwärtige Macht der neuen Medien sind *als aktuell einzurechnende Kontexte* von besonderer Bedeutung, wenn an jener eingangs angedeuteten Grundidee der kulturellen Tradition festgehalten werden soll: an der Selbstgewinnung des Menschen in der *Bildung* bzw. an der Zielvorstellung, Angelegenheit eines denkenden Wesens sei es, sich seines „Platzes im Leben" reflexiv zu versichern.

höchsten Fähigkeit in uns, der Vernunft. Darum liebt man das Philosophieren als Ziel in sich selbst, nicht für etwas anderes.

Texterschließende Beispielfragen gemäß Kategorien neuerer Leseforschung:

1. *Worin sehen die meisten Leute das Glück im Leben? (Informationen ermitteln)*
2. *Welche Rangfolge von Glücksvorstellungen stellt der Text auf? (Beziehungen zwischen Informationen erkennen)*
3. *Was ist für Aristoteles offenbar selbst das höchste Glück? (Versteckte Information erschließen)*
4. *Überschätzt Aristoteles das „bewusste Leben, Nachdenken und Philosophieren"? Begründe Deine Antwort, indem du angibst, was für Dich das höchste Glück ist. (Reflektieren und Bewerten / Kritisch zum Text Stellung nehmen*

Gerhard Rupp / Helge Bonholt: „Mit dem Stift zum Sinn. Schreiben als Lesestrategie". In: *Praxis Deutsch* 187 (2004), 48-51.

Gerhard Rupp: „Zur Modellierung und zum Aufbau von Reflexionskompetenz". In: Johannes Rohbeck / Urs Thurnherr / Volker Steenblock (Hrsg.): *Empirische Unterrichtsforschung und Philosophiedidaktik*, Dresden (Thelem) 2009, 138-150. ·

Volker Steenblock: „Plaudern, ‚Umschreiben', Faszinationsinszenierung. Populäre Präsentationsformen philosophischer Texte". In: *Ethik und Unterricht* 10, (1999), 43.

Ders.: „Textkonstruktion und philosophisch-ethische Reflexivität. Überlegungen zu einer Nutzung von Elementen neuerer Leseforschung für den Philosophieunterricht". In: Johannes Rohbeck / Urs Thurnherr / Volker Steenblock (Hrsg.): *Empirische Unterrichtsforschung und Philosophiedidaktik*, Dresden (Thelem) 2009, 47-63; auch als „Nach-Texte" in V. St.: *Philosophie und Lebenswelt*, Hannover (Siebert) 2012, 213-222 (behandelt ausführlicher das Aristoteles-Beispiel und enthält u. a. Vorschläge zu Kriterien für die Verfassung von „Nach-Texten").

4.7 *Dschungel und Kompass:* Die Textanalyse in der Oberstufe sowie an weiteren Bildungsorten

Ein Philosophieunterricht, der sich nicht selbst reduzieren und verleugnen will, muss und kann Lernende zur „Arbeit" am „Projekt ihrer Identität" auf die „großen Philosophen" verweisen: Ohne die „Klassiker", mittels derer die Gehalte der Tradition in unsere Reflexion „einströmen" können, entstünde ein Mangel an Fachidentität. Bekannt sind die Debatte um kürzere und längere zu diesem Zwecke verwendete Textausschnitte in Schulbüchern der Oberstufe und die Kritik am „morbus hermeneuticus" (Herbert Schnädelbach). Kompetenzen des Textverstehens, des selbständigen Bearbeitens von Texten sind aber (auch unter dem Gesichtspunkt der Wissenschaftspropädeutik) zugleich Grundfertigkeiten kultureller Bildung überhaupt. Texte können unseren Sachstand und unser Problembewusstsein erweitern; sie „sprechen" dabei auf der hermeneutischen Grundlage unserer Fragehorizonte und historischen Kontexte.

Neben der gemeinsamen Diskussion philosophischer Probleme (der sogenannten „freien Problem- und Sacherörterung") und anderen Möglichkeiten ist der Philosophie-Unterricht vorwiegend textgebunden – in Texten schlagen sich nun einmal die Ergebnisse der Menschen vor uns und der „großen Denker" nieder. Wer nicht bei Null anfangen möchte, sondern von der Tradition und dem, was vor uns gedacht wurde (bei aller Kritik) auch lernen können will, muss wissen, wie man Texte versteht und auch schwierige Nüsse „knackt".

Philosophische Texte verstehen sich nicht von selbst, sondern bedürfen zu ihrem Verständnis der methodischen Bemühung. Ein Text (von lat. „textus": Gewebe, Geflecht, Zusammenhang) ist ein (jedenfalls meistens) sinnvoller Zusammenhang von Sätzen. Hierbei ist mit der einschlägigen Terminologie zu rechnen, mit seltenen, philosophiespezifischen und andere Fachbegriffen, aber auch mit komplizierten Satzstrukturen und damit, dass Hauptsätze mit Nebensätzen verschachtelt werden, von denen oft wieder ein Nebensatz („zweiter Ordnung") abhängt, von dem dann wieder.[42]

Um zu begreifen, was zwischen dem bedruckten Papier (für Bildschirm-Texte gilt natürlich das gleiche) und dem Leser vorgeht, bietet die Hermeneutik als Lehre von *Verstehen* ihre Hilfe an. Man liest, so macht sie deutlich, dem Text seinen Sinn nicht einfach ab. Man selbst *konstruiert* vielmehr stets und notwendig das, was man für die Textaussage hält, *nach*. Die Konstruktion, die der Leser oder die Leserin durchführen muss, ist dabei abhängig von dem Horizont, über den man selbst verfügt (Vorwissen, Erfahrungen, Interessen usw.). Dieser Horizont ist bei jedem anders und sogar man selbst kann sich ändern: Derselbe Text, der einem vor einem Jahr vielleicht noch nichts „gesagt" hat, kann heute, in einer anderen Ausgangssituation, interessant und wichtig werden. Es liegt in der Natur zwischenmenschlicher Kommunikation und des Verstehens, dass es kein 100%iges Verstehen gibt – wir müssen *interpretieren*. Aber natürlich möglichst gut. Ein angemessenes Verstehen ist nicht beliebig oder ein bloßer Glücksfall, sondern eine durchaus weitgehend methodisierbare und lernbare Sache. Man muss nur wissen, wie man schwierige Texte liest.

Die Aufforderung: „Interpretieren Sie diesen Text" ruft nun womöglich üble Erinnerungen an umfangreich bedruckte Papierseiten und „Bleiwüsten" hervor. Man hat den Text schon als einen „Dschungel" bezeichnet, vor dem wir stehen und in dem wir einen Kompass brauchen.

Diesen Kompass können etwa Tipps wie die folgenden liefern. Das Textverstehen kann aufgeteilt werden in verschiedene Vorgänge: Wörter erkennen (mancher philosophische Begriff ist für sich schon ganz schön kompliziert), Satzstrukturen durchschauen, Argumentationsschritte identifizieren und schließlich die eigentliche Sinnerschließung.

(a) So könnte ein erster Schritt sich *texteröffnenden Methoden und Lesetipps* widmen: Satzweisem gründlichen und genauen sinnerschließendem Lesen, Unterstreichen und Markieren (falls kein Leihbuch), dem Erkennen von Gliederungssignalen (Überschriften, Absätzen, Hervorhebungen), schließlich Notizen.

---

[42] In hartnäckigen, zugleich aber wichtigen Fällen kann man wie bei der Lektüre von Texten aus den alten Sprachen die jeweilige Satzstruktur analysieren. Vgl. etwa die Satzgefüge-Darstellungen in: Friedrich Maier: Die Version aus dem Lateinischen/Die Version aus dem Griechischen, Bamberg 1976, 1978.

(b) Ein zweiter Schritt beschäftigte sich dann mit den *Arbeitstechniken* und der Vorgehensweise bei einer Textinterpretation.

- Hierunter fiele zunächst die Bestimmung der Frage bzw. des Problems, zu dem der Text(ausschnitt) sich äußert, die Darlegung der Entfaltung der Problembehandlung und des Lösungsvorschlages bzw. der Ergebnisse (oder einer entsprechender Offenheit des Textes), evtl. der Verweis auf Absichten des Autors/der Autorin, Aussage bzw. Position, die plausibel gemacht werden soll.
- Zweitens ginge es um eine Rekonstruktion des Argumentationsganges. Welche Schlüsselbegriffe werden verwendet? (Hierzu vorheriges „Ausfragen" des Textes: Welche Begriffe sind unbekannt? Verwendung von Lexika.) Welche Kernaussagen (Hauptthese? Stützende „Nebenthesen"?) lassen sich feststellen bzw. welche Sinnabschnitte bilden (Überschriften geben)? Wie wird argumentiert? Welche Sprechakte werden vollzogen (Definition, These, Begründung, Vermutung, Unterstellung usw.)? Welche Ergebnisse ergibt eine Analyse der Satzstruktur? Werden suggestive Mittel verwendet?
- Drittens hätte sich der Text einer Überprüfung und Bewertung zu unterziehen: Sind die Aussagen hinreichend begründet? Erscheinen die festgestellten Prämissen (Voraussetzungen, die der Autor – ausgesprochen oder unausgesprochen – macht) und die Folgerungen haltbar? Wie ist die Bedeutung des Textes für das gegenwärtige und künftige Denken und Handeln einzuschätzen? Ziel dieses Verfahrens ist ein angemessenes Verstehen und eine Würdigung des Autors. Diesem ist weder einfach ungeprüft zuzustimmen, noch ist er voreilig zu „schlachten". Redlicherweise muss allen Beteiligten klar sein, dass man meist nur „Kostproben" umfangreicher Gedankengebäude wahrnimmt. Man sollte ferner seine Interpretationsbehauptungen mit Zitaten aus dem Text belegen und trennen zwischen dem, was als Autoraussage vermutet wird, und der eigenen Position.

(c) Neben diesen *textimmanenten* gibt es vor allem *textüberschreitende Methoden* (Textvergleich, Konfrontation mit vorab bestehenden Erwartungen, gleichzeitig erhobenen Informationen zum Autor, zur Entstehungszeit, Sachinformationen zu dem Thema, zu dem der Text sich äußert und schließlichen Bewertungen, Analyse und Reflexion der Entstehungs- und Rezeptionsbedingungen). Generell gilt: Der Text ist aus Sinnzusammenhängen heraus wahrzunehmen; mit seiner Hilfe sind neue herzustellen. Hilfreich zum Textverständnis sind auch die produktionsorientierten Verfahren (siehe 4.17 und 4.18).

Helmut Engels: „Zum Umgang mit Texten im Philosophieunterricht". In: *Philosophie. Anregungen für die Unterrichtspraxis* 2 (1980), 16-24.

Klaus Langebeck: „Verfahren der Texterschließung im Philosophieunterricht". In: *Zeitschrift für Didaktik der Philosophie* 7 (1985), 3-11.

Karol van der Leeuw / Pieter Mostert: „Der Dschungel und der Kompass. Textverstehen im Philosophieunterricht". In: *Zeitschrift für Didaktik der Philosophie* 7 (1985), 42-48.

Sibille Mischer: „Wenn die Könige bauen, haben die Kärrner zu tun – die Interpretation philosophischer Werke". In: Dies. / N. Herold (Hrsg.): *Philosophie. Studium, Text und Argument*, Münster 1997, 79-103.

Johannes Rohbeck: „Zehn Arten, einen Text zu lesen". In: *Zeitschrift für Didaktik der Philosophie und Ethik* 23 (2001), 286-292.

Volker Steenblock: *Faszination Denken*, München 2000 (in diesem Schulbuch für Einführungskurse findet sich auf den Seiten 88-90 eine Anleitung zur Textanalyse im Unterricht).

Michael Wittschier: *Textschlüssel Philosophie*, München 2010.

4.8 Der *Begriff* ist der Baustein des Denkens

Der Philosophiedidaktik geht es nicht zuletzt um eine Beantwortung der Frage, wie Grundfragen und -probleme der heutigen Lebenswelt altersgerecht so zum Thema von Bildungsprozessen gemacht werden können, dass Schülerinnen und Schüler an den Gehalten philosophischer Orientierung Anteil gewinnen können. Der Unterricht bemüht sich dabei um Problemstellungen, die zugleich anschaulich sind, ohne in der Anschaulichkeit gleichsam „sitzen" zu bleiben und eine Ebene begrifflicher und argumentativer Vernunftanstrengung nicht zu erreichen. Denn Begriffsanalyse und Begriffsbildung gelten mit Recht für die Philosophie als zentral. Der Begriff ist elementarer Baustein des Denkens selbst, die Klärung von Begriffen ein grundlegendes Handwerkszeug des Philosophierens. Begriffe werden manchmal als Ergebnisse methodisch erzielter Festlegungen angesprochen, in letzter Hinsicht sind sie Ergebnisse historischer Arbeit;[43] man könnte sogar sagen: die Bedeutung eines Begriffes sind die „Sedimentierungen" seiner Geschichte. Begriffsverwendungen können ebenso verunklarend, färbend: aufwertend oder pejorativ/abwertend bzw. polemisch/kämpferisch, tendenziös gebraucht wie sachlich auftreten. Ganze Richtungen unseres Metiers haben sich konstituiert,[44] um dem Impetus sprachlicher Analyse, Kritik und Therapie, darunter eben auch einer „Ökologie" der Begriffsverwendung, sein philosophisches Recht zu verschaffen. Auch wenn der Glaube an die problemlösende Kraft purer geschichtsfreier Sprachnormierung (wie in der „Überwindung der Metaphysik durch logische Analyse der Sprache") sich nicht aufrecht hat erhalten lassen, sind eine Schulung des begrifflichen Unterscheidungsvermögens und das Bemühen um einen sorgfältigen Begriffsgebrauch notwendig: Begriffsklärung im Prozess des Philosophierens ist ein permanentes Erfordernis. Sie beinhaltet im Unterricht vor allem das Bemühen beständiger alltagsweltlich informierter, durch Begriffswörterbücher etymologisch überprüfter und gedanklich durchleuchteter exakter Definition (im Sinne des lat. *definitio*, Abgrenzung): *„Was genau verstehst Du unter ...?"* Oft finden auch Begriffsbestimmungen unter Rekurs auf andere Begriffe statt, nämlich mit Mitteln wie vergleichender Betrachtung, mit Hierarchisierungen, Begriffsbäumen usw. Hierzu bietet das folgend angegebene Schrifttum nähere Informationen.

---

[43] Man denke an die einschlägige Anlage des „Historischen Wörterbuchs der Philosophie".
[44] Vgl. Albert Newen: *Analytische Philosophie*, Hamburg 2005.

Helmut Engels: „Zum Umgang mit Begriffen im Philosophieunterricht". In: *Mitteilungen des Fachverbandes Philosophie* Heft 25 (1984), 2-10.
John Wilson: *Begriffsanalyse*, Stuttgart 1984.

4.9 Argumentieren können!

An den adäquaten Begriffsgebrauch schließt sich, nun sozusagen mehrere Elemente kombinierend, eine Anleitung zu präziser und stringenter Argumentation als Erfordernis an. Die Philosophie – manchmal zweifellos Verkündigung, Aphorismus oder „Raunen" usw. – sucht in der Regel argumentativ zu überzeugen. „Lógon didónai", Argument und Rechenschaft zu geben, ist für ihr Selbstverständnis konstitutiv. Ziel ist, sozusagen den „Raum" zu vergrößern, in dem begriffliche und argumentative Klärungen eine strukturierende Kraft entfalten und Gedankenmuster auf Kosten von Unkenntnis, Unreflektiertheit und mangelnder Bewusstheit „rationalisieren"/„vernünftiger machen". Der bewusste Umgang mit Begründungs- und Argumentationsstrukturen muss dabei etwa auf logisch korrekte, folgerichtige und widerspruchsfreie Schlüsse bzw. zumindest eine „Schlüssigkeit" der Argumentation achten. Hier sind logisch-argumentative Kompetenzen ebenso wichtig wie die Warnung vor einer bis auf die Logik abgemagerten Philosophie nicht ganz außer Acht gelassen werden kann. Das Denken kann nämlich formal richtig sein, ohne dass „etwas" erkannt wird. Die reine Kraft einer solchen überzogenen Methodizität ist schwerlich der alleinige Königsweg zu relevanten Ergebnissen, die Methode ist jedoch mit Sicherheit unentbehrliches Handwerkszeug. Sie leistet die Begleitung und Beförderung einer Entwicklung reflexiver Kompetenz in nicht zu 100% ausrechenbaren, darum aber nicht beliebigen Prozessen. Argumentieren üben beinhaltet auch ein Anhalten zu Hinterfragen und Kritik.

Volker Pfeifer: *Ethisch Argumentieren*, Bühl 1997.
Jay F. Rosenberg: *Philosophieren. Ein Handbuch für Anfänger*, 6. Aufl. Frankfurt a. M. 2009.
Herbert Schnädelbach: „Philosophische Argumentation". In: E. Martens / H. Schnädelbach (Hrsg.): *Philosophie. Ein Grundkurs*, 2 Bde., Reinbek 1991, 683-707.
Hans Julius Schneider: „Ethisches Argumentieren". In: H. Hastedt / E. Martens (Hrsg.): *Ethik. Ein Grundkurs*, Reinbek 1994, 13-47.
Holm Tetens: *Philosophisches Argumentieren*, 2. Aufl. München 2006.

4.10 Nicht nur Illustration: *Beispiele* im Philosophieunterricht

In einem Fach, das es mit dem Allgemeinen und Grundsätzlichen zu tun hat, spielen Beispiele gleichwohl eine wichtige illustrierende, verdeutlichende und weiterführende Rolle. Anschaulichkeit ist die nötige Bereicherung eines sonst womöglich abstrakten und textorientierten Philosophieunterrichts. Wer philosophische Bildungsprozesse didaktisch ohne Banalisierung unterstützen möchte, wird nicht nur anschauliche Begleitmaterialien zu Texten aufsuchen, sondern auch das Denken selbst sozusagen farbig machen. Aber nicht nur für die Didaktiker, auch in der Philosophiegeschichte spielen Beispiele eine bedeutende Rolle. Das Spektrum reicht von *Platons* den Flächeninhalt verdoppelndem Sklaven im „Menon" über *Humes* Billardkugeln bis zu van Goghs „Bauernschuhen" in *Heideggers* Kunstwerk-Aufsatz. Die philosophiedidaktisch motivierte Verwendung von Beispielen im Unterricht befindet sich demnach in guter Gesellschaft. Beispiele können motivieren, bieten mnemotechnisch einen Zugang zu abstrakten Verhältnissen, erläutern, üben, dienen zur Kontrolle von Aussagen usw.

Helmut Engels: „Zur Funktion von Beispielen im Philosophieunterricht". In: *Philosophie. Anregungen für die Unterrichtspraxis* Heft 11 (1983), 41-57.

4.11 *Man stelle sich vor, es wäre...* – Das Gedankenexperiment und andere Wege der Kreativität

Wiewohl von kontrafaktischem, möglicherweise auch spielerischem Charakter, kann das Gedankenexperiment zu ganz ernsthaften philosophischen Ergebnissen führen. Ungeachtet seiner neueren Konjunktur, für die vor allem der Name des Didaktikers *Helmut Engels* steht, ist es ein altes Mittel des Denkens, das schon Platon verwendet, wenn er den unsichtbar machenden Ring des Gyges in der „Politeia" (359b-360d) einem Gerechten und einem Ungerechten anvertraut (vgl. auch das entsprechende Unterrichtsbeispiel im letzten Kapitel dieses Buches). Unterschieden werden eine demonstrative (erhärtende, beweisende), heuristische (erkenntnis- und ideenfindende) und eine mäeutische Funktion (diese meint die Bewusstmachung einer durch Gewohnheit o.ä. verstellten Einsicht) des Gedankenexperimentes. Gedankenexperimente machen Vergnügen, erzeugen neue Ideen und ein deutlicheres Problembewusstsein. Sie verbinden etwas im Ansatz (in einem positiven Sinne) Kindliches, Phantasievolles, abseits der gewohnten Realität Liegendes mit der gedanklichen Durchführung eines wachen Verstandes. Vorformen von Gedankenexperimenten kennen wir alle im Alltag: „Was täte ich mit einem Millionengewinn im Lotto?" – „Was täte ich, wenn morgen die Welt unterginge?" – „... wenn ich Gedanken lesen könnte?" – „... wenn ich unsichtbar wäre?" – „... wenn ich unsterblich wäre?" Übergänge bestehen auch zu bestimmten (nicht allen) dichterischen Formen wie Romanen und zur Utopie.

Das Gedankenexperiment hat, gar nicht ganz unähnlich den realen Experimenten der Naturwissenschaften, bestimmte Teileelemente.

Zu ihnen gehört – erstens – eine Art von *Versuchsanordnung* als Grundlage. Diese Versuchsanordnung besteht in einer Annahme: „Stellen wir uns vor, es sei so..." oder: „Gehen wir einmal davon aus, dass...". Solche Prämissen eines Gedankenexperiments sind immer fiktiv; sie beschreiben keine vorfindbare Realität. In diesem Rahmen können Gedankenexperimente entweder definitiv kontrafaktische und irreale Annahmen enthalten

(„Nehmen wir einmal an, ein Mensch könne sich unsichtbar machen") oder Annahmen, die zwar fiktiv sind, aber doch wirklich sein *könnten* (wie zum Beispiel in den Staatsutopien).

Zum Gedankenexperiment gehört – zweitens – eine genau formulierte *Frage*, die sich auf die Prämissen bezieht und die den eigentlichen Kern dessen, was man herausfinden möchte, enthält.

Das *Experiment selbst* findet – drittens – dann in Gedanken und als geistiger Prozess statt: es besteht aus den Überlegungen, die man nun anstellt, um die aufgeworfene Frage zu beantworten. Diese Phase beinhaltet vor allem ein Durchdenken und ein Durchspielen möglicher Konsequenzen.

Der *Ausgang des Experiments*, d. h. die erzielten *Ergebnisse* bzw. Einsichten, schließlich ist durchaus offen und von den genauen Einsatzbedingungen des Experimentes abhängig. Die Ergebnisse des Experiments können im Unterricht vorgetragen und gemeinsam erörtert werden.

Beispiele für Gedankenexperimente

Der Schulpraktiker und Didaktiker Helmut Engels schlägt zum Beispiel Gedankenexperimente wie die folgenden vor:

Du bist Königin oder König eines Landes und mit großer Macht ausgestattet. Welche Gesetze erlässt du, um dein Volk glücklich zu machen?

Du bist Mitglied einer wissenschaftlichen Expedition vom Mars. Euer Raumschiff umkreist die Erde. Du wirst auserwählt, die Erde zu besuchen und einen Bericht über eine den Marsianern fremde Einrichtung, „Schule" genannt, zu verfassen. Wie lautet dein Bericht?

Ein Wissenschaftler hat ein Mittel erfunden, durch dessen Wirkung die Menschen unsterblich werden können. Schildere die Gedanken dieses Wissenschaftlers, der überlegt, ob man seine Erfindung in die Tat umsetzen sollte.

Ein Staat hat ein von der Außenwelt hermetisch abgeschlossenes Gebiet namens „Liberty" geschaffen, in der die staatlichen Gesetze einschließlich des Strafrechts nicht gelten: die Menschen dort können tun, was immer sie wollen, ohne vom Staat Konsequenzen fürchten zu müssen. Bedingung für den Zugang zu „Liberty" sind: Mindestalter 15 Jahre, Freiwilligkeit, Rückkehr in den Staat frühestens nach einem Jahr. Das Gebiet ist entsprechend der Anzahl der Menschen, die sich hier aufhalten, mit allem Lebensnotwendigen (allerdings nur einem Minimum) ausgestattet. Schildere die Erlebnisse eines Libertyaners in der ersten Person!

Stelle dir vor, man könnte in Sekunden ein Duplikat von dir machen (alles ist gleich: Körperliches, Geistiges, Seelisches, Fähigkeiten, Einstellungen, Erinnerungen...)! Möchtest du mit „dir" zusammenleben oder zusammen arbeiten? Begründe deine Entscheidung!

Ein Gedankenexperiment, mit dessen Hilfe sich herausfinden lässt, ob staatliche Gewalt notwendig ist: Nehmen wir an, durch ein noch unbekanntes Virus wären alle, die die Staatsgewalt innehaben, unfähig, da, wo es notwendig wäre, mit Gewalt einzugreifen. Welche Folgen hätte der Schwund staatlicher Gewalt? Schildere die ersten acht Tage nach der Infektion in Form von Zeitungsberichten!

Ein Gedankenexperiment, mit dem man sich eine größere Klarheit darüber verschaffen kann, welche Regeln für den Umgang miteinander man für wünschenswert hält: Auf einer einsamen Wanderung kommst du in ein unbekanntes Tal, das von einem kleinen Volk bewohnt wird. Da deine Vorräte und Kräfte am Ende sind, bist du gezwungen, einige Zeit dort zu bleiben. Eine Frau, die Autorität und Freundlichkeit ausstrahlt, kommt auf dich zu und sagt: „Fremdling, du kannst bei uns bleiben unter folgender Bedingung: 1. Du musst uns die Regeln dafür geben, wie wir Menschen miteinander umgehen sollten; wir werden uns nach Kräften bemühen, sie einzuhalten. 2. Du musst dich ebenfalls nach diesen Regeln richten." – Welche Regeln würdest du aufschreiben?

Der Einsatz von Gedankenexperimenten im Unterricht kann zunächst über entsprechende Textgrundlagen geschehen. Die Lehrerin oder der Lehrer kann aber auch lesend oder nacherzählend die Basis des gegebenen Gedankenexperiments – also sozusagen die Versuchsanordnung – präsentieren, damit die Schüler dann einzeln, in Gruppen oder im Unterrichtsgespräch die eigentliche Experimentieraufgabe durchführen. Dabei kann eine Veränderung bzw. Modifizierung der hypothetischen Anordnung in der gemeinsamen Arbeit sinnvoll sein. Wichtig ist, dass klar wird, wie die Aufgabe zu verstehen ist, und die Denkbedingungen für alle gleich deutlich vorliegen. Ziel ist, dass die Schüler selbst zu Experimentatoren werden, statt lediglich nachzuvollziehen, was andere vorgedacht haben.

Wenn auf der Grundlage vorgegebener Prämissen die Schülerinnen und Schüler selbst kleine Geschichten schreiben wollen, die als konkrete und anschauliche Durchführung des Experiments gelten können, ist es wichtig, dass die Aufgabenstellung möglichst konkret ist. Statt eines vagen: „Schildere die Folgen des Fehlens von Verkehrsregeln!" führt das folgende präzisere Szenario zu besseren Ergebnissen: „Du stehst an einer Straßenkreuzung und beobachtest den Verkehr. Schildere, wie es bei einem Fehlen von Verkehrsregeln zugeht!"

Im Sinne der Stärkung ihrer Methodenkompetenz wäre schließlich erstrebenswert, wenn die Schüler lernten, sich ihrerseits Prämissen und Experimentieraufgaben auszudenken. Hierzu sollte man sich im Unterricht auch „theoretisch" intensiver mit Struktur und Funktion von Gedankenexperimenten befassen (siehe Literatur) oder vorhandene zum Vorbild nehmen. Zur Einübung in das Entwerfen von Gedankenexperimenten kann man entsprechende Aufgaben stellen: Denke dir ein Gedankenexperiment aus, mit dessen Hilfe du dir klar machen kannst, welche Werte für dich wichtig sind – oder: welche Ziele dir im Leben erstrebenswert erscheinen, ob man immer die Wahrheit sagen soll, wie man mit der eigenen Lebenszeit umgehen sollte, ob staatliche Gewalt notwendig ist, ob Traditionen zum Menschsein gehören usw. – Seien Sie auf die Ergebnisse gespannt!

Der faszinierenden Frage nach der *Kreativität* – nicht nur nach dem „Finden" von Ideen, sondern auch nach der *Gestaltung* unseres Denkens und Handelns – hat sich Ekkehard Martens angenommen. Eine „Philosophische Heuristik", so wird da schnell deutlich, gehört ins Zentrum des Philosophierens selbst, ja: der kulturellen Arbeit überhaupt. Zugleich führt sie in eine Kulturgeschichte der Metapher des „Spinnens" als kreatives und positives Hervorbringen, wie es uns im Allgemeinen ja gelingt, solange wir nicht – um im Bilde zu bleiben: – „den Faden verlieren" oder uns „verhaspeln". Unter Verweis auf die Arbeit einer

Spinne, die ihr Netz spinnt, fasst Martens das kreative philosophische Denken als ebenso lustvolles und innovatives wie zugleich auf feste Strukturen und Regeln angewiesenes Vorgehen auf. Um uns im Labyrinth der Welt zurechtzufinden, brauchen wir einen Ariadnefaden. Freilich kann es keine einmalige Problemlösung geben, erzeugt doch jede Situation ihre eigenen Ungeheuer, die unschädlich gemacht werden müssen, und ihre eigenen Gefangenschaften, aus denen man sich zu befreien versuchen muss. Wir müssen nach Martens diesen Faden darum selbst in die Hand nehmen, um unser Denken und Handeln schöpferisch zu bestimmen: „Die Philosophen haben den Faden der Ariadne nur verschieden *interpretiert*, es kommt darauf an, ihn *weiterzuspinnen*" (Martens im unten angegebenen Band, 13). Deutlich wird: Es gibt keinen Regelkanon und Mechanismus, der Kreativität hervorbrächte, keinen „vorgefertigten Begriffsfaden, sondern wir bringen die Begriffe erst hervor, indem wir „Faser auf Faser einander übergreifen" lassen und zu unserem eigenen Faden ... verspinnen" (100). Von solcher ernsthafter Arbeit an der Vernunft, und auch daran, Teilnehmende an philosophischen Bildungsprozessen in eine solche Arbeit mit hineinzuziehen, hängt ab, was die Philosophie zur Entwicklung kultureller Bildung beitragen kann.

Daniel Cohnitz: *Gedankenexperimente in der Philosophie*, Paderborn 2006.

Helmut Engels: *Nehmen wir an... Das Gedankenexperiment in didaktischer Absicht*, Weinheim/Basel 2004.

Ders.: „Heuristik – oder: wie kommt man auf philosophische Gedanken?" In: Johannes Rohbeck (Hrsg.): *Jahrbuch für Didaktik der Philosophie und Ethik* Bd. 1, Dresden (Thelem) 2000.

Hans-Ludwig Freese: *Abenteuer im Kopf. Philosophische Gedankenexperimente*, Weinheim/Berlin 1995.

Ekkehard Martens: *Der Faden der Ariadne. Über kreatives Denken und Handeln.* (Neuauflage mit dem Untertitel: „Warum alle Philosophen spinnen"), Stuttgart 1991, 2001.

4.12 Assoziationsfelder erstellen – Einstiege in ein Thema und seine Gliederung

Das Verknüpfen assoziativer Wortfelder mittels Notiz zunächst eines zentralen Begriffs innerhalb eines Kreises in der Mitte eines Blattes Papier wird auch als Erstellen eines „Clusters" bezeichnet. Begriffsfelder erstellen meint also „Clustering" und „Mindmapping". Per Strichverbindung angefügte Assoziationen in weiteren Kreisen füllen dann ein Bild, das auch im Philosophieunterricht gut als Einstieg in ein Thema geeignet ist. Es werden Vorbegriffe und Strukturen bewusst gemacht, beim „Mindmapping" zusätzlich Gliederungsaspekte und Hierarchisierungen erstellt.

Andrea Frank: „ ‚Clustering' und ‚Mindmapping' ". In: M. A. Meyer u. a. (Hrsg.): *Lernmethoden, Lehrmethoden: Wege zur Selbständigkeit*. Friedrich-Jahresheft Seelze 1997, Beiheft: Lernbox, 14.

4.13 Kreatives Visualisieren

Etwas weniger formal geht das „kreative Visualisieren" vor: „Abstrakte Vorstellungsbilder" sind spontan und schnell gezeichnete *Bilder* zu einem Thema. Eigene Vorstellungen kommen darin unzensiert (weil oft noch vorprädikativ) zum Vorschein. Die Schüler erklären ihr eigenes Bild durch einen kurzen Text, bevor sie es den anderen vorstellen.

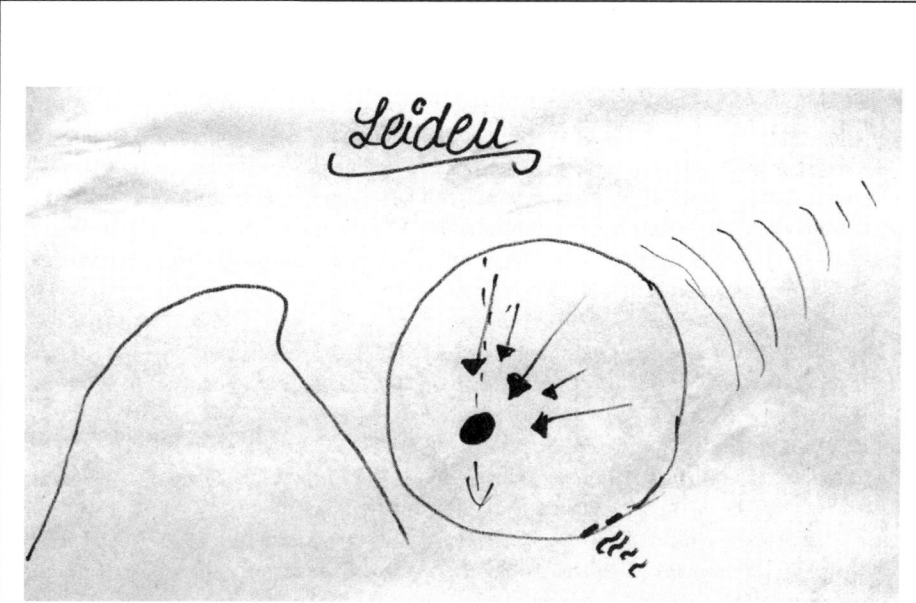

„Leiden bedeutet für mich, dass man sich selber ganz klein und hilflos vorkommt, abgeschieden und ausgeschlossen von allen anderen. Es kommt einem so vor, als würde man vor einem großen Berg stehen, über den man nicht drüber kann, man selbst fällt in ein Loch, aus dem man nicht so leicht alleine herauskommt. Man fühlt sich, als würden alle auf einen einreden und die Stimmen werden immer lauter. Am liebsten möchte man sich in eine Ecke verkriechen und findet keinen Ausweg, bis man irgendwann doch ein kleines Schlupfloch entdeckt und aus den vielen Stimmen eine heraushört, die einem wirklich hilft!"

In dem dargestellten Bild kommt eine Lebenserfahrung, wie wir alle sie kennen, zum Ausdruck: Die Gefühle, ausgeschlossen und mutlos zu sein, vor einem unüberwindbaren Hindernis zu stehen bzw. in ein tiefes Loch zu fallen; die Erfahrung der Überforderung, vor lauter Schmerz nicht mehr zuhören zu können und sogar eingeengt zu werden von allen, die zu helfen versuchen. Das Bild zeigt aber auch eine Lösungsperspektive: die Hoffnung, dass es immer irgendwo ein „Schlupfloch" gibt, eine „Stimme", die „wirklich hilft".

Norbert Brieden: „Kreatives Visualisieren: Ein Hinweis auf Wahrnehmungschancen für Lebensper-spektiven von SchülerInnen am Beispiel des Themas ‚Leiden' ". In: *Zeitschrift für Didaktik der Philosophie und Ethik* 29 (2007), 282-283.

4.14 Bibliotheksrecherche –
Der Weg zur philosophischen Fachliteratur; Lexika

Offene Bibliotheken sind für die Leselust entscheidend; die klassische Arbeitsform der gezielten Informationssuche ist die Bibliotheksrecherche. Was einst eine Suche an Karteikästen war, erfolgt heute weitgehend vor dem Bildschirm. Die Auskunft jeder Bibliothek erklärt das jeweils praktizierte System, das über Autoren- und Schlagworteingaben zu den nötigen Büchern führt. Neben der speziellen Literatur zu einem philosophischen Autor oder Thema empfiehlt es sich immer, mit den allgemeinen Hilfsmitteln (wie vor allem Lexika) unseres Metiers einzusteigen, die meist bereits erste wichtige Literaturangaben enthalten; dabei gilt, dass man von möglichst *neuen* Ausgaben bzw. Auflagen ausgehen sollte.

Karl Peter Ohly: „Suchstrategien zur Informationsbeschaffung in Bibliotheken". In: M. A. Meyer u.a. (Hrsg.): *Lernmethoden, Lehrmethoden: Wege zur Selbständigkeit*. Friedrich-Jahresheft, Seelze 1997, Beiheft: Lernbox, 8.

Martin Gessmann (Hrsg.): Kröners *Philosophisches Wörterbuch*, 23. Aufl. Stuttgart 2009.

Julian Nida-Rümelin (Hrsg.): *Philosophie der Gegenwart in Einzeldarstellungen*, 3. Aufl. Stuttgart 2007 in zwei Bänden (Arbeitshilfe zu etwa 120 neueren Autoren).

Franco Volpi (Hrsg.): *Großes Werklexikon der Philosophie*, 2 Bde., Stuttgart 1999 (empfehlenswerte Angaben zu Philosophen, Werken, Ausgaben, Sekundärliteratur, ebenfalls als Beispiel für ein zum Einstieg bibliographisch hilfreiches Lexikon, so auch die beiden folgenden).

Burkhard Mojsisch / Stefan Jordan (Hrsg.): *Philosophenlexikon*, Stuttgart (Reclam) 2009.

Stefan Jordan / Marnie Schlüter (Hrsg.): *Lexikon Pädagogik. 100 Grundbegriffe*, Stuttgart (Reclam) 2010.

4.15 Informationsprojekte / Interviews / Expertenbefragungen;
Erkundungen in Natur und Lebenswelt

Die Fähigkeit zu selbstständiger Recherche wird gerade in unserer schnelllebigen Zeit immer wichtiger. Dies gilt auch im Verhältnis zur Vermittlung „objektiver Gehalte" – erweisen diese sich doch durch Neuinterpretationen oder Umgewichtungen als zunehmend überholbar. Auf eine *Vermittlung von Kompetenzen zur eigentätigen Beschaffung und Verarbeitungen* von Informationen kommt es darum immer mehr an. Um sich zu informieren, Unterlagen anzufordern und Experten zu befragen, muss man zunächst

Adressen herausfinden. Viele Einrichtungen stehen mit lokalen Vertretungen im Telefon-buch; hier kann man anrufen bzw. ein Schreiben oder eine Mail schicken. Institutionen und Einrichtungen haben meist ein Interesse daran, sich darzustellen. Bei der Kontaktaufnahme (Rücksprache mit Lehrer) kann man schriftliches Informationsmaterial (möglichst im Klassensatz) anfordern bzw. Termin und Ort eines Treffens abstimmen (Schule oder betreffende Einrichtung). Ein solches Treffen ist sicherlich ergiebiger, wenn man sich Informationsfragen und mögliche kritische Fragen (in freundlichem Ton überbringen) vorher zurechtlegt. Wichtig ist auch, Ergebnisse zu sichern: Gespräch auf einem Speichermedium oder Video mitschneiden, zwei oder drei Protokollführer bestimmen, damit die anderen sich auf den Ablauf des Treffen konzentrieren können; Mitschrift für alle vervielfältigen. Der einzuladende Experte muss darüber informiert werden, dass kein Expertenvortrag, sondern eine *Expertenbefragung* vorgesehen ist.

Alle Orte können auf diese Weise zu Lernorten werden. Zudem bieten Realbegeg-nungen auch didaktisch den Vorteil einer größeren Unmittelbarkeit der Auseinandersetzung mit dem Gegenstand. Ein Lernen vor Ort ist häufig anschaulicher, intensiver und motivierender als in den institutionalisierten Bildungsräumen. Dies gilt für eine Erfahrung der Natur, vor allem aber für die der Kultur. Eine Begegnung mit den so genannten „authentischen Vertretern" von Parteien, gesellschaftlichen Gruppen (z. B. Umweltini-tiativen, aber auch Betriebsbesichtigungen), religiösen Institutionen (Kirche, Synagoge, buddhistischem Zentrum, Moschee) vor Ort gewinnt zunehmende Bedeutung in unserer Gegenwart, der immer mehr gesellschaftliche Segmentierung bescheinigt wird. Es wird zunehmend Aufgabe auch eines lebensorientierenden Unterrichts sein, Verständnis und Dialog aufrechtzuerhalten, ohne jemanden vorzuführen, aber auch ohne falsche Kompromisse zu suggerieren.

Arbeitsgruppe Hochschuldidaktische Weiterbildung an der Albert-Ludwigs-Universität Freiburg i.Br.: *Besser Lehren. Praxisorientierte Anregungen und Hilfen für Lehrende in Hochschule und Weiter-bildung*, Heft 2: Methodensammlung, Weinheim 1998, S. 31-32.

J. Knoll: *Kurs- und Seminarmethoden. Ein Trainingsbuch zur Gestaltung von Kursen und Seminaren, Arbeits- und Gesprächskreisen*, 7. Aufl. Weinheim 1997.

4.16 Die Revolution (!) von *Wikipedia & Co* – philosophisch relevante Sachverhalte aus dem Internet und von digitalen Medien erschließen

„Alte" wie „neue" Medien treffen sich in einer grundsätzlichen kulturellen Ambivalenz: Ein wirkliches innerliches Verfügen über Philosophie, Literatur, Kunst, Musik wie auch Naturwissenschaften ist nicht einfach am Computer abzurufen; aber wer aus eigenem Antrieb lernt, kann dasselbe Gerät zur Bildung kompetent und sinnvoll nutzen, das zum „bildungsfernen" Gebrauch (!?) genauso geeignet ist.

Digitale Medien und *Internet* bieten durch ihren Zugang zum multimedialen Arbeiten in Schrift und Ton, Bild und Film sowie zur Kommunikation neuartige Umgangsformen mit der Philosophie.

Philosophie im Internet

Das *Internet*, ursprünglich in den 1960er Jahren für militärische Zwecke entwickelt und schnell zum weltweit universalen Kommunikationsnetzwerk mutiert, bietet mittlerweile neben vielen problematischen Erscheinungen gute Möglichkeiten der Recherche auch für die Philosophie. Zur Nutzung bieten *Suchmaschinen* ihre Dienste an, allen voran der nicht unumstrittene Gigant *Google*. Die Entwicklung erfolgversprechender Suchstrategien und treffender Beurteilungskriterien für die Qualität und Brauchbarkeit der Informationen sind für die Einübung eines adäquaten Umgangs mit dem Internet entscheidend.

Hat man Eintragungen gefunden, muss man mit einer sehr unterschiedlichen Qualität der Beiträge rechnen. Institutionen (vor allem Universitäten), Privatpersonen oder Interessengruppen stellen von Schulaufsätzen über wissenschaftliche Abhandlungen, akademische Lebensläufe bis zu Karikaturen alles Mögliche ins Netz. Im Internet etwas gefunden zu haben, ist schön und interessant, aber noch lange nicht das Ende der Recherche. Erst gründliche eigene Lektüre, Befragung und Verarbeitung der präsentierten Inhalte – vor allem auch ihre Prüfung durch den Vergleich mit anderen Quellen – können zu einer wirklich sinnvollen Internet-Nutzung führen: Bei *Wikipedia* nachzusehen ist legitim (aber nicht zitierfähig), ein Fehler wäre es aber, bei den Inhalten eines einzelnen Artikels stehen zu bleiben. Dennoch kann es nichts weniger als eine Revolution (!) bedeuten, wenn per Internet die Hürden zwischen Philosophie und Öffentlichkeit sich abbauen lassen könnten. Der wohl derzeit meistgelesene Artikel über Platon wurde, sagt David Ludwig, nicht im akademischen Spezialistenmilieu verfasst, sondern er steht in *Wikipedia*. Die philosophische Bildung von morgen entsteht nicht in dickleibigen Fachbänden, sondern im Netz. Dies ist eine unter didaktischen Aspekten faszinierende Entwicklung von großer Tragweite. Die Konsequenz ist klar: Es ergibt sich um so mehr die Aufgabe einer systematischen Beförderung entsprechender, nachhaltiger Medienkompetenz: im Grundsatz und philosophiespezifisch. Die kostenfreie *Stanford Encyclopedia of Philosophy* (SEP) gilt als eines der renommiertesten im Internet frei zugänglichen philosophischen Lexika. Sie erfreut sich großer Beliebtheit in einer Zeit, in der bei uns englischsprachige Veranstaltungen an Universitäten und bilingualer Unterricht eine größere Rolle spielen. Über die Konzeption informiert sie (neben einem kleinen Bildchen der Stanforder Campusanlage) selbst unter *http://plato.stanford.edu/about.html*. Einträge der SEP werden fortlaufend aktualisiert. In solchen bei der Recherche zur Gewinnung eines angemesseneren Bildes der Diskussions- und Forschungslage sehr empfehlenswerten Kontrollzugriffen und Abgleichen liegt auch nach wie vor der Sinn von Lexika in Druckausgaben. Stefan Jordan hat am Beispiel des traditionsreichen einbändigen Kröner-Lexikons (siehe 4.14) auf deren nach wie vor wichtige Funktion hingewiesen. In der Geschichte des „Philosophischen Wörterbuchs" spiegelt sich übrigens nichts weniger als die politische Geschichte der Philosophie im 20. Jahrhundert überhaupt. Begründet wurde es von dem Haeckel-Schüler Heinrich Schmidt (1874-1935). Im Nationalsozialismus zeigte sich dessen Einflussnahme auf die Philosophie in der 10. Auflage. Georgi Schischkoff (1912-91) prägte dann in der Bundesrepublik für mehr als drei Jahrzehnte eine neue Gestalt des Wörterbuchs, zu dem es in der DDR seit 1964 ein gleichnamiges, ebenfalls sehr populäres Parallelwerk gab, für das Georg Klaus und Manfred Buhr verantwortlich zeichneten. Im Zeitalter leicht verfügbarer Internetinformationen empfiehlt

Jordan autorisierte und inhaltlich gehaltvolle, argumentierende Artikel noch über die Möglichkeiten des Kröner-Lexikons hinaus. Dieses kann aber dennoch hilfreich sein, denn es sei noch einmal betont: *Der Vergleich mehrerer (Druck- wie Internet-) Quellen hilft entscheidend!*

In evtl. verfassten Facharbeiten und Referaten sind „Besuche" auf den Internet-Seiten mit Adresse und Datumsprotokoll nachweisen. Weitere Philosophieadressen sind z. B.: *www.philo.de* (Einstiegsseite mit weiteren Verbindungen) und das *UTB-Online-Wörterbuch Philosophie* (aus didaktischen Kontexten hervorgegangen, wird aber nicht aktualisiert).

Ein weiteres (aber nicht philosophiespezifisches) Feld eröffnen die Kommunikationsmöglichkeiten über *Facebook, Chat-* und *Newsgroups.* Universitäten und Schulen sind praktisch alle per Internet zu recherchieren und zu erreichen; das sogenannte „Blended Learning" meint die Verbindung von internet- *und* präsenzbasierten Anteilen in Lehrveranstaltungen (siehe Hölterhof/Pullich).

Die CD

In der „Digitalen Bibliothek" der Berliner „Directmedia Publishing", um ein Beispiel herauszugreifen, sind viele wichtige Werke und Lexika vor allem aus den Gebieten Philosophie, Literatur, Geschichte und Kunst versammelt, darunter Lessing und Goethe, Lutherbibel und Dürer. In der Philosophie gibt es z.B. Werkausgaben zu Nietzsche (nach der, wohl meistrezipierten, Schlechta-Ausgabe) und Marx (nach MEW). Die „Philosophie von Platon bis Nietzsche" versammelt 215 Primärwerke von den Vorsokratikern angefangen auf insgesamt 65.000 Seiten. Im Mittelpunkt dieser Ausgaben – „CD-ROMs für Menschen, die Bücher lesen" (Katalogtext) – steht der digitalisierte Text. Dieser erscheint allerdings durchweg in Gestalt älterer Ausgaben und Übersetzungen (jeweils 70 Jahre zurück verfällt der Urheberrechtsschutz). Die Herausgeber fügen ein Inhaltsverzeichnis, Bilder der Philosophen, eine kurze Biographie, Einleitung und einen Apparat von Funktionen dazu. Die Benutzeroberfläche ist schnörkellos und gut verständlich. Ein beigegebenes Einführungsblatt erklärt die (aber auch intuitiv am Bildschirm einleuchtenden) Operationen: Vor- und Zurückblättern usw. Die CDs mit Werkausgaben erfüllen also durchaus Funktionen der Textpräsentation und -erschließung weg vom Buch und hin zum Bildschirm; viel davon findet sich freilich mittlerweile auch im Internet. Neben nutzenswerten Vorteilen fällt auf, dass die Angebote sich meist von ihrer Struktur her kaum von einem Buch der Sparte: „Bleiwüste" unterscheiden. Aufgabe des Bildschirms kann dies aber auf Dauer schwerlich sein. Dabei böte sich „multimedial" die Möglichkeit, Schrift, (bewegte) Bilder und Ton miteinander zu verbinden.

Die interaktive Spiel-CD „Sofies Welt" enthält – bis heute praktisch einzigartig – neben Bildern und Texten zu Philosophen auch Literaturangaben, Videosequenzen und philosophische Rätsel.[45] In Bildern und Texten werden geboten: die „großen Fragen" der Philosophie, acht zentrale Epochen, 28 herausragende Philosophen und „interaktiv" kann

---

[45] Vgl. Andreas Siekmann: Rezension zu *Sofies Welt – Die CD-ROM.* In: *Zeitschrift für Didaktik der Philosophie und Ethik* 20 (1998), 290.

man entscheiden, wo das „philosophische Denkabenteuer" weitergeht: „Auf der Agorá in Athen, in der mittelalterlichen Bibliothek oder auf der barocken Bühne". Das Titelbild bezieht sich auf eine der integrierten Video-Sequenzen von etwa zwei Minuten. Man sieht Sokrates im Gespräch, eine Szene aus dem platonischen „Menon" (80 a), in dem es ja um die Lehrbarkeit der Tugend geht; Sokrates verwirft die Tugend-Definitionsversuche des Menon, worauf dieser ihn einen „verwirrenden Zitterrochen" nennt. Man kann hier nicht alles auf dem Stand der Möglichkeiten finden, einiges als durchaus gut gemacht anerkennen – es zeigt zumindest, dass im Sinne eines „edutainment", Bildung und Unterhaltung verbindend, auf diesem Gebiet noch einiges vorstellbar wäre. Schritte in diese Richtung geht auch die CD-ROM „Sophia". – Zur (Wieder-) Entdeckung von „Hörtexten" im Unterricht empfiehlt sich der anregende Beitrag von Patrick Baum. Wer eine solche Vorgehensweise auf der „Palette" seines methodischen Repertoires hat und gelegentlich einsetzt, wird erfahren, welch erstaunliche Wirkung auch im Bildschirmzeitalter das „bloße" gesprochene Wort (z.B. aus der *Apologie* des Sokrates) für ein konzentriertes Zuhören in Bildungsprozessen im Sinne eines alternativen Textzuganges haben kann …

Philosophie im Internet

Klaus Höfig: „Nicht ‚surfen', sondern mit dem Internet arbeiten!" In: *Zeitschrift für Didaktik der Philosophie und Ethik* 20 (1998), 251-253.

Roger Hofer: „Lesen, Schreiben, Rechnen und Googeln. Wissen und Bildung unter dem Einfluss des Internets". In: *Pädagogische Rundschau* 66 (2012).

Stefan Jordan: „Rezension zu Martin Gessmann, *Philosophisches Wörterbuch*". In: *Zeitschrift für Didaktik der Philosophie und Ethik* 33 (2011), 352.

David Ludwig: „Zwischen Begeisterung und Entsetzen. Die Philosophie und *Wikipedia*". In: *Information Philosophie* 2 (2010), 44-47.

Tobias Hölterhof/Leif Pullich: „Blended Learning im Philosophieunterricht". In: *Zeitschrift für Didaktik der Philosophie und Ethik* 33 (2011), 232-234.

Donat Schmidt: „Nicht mehr zu Fuß. Computer im Philosophie- und Ethikunterricht". In: *Zeitschrift für Didaktik der Philosophie und Ethik* 30 (2008), 103-115.

„Philosophische Möglichkeiten" der CD

Vanessa Albus: *Die Welt im lebendigen Spiegel – Leibniz' Monadologie* (2 CD), Gemünden (Hörbuchverlag auditorium maximum) 2008.

Sven Rohm: Rezension hierzu in: *Zeitschrift für Didaktik der Philosophie und Ethik* 31 (2009).

Patrick Baum: „Hörtexte im Philosophieunterricht". In: *Ethik und Unterricht* 21 (2010), 47-49.

Philosophie von Platon bis Nietzsche. Ausgew. von Frank-Peter Hansen, Berlin (Directmedia Publishing) 1998, 2. Aufl. 2002.

Platon im Kontext (in der Übersetzung Schleiermachers), Berlin (Karsten Worm Infosoftware) 1996, 2. Aufl. 2002 (in dieser Ausgabe oder ähnlichen auch Kant, Fichte, Max Weber).

Sofies Welt – Die CD-ROM. Eine interaktive Reise in die spannende Welt der Philosophie, München (Navigo-Multimedia) 1997.

4.17 Philosophische Fachtexte selbst verfassen

Die schriftlichen Formen des Philosophierens an sich reichen von Lehrgedicht (Lukrez), Dialog, Brief (Epikur), Autobiographie (Augustin) bis zu Fach- und Lehrbuch, Traktat und Aphorismus. Als Texte *im Unterricht* sollen hier Protokolle, Referate, Facharbeiten und „philosophische Essays" sowie deren Vortrag und Präsentation angesprochen werden. Verständlichkeit und Sachinformation, situationsgerechtes Sprechen und Kommunikation – sie alle sind lehr-lernbare Grundmedien eines „Philosophieren *könnens*".

Protokoll

Man unterscheidet meist ein primär sachorientiertes *Ergebnisprotokoll* von einem *Verlaufsprotokoll* der Stunde. Oft empfiehlt sich ein Kompromiss: ein ergebnisorientiertes Verlaufsprotokoll, das nicht jedes „Äh" und „Bäh" aus der Stunde nennt, aber doch den gemeinsamen Arbeitsgang in seinem Ablauf wieder vor Augen ruft. Wichtige Angaben sind in einem „Kopf" zu Beginn des Protokolls festzuhalten: Art der Veranstaltung, Ort, Datum, Zeit, Teilnehmer, Thema, Verfasser(in). Fragen wie die folgenden können zur Abfassung eines Protokolls hilfreich sein:

- Was war Gegenstand der Stunde? (Textbesprechung, Gruppenarbeit usw.)
- Welche Probleme und/oder welche(r) Autor(en) wurden diskutiert?
- Welche Argumente wurden angeführt, welche Einwände gemacht; gab es Kontroversen, was war unstrittig?
- Welche Ergebnisse gab es? Blieben Fragen offen?
- Ergaben sich weitere Untersuchungswünsche?

Man kann ausgewählte Stunden festhalten, die besonders lohnend oder wichtig zu werden versprechen; ein Kurs kann also die Anfertigung von Protokollen *bestimmter* Stunden und Diskussionen vereinbaren. Sehr engagierte Kurse können auch durchgängig Protokolle anfertigen lassen. Wichtig ist, dass die Protokolle verlesen und von allen „genehmigt" werden. Das Protokoll muss sich also einer (fair vorzutragenden) Korrektur unterziehen, bevor es endgültig fertig ist. Man kann die Protokolle in einer Protokollmappe sammeln oder für alle Teilnehmer kopieren.

Referat / Thesenpapier

Grundsätzlich folgt ein Referat, das vorbereitet und gehalten werden muss, zumindest etwa den folgenden Arbeitsschritten:

- Das Recherchieren zu einem wohldefinierten und bewusst wahrgenommenen Thema in Lexika, Fachliteratur und Internet führt zu einem Fundus an Kopien, Exzerpten (Notizen), wichtigen Zitaten.
- Es folgen die Verarbeitung der Informationen, vor allem durch Erstellung einer Gliederung und die Vorbereitung (schriftliche Ausformulierung) eines Vortrages.
- Der Vortrag selbst sollte sich verschiedener Hilfsmittel wie zum Beispiel Thesenpapier, Tafelanschrieb oder Projektion bedienen.
- Eine gute Übung für ein gelungenes Referat sind ein Probevortrag oder eine Erklärung des Themas, die einer unbeteiligten Person (Freund, Freundin, Eltern, Geschwistern) gegeben wird. Auch dies ist eine Übung: Man stelle sich vor, über seinen Gegenstand ohne Unterlagen berichten zu müssen!

Exkurs zur Rhetorik

„Schreiben" und „Reden" sind zwei verschiedene Dinge. Spätestens beim Referieren merkt man das; entsprechend wird an dieser Stelle auch die *Rede* ein Thema.

Trotz Platons massiver Kritik an einer sophistischen Redekunst, die nicht dem Bemühen um wahren argumentativen Fortschritt dient, ist von anthropologischen Rhetoriktheorien (vgl. Oesterreich) bis zu ganz praktischen Rhetorik-Regeln das „Wie" der Worte kein der Philosophie gänzlich äußerlicher Faktor. Was inhaltlich substanziell ist, sollte an allen Orten des Philosophierens auch in angemessener Form präsentiert werden. Seminare an vielen Bildungseinrichtungen (Volkshochschulen) und eine Fülle von Literatur (vgl. als Beispiel Ruhleder) bieten hierzu Hilfe an. Themen z.B.: guter Einstieg in eine kleine Rede, Aufbau derselben, effektvoller Schluss, Körpersprache, Notizkarten als Grundlage dessen, was man sagt (DIN A 4-Blätter „zittern"), Tipps gegen Lampenfieber usw.

Rezension

Sich Klarheit über ein Buch zu verschaffen und sich zu einem Buch in ein Verhältnis zu setzen – hierzu kann nicht nur das lesen, sondern auch das verfassen einer Rezension im Unterricht oder im Seminar beitragen. Neben äußeren Angaben zum Buch (Verfasser, Titel, Erscheinungsort und -jahr, Angaben zum Autor, Umfang, Preis, Register, Ausstattung des Buches), sollte sie die Absichten des Verfassers (häufig in Vorwort, Einleitung, Fazit genannt), Gliederung, Struktur, Ergebnisse des Werkes enthalten und am Ende auch eine Beurteilung (Lesbarkeit? Relevanz?) abgeben.

Facharbeit

Zu schulischen Ehren kommt seit längerer Zeit auch die bisher eher der Universität vorbehaltene Facharbeit, eine schriftliche Hausarbeit. Sie ersetzt eine Klausur (zum Beispiel in der Jahrgangsstufe 12) und soll schon im Rahmen der Schule in Formen wissenschaftlichen Arbeitens einführen. Als ihr Ziel gilt im Allgemeinen, dass Schülerinnen und Schüler beispielhaft lernen, was eine wissenschaftliche Arbeit ist und wie man sie schreibt bzw. „mit den Prinzipien und Formen selbstständigen und wissenschafts-propädeutischen (in das wissenschaftliche Arbeiten einführenden) Lernens vertraut" gemacht werden (Empfehlungen und Hinweise, vgl. Literaturangaben, S. 5). Die Facharbeit soll den Schwierigkeitsgrad einer Klausur haben; die umfassende Erarbeitung eines bestimmten Themas ist nicht Aufgabe einer Facharbeit. Ähnlich wie das Referat basiert die Facharbeit auf Recherche/Informationsbeschaffung, Informationsverarbeitung und Entwicklung einer adäquaten Gliederung (Inhaltsverzeichnis). Ihre wichtigsten Schritte sind:[46]

- Das Recherchieren zu einem wohldefinierten und bewusst wahrgenommenen Thema in Lexika und Fachliteratur (Bibliotheken, Buchhandel, Internet) führt zu einem Fundus an Kopien, Exzerpten (Notizen), wichtigen Zitaten.
- Es folgen die Verarbeitung der Informationen, vor allem durch Erstellung einer Gliederung (Inhaltsverzeichnis), mittels der sich das Thema argumentativ schlüssig und plausibel in Textform bringen lässt.
- Dabei gilt für Schüler/innen: Auf Zeitmanagement achten/einen eigenen Ablaufplan mit konkreten Datumsangaben erstellen/Beratungsgespräche einplanen!
- Hinzu tritt ein größeres Gewicht, das auf den korrekten Formen des Zitierens und Bibliographierens sowie natürlich der Ausformulierung liegt.

Die abgabefertige Arbeit besteht dann am Ende vor allem aus den folgenden Elementen:

- Deckblatt mit Thema, Name, Schul-, Kurs-, Schuljahrsangabe,
- Inhaltsverzeichnis (mit Seitenangaben),
- Textteil (8-12 Seiten DIN-A4, 1½-zeilig mit üblichem Seitenspiegel in Schriftgröße 12) mit: Einleitung als Entwicklung der Fragestellung,
  Hauptteil mit untergliedernden Zwischenüberschriften,
  Schlussteil als Zusammenfassung der Ergebnisse,
- Literaturverzeichnis,
- evtl. Materialanhang mit fachspezifischen Dokumentationen, angefertigten Gegenständen, Objekten auf Tonträgern, Materialien, Grafiken usw.,
- Erklärung über die selbständige Abfassung der Arbeit bzw. eines bezeichneten Anteils an einer Gruppenarbeit.

Gerade an der Schule dürften die richtige Themenstellung und die erforderliche Beratung durch Lehrerinnen und Lehrer eine große Rolle spielen, sollen nicht Texte schlicht auch aus dem Internet den angestrebten Lernprozess ersetzen (Plagiats-Problem). Die Schulen führen im Allgemeinen in einer zentralen Veranstaltung pro Jahrgang in die erforderlichen Arbeitsmethoden ein. Kriterien zur Beurteilung einer Facharbeit sollten sein (die Abschnitte sind nach ansteigender Bedeutung geordnet):

Formal: Vollständigkeit der Arbeit, Sauberkeit, Übersichtlichkeit, korrekte Zitiertechnik, Einhaltung der vorgegebenen Schreibformate, richtige Rechtschreibung und Zeichensetzung, Angabe aller verwendeten Quellen (bei Internet mit Datum).

---

[46] Sehr konkrete, empfehlenswerte Anweisungen gibt das Buch von Karlheinz Uhlenbrock (vgl. Literaturangaben): Arbeitsorganisation, Informationsbeschaffung, Zitate und Quellenbelege, Literaturverzeichnis, eigenes Forschen, Sprach- und Stilverbesserung, Aufbau der Facharbeit, Referat. Für Facharbeiten in natur- wie geisteswissenschaftlichen Fächern gleichermaßen hervorragend geeignet, weil praxisnah hilfreich.

Sprachlich: sachliche Sprache mit Verwendung von Fachbegriffen, Präzision und Differenziertheit des sprachlichen Ausdrucks, sinnvolle Einbindung von Zitaten und Materialien in den Text, grammatische Korrektheit.

Methodisch: Sichere Verwendung und klare Definition von Fachbegriffen, Beherrschung der fachspezifischen Methoden, Offenlegung (und Reflexion) des Arbeitsprozesses, deutliche Unterscheidung zwischen Faktendarstellung, übernommenen und eigenen Gedanken, sorgfältige Begründung von Thesen, klar dargelegte Schlussfolgerungen.

Inhaltlich: Klare und sachlogische Gliederung, Entwicklung einer zentralen Fragestellung, durchgängiger Bezug zum Thema, Selbstständigkeit im Umgang mit dem Thema und inhaltliche Durchdringung der Zusammenhänge, Plausibilität und Angemessenheit der Ergebnisse, Erweis der zur Bearbeitung der Fragestellung notwendigen Problemlösungs- und Urteils- bzw. Kritikfähigkeit. Für Ablauf- und Arbeitsorganisation einer Facharbeit wie für ihre Durchführung selbst gilt: „Nicht den Faden verlieren".

Zitieren in der Facharbeit

Nicht immer einfach ist das richtige Zitieren. Folgende Hauptmöglichkeiten gibt es, durchexerziert am Beispiel der nicht ganz ernst zu nehmenden Frage: Trägt Immanuel Kant eine Mitschuld an der Verschmutzung des Emmerbachs in Münster-Hiltrup?

I. Vollzitat mit Fußnotennachweis (Alternative: Siglen im Text)

Über Jahrhunderte hat die Naturphilosophie technisch sich ausmünzende Erfolge kaum erzielt und so im äußeren Menschenleben wenig bewegt. Dies ändert sich mit der Gestalt *Galileo Galileis* (1564-1642). Seit Galilei lernen die modernen Naturwissenschaftler: Nur wenn der Mensch durch Experimente aktiv in das Geschehen der Natur eingreift, kann er über die Natur etwas erfahren. Unsere moderne Technik ist eine Folge der Experimente Galileis (vgl. Kreibich 1986, 111 ff.).[1] Auf den philosophischen Begriff hat *Immanuel Kant* (1724-1804) dieses Naturverhältnis in einer berühmten Passage der Vorrede zur zweiten Auflage seiner „Kritik der reinen Vernunft" gebracht:

„Als Galilei seine Kugeln die schiefe Fläche mit einer von ihm selbst gewählten Schwere herabrollen [...] ließ: so ging allen Naturforschern ein Licht auf. Sie begriffen, dass die Vernunft nur das einsieht, was sie selbst nach ihrem Entwurfe hervorbringt, dass sie mit Prinzipien ihrer Urteile nach beständigen Gesetzen vorangehen und die Natur nötigen müsse auf ihre Fragen zu antworten, nicht aber sich von ihr allein gleichsam am Leitbande gängeln lassen müsse [...]. Die Vernunft muss mit ihren Prinzipien, nach denen allein übereinkommende Erscheinungen für Gesetze gelten können, in einer Hand, und mit dem Experiment, das sie nach jenen ausdachte, in der anderen, an die Natur gehen, zwar um von ihr belehrt zu werden, aber nicht in der Qualität eines Schülers, der sich alles vorsagen lässt, was der Lehrer will, sondern eines bestallten Richters, der die Zeugen nötigt, auf die Fragen zu antworten, die er ihnen vorlegt".[2]

II. Auszugszitate zur Integration in den eigenen Satzduktus

Kritiker sagen freilich: Hier beginnt auch ein gewaltsamer Umgang mit der Natur. Wenn heute Industrieunternehmen die Natur verschmutzen, dann ist das letztlich eine Folge dieser Einstellung, die, wie Kant gleich zweimal betont, die Natur „nötigen" will, „auf ihre Fragen zu antworten" und bei der der Naturforscher als „bestallter Richter" auftritt, „der die Zeugen nötigt (sic!), auf die Fragen zu antworten, die er ihnen vorlegt" (KrV B XIV).

Mit solchen Formulierungen und mit seinem Lob für Galilei macht Immanuel Kant sich also mitschuldig, wenn heute eine Firma nach experimentellen Methoden Lacke entwickelt und die Abwässer in den Emmerbach leitet.

III. Indirektes Zitieren

Abwegig ist es dagegen, *Immanuel Kant* aufgrund einer Passage aus der Vorrede zur „Kritik der reinen Vernunft", der zufolge man die Natur nötigen müsse, um etwas über sie zu erfahren, für heutige Probleme der Umweltverschmutzung verantwortlich zu machen. Außerdem verfügt besagte Firma über eine Kläranlage.

[1] Vgl. Rolf Kreibich: *Die Wissenschaftsgesellschaft. Von Galilei zur High-Tech-Revolution*, Frankfurt a. M. 1986, 111 ff.
[2] KrV B XIII f.

Der Essay

Der *Essay* (englisch für *Versuch*, französisch *Essai*), wurde als Begriff und literarische Gattung vor allem von dem französischen Philosophen *Montaigne* geprägt. Man versteht darunter eine kürzere Abhandlung in elegant durchdachter und subjektiv pointierter Form.

Ein Essay lebt von der besonderen Idee. Er soll interessant und kann gewagt sein; eine die Zeiten überdauernde, ausgewogene Wahrheit verlangt niemand von ihm. Die seit zehn Jahren durchgeführte sogenannte „Philosophie-Olympiade", ein Wettbewerb im Essay-Schreiben, verwendet zur Beurteilung von Essays Kriterien wie Originalität und Kreativität, Grad der zugrunde liegenden philosophische Kenntnisse und argumentative Überzeugungskraft (vgl. den Überblick von *Gerd Gerhardt*). Insgesamt ist der Textcharakter eines Essays nicht fest umrissen und bietet einen großen Gestaltungsspielraum.

Literatur zu den aufgeführten Textformen:

Manfred Brandt: „Gibt es einen gerechten Krieg? Erfahrungen mit dem Essay als Mittel, sich mit einem aktuell bedrängenden Thema auseinanderzusetzen". In: *Zeitschrift für Didaktik der Philosophie* 13 (1991), 222-230.
Wolfgang Emer: „Ein Sachbuch rezensieren". In: M. A. Meyer u. a. (Hrsg.): *Lernmethoden, Lehrmethoden: Wege zur Selbständigkeit*. Friedrich-Jahresheft, Seelze 1997, Beiheft: Lernbox, 17.
Gottfried Gabriel: „Formen des Philosophierens". In: S. Mischer / N. Herold (Hrsg.): *Philosophie. Studium, Text und Argument*, Münster 1997, 61-78.
Gerd Gerhardt: „Der Essay – Über das Verfassen, Verbessern und Beurteilen philosophischer Versuche". In: V. Steenblock (Hrsg.): Philosophiekurse, Münster (LIT) 2004, 141-153.
Ders: „Schriftliches Arbeiten im Philosophieunterricht". In: F. J. Albers / R. Simon-Schaefer (Hrsg.), *Philosophie konkret. Praktische Philosophie in der Diskussion*. Münster (LIT) 2009, 207-218.
Landesinstitut für Schule und Weiterbildung NRW: *Empfehlungen und Hinweise zur Facharbeit in der gymnasialen Oberstufe*, Soest 1999.
Thomas Rentsch / Johannes Rohbeck: „Essays schreiben – aber mit Methode". In: *Information Philosophie* Heft 1 (2002), 48-52.

Helmut Stiefenhöfer: „Ein Referat vorbereiten und halten". In: M. A. Meyer u. a. (Hrsg.): *Lernmethoden, Lehrmethoden: Wege zur Selbständigkeit.* Friedrich-Jahresheft, Seelze 1997, Beiheft: Lernbox, 18.

Karlheinz Uhlenbrock: *Referate / Facharbeit. Fit fürs Abi / 12. und 13. Schuljahr.* Hannover 2001.

Literatur zur Rhetorik:

Peter L. Oesterreich: *Philosophie der Rhetorik*, Bamberg 2003.

Johannes Rohbeck: „Rhetorik und Philosophiedidaktik". In: *Zeitschrift für Didaktik der Philosophie und Ethik* 27 (2005), 98-106 (weitere Literaturangaben).

Rolf H. Ruhleder: *Rhetorik, Kinesik, Dialektik – Redegewandtheit, Körpersprache, Überzeugungskunst*, 13. Aufl. Bonn 1997.

4.18 „Lieber Herr Schopenhauer…" – *Kreatives Schreiben* im Philosophieunterricht

Ein didaktisch interessantes Mittel, Zugänge zu philosophischen Texten bzw. Lehren zu schaffen, sind sicherlich „Literarisierungen" bzw. „Fiktionalisierungen", die das hermeneutische Potential unserer Kreativität aufgreifen. Denkbar ist zunächst die Erstellung eines für Schülerinnen und Schüler der Sekundarstufe I geeigneten Textes von Lehrerseite durch ein *Um*schreiben „eng am Text" im Zuge einer Veränderung, vor allem natürlich didaktischen Vereinfachung der Sprachgestalt. Dieser Gedanke ist gar nicht so neu und revolutionär, wie es scheinen mag, hat doch bereits Wilhelm Stapel eine „Übersetzung der Kritik der reinen Vernunft ins Gemeindeutsche" verfasst.[47] Auch Lehrerinnen und Lehrer können nämlich Texte schreiben! Eine interessante Variante ist das „fiktive Interview" bzw. die Simulation einer „Fernsehdiskussion", wie dies *Bernd Rolf* in mehreren Fällen, zum Beispiel mit den „Teilnehmern" Thomas Hobbes, John Locke und Jean-Jacques Rousseau zum Thema Staat durchgeführt hat. Damit tritt eine „didaktische" Literarisierung zur Erzeugung gut zugänglicher Texte vor allem für den Unterricht in der Sekundarstufe I zum produktionsorientierten Verfahren im Philosophieunterricht hinzu. In der Philosophie selbst ist eine gerade auch stilistische Kritik am jeweils anderen Philosophen von Schopenhauers Reflexionen „Über Schriftstellerei und Stil" (*Parerga und Paralipomena* Paragr. 282 ff.) bis zu Carnaps und Adornos Kritik an Heideggers Sprache oder gegenwärtiger Kritik an Adornos Sprache ein gängiger Topos. Das zeigt: Philosophen ihrerseits behandeln den philosophischen Text nicht immer als ein Sakrosanktes. Auch jede Übersetzung, jede Auseinandersetzung ist Interpretation; den Bedingungen jeweiliger hermeneutischer Prozesse entkommt kein Umgang mit Texten.

Durch Schreibanlässe und Anstöße motiviert, können Schülerinnen und Schüler also durchaus legitim ihre eigenen Gedanken und Einstellungen formulieren. Es ist etwa

---

[47] Ludwig Reiners *Stilkunst* lobt: „Die Gestalt, die Kant seinen Gedanken gegeben hat, ist nicht die einzig mögliche Art des Ausdrucks. Sie lassen sich vielmehr auch in eine gemeinverständliche Form gießen. Nicht der Gedanke selbst ist schwer verständlich, sondern nur die Art, wie er ausgedrückt, die Technik, wie er vorgetragen wird. Der Ausdruck ist unklar, nicht der Inhalt". Ludwig Reiners: *Stilkunst*, München 1943 u. v. ö., 309.

möglich, Briefe *an* Philosophen sowie fiktive Antwortbriefe *von* Philosophen zu verfassen. Sehr interessant und motivierend sind auch Dilemmageschichten. In moralischen Dilemmata ringen zwei Werte miteinander. Wer eine Entscheidung getroffen hat, muss sie rechtfertigen: Solche Geschichten können einen wichtigen Beitrag zur moralischen Urteilsbildung, aber auch zu einem Bewusstsein moralischer Problematiken überhaupt leisten. Angesichts ihres gelegentlich auch recht artifiziellen Charakters empfiehlt es sich allerdings, Dilemmageschichten sparsam und in didaktisch genau definierten Situationen zu verwenden. Kriterium für die Beurteilung der „Umschreibe-Versuche" kann sein, festzustellen, ob sie geeignet sind, die in einer Textvorlage geäußerten Ideen in einer besser verstehbaren sprachlichen Form darzubieten, ob sie adäquate Verstehensprozesse eröffnen können und ob sie hierbei auf die Originaltexte selbst zurückzuweisen vermögen.

Ein Gegenargument zur produktiven Textarbeit allerdings lautet: Die Art und Weise jedes Schreibens hat eine eigene Funktion; der Stil ist vom Inhalt nicht zu trennen (Beispiel: Nietzsche, Aphorismen). Die enge, vereinfachende Paraphrase der Textpassage gerät damit notwendig unter Rechtfertigungsdruck hinsichtlich der vorgenommenen Veränderungen und Reduktionen. Dies zeigen auch sehr kritische Diskussionen in der Praxis der Lehrerfortbildung.[48] Darum erscheint ein Um*schreiben* plausibler, das Kerngedanken aufzunehmen und in einen neuen Kontext zu versetzen sucht.

 Ansätze hierzu entstammen vor allem der Deutschdidaktik, die bereits auf eine längere Diskussion dieser Möglichkeiten verweisen kann.[49] Die in diesem Zusammenhang vorgeschlagenen Verfahren sind natürlich nicht Selbstzweck, sondern dienen der Kreativität ebenso wie dem Verstehensprozess (vgl. folgendes Interview).

Die Philosophin und Didaktikerin *Christa Runtenberg* nennt unter anderem das Verfassen eines Leseprotokolls oder eines anderen Metatextes, der es erlaubt, mit den eigenen Lektüreerfahrungen umzugehen. Weitere Möglichkeiten sind die visuelle Darstellung eines Textes (als Umschlagbild, Comic etc.), das Zerlegen eines Textes in Teile (Zerschneiden einer Kopie) durch Lehrerin bzw. Lehrer mit Aufforderung zur „Rekonstruktion" des Textes, die produktive Veränderung des Textes zur anschließenden Vergleichung mit dem Original usw. Weitere Beispiele sind: Als angehende Staatsbürger etwa sollten Schüler/innen sich öffentlich äußern können; eine Aufgabenstellung könnte daraufhin etwa lauten: Schreiben Sie einen Leserbrief zum (vorliegenden) Zeitungsartikel.

---

[48] Für Hinweise hierzu danke ich den Teilnehmern der Lehrer-Qualifikationsmaßnahme 1998/99 im Rahmen des Schulversuchs „Praktische Philosophie" in Nordrhein-Westfalen, Bezirksregierung Münster, besonders Detlef Nimtz, sowie meinen Moderations-Kollegen bei dieser Veranstaltung in der Landvolkshochschule Freckenhorst, Brigitte Philipp und Klaus Blesenkemper.

[49] Vgl. zum Beispiel Günter Waldmann: „Grundzüge von Theorie und Praxis eines produktionsorientierten Literaturunterrichts". In: N. Hopster (Hrsg.): *Handbuch „Deutsch" für Schule und Hochschule*, Paderborn 1984, 98-141; Ders.: *Produktiver Umgang mit Literatur im Unterricht*, 2. Aufl. Hohengehren 1999; Ders. / Katrin Bothe: *Erzählen. Eine Einführung in kreatives Schreiben und produktives Verstehen von traditionellen und modernen Erzählformen*, Stuttgart 1992.

Oder: Entwerfen Sie auf der Grundlage des (vorliegenden) Textes eine Graphik, die den Sachverhalt anschaulich macht! *Oder:* Welches Argument trägt der Autor vor? Lesen Sie den Text sorgfältig durch und füllen Sie eine „Sprech-" bzw. „Gedankenblase" (evtl. zu einer als Kopie verteilten Karikatur- oder Comicfigur) aus! *Oder:* Entwerfen Sie ein Gespräch zwischen dem Autor (eines philosophischen Textes) und einem Schüler (Skeptiker), in dem der Autor für seine Auffassungen argumentiert.

Ähnlich wie im Deutschunterricht muss das Schreiben solcher Texte auch Gegenstand fortlaufender Einübung, Verbesserung und Fortentwicklung sein. Und wie bei allen Methoden ist ihr Einsatz mit den Lern- und Arbeitsgruppen zusammen (die darum wissen müssen, was es gibt und wie man es macht) stets situativ angemessen neu zu verabreden.

Wie funktionieren produktive Verfahren im Philosophieunterricht, Frau Dr. Runtenberg?

Dr. Christa Runtenberg studierte Philosophie und Germanistik in Münster und promovierte bei Kurt Bayertz und Ekkehard Martens mit einer Arbeit zu produktionsorientierten Verfahren im Unterricht über ethische Probleme der Gentechnik. In Vorbereitung: Einführung in die Fachdidaktik Philosophie (2009).

Ihre Tätigkeit umfasst das gesamte Spektrum der Arten und Orte des Philosophierens: Sie hat am Forschungsprojekt: „Zur Selbstaufklärung der Bioethik" (Universität Münster) mitgearbeitet, Referendariat und Lehrerausbildung absolviert, VHS-Seminare veranstaltet, und sie ist Mitglied bei „Argos – Institut für gesellschaftswissenschaftliche Studien, praktische Philosophie und Bildung" (www.muenster.org/argos). Wissenschaftliche Mitarbeiterin an der Universität Rostock, seit 2005 wieder in Münster.

Christa, welche Vorteile bieten produktive Verfahren im Philosophieunterricht?

Die produktiven Verfahren ermöglichen Schülern und Schülerinnen einen neuen, vielfältigeren, die verschiedenen Dimensionen der Vernunft herausfordernden Umgang mit Medien und vor allem auch Texten. Diese Verfahren können den Umgang mit Texten im Philosophieunterricht, der häufig von der immer gleichen Form der Textinterpretation bestimmt ist, erweitern.

Statt einen Text lesend und durch das fragend-entwickelnde Verfahren kognitiv nachzuvollziehen, wird aktiv und produktiv in ihn eingegriffen, z.B. indem man den Schluss eines Textes zurückhält und ihn von den Schülern und Schülerinnen zu Ende schreiben lässt oder den Text in eine andere Zeit oder Form übertragen lässt.

Die Lesenden werden aufgefordert, selbst zu schreiben, sie stellen kleine Textprodukte her, d. h. sie werden im Prozess des Lesens selbst zu „Koproduzenten" des vorliegenden Textes, indem sie diesen erweitern, ergänzen, verändern oder veranschaulichen.

Die von den Lesenden „hergestellten" Produkte werden dann in Kontrastierung mit dem Ausgangstext im Gespräch mit den anderen „Koproduzenten" analysiert. Dieser produktive Umgang mit dem Text macht nicht nur das genaue Lesen notwendig, sondern setzt auch Spaß und Kreativität frei. Durch die produktive Arbeit, die Auswertung der jeweiligen in den Produkten sich darstellenden Verarbeitungen und ihrem Rückbezug auf den Originaltext werden

den Lesenden gleichzeitig mehrere Aspekte bewusst gemacht: sie erkennen die ganz subjektiven produktiven Momente, die ihr Lesen bestimmen, ihre eigene Rezeptionshaltung und analysieren den Text. Auf diese Weise wird die Verbindung von Selbst- und Textreflexion möglich gemacht.

Die kritisch-hermeneutische Textinterpretation wird verbunden mit der Kreativität und sozialen Phantasie der Schüler und Schülerinnen; eine einseitig kognitive Arbeit, eine Dominanz des fragend-entwickelnden Verfahrens und das Aussparen der Person des Schülers bzw. der Schülerin können somit vermieden werden. Die verschiedenen Kompetenzen: Deuten und Schreiben, Analysieren, Argumentieren und Urteilen, werden auf lustvolle Weise in einem Lernprozess organisiert.

Könntest Du ein konkretes Beispiel nennen?

Man kann z. B. einen Text, statt ihn, wie meistens üblich, von den Schülern und Schülerinnen gliedern zu lassen, in Abschnitten gegliedert vorlegen und sie auffordern, sich Fragen einfallen zu lassen, auf die die jeweils folgenden Abschnitte angemessene Antworten sind. Auf diese Weise habe ich z. B. einmal die ersten 35 Zeilen von Kants Text „Was ist Aufklärung?" mit Schülern und Schüler/innen der Jahrgangsstufe 11 besprochen – sie mussten sozusagen „Interviewfragen" entwickeln, die zu den einzelnen Textabschnitten passten. Oder man kann einen didaktisch reduzierten Textausschnitt, der einen gut nachvollziehbaren oder spannenden Argumentationsgang enthält, als Puzzle vorlegen und die Schüler/innen auffordern, die ursprüngliche Ordnung wiederherzustellen. Auf diese Weise erfassen sie den Argumentationsgang des Textes durch kreative Arbeit.

Ebenso kann man den Anfang, das Ende oder das Mittelstück eines Textes vorenthalten und die Schüler und Schüler/innen auffordern, selbst einen passenden Textteil zu schreiben, der dann mit dem Original verglichen wird. Spannend ist auch, wenn die Schüler und Schüler/innen aus der Perspektive eines Philosophen auf einen anderen reagieren müssen – sie bekommen dann z. B. eine Textvorlage eines christlichen Ethikers, in dessen Argumentation sie sich eindenken müssen, um die Argumentation eines Präferenzutilitaristen z. B. zur Frage „Ist die Forschung mit Embryonen moralisch zu rechtfertigen?" in Form eines Briefes zu beurteilen. Besonders interessant ist es auch, wenn die Schüler/innen eigene, freie Texte produzieren und mit einem „Experten" oder einer „Expertin" diskutieren können.

Gibt es Kritik bzw. siehst Du mögliche Nachteile oder Gefahren dieser Methode?

Produktionsorientierte Verfahren geraten leicht zu Verfahren, die – aus pädagogischen Gründen – einfach den Spaß und die Motivation im Umgang mit Medien und vor allem auch Texten erhöhen sollen. Sie werden dann nur in Einstiegsphasen des Unterrichts genutzt, um danach zur „richtigen philosophischen Textinterpretation" überzugehen. Als solche sind sie allerdings nicht gedacht, sie sollen gerade die Phase der Texterarbeitung erneuern, indem sie kritisch-hermeneutische mit kreativer Arbeit verbinden. Dazu ist es aber wichtig, den Vergleich der Produkte der Schüler und Schülerinnen, die ja subjektive Verarbeitungen eines vorliegenden Textes sind, mit dem vorliegenden Text systematisch zu organisieren, ohne den Ausgangstext zu übergehen oder die Schülerproduktionen letztendlich doch aus den Augen zu verlieren und lieber zur Textanalyse überzugehen.

Die hohe Kunst besteht darin, einen Prozess zu organisieren, in dem die Schüler und Schülerinnen durch die Reflexion ihrer Produkte zugleich den verarbeiteten Text reflektieren. Das gelingt leider nicht immer. Auch darf man nicht davon ausgehen, dass produktive Verfahren das Allheilmittel zur Verbesserung des alltäglichen Unterrichts darstellen; sie sind aber geeignet, das zeigen meine praktischen Erfahrungen mit diesen Verfahren deutlich, neue, motivierende und schülerorientiertere Akzente zu setzen und so den Philosophieunterricht zu bereichern.

Es gibt ein eher „textgebundenes" (z. B. als Weiterschreiben von Texten) und ein „freies" kreatives Schreiben. Darüber hinaus ist, nahe am Verfassen philosophischer „Fachtexte", an das Schreiben eines „Philosophischen Tagebuches" durch Schülerinnen und Schüler zu denken, wie der Rostocker Didaktiker *Christian Thies* in der „Zeitschrift für Didaktik der Philosophie" vorgeschlagen hat. Dabei handelt es sich um eine Arbeitsform, die Schülerinnen und Schüler auffordert, ausgehend von persönlichen Erfahrungen über ein im Philosophieunterricht behandeltes Thema nachzudenken und eigene Überlegungen in einer den Autoren selbst überlassenen Form schriftlich festzuhalten. Die entstehenden Texte können im Unterricht diskutiert, aber, bei vielleicht persönlicheren Themen, auch von der Lehrerin oder dem Lehrer gelesen und von diesen oder anderen Schülern auch im Zuge eines sich entwickelnden Briefwechsels beantwortet werden. Auch hier gilt: Wer schreibt, zwingt sich zu einer bewussteren Klärung, Ordnung und Ausarbeitung seiner Gedanken. *Schreiben macht das eigene Erleben reflektierbar.* Seit der viel gescholtene, aber nicht notwendig abzulehnende und auch nicht von Schülern abgelehnte „Besinnungsaufsatz" aus dem Deutschunterricht verschwunden ist, ergibt sich deshalb durchaus eine Leerstelle reflexiver Primärtexte in der Schule, die der Philosophieunterricht füllen könnte.

Wie sind textproduktive Verfahren für den Philosophie- und Ethikunterricht einzuschätzen? Natürlich lassen sich, ähnlich wie dies in der Deutschdidaktik bereits geschehen ist, Einwände zur Beratung erheben.[50] Gleichwohl zeigt das Feld der Literarisierungen, Fiktionalisierungen und produktionsorientierten Verfahren, wie sehr gerade in letzter Zeit Veränderung in die philosophiedidaktische Methodendiskussion gekommen ist und wie stark sich das Spektrum motivierender Möglichkeiten gegenwärtig erweitert. Dies gilt für alle Methoden, die zur Kreativität anregen, etwa auch für das Erfinden und den Einsatz von *Spielen* im Unterricht, in anderen Fächern längst üblich,[51] für den es mittlerweile auch Beispiele aus dem Philosophieunterricht gibt.

---

[50] Vgl. mit überzeugender Gegenargumentation: Harro Müller-Michaels: „Noten für Kreativität? Zum Problem der Beurteilung produktiver Arbeiten im Literaturunterricht". In: *Deutschunterricht* 46 (1993), 338-348.

[51] Ulrich Baer u. a. (Hrsg.): *Spielzeit. Spielräume in der Schulwirklichkeit.* Friedrich-Jahresheft, Seelze 1995; Mechthild Löning / Gertrud Schilmöller: „Irrfahrten mit Odysseus. Brettspiel zu einem antiken Sagenstoff". In: *Geschichte lernen* 29 (1992), 17-19; Monika Steenblock: „Lernspiel". In: *Unterricht Pflege* 3 (1998), 29-35.

Literatur zum „kreativen Schreiben":

Barbara Brüning: *Wenn das Leben an Grenzen stößt. Philosophieren mit Märchen über Grenzsituationen*, Bad Münder 2000:

Dies.: „Geflügelte Weisheit: Philosophieren mit Aphorismen". In: D. Birnbacher / J. Siebert / V. Steenblock (Hrsg.): Philosophie und ihre Vermittlung, Hannover (Siebert) 2003, 125-135.

Dies.: „Hat Hans im Glück eine reine Seele? Philosophieren mit Märchen". In: H. Dickerhoff (Hrsg.): *Die Seele und das Märchen*, Kassel 2006.

Martina Dege: „Philosophische Schreibwerkstatt mit Schülern". In: F. Witzleben (Hrsg.): *Philosophie in der schulischen Praxis*, Frankfurt a. M. 1999, 149-168.

Max Lüthi: *Das europäische Volksmärchen*, 7. Aufl. München. 1981.

Norbert Herold: „Philosophieren mit ‚Alice im Wunderland'. Zum nicht-philosophischen Text als Unterrichtsmedium. In: *Zeitschrift für Didaktik der Philosophie* 3 (1981), 19-28.

Torsten Hiß: „Textlektüre und Textproduktion – Zum Um- und Weiterschreiben am Beispiel einer Fabel". In: *Zeitschrift für Didaktik der Philosophie und Ethik* 23 (2001), 279-285.

Vittorio Hösle: *Das Café der toten Philosophen*, TB-Ausg. München 1998.

Gabriele Münnix: *Anderwelten. Eine fabelhafte Einführung in das Philosophieren*, München 2009.

Anita Rösch: „Das philosophische Tagebuch". In: *Ethik und Unterricht* 17 (2006), 58-59.

Johannes Rohbeck: „Philosophische Schreibstile". In: *Zeitschrift für Didaktik der Philosophie und Ethik*, Heft 24 (2002), 98-105 (Heft: „Texte schreiben" mit weiteren Beiträge u. a. von Helmut Engels, Christa Runtenberg, Renate Schröder-Werle, Lutz von Werder); vgl. auch: Ders.: „Literarische Formen des Philosophierens". In: *Zeitschrift für Didaktik der Philosophie und Ethik* 26 (2004), 89-101.

Jörg Peters / Bernd Rolf: *Kant & Co. im Interview. Fiktive Gespräche*, Stuttgart 2010.

Christa Runtenberg: *Didaktische Ansätze einer Ethik der Gentechnik. Produktionsorientierte Verfahren im Unterricht über die ethischen Probleme der Gentechnik*, Diss. Münster 1999.

Christian Thies: „Das Philosophische Tagebuch". In: *Zeitschrift für Didaktik der Philosophie* 12 (1990), 26-32.

Markus Tiedemann: *Prinzessin Metaphysika. Eine fantastische Reise durch die Philosophie*, Hildesheim 1999.

Lutz von Werder: *Lehrbuch des kreativen Schreibens*, Berlin 1996.

Philosophie im Spiel:

Ermanno Bencivenga: *Spiele mit der Philosophie*. Vorwort von G. B. Matthews, Berlin 1992.

Matthias Kaufmann: *Philosophie – Das große Spiel um Weisheit, Wahrheit, Ethik, Logik, Metaphysik, Welt, Gott, Religion, Leben und das Ding an sich*. No-Matt Spieleagentur, Singen 2010.

Eva Marsal / Takara Dobashi (Hrsg.): *Das Spiel als Kulturtechnik des ethischen Lernens* (Reihe: „Philosophie und Bildung"), Münster (LIT) 2005.

Pieter Mostert: „Philosophie im Spiel". In: *Zeitschrift für Didaktik der Philosophie* 5 (1983), 183 f.

4.19 *Platons Höhlenkino!* – Filme, Video-Clips, Comics und Bilder in philosophischen Bildungsprozessen

Ist nicht alle Bildlichkeit eigentlich im Kern „unphilosophisch"? Halten uns die Bilder nicht, wie es das Bild (!) der platonischen Höhle selbst andeutet, in einer „unteren Ebene" falscher Anschauung gefangen, statt uns in das Metier der Begriffe und des strukturierten Argumentierens, auf eine Ebene wahren Denkens letztlich, zu führen? So könnte man einwenden. Vielleicht aber können die verschiedenen Formen der Bilder – darauf möchte

dieser Abschnitt hinaus – zur Reflexionseröffnung und -belebung in der Philosophiedidaktik doch eine hilfreiche Rolle spielen.

Film und Fernsehen

Zu den didaktisch wohl meist bearbeiteten Feldern gehört jedenfalls ganz offensichtlich das
Verhältnis von *Philosophie und Film*. Dies gilt für den *Spielfilm* ebenso wie für die
Darstellung philosophischer Sachverhalte in *Sachfilmen*, zum Beispiel in *Edward DeBonos*
älterer Serie „13mal Denken" (deutsch synchronisiert) oder den Filmen der Reihe
„Philosophie" des Westdeutschen Fernsehens, Redaktion *Ulrich Boehm*.

DeBono wollte die „zentralen Ideen" der großen Denker vorstellen. Er verwendet dabei
erstaunlich viele Mittel, die in der Folgezeit zum Standardrepertoire der Veranschaulichung
philosophischer Gehalte geworden sind. In „Szenen aus dem Alltagsleben" versuchen
Jugendliche wie Ältere, diese „zentralen Ideen" der jeweiligen Philosophen auf ihre
Lebensumstände anzuwenden. Im Falle des religions- und wertekritischen *Nietzsche* zum
Beispiel sei dies eine geradezu „übermenschliche Fähigkeit, sein Leben selbst zu
bestimmen" – etwa im Falle eines Vaters aus einer solchen Spielszene, sich in Beruf und
Familie gegenüber seiner Umwelt und gegenüber Einwänden durchzusetzen. Neben
elektronisch produzierten Strichzeichnungen und zur Veranschaulichung herangezogenen
Kinderspiel-Bauklötzchen und Gussformen ist es auch bereits ein fiktives „Interview" mit
dem Philosophen, das einen leichteren Zugang zu seiner Gedankenwelt ermöglichen will.
Die vom „Schicksal" hin und hergeworfene Kugel eines Flipperautomaten symbolisiert
dagegen den „schwachen" Menschen, der nicht Herr seines Schicksals ist.

Einen Überblick über philosophische Sendungen aller Art, solche, in denen qua
vorgeführtem Archivmaterial ein griesgrämiger *Adorno* über die Sängerin Joan Baez und
den Jazz herzieht, und solche, in denen *Gert Scobels* „delta" seine Diskussionspartner
versammelt, bietet eine Handreichung, die der Sender 3sat aus Anlass des Kantjubiläums
im Jahre 2004 zusammengestellt (und dazu die Filme gesendet) hat.[52] Haben einst
Philosophen seit den Tagen von Adorno und Anders, so erinnert *Kay Kirchmann*,[53]
vernichtende Verdikte über das Fernsehen als Ausfluss der Kulturindustrie gefällt (eine
Kritik, deren Gültigkeit nicht unaktuell geworden sein muss), so eignet das „Zerstreuungs-
medium par excellence" sich eben zugleich doch, die nur scheinbar einzigen „magischen
Kanäle" der Philosophie, Sprache und Schrift, zu erweitern. „Philosophisches Quartett" und
Richard David Precht üben im ZDF die Kunst der Diskussion. Nicht ein fertiges Denk-
produkt, sondern der Denkprozess selbst wird in Szene gesetzt, so dass die Potentiale des
Fernsehens, uns durch sein Bildmaterial teilhaben zu lassen und zu gespannten Zeugen zu
machen, aber auch (und gefährlicher) ein suggestives „so war's/so ist's zu konstruieren,
klug genutzt werden können. Jedoch gibt es in diesem Terrain auch unter didaktischem

---

[52] *Kant – Die Geburt der Philosophie der Moderne. Ein philosophischer Schwerpunkt zum 200.
Todestag.* Hrsg. von der Presse- und Öffentlichkeitsarbeit des Gemeinschaftssenders c/o ZDF,
55100 Mainz-Lerchenberg.

[53] Kay Kirchmann: *Die Sichtbarmachung des Geistes.* Die WDR-Reihe „Philosophie heute" hat seit
1988 einhundert Mal Denken ins Bild gesetzt. In: Zeitschrift für Didaktik der Philosophie 19 (1997),
203-206.

Aspekt Möglichkeiten zu entdecken, die über die Darstellung der Philosophie im Film hinausgehen, etwa indem sie angesichts der Möglichkeiten und Perspektiven der neuen Medien in Projekten über Mehrdeutigkeit und Filmästhetik Beiträge zu einer philosophischen Theorie der Gegenwart liefern.

Nicht nur liefert der Film eines der faszinierendsten Felder der Ästhetik. Der Film vermag es, philosophische Fragestellungen zu verdichten und erzählerisch in Bildern zu erläutern. Vom cineastischen Klassiker (vgl. hierzu die Beiträge von *Bodo Kensmann*) bis zur „Truman Show" oder zu „Matrix" ist alles vertreten.

Besser eine schöne Illusion als eine schlechte „Wirklichkeit"?

Mit einigem guten Willen lassen sich philosophisch interessante Fragen selbst in Hollywood-Produktionen finden. In Filmen wie *Truman Show* und *Matrix* geht es darum, ob eine schöne Illusion nicht erstrebenswerter ist als eine gefährliche und deprimierende Wirklichkeit.

In „Matrix" hält eine in einem finalen zukünftigen Krieg siegreiche Roboterrasse die Menschen als eine Art bioelektrischer Energiequelle in riesigen Batterie-Anlagen fest. Die gesamte Welt inklusive aller Lebenserfahrungen wird ihnen nur vorgespielt. Nur eine kleine Gruppe von Rebellen vermag sich, von Robot-Agenten gejagt, aus der Illusionswelt zu befreien. Es findet sich aber unter ihnen ein Verräter, der gegen ein illusionäres, aber perfektes Leben „in Saus und Braus" bereit ist, die letzten freien Menschen an die Sklaverei auszuliefern. Sein Argument: „Besser eine schöne Illusion als eine schlechte Wirklichkeit".

Die *Truman Show* ist eine „Reality-TV"-Serie der Zukunft, die der unterhaltungsfreudigen Öffentlichkeit einer „wahren Welt" das Leben eines Protagonisten präsentiert, der selbst nicht weiß, dass sein gesamtes Dasein eine inszenierte Fernsehshow ist. Was Truman auch immer tut, die Kameras sind dabei, die Einschaltquoten stimmen. Alle Bezugspersonen von den Eltern bis zur Lebensgefährtin sind von Schauspielern dargestellt. Der Horizont des Kulissenstädtchens, in dem er lebt, ist eine hellblau angemalte Betonwand, die zur Nacht verdunkelt werden kann. Die Liebe zu einer Darstellerin, die ihn über den Betrug aufklären will, führt ihn über eine dramatische Schiffsfahrt schließlich an die „Horizont"-Betonwand. Der allmächtige Produzent der Show, der sich ihm als „Schöpfer" vorstellt, will ihn vom Überschreiten der Grenze in die Wirklichkeit abhalten. Er sagt: „Da draußen findest du nicht mehr Wahrheit als in der Welt, die ich für dich geschaffen habe. Dieselben Lügen, derselbe Betrug". Hat „Gott-Produzent" nicht Recht?

Der Mensch scheint ein nach Wahrheit strebendes Lebewesen zu sein. Diesen Eindruck legen jedenfalls Diskussionen über die genannten Filme nahe, in denen sich kaum ein Verteidiger der Illusionen fand. Und wenn wir noch so sicher sein könnten, dass eine uns angebotene Illusion vollendet unmerklich und unübertrefflich schön wäre – wir schrecken vor diesem Gedanken zurück.

Zwar lieben wir die Illusionen des Romans, des Theaters und des Films, mit denen wir uns selbst als Helden und unsere ansonsten eher banale Existenz in überhöhter Weise empfinden können.

Aber: wir lieben sie *als Illusionen* und damit als Entspannung von einer Wirklichkeit, als Entkommen aus einer Welt, die wir gleichwohl immer voraussetzen. Eine Illusion *als Wirklichkeit* wählen zu können, erscheint uns unmöglich, weil ihr gerade mit der Kategorie „Wirklichkeit" eine offenbar gewünschte Qualität abgeht. Auch die Filme selbst bieten Auswege. In „Matrix" erscheint eine messiasähnliche Rettergestalt, die mittels einer Art Kung-Fu (!) das Illusionsregime durchbricht. In der „Truman-Show" applaudiert am Ende selbst das unterhaltungsversessene Publikum dem ungeplanten Höhepunkt der Show, in dem der Held die Tür zur gefährlichen, ihm unbekannten, aber eben „echten" Welt hin durchschreitet.

Philosophieren mit den Videoclips vom MTV und Viva

Das Sich-Orientieren von Schülerinnen und Schülern erfolgt unter den kulturellen Bedingungen avancierter Gesellschaften. Zu den auffälligsten Gegenwartsbedingungen, denen wir alle tagtäglich unterliegen, gehört neben sozialen Veränderungen, Migration usw. nicht zuletzt die Allpräsenz der Popkultur, von der aus offensichtlichen Gründen einschlägig befürchtet wird, dass sie die Menschen zu Funktionsanhängen marktinduzierter Systemzwänge macht – man denke an Adornos Begriff der „Kulturindustrie".[54] Nach der Gegenthese der so genannten *Cultural Studies* freilich ist unser kulturelles Selbstauslegungsbedürfnis so hoch, dass wir *noch die Produkte der Popkultur* zur Erstellung von Selbst- und Weltmodellen, also zur Reflexion nutzen (vielleicht haftet der Popkultur gegenüber der Engführung zur „hohen Kultur" sogar etwas wahrhaft Demokratisches an: man muss von elitären Tischsitten nichts wissen, um einen Hamburger zu essen). Die Philosophiedidaktik zieht aus der Etablierung der gesamtgesellschaftlichen Kulturbühne „Pop" gar die Konsequenz, Bilder und Comics „im Gegenzug" didaktisch zu nutzen, also etwa Fragen nach Möglichkeiten und Grenzen unserer Erkenntnis nicht nur aus Filmen wie *Truman Show* und *Matrix* heraus zu stellen oder ein Nachdenken über Partnerschaft aus den „Soaps" zu entwickeln, sondern hierfür auch einzelne Videoclips von MTV zu verwenden (vgl. den äußerst lesenswerten Beitrag von *Rolf Sistermann*).

Comics

Eine Etappe im Spektrum von Bild, Sprache und einer Sequenzialität wie im Film (evtl. auch Untersuchung in Zusammenarbeit mit dem Deutschunterricht) bildet der Comic. Auch über Comics und Karikaturen, beide längst Bildgattungen von eigener, oft auch sehr ernsthafter Aussagesprache, lässt sich neben der unerlässlichen Textarbeit sozusagen ein zweiter Zugriff auf ein Thema bzw. einen Autor gewinnen.

Kann man mit Comics philosophieren, Otto Wiezorek?

Otto Wiezorek, 1979 in Münster geboren, zeichnet seit 1994 Comics, lebt und arbeitet in Berlin. Studium an der Fachhochschule Münster, Ausstellungen, Arbeit an Werbezeichnungen und Illustrationen u. a. für Schulbücher und pädagogische Zeitschriften. Illustrationen für dieses Buch.

Was zeichnet einen Comic eigentlich aus? Mit welchen Mitteln wird da was ausgedrückt?

Beim Comic handelt es sich ja um eine Sequenz aus Einzelbildern, die eine Information vermitteln oder eine ästhetische Wirkung beim Beobachter erzeugen sollen. Anders als der Film, der eine zeitlich bewegte Sequenz darstellt, handelt es sich beim Comic um eine räumliche Sequenz: Jedes einzelne Bild nimmt eine neue Fläche ein. Und hier liegen auch die Mittel und

---

[54] Vgl. zur Bildung in der Popkultur mein Bändchen: *Kultur oder Die Abenteuer der Vernunft im Zeitalter des Pop*, Leipzig (Reclam) 2004.

Methoden, die dem Comic zu eigen sind: Er kann zum Beispiel die Bildgröße verändern, ihre räumliche Beziehung, zum Beispiel Bild im Bild, etc.

Wie kann die Philosophie diese Mittel nutzen?

Der Comic ist in den meisten Fällen eine Kombination aus Literatur und Bildern. In diesem Fall kann er auf zwei verschiedenen Wegen den Leser bzw. den Betrachter erreichen und ihm so Probleme verständlich machen. Im Fall der Philosophie könnte man einen Text in einen Comic umschreiben. Die Bilder ergänzen den Text und können ihrerseits Antworten geben oder neue Fragen stellen. Bilder sind oft einfacher zu verstehen. Der Leser wird die Problemstellung schneller erfassen können.

Kannst Du mir ein konkretes Beispiel nennen?

Auch heute denkt mancher vielleicht noch, dass der Comic gleich Mickey Mouse oder Superman ist, also einfache Literatur für Kinder. Von diesem Klischee muss man sich lossagen. Heute gibt es viele Comic-Künstler, deren Geschichten zeitgenössische Probleme ansprechen. Ich denke da zunächst an Comics wie „Maus" von Art Spiegelman, der die Geschichte seines Vaters zur Zeit der Judenverfolgung erzählt, oder „City People Notebook" von Will Eisner, der die Menschen in der Großstadt darstellt. Der Comic erweist sich hier als eine eigene Ausdrucksform, in der auch sehr ernsthafte Themen behandelt werden können. Also auch philosophische Probleme. Zugleich zeigt sich zum Beispiel an Schulbuchillustrationen, dass es einfach mehr Spaß macht, wenn man sich durch optische Vergegenwärtigungen und Karikaturen sozusagen näher an die Philosophen „heranbegeben" kann.

Die leserfreundliche Wiedergabe bzw. Darstellung der Philosophiegeschichte (Osborne) – nicht mit gelehrtem Habitus und als Selbstzweck, sondern ausgehend vom alltäglichen Verständnis in der visualisierten Form des *Comics* – ist als ebenso didaktisch wie fachlich gelungen gelobt worden (*Dölle-Oelmüller*). Anzumerken wäre jedoch vielleicht: eine „komplette Philosophiegeschichte" – die Chronologie ist strukturierendes Prinzip bei Osborne – bedeutet, selbst in Comic-Form, ein sehr umfangreiches Gesamtprojekt, das immer noch eine Menge Text und vielfache und komplexe Sachverhalte transportiert. Daneben könnte die didaktische Funktion von Comics vor allem in der illustrierenden, auch karikierenden Präsentation eines „zweiten Zugriffes" auf den philosophischen Sachverhalt – neben den einschlägigen Texten und in Kontexten (evtl. eines Schulbuches) – liegen.

Zur Bilddidaktik: Zunächst Grundsätzliches

Sinn einer *Bilddidaktik* ist es, den Trend einer „Wiederkehr der Bilder" didaktisch zu nutzen.[55] Das Bild ist nur *eine* der Kunstgattungen, aber, philosophisch betrachtet, ist es denn doch eine ganz besondere. Die geradezu entfesselte visuelle Dichte in den Medien und in der medial erlebten Wirklichkeit unserer Gegenwart macht deutlich, was ein *Augustin*

---

[55] Vgl. für den Religionsunterricht Gerhard Röckel: „Grundschritte der Erschließung von Bildern der Kunst". In: E. Verweyen-Hackmann / B. Weber (Hrsg.): *Methodenkompetenz im Religionsunterricht*, Kevelaer 1999, 90-112.

bereits festgestellt hat: Wir Menschen sind in einer besonderen Weise Augenwesen.[56] In den Debatten der philosophischen Ästhetik wird der Bildbegriff sehr vielgestaltig verwendet. Er bezieht sich natürlich auf Gemälde, Photographien und Filme. Er wird aber auch bezogen auf „Sprachbilder", Metaphern, Gleichnisse, „Weltbilder" und „Denk-bilder".[57] In den philosophischen und kulturwissenschaftlichen Diskussionen, in denen immer wieder gerne einmal neue paradigmatische Hinwendungen und Auffassungsweisen ausgerufen werden, gibt es geradezu einen „pictural turn" – eine Wende zum Bild. Die Möglichkeit einer „Philosophie in Bildern" wird entdeckt.

Ziel des Einsatzes von Bildern (Photographien, Reproduktionen von Gemälden usw.) im Philosophieunterricht kann dabei nicht sein, „noch eine Illustration mehr" in der visualisierten „Spaßwelt" zu präsentieren, deren Masse banaler Bildinformation schon zur „Anästhetizismus"-These (*Wolfgang Welsch*) geführt hat. Didaktisch sinnvoll erscheint auch kaum die Zugabe einer bloßen Illustration zu einer affirmierten Textaussage als sozusagen „doppelter Beweis". Manche der reich illustrierten und durchgehend opulent farbig gestalteten neueren Veröffentlichungen im Zuge des „exoterischen Booms" der Philosophie „verschenken" durch zu kleine und mit völlig unzureichenden Erklärungen versehenen Reproduktionen die Möglichkeiten, die das Bild im Buch eigentlich hat.

Demgegenüber scheinen mir die neuere Bilddidaktik und der „pictural turn" zu zeigen: Für den legitimen Vorgang, sich anhand eines Bildes über eine eigene Problemstellung zu orientieren, bedarf es bestimmter didaktisch zu diskutierender Bedingungen. Aussage-kräftiger und wirkungsvoller sind z. B. wohl eher wenige, dafür möglichst groß repro-duzierte Bilddarstellungen, die durch ausführliche Erläuterungen und Beobachtungs-aufgaben zu eigenen Quellen des Nachdenkens und des Philosophierens neben den Originaltextauszügen gemacht werden können. Auch neben „klassischen" Textpassagen kann das Bild, ohne eine bloße Doppelung zu verkörpern, einen zweiten Zugang zum Thema ermöglichen, einen weiteren Aspekt beleuchten, einen optischen Markierungs- und Erinnerungspunkt setzen. Das Bild im Philosophieunterricht muss *zu denken geben* und seinerseits „Erforschung" und Auseinandersetzung erfordern. Plausibel eingesetzt, kann das Bild Anlass zum Gespräch, Motivation, Auslöser von Gefühlen, Gedankenimpuls, schließlich auch Sinnbild eines (philosophischen) Problems sein.

---

[56] Und womit Augustin seit dem Zeitalter der bewegten Bilder und dem 20. Jahrhundert mit jedem Jahr mehr Recht bekommt ist auch dies: dass die optische Sensationslust nicht immer an den besten Teil in uns appelliert. Doch sprechen Bilder natürlich auch im Positiven zu unserem ästhetischen Empfinden, zu unserem Denken und Fühlen. „Dies Bildnis ist bezaubernd schön", heißt es in der „Zauberflöte" von *Wolfgang Amadeus Mozart*, zu der *Emanuel Schikaneder* das Libretto verfasst hat. Es ist sogar so schön, dass sich der prinzliche Protagonist der Oper durch das bloße Ansehen des Bildes prompt in die Abgebildete verliebt und sie nach allerlei Verwicklungen und Umdeutungen zwischen „Königin der Nacht" und „weisem Sarastro" auch zur Frau bekommt. Dabei ist nicht jedes Bild „schön". Grundsätzlich aber sollte doch gelten: ein Bild gibt zu denken.

[57] Jakob Steinbrenner / U. Winko (Hrsg.): *Bilder in der Philosophie und in den anderen Künsten und Wissenschaften*, München 1997.

„Klassische Gemälde" mit Darstellungen von Philosophen

Grundsätzlich kommen viele Bilder der Kunstgeschichte für eine philosophische Bildreflexion in Betracht. „Klassische" Gegenstände philosophischer Bildreflexion wie die Darstellung der „Sieben freien Künste" aus dem „hortus deliciarum" oder den berühmten Holzschnitt „Wanderer am Weltenrand" aus dem 19. Jahrhundert hat als einer der ersten *Norbert Herold* (vgl. Literaturangaben) untersucht.

Vor allem aber die „Schule von Athen" (siehe Skizze des Gemäldes) ist zu einem *Sinnbild* mit großer Symbolkraft geworden. Nur wenige weitere Darstellungen aus der Kunstgeschichte – wie *Anselm Feuerbach*s „Gastmahl des Plato" und *Jacques Louis David*s „Tod des Sokrates" – können einen solchen Status für sich in Anspruch nehmen. *Raffaello Santi* (1483-1520), bekanntermaßen einer der gefeiertsten Maler der Renaissance-Kunst, stellt in seinem Bild ein Arrangement antiker Philosophen aus immerhin einem ganzen Jahrtausend dar. Sie alle befinden sich in einer groß angelegten architektonischen Konstruktion.

Aus der Tiefe schreiten *Platon* (1) und *Aristoteles* (2) im Gespräch auf uns zu. Vom Zentrum ausgehend, werden die Denker in mehreren Gruppen arrangiert. Unter ihnen sind Sokrates (3), Epikur (4), der wichtige arabische Aristoteliker Averroes (5) sowie Diogenes (6; vgl. auch Abschnitt 6.1 dieses Buches).

Die Philosophen der „Schule von Athen" vermögen ein Szenario zu evozieren, in dem ihre Wissenschaft nicht in den Grüften der Folianten und Editionen bzw. in kleinen Zirkeln verborgen bleibt, sondern als lebendiger Widerpart einer *allgemeinen kulturellen Auseinandersetzung* anschaulich gemacht werden kann Es ist didaktisch nahe liegend, die Gesprächssituation der „Schule von Athen" sozusagen in die jeweilige Gegenwart zu verlängern. Entsprechend kann man gemäß einem „kreativen Schreiben" (siehe Abschnitt 4.16) Gespräche von Schülerinnen und Schülern mit den Protagonisten inszenieren, in denen nicht nur auf motivierende Weise Ergebnisse der Textlektüre wiederholt, gefestigt, umgesetzt und diskutiert werden, sondern auch Orientierungsfragen der Gegenwart – auch unbequeme – sich im Spiegel der Bilddarstellung reflektieren lassen.[58]

---

[58] Vgl. hierzu ausführlich: Volker Steenblock: Die Philosophie ins Leben bringen – Bildungsüberlegungen im Ausgang von Raffaels Darstellung der antiken Denker in seiner „Schule von Athen"

Der methodische Ablauf einer Bildbetrachtung

Zum methodischen Ablauf einer Bildbetrachtung mit Kunstwerken ohne der vorgenannten primär „klassisch-philosophischen" bzw. die Philosophie/die Philosophen direkt darstellenden Bezug (also z. B. zu Edvard Munchs „Schrei") geben mittlerweile einige Schulbücher und sonstige Veröffentlichungen verschiedene Abläufe und Methodenschritte an.

Eine Vorgehensweise, die nicht so sehr kunstgeschichtliche Aspekte, aber auch nicht allzu direkt „Lernergebnisse", sondern eine philosophische Reflexion in den Mittelpunkt stellt und das Bild zum „Denkbild" zu machen sucht,[59] könnte unter Rekurs auf *Gunter Otto* in etwa wie folgt lauten (Arbeitsaufträge formuliert für die Sek. I):

*   Was siehst du? Beschreibe das Bild genau. Achte etwa auf Komposition, Aufbau, Farbe, Hell/Dunkel, Personen, Kleidung, Haltung, Frisur, Hintergrund, Details, Gesamteindruck. Schon dieses „Percept" ist ein Produkt, in dem das Bild und die Subjektivität des Betrachters aufeinander stoßen.

*   Formuliere: Was siehst du in dem Bild? Was empfindest du? Welche eigenen Erinnerungen kannst du mit dem Bild verknüpfen? Wichtig ist: In dieser Phase gibt es kein „richtig" oder „falsch". Entscheidend ist, dass du dich auf das Bild einlässt und dich zu ihm in eine Beziehung setzt. Das Bild soll im Philosophie-Kurs Anlass zum Gespräch, Auslöser von Gefühlen, Gedankenimpuls zum Nachdenken sein.

*   Jetzt kann man sich näher über den Künstler, evtl. vorhandene „professionelle" Deutungen seines Werkes, seine Zeit informieren. Eine kunstgeschichtliche Wahrnehmung muss einer philosophisch-gedanklichen Anregung durch das Werk nicht im Wege stehen, sollte sie aber nicht ersetzen und sich für die hier verfolgten Zwecke nicht in den Vordergrund schieben.

*   Schließlich kann man das Bild zum Anlass nehmen, im weiteren Unterrichtsverlauf interessierende Punkte aufzuweisen und zu untersuchen. Auch hierbei kommt es darauf an, dass ein subjektiver Bezug zum Bild hergestellt wird.

Literatur zu Filmphilosophie und Filmdidaktik:

Christopher Falzon: *Philosophy Goes to the Movies. An Introduction to Philosophy*, London 2002 (Seit „Plato's picture show" ist ein Anschluss der großen philosophischen Disziplinen an Filmthemen möglich).
Matthias Fritsch / Martin Lindweder / Thomas Schärtl: *Wo nie zuvor ein Mensch gewesen ist. Science-Fiction-Filme: Angewandte Philosophie und Theologie*, Regensburg 2003.
Stefanie Hengst – Margarethe Kowollik – Miriam Liebmann: „Der Tod des Affengottes und sein Erwachen als Mensch – „King Kong" im Philosophieunterricht". In: *Zeitschrift für Didaktik der Philosophie und Ethik* 32 (2010), 268-273.

(siehe Literaturangaben). Zu einer genauen Wiedergabe der „Schule von Athen" sowie mehrerer Ausschnitte aus dem Gemälde im Schulbuch vgl. „Faszination Denken" – Eine Einführung in die Philosophie, München (bsv-Oldenbourg) 2000, 107-112.

[59] Für Hinweise danke ich Hildegard Herwald (Münster).

Jens Hildebrand: Film: *Ratgeber für Lehrer*, 2. Aufl. Köln 2007.
Bodo Kensmann: „Überlegungen zur Filmhermeneutik". In: *Zeitschrift für Didaktik der Philosophie und Ethik* 23 (2001), 293-296.
Inge Künzle / Marlen Wronka: „Die Truman Show. Konzept und unterrichtliche Umsetzung für Stufe 11". In: *Ethik und Unterricht* (2004), 38-41.
Dimitri Liebsch (Hrsg.): *Philosophie des Films. Grundlagentexte*, Paderborn 2005.
Mary M. Litch: *Philosophy through Film*, London 2002 (Zuordnung von Filmtiteln wie „Total Recall", „Matrix" usw. zu philosophischen Themenstellungen).
Jörg Peters / Bernd Rolf: *Philosophie im Film. 20 Filme in Inhaltsangaben, Szenenübersichten, Arbeitsblättern bzw. Kopiervorlagen, methodischen Hinweisen zur Filmanalyse*, Bamberg 2006.
Katharina Pietsch: „,Mehr Leben, Vater!' – Eine Zukunftsvision des Humanen im Film ,Blade Runner'". In: *Zeitschrift für Didaktik der Philosophie und Ethik* 30 (2008), 274-281.
Georg Seesslen: *Die Matrix entschlüsselt*, Berlin 2003.
Volker Steenblock: *Philosophieren mit Science-Fiction-Filmen? Kulturelle Reflexion im Spiegel des Populären.* Im Internet unter: *www.rub.de/philosophy/staff/steenblock/hauptstruktur/utopie.htm.*
Ders.. *Philosophieren mit Filmen*, Tübingen 2013.

Videoclips und Popkultur:

Rolf Sistermann: „Audivisuelle Gedankenexperimente. Musikvideos als neue Medien im Philosophie- und Ethikunterricht". In: *Ethik und Unterricht* 15 (2004), 29-33.
Ders.: „Unterrichten nach dem Bonbonmodell. Ein Musikvideo als Hinführung zur Reflexion über die Endlichkeit des Lebens". In: *Zeitschrift für Didaktik der Philosophie und Ethik* 30 (2008), 299-305.
Jan-Arne Sohns: *Popkultur trifft Schule*, Weinheim 2009.
Volker Steenblock: *Kultur oder Die Abenteuer der Vernunft im Zeitalter des Pop*, Leipzig 2004.

Comics:

Artikel „Comic" und *„Scott McCloud"* unter (www.wikipedia.org).
Martin Bolz: „Von dem Wandern zwischen den Welten und der Macht der kleinen Bilder: Comics". In: Ders. (Hrsg.): *Philosophieren in schwieriger Zeit*, Münster 2003, 211-299.
Domenico Casamassima: *Geschichte der Philosophie in Comics.* Zeichnungen von Eugenio Fiorentini, deutsch von Helmut Schareika, Stuttgart 1994.
Christian Klager (Hrsg.): *Philosophieren mit den Simpsons*, Münster 2009.
Ruth Dölle-Oelmüller: Rezension zu: Richard Osborne: *Philosophy for Beginners*, New York 1992 (engl. Version). In: *Zeitschrift für Didaktik der Philosophie* 17 (1995), 148 f.
Bernd Dolle-Weinkauff: *Comics. Geschichte einer populären Literaturform in Deutschland seit 1945*, Weinheim 1990.
Harald A. Havas/Gerhard Habarta (Hrsg.): *Comicwelten. Geschichte und Struktur der neunten Kunst*, Wien 1993.
Scott McCloud: *Comics richtig lesen*, 5. Aufl. Hamburg 2001.
Richard Osborne: *Philosophie. Eine Bildergeschichte für Einsteiger.* Illustrationen von Ralph Edney. München 1996 u. ö.
Rius: Sachcomic *Marx für Anfänger*, Reinbek 1979.

Bilddidaktik:

Reinhard Brandt: *Philosophie in Bildern*, Köln 2. Aufl. 2001.
Lucien Braun: *Bilder der Philosophie*, hrsgg. von R. Konersmann, Darmstadt 2009.
Klaus Feldmann: „Niki des Saint-Phalle: *Vive l'amour*". In: *Zeitschrift für Didaktik der Philosophie und Ethik* 33 (2011), 356-361.

Isabelle Guntermann: „In Bildern denken? Zum Einsatz des Mediums Bild im Philosophieunterricht". In: E. Martens / Chr. Gefert / V. Steenblock (Hrsg.): *Philosophie und Bildung. Beiträge zur Philosophiedidaktik*, Münster (LIT) 2005 (Reihe „Philosophie und Bildung", Band 1), 185-204.

Norbert Herold: „Bildreflexionen: Die Kunst der Perspektive als Schlüssel zur neuzeitlichen Philosophie". In: *Zeitschrift für Didaktik der Philosophie* 14 (1992), 81-91.

Hildegard Herwald: „Edvard Munch: *Das kranke Kind*. Ein Beitrag zur Bildhermeneutik". In: *Zeitschrift für Didaktik der Philosophie und Ethik* 23 (2001), 274-278.

Reinhard Hoeps (Hrsg.): *Handbuch der Bildtheologie*, 4 Bde., Paderborn 2007-2010.

Stefan Maeger: „Der Reiz der Bilder. Einsatzmöglichkeiten von Bildern im Philosophie- und Ethikunterricht". In: *Ethik und Unterricht* 11 (2000), 35-41.

Gabriele Münnix: „Zur Hermeneutik des Bildes". In: *Zeitschrift für Didaktik der Philosophie und Ethik* 23 (2001), 310-318.

Gunter und Maria Otto: *Auslegen. Ästhetische Erziehung als Praxis des Auslegens in Bildern und des Auslegens von Bildern*. Friedrich-Jahresheft, Seelze 1987.

Jörg Peters / Bernd Rolf: *Ethik im Bild. 28 Farbfolien mit Kurzbiographien der Künstler, Bedeutung der Kunstwerke, philosophischen Bezügen, didaktischen Erläuterungen*, Bamberg 2004.

Oliver R. Scholz: „Bild". In: *Ästhetische Grundbegriffe. Hist. WB in 7 Bdn.*, Stuttgart 2000, 618-669.

Ders.: „Das Spektrum der Bilder". In: *Ethik und Unterricht* 13 (2002), 8-14.

Ders.: *Bild, Darstellung, Zeichen. Philosophische Theorien*, 2. Aufl. Frankfurt 2004.

Katrin Seele: „Philosophieren mit Gemälden. Ein Einstieg in Jgst. 5", in: *Zeitschrift für Didaktik der Philosophie und Ethik* 33, 2011, 45-55 (anhand von Spitzweg, Picasso, Edward Hopper).

Volker Steenblock: „Das Eigene in einem Fremden finden. Bildung mit Bildern als hermeneutischer Prozess". In: *Zeitschrift für Didaktik der Philosophie und Ethik* 25 (2003), 138-145; auch in V. St.: *Philosophie und Lebenswelt*, Hannover (Siebert) 2102, 167-174.

Ders.: „Raffaels ‚Sixtinische Madonna' und die Popkarriere ihrer Putten". In: *Zeitschrift für Didaktik der Philosophie und Ethik* 26 (2004), 274-279.

Ders.: „Die Philosophie ins Leben bringen – Bildungsüberlegungen im Ausgang von Raffaels Darstellung der antiken Denker in seiner ‚Schule von Athen' ". In: Burkhard Reis (Hrsg.): *Zwischen Athen und „Pisa"*, Göttingen 2007, 179-214 (der Beitrag führt das vorstehend nur kurz Skizzierte genauer aus: *Bildanalyse*; *Kulturgeschichte des Bildes*, Vergleich mit weiteren „Klassikern" wie dem „Philosophenmosaik", der Darstellung der „Sieben Freien Künste" und der „Apotheose des Hl. Thomas von Aquin"; schließlich didaktische Möglichkeiten einer Verwendung der „Schule von Athen" im Unterricht).

4.20 *Leiblich lernen und lehren:* Theatrales Philosophieren und szenische Darstellungen, emotionale Erfahrungen und meditative Aspekte

Szenische Darstellungen können eine der reinen Textanalyse oder Diskussion verschlossene Ebene erreichen. Lassen sich philosophische Themen also auch in einer Theater-Inszenierung (etwa analog dem Bibliodrama im Religionsunterricht) behandeln?

Eine bemerkenswerte Antwort auf diese Frage hat in seiner von *Ekkehard Martens* betreuten Hamburger Dissertation aufgrund langjähriger Praxis wie theoretischer Aufarbeitung *Christian Gefert* gegeben. Gefert geht von der kulturellen Grundbeobachtung aus, dass wir mit dem eigenen Körper „theatral-künstlerische" Ausdrucksformen produzieren können, d.h. unsere eigene „körperliche Präsenz" nutzen, um uns symbolisch zu artikulieren: „Beim theatralen Philosophieren werden solche Ausdrucksformen genutzt, um die je besonderen Vorstellungen über die Bedeutung eines philosophischen Textes, die bei der Rezeption entstanden sind, als Schauspiel mit Sprache bzw. als bewegtes oder starres Körperbild zu artikulieren".[60] Die Praxis des „theatralen Philosophierens" steht dabei zugleich für ein erweitertes Philosophieverständnis, „das weder die leibliche Ausdrucksqualität des Philosophierenden in Stimme und Geste länger als Sekundär- oder Tertiärqualität diskreditiert, noch den Leib als das ‚Andere der Vernunft' aus der Sphäre des Philosophischen verbannt". Sie ordnet sich damit in die philosophiedidaktische Diskussion über eine Erweiterung des rationalen Ausdrucksspektrums in philosophischen Bildungsprozessen in Ergänzung zu diskursiv-argumentativen Verfahren ein. Geferts „Didaktik theatralen Philosophierens" verdeutlicht dabei, „dass die philosophische Tätigkeit beim theatralen Philosophieren nicht als statischer Produktionsprozess begrifflos anschaulicher Kunst"[61] missverstanden werden darf: „Das theatrale Philosophieren entfaltet seine philosophischen und pädagogischen Potenziale erst als ein (gemeinsamer) Deutungs*prozess,* der jedem Beteiligten die Bildungschance einer Weiterentwicklung seiner je eigenen Deutungskompetenz auch in der behutsamen diskursiv-argumentativen Auseinandersetzung mit seinen Vorstellungen und präsentativen Ausdrucksformen eröffnet".[62]

Gerade mit dem im Anschluss an Kant auf Ekkehard Martens zurückgehenden „didaktischen Imperativ", nach dem in philosophischen Bildungsprozessen das „Talent der Vernunft" (Kant) geübt werden soll, und mit Blick auf dessen Bestimmung des Philosophierens als einer „elementaren Kulturtechnik" „besteht kein zwingender Grund dafür, bei der Gestaltung philosophischer Bildungsprozesse *lediglich* diskursive Ausdrucksformen als rational anzuerkennen".[63]

Gefert gibt in seinem Buch konkrete Anregungen zum „theatralen Philosophieren". Er unterscheidet eine Abfolge von „Argumentationsphase", „Vorbereitungsphase", „Erprobungsphase" und „Reflexionsphase". Der „Spielimpuls": „offene Tanzimprovisation" erfolgt zum Beispiel wie folgt: „Die Schüler bekommen die Aufgabe, die Bedeutung eines Begriffs, einer These oder eines Arguments aus dem philosophischen Text entweder allein, mit einem Partner oder in einer Kleingruppe und nur mit Hilfe von (tänzerischen) Bewegungen auszudrücken. Auch adäquates präsentatives Material, das die Vorstellungen über die Bedeutung eines Elements des philosophischen Textes zum Ausdruck bringt (wie etwa ein Musikstück, ein literarisches Text- oder ein Filmfragment, Fotografien oder sogar einzelne Gegenstände und Kleidungsstücke, die als Requisiten oder Kostüme dienen), eignet sich als Impuls für eine offene Tanz- bzw. Bewegungsimprovisation".[64]

---

[60] Gefert: *Didaktik theatralen Philosophierens* (vgl. Literaturangaben), 13.

[61] Gefert: a.a.O., 303.

[62] Ebenda.

[63] Gefert: a.a.O., 305.

[64] Gefert: a.a.O., 258.

Gefert erweitert das bis dato für philosophische Bildungsprozesse nutzbar gemachte Repertoire erheblich und vermag auch bereits bekannte performative Ausdrucksformen in einen neuen Kontext zu stellen. Von diesen performativen Ausdrucksformen seien einige „klassische" genannt.

Für ein *Standbild* bestimmt man einen Regisseur, der sich aus der Gruppe diejenigen Personen heraussucht, die ihm aufgrund ihrer äußeren Erscheinungsweise (Geschlecht, Größe usw.) zu der ins Auge gefassten Rolle zu passen scheinen. Das Bild wird sodann in gemeinsamer Arbeit Schritt für Schritt gemäß einem vorab entwickelten oder parallel zu entwickelnden Konzept aufgebaut.

Der Regisseur „formt" mit den Darstellern ihre Haltung, Gestik, Mimik (Gesichtsausdruck). Die Darsteller müssen sich in dieser Phase passiv und still verhalten und auf die Gestaltungswünsche des Regisseurs eingehen. Man kann das Thema des Standbildes geheim sein und dann erraten lassen.

Ist das Standbild fertig zusammengesetzt, *erstarren* alle „Mitbauer", um sich selbst und den Zuschauern Gelegenheit zu geben, die entstandene Komposition auf sich wirken zu lassen. Beobachter und Spieler beschreiben und kommentieren nun das Standbild. Beziehungen zwischen den einzelnen Figuren werden gedeutet.

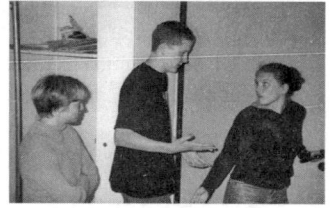

Eine „Bildunterschrift" wird gesucht, der Regisseur zu seinem Standbild befragt, es wird diskutiert, was die Inszenierung hat „sagen" können.

Auch ein *Rollenspiel* braucht einen Spielleiter, der zusammen mit den Teilnehmern der Rollenspiel-Gruppe den äußeren Ablauf (Szenenaufbau usw.) festlegt. Man kann die Rollenanweisungen auf Rollenkarten für die Spieler schriftlich festhalten; diese sollten hierzu vorher in der Gruppe diskutiert werden. Am besten legt sich die Gruppe, die das Rollenspiel durchführt, vorher in etwa den Ablauf und einzelne Fixpunkte zurecht. Wichtig für das Rollenspiel sind die Zuschauer. Sie müssen den Ablauf genau beobachten, damit eine Auswertung des Rollenspiels möglich wird. Am besten ist es, dass sie Kurzprotokolle anfertigen! Kein Zuschauer darf sich einmischen oder Kommentare abgeben, solange das Spiel läuft.

Droht das Spiel zu versanden oder sich im Kreis zu drehen, sucht man nach einem baldigen und akzeptablen Ende. Nach dem Spiel kann man sich dadurch wieder ausklinken, dass man sich noch einmal abschließend aus der Sicht der Rollenfigur äußert. Danach schlüpfen alle wieder aus ihren Rollen heraus und werden wieder Schülerinnen und Schüler, die nun die Darstellung weiter auswerten können. Kriterien für ein Auswertungsgespräch (nicht: X hat gut, Y hat schlecht gespielt) können sein: Haben die Spieler eine Lösung für das dargestellte Problem gefunden? Wie fühlt man sich in der einen, wie in der anderen Rolle? (Rollentausch für einen zweiten Durchgang kann hier sinnvoll sein!) Welche „Botschaft" hatte die Simulation? Man kann alternative Problem- und Lösungsmuster aus ersten Spielversionen zu benennen suchen. Wie könnte eine angemessene Lösung aussehen? Diese wiederum spielen! Hände aber weg von tatsächlich gerade anliegenden privaten Problemen, ohne dafür ausgebildet und Fachmann/frau zu sein...

Übungen

Wie im Sport ist es hilfreich, sich für das Spiel ein wenig aufzuwärmen, um in „Rollenspiellaune" zu kommen. Hier zwei Übungen dazu:

- Versuchen Sie, mit flachen Händen pantomimisch sich an einer gedachten Glasscheibe entlang zu tasten!
- Einen Zweikampf in Zeitlupe vollführen. Als gespielten verlangsamten Schaukampf darstellen, wie „Treffer" erzielt werden.

Über Fragen menschlicher Beziehungen und ähnliche Probleme immer nur zu reden, würde die emotionale und alltagsweltlich bewegende Dimension des Themas nicht ernst nehmen oder gar ausblenden. Mit Vertrauensspiel, Standbild und Rollenspiel bringt sich eine Lerngruppe dagegen in Bewegung. Auch Video- und Fotodokumentationen sind im Zusammenhang hiermit erfahrungsgemäß sehr motivierend. Auf „Betriebsklima" und „Veröffentlichbarkeit" (keine Zurücksetzung oder Verächtlichmachung von Lerngruppenteilnehmern) ist zu achten. Die Ergebnisse von *Standbildbau* und *Rollenspiel* hängen natürlich stark von Bereitschaft, Eignung, Geschick und Takt der Lerngruppe wie auch des Lehrers/der Lehrerin ab. Meist macht es den Teilnehmern Spaß, das Entstehen eines Standbildes oder Rollenspiels zu gestalten und zu verfolgen und zu erraten, welche soziale Situation in der Simulation gemeint sein könnte. Nicht jede Schülerin und jeder Schüler (und auch nicht jeder Lehrer) ist gleich gerne bereit, sich in einer bestimmten Rolle vor einem Publikum zu präsentieren. Das ganze Unternehmen ist auf ein gewisses Feingefühl aller Beteiligten angewiesen; der Lehrer/die Lehrerin muss darauf achten, dass niemand verletzt oder zurückgesetzt wird. Das klappt nicht in jeder Lerngruppe, zumindest nicht auf Anhieb. Gegenüber gängiger Unterrichtsarbeit ist die szenische Aktion aber abwechslungsreich und motivierend. Die wichtige Rolle der *Beobachter* ist herauszustellen und bewusst zu machen: Ohne sie ist ein szenisches Spiel wenig wert! Standbilder und Rollenspiele bieten die Möglichkeit, statt bloßer Textlektüre sich in das Empfinden und Denken von Bezugspersonen *einzufühlen*, Situationen *erfahren zu lassen*, Handlungsweisen *verstehbar zu machen*; sie können vielleicht sogar kleine Einübungen in konkrete Situationen, auf jeden Fall aber Schritte zur *Empathie* sein. Rollenspiele können Konflikte und Entscheidungssituationen des Zusammenlebens simulieren und die Suche nach Lösungsmöglichkeiten in Gang setzen. Sie sollen aber nicht nur bewusst und erfahrbar machen, was eine bestimmte Verhaltensweise oder Situation bedeuten kann – sie können für eine Gruppe durch die Verbalisierung von Problemen und Gefühlen auch eine Verarbeitungs- und Veröffentlichungsform von Erlebnissen und Erfahrungen sein. Man kann eine gelingende Begegnung vielleicht sogar ein wenig „üben". Möglichkeiten des Ausdrucks durch „Beiseite-Sprechen" und wechselseitige Erfahrungsmöglichkeiten durch Rollentausch nutzen!

Philosophisch und moralisch bewusstes Handeln ist freilich als mögliches Resultat eine Angelegenheit des Herzens („emotionale Bildung") ebenso wie begrifflicher Anstrengung, eine Aufgabe der Sensibilisierung und Kultivierung des „Sich-Hineinversetzens" in die Gefühle anderer Menschen (Rollenspiele, „Vertrauensübungen") genauso wie der gedanklich-methodischen Arbeit. Auch meditative Übungen, sei es durch Ertasten eines Gegenstandes, mit der Hilfe von Musik oder aufgrund einer Bildbetrachtung können helfen, jene inneren Bewegungen zu vollziehen, ohne die es kein wirkliches Lernen gibt.

All dies ist freilich gerade im Rahmen der Philosophie nicht selbstverständlich. Philosophisch orientiertes Nachdenken, so erzählt der Pädagoge und Philosoph *Klaus Blesenkemper*, habe ihm lange Jahre als eine Tätigkeit ausschließlich der Vernunft, als rein rationales Tun gegolten. Eine Verdrängung des Gefühlsmäßigen hebt aber dessen Wirksamkeit nicht auf. Zu unserer verbreiteten Abwehrhaltung Gefühlen gegenüber könnte man deswegen paradoxerweise sagen, dass wir ihnen zu lange „mit einem unguten Gefühl" begegnet sind. Dabei ist, wie diese Formulierung deutlich macht, jede rationale Auseinandersetzung notwendig von Gefühlsregungen begleitet. Ein Begriff von „Vernunft" schließt „emotionale Intelligenz" mit ein, Bildungsprozesse bedeuten für jede(n) von uns immer auch, „leiblich" zu lehren und zu lernen.

Im Alltagsleben sind Entscheidungen „aus dem Bauch heraus" sicherlich nicht ganz unproblematisch, aber nichts spricht dagegen, sich den rational-emotionalen Doppelcharakter unserer Entscheidungen bewusst zu machen und dies in diskursiver wie performativer Form in philosophische Bildungsprozesse einzuführen. Und weiter: Unsere grundlegende Fähigkeit des Fühlens und emotionalen Bewertens kann uns in unseren Stimmungen und über sie hinaus bewusst werden. Als Gefühle im engeren Sinne lassen sich „Grundhaltungen" wie Heiterkeit oder Schwermut sowie Affekte und Emotionen wie Wut, Angst, Freude und Scham ansprechen. So sehr die Grunddisposition zu Gefühlen evolutionär in uns Menschen angelegt, also eine anthropologische Konstante ist, so sehr ist ihre konkrete Ausgestaltung sozial und kulturell vermittelt. Oder anders formuliert: Jeder Mensch kann sich schämen, worüber man sich aber schämt, hängt ganz überwiegend vom sozialen Kontext ab.

Klaus Blesenkemper: „Gefühle geben zu denken". In: *Zeitschrift für Didaktik der Philosophie und Ethik* 20 (1998), 254-265.

Ders.: „Philosophieren über Gefühle – bildungstheoretische und schulpraktische Anregungen". In: J. Rohbeck / V. Steenblock (Hrsg.): *Philosophische Bildung und Ausbildung* (Dresdener Jahrbuch für Didaktik der Philosophie und Ethik, Band 7), Dresden (Thelem) 2006, 92-130.

Christian Gefert: *Didaktik theatralen Philosophierens. Untersuchungen zum Zusammenspiel argumentativ-diskursiver und theatral-präsentativer Verfahren bei der Texteröffnung in philosophischen Bildungsprozessen*, Diss. Hamburg 2001, Dresden (Thelem) 2002.

Andy Kempe / Ulrike Winkelmann: *Das Klassenzimmer als Bühne. Dramenpädagogische Unterrichtseinheiten für die Sekundarstufe*, Donauwörth 1998.

Joachim Krause: „Wahrnehmen und Denken. Meditative Aspekte im Philosophieunterricht". In: *Zeitschrift für Didaktik der Philosophie* 14 (1992), 115-120.

Silke Leonhard: *Leiblich lernen und lehren. Ein religionsdidaktischer Diskurs*, Stuttgart 2006.

Eckart Liebau / Leopold Klepacki / Jörg Zirfas: *Theatrale Bildung*, Weinheim und München 2009.

Hilbert Meyer: *Unterrichtsmethoden Bd. II* (Praxisband), Frankfurt a. M. 1987 u. ö., 341 ff.

Käte Meyer-Drawe: „Bildung und Leiblichkeit." In: J. Rohbeck / V. Steenblock (Hrsg.): *Ethisch-philosophische Bildung und Ausbildung* (Dresdener Jahrbuch für Didaktik der Philosophie und Ethik, Bd. 7), Dresden (Thelem) 2006.

Vanessa Reinwand: „Ohne Kunst wäre das Leben ärmer". *Zur biographischen Bedeutung aktiver Theatererfahrung*, München 2008.

Volker Steenblock: „Die andere Seite der Bildung ist das Leben. Bemerkungen zur Kulturgeschichte und Philosophie von Leib und Sinneswahrnehmung, Gefühl und Phantasie". In: *Zeitschrift für Didaktik der Philosophie und Ethik* 29 (2007), 250-261; auch in G. Kühne-Bertram / H.-U. Lessing (Hrsg.): *Phantasie und Intuition in Philosophie und Wissenschaften*, Würzburg 2011, 214-238 sowie in V. St.: *Philosophie und Lebenswelt*, Hannover (Siebert) 2012, 113-140.

Edwin Stiller: „ ‚Erkenne Dich selbst!' Philosophisch-pädagogische Meditationen" (zu einem Hörbuch von Wilhelm Schmid). In: Christoph Storck / Elmar Wortmann (Hrsg.): *40 Ideen für den Pädagogikunterricht*, Schneider Verlag Hohengehren Baltmannsweiler 2005, 297-303.

5. *Wie bekommen wir die Eule in die Klasse?* –
Kleine philosophische (Schul-)Buchtheorie

Von der CD, die die Philosophie von Platon bis Nietzsche vorstellen möchte, bis zu den Präsentationsformen der Philosophie im Internet, von der Schulbuchanalyse für die Sekundarstufen I und II bis zu einer Prüfung und Würdigung der vielfachen neuen Angebote an populärer philosophischer Literatur in den Auslagen unserer Buchhandlungen reicht das Spektrum jener zu analysierenden Medien, in denen philosophische Themen sich seit einigen Jahren in ausgeweiteter und neuer Art präsentieren.

Schriftlich	Graphisch	Visuell	Akustisch	Gegenständlich
(„Ganz-") Schriften	Tafelbilder	Bilder	Musik, Ton-	„Dinge"
Textauszüge	Diagramme	Karikaturen	dokumente	Denkmäler
Schulbücher	Schemata	Comics	Hörspiele	Modelle
Populäre Lit.		Filme	Hörbücher	etc.
Computer / Internet / CD und DVD / Folienprojektor / Beamer / Interaktives Whiteboard				

Medien helfen, so hat man dies formuliert, „die Eule in die Klasse zu bekommen". Sie lassen sich wie in der vorstehend wiedergegebenen Graphik rubrizierend charakterisieren. Einige der dabei angesprochenen Formen und ihr methodischer Einsatz sind bereits im zurückliegenden Kapitel angesprochen worden. Um den *Schulbuchmarkt* soll es im vorliegenden Abschnitt gehen.

Die steigende Bedeutung der „neuen" wie „alten" Medien in einem generellen Sinne in unserer Gesellschaft und im Alltag beeinflusst längst auch die Philosophie, nicht zuletzt als „Medientheorie", „Philosophie der Medien" oder „Medienethik".

Eine Thematisierung der Chancen und Möglichkeiten Philosophischer Bildung sollte dabei insbesondere das Feld der Bildungsmedien in Untersuchung, Kritik wie Förderung begleiten. Hier liegt eine zunehmend wichtige Aufgabe der Philosophiedidaktik.

5.1 Schritte zu einer Analyse des „Massenmediums Schulbuch" im Fach Philosophie/Ethik (Sekundarstufe I)

In nunmehr praktisch allen bundesdeutschen Schulen entsteht ein nachhaltiger Bedarf an Philosophiebüchern für die Sekundarstufe I im Rahmen des so genannten „Ersatz-" bzw. Alternativunterrichts zum Fach Religion. Für die Sekundarstufe I etabliert sich darum auf dem Schulbuchmarkt ein Feld verschiedener, „generell" für ein größeres Spektrum von Gymnasium, Gesamt- und Realschule usw. konzipierter oder auf die Berufsschule

„spezialisierter" Werke, die auf einen weltreflektierenden, lebensorientierenden und Wertbewusstsein bildenden Unterricht zielen. So sehr aber die Entwicklung der Fächer noch in Bewegung ist, so sehr gilt dies auch für den entsprechenden Schulbuchmarkt und erst recht für dessen Analyse. In dieser Situation können die folgenden Bemerkungen lediglich versuchen, erste Schritte einer Schulbuchuntersuchung zu gehen. Deshalb ist, wie vorweggeschickt sei, verständlicherweise keine repräsentative, nach Bundesländern aufge-schlüsselte und in allen Hinsichten abwägende Beurteilung möglich. Die Philosophie-didaktik muss vielmehr als Reaktion auf die vielfachen Neuerscheinungen der letzten Jahre eine ausgearbeitete Schulbuch- und Medienanalyse allererst entwickeln, über deren Kriterien noch praktisch keinerlei Debatte und damit natürlich auch kein Konsens besteht. Ein Erfolg der folgenden Beobachtungen und Überlegungen wäre es vielmehr gerade, wenn es gelänge, eine solche Diskussion in Gang zu bringen.

Auf welche Kriterien hin wäre ein solches Schulbuch zu befragen? Professionelle Schulbuchforschung, so heißt es einschlägig, geht prinzipiell nach dreierlei Hinsichten vor. Zunächst arbeitet sie „prozessorientiert", d.h. sie verfolgt den Gang eines Schulbuchs von seiner Konzeption durch Autoren und Verlag über seine Approbation/Genehmigung und Einführung, seine unterrichtliche und darüber hinaus womöglich auch familiäre Nutzung bis zu seiner Aussonderung. Die Schulbuchanalyse untersucht sodann „produktorientiert" ihren Gegenstand nach festzulegenden Kriterien vor allem pädagogischer, fachwissen-schaftlicher und fachdidaktischer Art wie sachlicher Adäquanz, Methodizität, Struktu-rierung und Sequenzierung (etwa Übersichtlichkeit durch eine handhabbare Anzahl klarer Strukturierungselemente), Design, Verständlichkeit (Lesbarkeitsformeln), angemessener Repräsentanz und Ansprache für beide Geschlechter usw., wobei zur Prüfung und Einschätzung mehrere „Raster" erstellt worden sind.[1] Schließlich lässt sich Schulbuch-forschung „wirkungsorientiert" (bezüglich des Beitrages eines Schulbuchs als „Soziali-sationsfaktor") ausrichten. Wenn die Schulbuchforschung mit Recht darauf verweist, dass ihr Gegenstand immer auch Spiegel des Zeitgeistes und Dokument der gesellschaftlichen Verfassung und Bewusstseinslage ist, so ist offenbar gerade dieser Aspekt gegenwärtig angesichts der Erwartungen etwa an die „Alternativfächer" in der Sekundarstufe I besonders wichtig.

Im Folgenden wird vor allem die Frage angesprochen werden, was man denn nun von dem *Produkt* „Schulbuch" im Fächerspektrum Philosophie/Ethik/Lebenskunde eigentlich erwarten sollte. Fürs Erste scheinen im Hinblick auf philosophische Schulbücher Punkte wie etwa die folgenden untersuchenswert: Welches didaktische Gesamt-Konzept eines Lehrbuchs lässt sich erkennen? Welche Kriterien bestimmen die Textauswahl (Textumfang/ „Häppchen")? Wie wird die Bedeutung philosophischer Autoren im Vergleich zu Texten alltagsweltlicher Herkunft berücksichtigt? Wie sehen die Aufgaben- und Fragestellungen

---

[1] Vgl. die Übersicht bei Peter Weinbrenner: „Grundlagen und Methodenprobleme sozialwissen-schaftlicher Schulbuchforschung". In: R. Olechowski (Hrsg.): *Schulbuchforschung*, Frankfurt a. M. 1995, 21-45, 24, sowie im selben Band Richard Bamberger: „Methoden und Ergebnisse der internationalen Schulbuchforschung im Überblick", 46-94, bes. 92-94. – Blick zu einem Nachbar-fach: B. Schönemann / H. Thünemann: Schulbucharbeit. Das Geschichtslehrbuch in der Unter-richtspraxis, Schwalbach/Ts. 2010.

aus? Vorhandensein und Brauchbarkeit von Lehrerbänden? Wie stellen sich Äußeres, Bildauswahl, Optik und Gesamteindruck dar (Präsentationsart – Größe – Wirkung, Eindringlichkeit der Motivik, Altersangemessenheit, Symbol- und Sinngehalt)? Ergibt sich eine kohärente und sinnvolle Gesamtkonzeption des Bandes/der Bände? Über die Kriterien: Gesamtkonzeption, Textauswahl, Aufgabenstellung und Bildmaterial hinaus stellt sich schließlich die Frage: Werden die Bücher dem Charakter des jeweiligen Faches, aber auch grundsätzlich: werden sie einem philosophischen Erkenntnis- und Orientierungsanspruch gerecht?

Gabriele Münnix (Hrsg.): *Wirklich?* Ernst Klett Schulbuchverlag Leipzig, Braunstr. 12, 04347 Leipzig (1997); „Empfohlen für die Jahrgangsstufen 9-11"; *Nirgendwo?* Leipzig 1997; „Empfohlen für die Jahrgangsstufen 7-9"; „Menschlich?" Leipzig 1997.

Richard Breun (Hrsg.): *Leben leben. Ethik 5/6, 7/8, 9/10*; Leonore Bauer, Richard Breun, Astrid Erdmann, Maritta Schöne (Autoren; beratende Mitarbeit der Proff. Ferdinand Fellmann, Chemnitz und Winfried Franzen, Erfurt). Ernst Klett Schulbuchverlag, Braunstr. 12, 04347 Leipzig (1997 ff.) Lehrerhandbuch, Leipzig 1997 (zusätzlich Kopierbeilagen).

Ursula Wilke (Hrsg.) / Redaktion Martin Kloke: *Ich bin gefragt. Ethik / LER 5/6, 7/8, 9/10*. Volk und Wissen Verlag, Redaktion Ethik, Postfach 269, 10107 Berlin (1998 ff.); Lehrerbände.

Harald Herrmann / Volker Pfeiffer / Myriam Scheffner / Helmut Wamsler: *Ethik 9 (Gymnasium). Lern- und Arbeitsbuch für den Ethikunterricht*, Bühl 1998. Insgesamt Ethik-Lehrbücher vom 1.– 13. Schuljahr in verschiedenen Ausgaben/Landesausgaben für Baden-Württemberg, Sachsen, Sachsen-Anhalt, Thüringen, Rheinland-Pfalz, Brandenburg. Auch Ausgaben für die Grundschule (Ethik 1/2, 3, 4;), Hauptschule (B-W), Realschule (B-W) und weitere Varianten inkl. gymnasialer Oberstufe; auch „Ethik Arbeitshefte".

Siegfried Klätzel / Karl-Heinz Gehlhaar / Christoph Hubig (Hrsg.): *Ethik / Ethik (Gymnasium)*. 3 Bände 5/6, 7/8, 9/10, Leipzig 1998. Landesausgaben Sachsen, Thüringen, Sachsen-Anhalt; auch Begleitbände, auch Landesausgaben für LER / Brandenburg, zusätzlich auch „Ethik"-Bände für die Primarstufe und für die Sekundarstufe II.

Lisa Bräuning / Eva Büttner-Badum / Jutta Weber (Hrsg.): *Tatort Leben. Ethik für berufliche Schulen*, 2. Aufl. Hamburg 1998, Lehrerhandbuch 1998.

Barbara Brüning / Roland W. Henke / Konrad Heydenreich (und verschiedene andere Autoren und Hrsg. der einzelnen Bände): *Ethik 5/6. Ethik 7/8. Ethik 9/10*. Cornelsen, Mecklenburgische Str. 53, 14197 Berlin (1996-98). Begleitbände für alle Bände: Handbuch für den Unterricht (jeweils mit Kopiervorlagen), Berlin 1998 ff. sowie Arbeitsheft Ethik 5/6.

Klaus Blesenkemper / Helmut Engels / Brigitte Philipp / Volker Steenblock / Gerhild Tesak: *Sich orientieren. Ethik – Praktische Philosophie*, München 2002.

Roland W. Henke / Eva-Maria Sewing / B. Wiesen (Hrsg.): *Praktische Philosophie*. 3 Bde., Berlin (Cornelsen) 2002 ff.

Roland W. Henke / Eva-Maria Sewing (Hrsg.): *Abenteuer Mensch sein*, Berlin (Cornelsen) 2006.

Monika Sänger (Hrsg.): *Abenteuer Ethik*, C. C. Buchner Verlag, Postfach 1269, 96003 Bamberg 2006.

Jörg Peters / Bernd Rolf (Hrsg.), *Philo-praktisch*, 3 Bde. ab Jgst. 5/6, C. C. Buchner, Bamberg 2008.

Rolf Sistermann (Hrsg.): *Weiterdenken. Ethik / Praktische Philosophie Bde. A und B, ab Jahrgangs-stufe 8.* Erarbeitet von Peter Flohr, Andreas Kraus, Stefan Maeger, Christa Runtenberg, Carlo Schultheiss, Rolf Sistermann, Markus Tiedemann u.a., Bildungshaus Schulbuchverlage Schroe-del, Westermann usw. Georg-Westermann-Allee 66, 38104 Braunschweig 2009.
Klaus Blesenkemper, Axel Vering u.a.: *Leben leben* (Neuauflage), 2 Bde. (und je Bd. ein zugehöriger Lehrerband mit Kopiervorlagen auf CD-ROM) ab Klasse 5/6, Klett, Stuttgart 2009, 2011.

Die vorstehend genannten Titel sollen als Beispiele einen Eindruck von der Vielfältigkeit des Schulbuchmarktes für die Sekundarstufe I geben. Die Aufzählung zielt darum so wenig, wie diese Untersuchung es kann, auf Vollständigkeit. Eine Sichtung der Bände ergibt zunächst einen Hinweis auf die – analog zu den jeweils nach Bundesländern verschieden konzipierten Fächern – stark regionale sowie nach Schulformen differenzierte Struktu-rierung des Schulbuchmarktes. Diese resultiert vornehmlich aus der Ausrichtung an den jeweiligen unterschiedlichen Richtlinien und setzt der Vergleichbarkeit der Bücher natürlich Grenzen bzw. wäre in eine genauer auszuarbeitende Schulbuchanalyse einzube-ziehen. So reagiert zum Beispiel die umfangreich erzählende Darstellung des Judentums im Band „Ethik 9" des Konkordia-Verlages auf Vorgaben im Lehrplan „Ethik" für die Klasse 9 in Baden-Württemberg. „Ich bin gefragt" tritt in einer Ethik- und einer LER-Ausgabe auf, die die neuen Bundesländer und separat Brandenburg, vielleicht noch Niedersachsen und Rheinland-Pfalz im Blick hat. Die Bände des Konkordia-Verlages zielen auf Baden-Württemberg und in entsprechenden Regionalausgaben auf Sachsen, Sachsen-Anhalt und Thüringen. Neben dieser *Regionalisierung* des Schulbuchmarktes gibt es jedoch auch „Begegnungsgebiete" der unterschiedlichen Konzeptionen wie etwa zur Zeit der Einfüh-rung des Faches: „Praktische Philosophie" in Nordrhein-Westfalen, in der Lehrerfortbil-dung und Versuchsschulen sich über das bundesweit vorhandene Angebot orientieren mussten.[2] Dies sei zum Anlass eines Vergleiches einiger Werke genommen.

Gesamtkonzeption. In ihrer Gesamtkonzeption erheben zunächst die Bände von Gabriele Münnix einen Anspruch auf inhaltliche Progression, was die Konsequenz starker Durchstrukturierung mit sich bringt: „Die Reihenfolge der Texte, Geschichten und Bilder, Film- und Lesebeispiele sowie Rollenspielanregungen ... baut aufeinander auf" („Nirgend-wo", S. 6). die Autorin möchte aber zugleich „Anregungen zum Selberdenken" („Wirk-lich", S. 5) geben. Der Aufbau des ersten Bandes zum Beispiel geht vom umgangssprachli-chen „wirklich?" aus und gelangt über Fragen wie „Was ist wirklich wahr?", „Was ist wirklich gut?", „Was ist wirklich richtig?" zu den fünf Themen: „Schein und Wirklichkeit", „Entfremdung", „Glück", „Gewalt/Gewissen/Verantwortung" sowie „Natur und Technik". Dies bedeutet, dass das Feld eines entsprechenden Unterrichts in der Sekundarstufe I durchaus nicht auf Fragen der Ethik beschränkt wird.

---

[2] Einige der folgend genannten Aspekte habe ich erstmals als Protokoll einer Arbeitsgruppe im Rahmen der Lehrerqualifikation zusammengefasst und in der ZDPE 20 (1998), 291 ff. veröffent-licht. Für Hinweise danke ich deren Mitgliedern, besonders Volker Werner (Nordkirchen).

Die Schulbücher „Leben leben" (9/10; Neuauflage ab 5/6!) und „Tatort Leben" widmen sich eher dem Spektrum des menschlichen Lebens. Diese Bücher „beschreiben, wie wir leben wollen, können, sollten" (Schülerformulierung), haben in besonderer Weise zu tun mit dem, was wir jeden Tag machen, wir können sozusagen „in den Alltag hineinsehen". Nicht ganz so ausgeprägt ist da eine *philosophische* Identität – der von Barbara Brüning, Roland W. Henke und Konrad Heydenreich herausgegebene Band „Ethik 9/10" erscheint hier zum Beispiel profilierter. So gelingt es zum Beispiel Brigitte Wiesen in den Kapiteln zu Naturwissenschaften und Technik (S. 186 ff.), auch komplizierte wissenschaftliche und geistesgeschichtliche Sachverhalte elegant und verständlich darzustellen. Die große Darstellung eines „E" auf dem Umschlag und die Benennung könnten allerdings das (in der Konzeption der Bände freilich glaubhaft widerlegte) Missverständnis zulassen, dass ein Fach: „Ethik" ohne „Philosophie" denkbar wäre. Bei „Ethik" (Konkordia) und „Ethik" (Militzke) entstünde in dieser Hinsicht – auch mit Blick auf die jeweils zugrundeliegenden Lehrpläne etwa in Baden-Württemberg bzw. Sachsen – erheblich mehr Diskussionsbedarf. Zielvorstellungen reichen hier von einer „positiven Ichfindung" in der Grundschule bis zur „wertbezogenen Gestaltung des eigenen Handelns" (Konkordia-Katalog 2000); bei Militzke ist auch die Rede vom „Anfassen heißer Eisen", „begründetem Streit über ethische Fragen" und vom „Umgang mit Pluralismus" (Schulbuchkatalog). Anders als die anspruchsvolleren Textsammlungen von Münnix bietet „Leben leben" eine breite Eignung für die verschiedenen Schulformen; dem kommt auch der stärkere „Patchwork"-Charakter dieses Bandes entgegen. Eingangs wird eine Art „Anleitung" gegeben; hier werden verschiedenste Symbole eingeführt, die sich dann in den Marginalspalten wiederfinden. In diese ragen aber auch Bilder, Begriffserklärungen usw. hinein, was einen etwas unruhigen und unübersichtlichen Eindruck macht. Das an der Pädagogischen Hochschule Erfurt entstandene und ohne Zweifel über Thüringen hinaus sehr bedeutsame Werk „Leben leben" enthält keine „Bleiwüste", sondern eine sehr opulente Ausfüllung mit interessanten Bildern, Karikaturen, Graphiken und weiteren Angeboten. Verschiedenfarbig unterlegte Felder mit kurzen Texten erwecken einen Eindruck der „Buntheit" und laden zum „Schmökern" in diesem auch Schülergruppen überzeugenden Buch ein: Den Autoren von „Leben leben" zufolge gilt, „dass nicht ein theoretisches, an hypothetischen Problemen ansetzendes Diskutieren den Kern des Ethikunterrichts bilden kann, sondern ein Nachdenken und Sprechen über konkrete Fragen, die aus der Lebenserfahrung der Schülerinnen und Schüler entstehen". Gefordert wird eine „Kehrtwendung im Verhältnis von Lehren und Lernen: Wenn nämlich Lehrer/innen und Schüler/innen sich bereit finden, den Ethikunterricht als gemeinsames Lehren und Lernen zu verstehen, als Ort der Begegnung von Personen, die ihr Selbst- und Weltverständnis vertiefen wollen, als Ort, der ein gemeinsames Forschen ermöglicht, das von Entdeckergeist hinsichtlich echter Lebensfragen geprägt ist, dann ist auch die Lehrkraft entlastet. Sie ist in solchen Fragen nicht die allein Zuständige und Wissende, sie ist „bloß" die Erfahrenere und diejenige, die die Richtung zu den Quellen und zur ordnenden Strukturierung des ethischen Wissens zeigen und methodische Vorschläge machen kann".

Zur Textpräsentation. Trotz eines vergleichsweise umfangreichen Textkorpus gelingt es der von Gabriele Münnix und dem Klett-Verlag vorgelegten, auf drei Bände angelegten Schulbuchreihe, zugleich den Eindruck einer aufgelockerten Form und großer Dichte zu erwecken. Jeder Band ist unter weitgehender Ausdehnung des Satzspiegels angefüllt mit Texten in durchaus engem, aber zumutbarem Schriftbild und auffallend vielen Karikaturen und (auch farbig) reproduzierten Bildern. Schüler werden so zum „Schmökern" eingeladen; sie nehmen den Band gern zur Hand, verfolgen die Abbildungen, lesen sich auch in Texten fest, stellen Fragen, und können dank der übersichtlichen Struktur der Textanordnung eigene Untersuchungswünsche äußern. Das Spektrum der Textausschnitte reicht von sowohl „klassischen" (Platon, Schopenhauer, Kant, Marx, Popper, sogar Heidegger u.a.), als auch in Schulbüchern weniger gängigen, z. T. zeitgenössischen Philosophen (Christian Garve, Thomas Nagel, Annegret Stopcyk) bis zu Texten aus dem Alltag, die „philosophischen" Gehalt haben oder sonstwie „zu denken geben", d.h. bis zum Popsong, den Bekenntnissen des Gewaltverbrechers „Monster Kody" und eigenen Geschichten der Autorin. Fremdworterklärungen und kurze Hinweise zu den Autoren der Textausschnitte ergänzen den Band in hilfreicher Weise. Vor allem aber kann man Bilder, die meisten von Magritte, zu „meditativen" und textfreien Unterrichtsformen nutzen, was in dieser tragenden Rolle sicherlich auch eine plausible didaktische Innovation für den Philosophieunterricht nicht unähnlich ihrer Rolle im Fach Religion bedeutet. Zwar gibt es in diesem großen Angebot einige Texte, mit deren Auswahl bzw. Ausschnittswahl man so vielleicht nicht einverstanden wäre, einige Karikaturen, die nicht besonders schlagkräftig und „denkanregend" erscheinen, einige Aufgaben- und Fragestellungen, über die man diskutieren müsste. Insgesamt aber knüpft der Band geschickt an die Faszination an, die die Philosophie in Roman- oder gar Comicform gegenwärtig auch auf ein breiteres und jüngeres Publikum auszuüben im Stande ist, so dass er in der Ergänzung eines reinen Textcharakters sehr wohl eine neue Qualität auf dem Schulbuchmarkt darstellt und Maßstäbe setzt. In einer kompetenten Textauswahl haben die von G. Münnix herausgegebenen Bände ihre besonderen Stärken. Diese reicht von „klassischen" Texten bis zu „Pop Songs", die eben auch oft genug ein Medium alltagsweltlicher Sinnbildung sind.

Man kann „Ich bin gefragt" mit Fug und Recht bescheinigen, dass in Text- (und Bild-) Auswahl ein lebenskundliches Profil überzeugend und innovativ entwickelt wird. Viele Themen und Texte regen zum Denken an, ein philosophisches Defizit ist aber unübersehbar. In der Darstellung der Religionen (5/6 und 7/8) erscheint das Christentum als eine Religion unter vielen, nicht als die kulturell bestimmende in Europa. Eine historisch-kulturelle Information über die Religionen wie in Konkordias „Ethik 9" über das Judentum erfolgt fast gar nicht – „gelebte Religion" ist vielmehr das Stichwort. Autorentexte prägen vornehmlich das Textprofil von „Ich bin gefragt" und passagenweise der Bände des Konkordia-Verlages, lebensweltliche und philosophische Texte stärker das der „Ethik"-Bände des Militzke-Verlages. „Leben leben" bietet „bewusst" (Lehrerband S. 6) oft nur sehr kurze Textauszüge, manchmal geradezu „Textsplitter" (z.B. nur einen (!) Satz von Neil Postman über drei Zeilen), die nur wenige Aspekte „beleuchten", dafür aber mit gleich sechs Arbeitsaufgaben versehen werden (einige längere Texte befinden sich im Anhang und im Lehrerband; auch Philosophenporträts sind vorhanden). Demgegenüber lassen längere Texte in „Ethik 9/10" und „Praktische Philosophie" (Cornelsen), die sozusagen „reich in sich" sind, einen eigenständigeren Umgang zu.

Aufgabenstellungen. Blickt man auf die Aufgabenstellungen, so führt „Leben leben" die Schüler/innen durchaus engmaschig mit bis zu 19 (S. 14/15) Teilaufgaben pro Doppelseite von Schritt zu Schritt. In Cornelsens „Ethik 9/10" sind die Aufgabenstellungen etwas mehr zurückgenommen, wie überhaupt diese Bände bei ähnlichem graphischem und Farbaufwand ein größeres Schriftbild und größere Bildformate verwenden, was einen insgesamt ruhigeren und „souveräneren" Eindruck hinterlässt.

Generell sollen Schülerinnen und Schüler offenbar bei beiden Bänden durch die Vielgestaltigkeit der Angebote motiviert werden und verständig die Artikulation des Buches nachvollziehen, das seine Attraktivität daraus zieht, dass es der Reizflut der Medienwelt durch eine anspruchsvolle Optik durchaus gewachsen ist. Generell gilt für die vorliegenden Werke oft, dass ein „erster Schritt" der Aufgabenstellung eher rezeptiv-kognitiv angelegt ist, während „forschende" Aufgaben eher in einem zweiten Schritt erfolgen. Weniger penetrant erscheinen die Aufgabenstellungen auch von der Gesamtoptik her in „Ich bin gefragt" sowie in den „Ethik"-Bänden des Konkordia-Verlages und des Militzke-Verlages. Aber alle Bände richten schon einmal „Fragebatterien" auf ihre Klientel; Antworten „schimmern" öfter „durch"; der Schulprofi „Schüler" dürfte sich in einer engen und eher schematischen Aufgabenstellung, die keine rechte Methodenvielfalt in Gang setzt, nicht immer ernst genommen fühlen. Dies gilt für eigentlich nur mit ja/nein beantwortbare Fragen ebenso wie für das sehr generelle „nehmt Stellung". Viele Aufgabenstellungen rufen eher geschlossene als offene Lernsituationen hervor. Doch erfolgen auch aktivierende, Eigenleistungen erfordernde Anregungen (z.B. Adressen gesellschaftlicher Gruppen zu weiterer Kontaktaufnahme).

Bildmaterial. Münnix verwendet viele Schwarz-Weiß-Karikaturen, die den Gedankenketten der Kapitel folgen. Während im Gegensatz zu allen anderen aufgeführten Büchern auf eine durchgehend farbige Gestaltung verzichtet wird, stellt der Anhang mit farbigen Reproduktionen von Werken vor allem des Surrealismus, speziell von Magritte, eine Besonderheit dar, für die man sich Erläuterungen in einem Lehrerband wünscht.

Die Autorin, auch theoretisch zur Bilddidaktik ausgewiesen, führt durch ihre Bildauswahl zur philosophischen Reflexion. „Leben leben" enthält sehr viele (fast so viele wie bei Cornelsen und „Tatort Leben" zusammen) schülernahe und interessante, meist klein wiedergegebene Photos und sonstige Materialien aus verschiedensten Herkünften; bei „Ethik 9/10" und „Praktische Philosophie" (Cornelsen) sowie in den Bänden von Militzke und Konkordia sind diese in der Abbildungsform meist größer, dafür an Zahl geringer.

Der Umschlag von „Leben leben" erscheint Schüler/innen „religiös", der Umschlag des im Format (wie „Ich bin gefragt") hinsichtlich der Größe aus dem Rahmen fallenden „Ethik 9/10" und „Praktische Philosophie" (Cornelsen) eher zurückhaltend. Das Äußere der Münnix-Bände ist da anregender. Karikaturen und Comics werden von Schüler/innen

grundsätzlich begrüßt, Photos „aus dem Leben" seien gut, manche wirkten aber „gestellt",
farbige „Markierungsecken" werden im Sinne der Übersichtlichkeit begrüßt; das Verhältnis
von Photos, Karikaturen, Gemälden, Texten, Aufgaben, Silbenrätseln, Praktischem müsse
ausgewogen sein.

Die glänzende optische Aufmachung vor allem von „Leben leben" und „Ethik 9/10", aber
auch von „Tatort Leben" ist hervorzuheben. „Ich bin gefragt" (Volk und Wissen), „Ethik"
(Konkordia) und „Ethik" (Militzke) setzen in dieser Hinsicht nicht mehr hintergehbare
Standards. „Ich bin gefragt" arbeitet dabei in der Gestaltung des Umschlags (Schülerport-
räts) wie der Kapitelauftakt- und „Ideenseiten" stark mit innovativen Collagen und
Bildbearbeitungen, die einen schülernahen Eindruck erzeugen (wollen). „Sich orientieren"
und „Abenteuer Mensch sein" wägen die genannten Bildaspekte ab und bemühen sich
zugleich um eine profilierte Anleitung zur Entwicklung von *Methodenkompetenzen* auch
über die Bildanalyse hinaus. „Methodenseiten" oder „Methodenkästen" gehören bei allen
neueren Büchern der Verlage zum Standardrepertoire.

Jugendbücher als „roter Faden". Weitgehend orientiert an den „Fragenkreisen" des Faches
„Praktische Philosophie", passend aber auch zum Fach „Ethik" und überhaupt zum
Spektrum der Fächer in der Sekundarstufe I, stellt das im Jahre 2009 neu erschienene
Schulbuch „Weiterdenken" den außerordentlich anspruchsvollen Versuch dar, mit allen
Medien und zugleich unter Einbezug eines hohen Maßes an Textarbeit in der Schule zu
philosophieren. Die Besonderheit: Jedem Kapitel ist ein Jugendbuch bzw. ein Ro-

man/Theaterstück als „Aufhänger", aber auch durchgehender Lektürefaden zugeordnet. So wird die „Frage nach dem richtigen Handeln" mit Hilfe von William Goldings „Herr der Fliegen" (Roman und Film) aufgearbeitet, die Frage nach „Recht, Staat und Wirtschaft" mit Brechts „gutem Menschen von Sezuan" usw. Es ist glänzend, um nur Beispiele zu nennen, wie etwa der „Herr der Fliegen" auf René Girards Opfertheorie hin gelesen wird und außerordentlich umfassend, wie die Religionen vorgestellt werden. Grönemeyers „Mensch" kommt aber ebenso vor wie – allerdings ausgesprochen vorsichtig dosiert – das Spektrum unserer zeitgenössischen Bilderwelt. Vorworte an Schüler, Eltern und Kollegen, Begriffsregister und Methodenanleitungen erklären das Unterfangen und weisen auf das auch in der ZDPE (30 [2008], 299-305) vorgestellte „Bonbonmodell" des Unterrichtens hin, das eine hervorragende Handhabe für die Arbeit mit diesem klugen Schulbuch gibt.

Quintessenz. Eine Art „Notenvergabe" an Schulbücher ist beim derzeitigen Stand der Debatte schwerlich möglich. Mit allen Bänden lassen sich schöne und positive Unterrichtserfahrungen machen. Die Verlage und Autoren haben erkennbar die Herausforderungen eines neuen Faches produktiv angenommen; die Vielzahl guter Ideen der Schulbuchautoren und die Vielfalt abgedruckter Schüleräußerungen, graphischer Gestaltungen, Collagen („Ich bin gefragt"), sogar Sprühgraffitti („Tatort Leben") usw. zeigt das Bemühen um einen „innovativen Schub" und dessen Erfolge. Dies hat diese erste Untersuchung für mich wie für die zu *ihrer* Einschätzung befragten Schülerinnen und Schüler sowie Kolleginnen und Kollegen zu einer spannenden und interessanten Sache gemacht.

Was können Schulbücher und Fachzeitschriften leisten, Herr Siebert?

Joachim Siebert ist als freier Lektor für Schulbuchprojekte verschiedener Verlage tätig. Er betreut Schulbücher für die Fächer Deutsch, Kunst, Religion und Philosophie, gibt philosophie-didaktische Literatur heraus und verlegt u.a. die „Zeitschrift für Didaktik der Philosophie und Ethik". Internet: www.siebertverlag.de

Was kann der Schulbuchsektor heute leisten?

Das Niveau des deutschen Schulbuchs gilt generell als hoch. Es ist schülerbezogen, das heißt, es hat im Allgemeinen keinen Lehrbuchcharakter mehr. Und es erfüllt viele Funktionen. Die Schulbücher, mit denen ich es zu tun habe, umfassen ein Spektrum, das vom Unterrichts-Gebrauchsmittel bis zu einer Kunstgeschichte reicht, von der man sagen kann, dass sie jeder privaten Bibliothek zur Ehre gereicht. Schulbücher, dafür möchte ich plädieren, sollten nicht nur als verfügbarer Klassensatz betrachtet werden. In ihnen steckt häufig viel mehr, als man auf diese Weise nutzen würde. Das Schulbuch kann auch im Zeitalter neuer Medien für viele interessierte Schülerinnen und Schüler Wege zum eigenen Zugang zu Büchern und zum Aufbau einer eigenen Bibliothek eröffnen.

Wie könnte man sich das vorstellen?

Natürlich kosten Schulbücher Geld. Man sollte aber verstärkt ins Bewusstsein heben, dass die meisten Schulbücher dies auch wert sind. Lehrerinnen und Lehrer scheinen manchmal fast eine Scheu zu haben, den Schülern zuzumuten, sich ein Schulbuch zu kaufen. Ich würde sie aber bei Büchern, von denen sie selbst überzeugt sind, dazu ermutigen. Ein Schulbuch muss wirklich genutzt und gelesen werden – auch außerhalb des Unterrichts. Es muss ein lebendiges Bildungsbuch sein.

Lassen Sie uns noch auf ein anderes Thema eingehen. Seit mehr als zwanzig Jahren redigieren Sie die von Ekkehard Martens und anderen herausgegebene „Zeitschrift für Didaktik der Philosophie und Ethik" (ZDPE). Mittlerweile sind Sie auch Verleger dieser Zeitschrift. Wie hat die ZDPE sich in dieser Zeit entwickelt und wie sehen Sie überhaupt die Situation eines solchen Fachblattes?

Die ZDPE kam damals genau zum richtigen Zeitpunkt. Viele didaktische Zeitschriften sind in den 1970er Jahren entstanden, auch etwa die des Friedrich-Verlages. Wenige Jahre nach der Oberstufenreform konnten diese Zeitschriften wichtige Funktionen übernehmen. Die ZDPE bedient ja vor allem folgende Bedürfnisse: Sie informiert Lehrerinnen und Lehrer über neue und neueste Tendenzen in der Fachwissenschaft Philosophie, dient der theoretischen Selbstverständigung des Faches und gibt Anregungen für die Unterrichtspraxis. Für ein Fach wie Philosophie kann man damit zwar keine Massenauflagen erreichen. Dennoch hat sich heute die ZDPE als das Organ für Philosophie- und Ethikfachlehrer etabliert.

Darüber hinaus lassen sich einige *Perspektiven* angeben, die sich zu einer möglichen gemeinsamen Diskussion und Weiterentwicklung im Schulbuchsektor „Sekundarstufe I" auftun. Zunächst zu möglichen Grundlinien der *Konzeption.* Zwar wird kein Schulbuchautor um Aufgabenstellungen und Vorgaben umhinkommen, wenn er ein im Alltag für Lehrer/innen praktikables Buch präsentieren will. Zu zurückhaltend scheinen jedoch gerade für ein Fach, dessen Orientierung am Kantischen „Selbstdenken" man erwarten würde, oftmals Ansätze zu offenen Lernsituationen, in denen Schüler/innen mit konkreten Hilfen und Anregungen aus dem Schulbuch ihren Lernprozess selbst initiieren und organisieren bzw. selbst die Richtung vorgeben können und der Lehrer eher als kompetenter Begleiter von Lernprozessen auftaucht. Gegenüber psychologisierenden Überforderungen wie etwa einer vielfach kurzschlüssig erwarteten „Lebenshilfe" sollten diese Lernprozesse sich an der *spezifischen Orientierungsleistung der Philosophie,* zugleich aber konsequent am *Erfahrungshorizont der Schüler/innen* orientieren. Man wird man von philosophischen Schulbüchern erwarten dürfen, dass sie kontroverse und vielfach anschlussfähige Materialien enthalten, die es ermöglichen, einen Fragehorizont aus der Lebenswelt heraus zu eröffnen. Im Sinne eines entdeckenden Lernens sollten Schülerinnen und Schüler aber darüber hinaus, statt lediglich dem Progress von Schulbuchautoren zu folgen, selbst unterrichtliche Besprechungs- und Planungssequenzen initiieren können, von denen aus ein gemeinsames Untersuchungsprogramm strukturiert werden kann. Untersuchungswünsche der Lernenden müssen geweckt und für eine gemeinsame Planung des Unterrichts aktiviert werden; diese dürfen auch eine sachlich-fachliche Dimension haben. Hierzu muss es natürlich adäquate Anleitungen und Hilfestellungen geben. Den „Fragenbatterien" sind darum handlungsorientierte „Methodenanleitungen" mit konkreten Einübungen in Arbeitstechniken vorzuziehen; die Methodenseiten von „Tatort Leben" (238 ff.) scheinen in diesem Zusammenhang einen Schritt in die richtige Richtung darzustellen. Wichtig erscheint auch eine besondere *Transparenz* des Lern- und Materialangebotes durch Kapitelüberschriften, durch wenige klare Symbole zur Strukturierung didaktischer Zugriffe und durch übersichtlich wiederkehrende Elemente, hinterlegt in durchgehenden Signalfarben in Seitenstreifen usw. (nicht bei „Ethik"/Konkordia, „Ich bin gefragt" und „Wirklich?", sonst ein generell gebrauchtes Mittel). In ihrer Kapitelstruktur etwa haben vorliegende Schulbücher im Wesentlichen drei Ebenen: Grobkapitel, Zwischenüberschriften, Feinthemen, Material (Texte, Bilder) mit Aufgaben/Fragen. Es ergibt sich häufig ein eher additiver Gesamteindruck als Folge von Überschriften, Materialien, Aufgaben, wohingegen eine stärker profilierte kohärente Kapitelstruktur mit sofortigem Wiedererkennungswert möglicherweise vorzuziehen wäre. So enthält „Ich bin gefragt" (diese Bücher sind, wie auch andernorts vorteilhaft erscheint, nach dem Doppelseiten-Prinzip aufgebaut) für jedes Kapitel zur Eröffnung eine farbige Einstiegs-Doppelseite (als Bildcollage) und eine abschließende sandfarben hinterlegte „Ideen-Doppelseite"; auf der eingeklappten inneren Umschlagseite wird den Schülerinnen und Schülern dieses Verfahren erklärt. Diese „Ideen-Doppelseiten" sollen als „Fantasiereisen" zum „selbständigen Weiterarbeiten anregen" (Klappentext); sie enthalten häufig projektartige Vorschläge. Da fällt es hinsichtlich Übersichtlichkeit und Kapitelpräsenz deutlich ab, wenn „Ethik 9" (Konkordia) und „Ethik 9/10" (Militzke) (9/10) z.T. lediglich eine jeweilige rechte Seite (keine Doppelseite) zur Eröffnung eines neuen Themas verwenden. Ebenso wichtig ist natürlich die *Qualität* der Materialien, auch solcher aus der philosophischen Tradition: alltags- und lebensweltlich konkret aussagekräftige, diskussionstragende (statt nur illustrierende) Bilder, Karikaturen usw.; relevant sind Größe, Farbigkeit, Prägnanz des Bildmaterials, geeignet zusammengestellte/gekürzte oder umgeschriebene Philosophentexte (die, wenn Neuverfassungen, als solche in ihren leitenden Hinsichten didaktisch transparent gemacht werden müssen). Schließlich sollten übersichtlich aufgebaute *Begleitbände* Lehrer/innen alle notwendigen fachlichen und didaktischen Überblicke (Darstellungen und Literaturangaben) sowie Zugänge zu den möglichst motivierenden Materialien für einen schnell praktikablen und erfolgreichen Unterricht an die Hand geben („Hits" und Ideen, die „funktionieren"). Im neuen Band „Praktische Philosophie" (Cornelsen), der sich als eine Weiterentwicklung auch auf den Band „Ethik 9/10" mit teils den selben Autoren aus dem selben Verlag stützt, fällt die gelungene Kapitelgestaltung – im Kapitel 5: „Die Welt der schönen Bilder" bis ins Themengebiet der Ästhetik hinein – auf.

Der Schulbuchmarkt in der Fächergruppe ist mit nicht abreißenden Neuerscheinungen in unverminderter Bewegung (vgl. etwa *Philo-praktisch* ab Jgst. 5/6).[3] Insgesamt wäre für

---

[3] Siehe auch die Übersicht bei Klaus Draken: „Die Frage nach Recht, Staat und Wirtschaft in den neuen Schulbüchern *Praktische Philosophie*". In: FV Philosophie, *Mitteilungen* 46 (2010), 148-159.

ein dem Anspruch philosophischen Sich-Orientierens sozusagen strukturell kompatibles Schulbuchkonzept zu plädieren, das wirklich jenes philosophische Symboltier, die Eule, „in die Klasse bringt".[4] In einer fachdidaktischen Spezifizierung von Humboldts „Lernen des Lernens" erscheint vor diesem doppelten Hintergrund eine „Kompetenzentwicklung zum Philosophieren" entscheidender Prüfstein. Diese bestünde darin, Schüler/innen mit unterschiedlichen methodischen Zugängen zu eigenem Arbeiten zu motivieren und anzuleiten, nämlich: sich selbsttätig Informationen zu besorgen und Wissen anzueignen, sich selbständig und kritisch mit Sachverhalten auseinander zu setzen,[5] zugleich aber auch die emotionale und praktische Bereitschaft zu Einfühlung, Weltoffenheit und Toleranz zu entwickeln. Vielleicht kann ein Schulbuch seine Benutzer/innen nicht nur dabei begleiten, wenn sie Kategorien, Modelle und Denkwerkzeuge entwickeln, sondern sie zudem anregen, Schritte zu jenen inneren Bewegungen zu vollziehen, ohne die es kein wirkliches Lernen gibt. Dabei erschiene es „philosophisch", „offene" statt „geschlossener" Lernsituationen in Gang zu setzen und statt rezeptiven Lernens Entdecken, „Selberdenken" und „Selbererfahren" zu fördern.[6]

---

[4] Diese Formulierung verdankt sich Klaus Blesenkemper (Dülmen).

[5] Weinbrenner a.a.O., 26.

[6] Diesen Ansprüchen versucht z. B. der Band „Sich orientieren" als Unterrichtswerk für die Fächer Ethik und Praktische Philosophie gerecht zu werden. So wie eine Landkarte Orientierungshilfe sein kann, so möchten die einzelnen Kapitel Möglichkeiten des Sich-Zurechtfindens aufzeigen. Drei Grundsätze prägen die Konzeption: „Sich orientieren" ist zunächst auf eine besondere Schülerorientierung aus. Die Themen der Kapitel setzen darum in der Erfahrungs- und Lebenswelt der Schüler an und möchten zugleich spannende Entdeckungsreisen ermöglichen: „Gefühle geben zu denken", „Wer bin ich, und wenn ja: wie viele?" „Die neuen Medien – künstliche Paradiese?", „Zum Glück gibt es das Glück!", „Freunde finden – Partner sein", „Mit Technik leben". Comics, die textbegleitenden Schülerfiguren „Skeptica" und „Sceptico", Sprechblasen, produktionsorientierte Arbeitsanregungen usw. ermöglichen einen motivierenden Unterricht. „Sich orientieren" ist zweitens auf besondere Übersichtlichkeit angelegt. Eine *Eröffnungsseite* stellt das Kapitelthema möglichst „prall" und motivierend vor. Ihr folgt als Herzstück jedes Kapitels eine *Planungsseite*, die die Angebote der dann folgenden *Doppelseiten* vorstellt, aber auch Möglichkeiten (Projekte) über das Schulbuch hinaus anzeigt. Im Anhang: Erklärungen zu den Weltreligionen und eine „Kleine Philosophiegeschichte". „Sich orientieren" will schließlich besonders lehrerorientierend sein. Motivierende Unterrichtsvorschläge (Gedankenexperiment, Rollenspiel, Fotoroman und vieles mehr) werden in „Methodenkästen" sofort einsetzbar vorgestellt. Der Lehrerband bietet zu jedem Thema eine Einführung in die philosophischen Hintergründe, erklärt die Unterrichtsvorhaben und enthält Kopiervorlagen.

5.2 Zur konzeptionellen Entwicklung der Schulbücher für die Sekundarstufe II

Wenn man die schulbuchdidaktische Entwicklung für die Sekundarstufe II einschätzen möchte, ist es sehr hilfreich und interessant, bei den alten „Schätzchen" einer Schulbücherei oder im Bücherschrank eines älteren Kollegen zu nachzuschauen.[7] Die Geschichte des neueren philosophischen Schulbuchs für die Oberstufe unserer Schulen beginnt etwa um 1960 mit *Hans Zeises* häufig nachgedruckten „Philosophische(n) Lesestücke(n)", die Autoreneinführungen mit Textauszügen historisch von Platon an bis zu den „Stars" der Zeit: Nicolai Hartmann, Martin Heidegger und Karl Jaspers in „Bleiwüsten"-Bändchen zusammenstellten. Im Bayerischen Schulbuchverlag gab es seit 1960 die fast bereits „legendären" „Texte der Philosophie", hrsg. von *Edgar Hunger, Richard Schottky, Lothar Zahn*, historisch-systematisch angeordnet und bis in die 1980er Jahre als „bsv-Texte und Kommentare" – auch zu den verschiedenen philosophischen Fachgebieten, wie sie sich in den Richtlinien wiederfinden, also zur Staatstheorie usw. – weitergeführt. Den Übergang von den 1960er zu den 1970er Jahren markiert im Schöningh-Verlag die Reihe der „Philosophische(n) Quellentexte", hrsg. von *Friedrich Borden*, die mit ihren ganz knappen biographischen Hinweisen zum Schluss der Hefte schulbuchdidaktisch freilich keinen Fortschritt erzielten.

Die Etablierung der Philosophie im Zuge der Oberstufenreform hat dann Mitte der 1970er Jahre zur Einführung mehrerer Schulbuchreihen für die Sekundarstufe II geführt. Neben den meist sehr kurze Textauszüge kombinierenden „hellblauen" Patmos-Bänden der Reihe „Philosophisches Kolleg" und den „grünen" Kursbänden des Bagel-Verlages waren dies vor allem im Hannoveraner Schroedel-Verlag die „Materialien für die Sekundarstufe II Philosophie", an denen unter anderem *Ekkehard Martens, Norbert Herold, Wolfgang H. Pleger, Gisela Raupach-Strey, Ute Siebert, Günther Bien, Hans Jürgen Busch und Annegrit Brunkhorst-Hasenclever* mitgearbeitet haben. In ihrem Dreischritt von Textmaterial, Informationen und Arbeitsvorschlägen sowie Literaturhinweisen und Register zeichnet diese Reihe sich auch in der didaktischen Aufbereitung durch substanzielle Fortschritte und seitherige Standards aus. Daneben stehen dem Philosophieunterricht in der Sek. II seit den 1980er Jahren die „Diskurs-Bände" *W. Oelmüllers / R. Dölle-Oelmüllers* und die von *Armin Müller* begründeten „Kurs-Bände" aus „Aschendorffs Philosophischer Textreihe" (Münster) zur Verfügung. Beide Reihen sind grundlegend durch die Kompetenz ihrer Textauswahl, durch die ihnen zugrunde liegenden Konzepte historisch-diskursiven Arbeitens und durch das Niveau ihrer Gesamtkonzeption, das auch Universitätsseminaren sehr gut zugrunde gelegt werden kann. Beide Reihen haben in Pionierarbeit einen regelrechten *Kanon* wichtigster Kernpassagen aus vielen grundlegenden Werken philosophischer Autoren für die Oberstufe begründet und es ist kein Geheimnis, dass die Textausschnitte dieser Reihen für weitere Textauswahlen als Vorbilder gedient haben. Die anspruchsvollen und umfangreichen Textausschnitte werden durch biographische und bibliographische Angaben sowie durch Kommentare (Müller) oder ausführliche fachlich-

---

[7] Mit Dank an StD i. R. Hans-Dieter Frenzel (Borghorst), vormals Ratsgymnasium Münster.

didaktische Einleitungen (Oelmüller / Dölle-Oelmüller) ergänzt. Beide Reihen sind zu regelrechten „Klassikern" geworden. Das Diskurskonzept, das im Verfolg der verschiedenen Disziplinen der Philosophie die Diskussionstradition bestimmter zusammenhängender Frage durch verschiedene Zeiten hindurch in Textsammlungen präsentiert, folgt einem Konzept der „Selbstverständigung" der Schüler bzw. Philosophierenden „über Grundfragen des menschlichen Erkennens, Handelns, Erleidens und Hoffens". Traditionen sind da immer schon dabei: Weder Menschen im allgemeinen noch Schüler sind „tabula rasa"; wer einen Diskurs führt, „ist in Freiheits- und Leidensgeschichten verstrickt, ist durch Elternhaus, Schule, Umwelt gebildet, lebt in bestimmten sozialen Institutionen, und er lebt als Einzelner und in sozialen Gruppen immer schon in bestimmten Traditionen, ohne sie kann er nicht auskommen". Entscheidend wird darum eine Dialektik von „Traditionskritik und Traditionsbewahrung". Die Texte, in denen die philosophische Tradition präsent ist, sind *Diskurspartner*; „zentrale Methode" des Philosophieunterrichts ist der Diskurs. Dieser vermeidet den Diskussionshorizont einer bestimmten philosophischen Schule, verweist auf deren widerstreitende Pluralität und sucht ihre verschiedenen Sprachen, Denkmethoden und „Helden" (Vorbilder und Referenzgestalten aus der Tradition) zu vergleichen. „Der philosophische Diskurs als Philosophie und als didaktische Methode will den Streit und die Auseinandersetzung der Schulen nicht versöhnen; auch er ist eine sehr voraussetzungsreiche Form des Philosophierens. Er will vielmehr einen Zugang zum Philosophieren ermöglichen, bei dem Studenten und Schüler philosophieren lernen diesseits der Dogmatik und diesseits des Relativismus des Trümmerhaufens der Philosophiegeschichte". Diese vom philosophischen Diskurs erwartete Leistung lasse sich als „philosophisches Orientierungswissen" ausweisen.[8] Man könnte hieran kritisieren, dass dies ein philosophiehistorischer Universalismus sei, der alles wolle, aber nichts richtig mache und die Gehalte der auszugsweise präsentierten Texte nicht ausschöpfe. Wer das Durchlaufen mehrerer Positionen in Seminaren und Kursen ablehnt, versperrt aber gerade dem Anfänger eine erfahrungsgemäß hochwillkommene Orientierungsmöglichkeit, die informiert und eigene Interessen bewusst macht und somit zur Vertiefung und zur Gewinnung von Spezialwissen geradezu einlädt. Auch ist eine gewisse Übersicht gerade in der Schule erforderlich, damit Lehrerinnen und Lehrer auf Untersuchungswünsche von Schülerinnen und Schülern mit einem gewissen hermeneutischen Hintergrund flexibel und mit interessanten Textangeboten reagieren können.

Erwin Menne / Werner Trutwin (Hrsg.): *Philosophisches Kolleg. Arbeitsmaterialien für den Philosophieunterricht.* Verschiedene Titel, verschiedene Autoren. Düsseldorf (Patmos) 1975 ff.

---

[8] Ruth Dölle-Oelmüller: „Wie können Fragen, Probleme und Problemlösungen der philosophischen Tradition heute in einer neuen Weise im Philosophieunterricht der Schule behandelt werden?" In: *Zeitschrift für Didaktik der Philosophie* (1985), 61-64, 62. Dies.: „Der philosophische Diskurs als ein Weg zur Selbstverständigung über problematisch gewordene Lebensorientierungen". In: W. Rehfus / H. Becker (Hrsg.): *Handbuch des Philosophieunterrichts*, Düsseldorf 1986, 52-63, 61.

Horst Becker / Winrich de Schmidt / Helmut Ständeke (Hrsg.): *Kurs: Philosophie*, Düsseldorf (Bagel) 1975 ff. Verschiedene Titel, verschiedene Autoren der Einzelhefte, darunter H. G. Neugebauer, Wulff D. Rehfus, Gabriele Münnix u. a.

Materialien für die Sekundarstufe II Philosophie. (Schroedel) Hannover 1975 ff. Verschiedene Titel, verschiedene Autoren der Einzelhefte, darunter Ekkehard Martens sowie: Norbert Herold, Wolfgang H. Pleger, Gisela Raupach-Strey, Günther Bien, Hans Jürgen Busch u. a.

Bruno H. Reifenrath (Hrsg.): *Philosophia Propaedeutica. Themenhefte Philosophie für die Sekundarstufe II*, Frankfurt a. M. 1980-1997. Versch. Themen und Autoren.

Willi Oelmüller / Ruth Dölle-Oelmüller (Hrsg.): *Philosophische Arbeitsbücher* (Schöningh/UTB) 8 Bde. in mehreren Auflagen (*Sittliche Lebensformen, Politik, Geschichte, Mensch, Kunst und Schönes, Metaphysik, Religion*; Mitherausgeber der einzelnen Bände u. a. C. F. Geyer, N. Rath); zuletzt mit Volker Steenblock: *Diskurs: Sprache*, Paderborn/München/Wien/Zürich 1991. Keine Kommentarbände, aber ausführliche fachliche und fachdidaktische Einleitungen.

Armin Müller (Hrsg.): Aschendorffs Philosophische Textreihe (Aschendorff-Verlag), Soester Str. 13, 48155 Münster. 9 Kurse in mehreren Auflagen (*Einführungskurs, Erkenntnis- und Wissenschaftstheorie, Philosophische Aspekte der Politik, Philosophie und Geschichte, Ethik, Anthropologie*; Mithrsg. Alfons Reckermann); zuletzt: *Philosophische Ästhetik*, Münster 1992 (Lambert Wiesing); *Wissenschaft – Technik – Hermeneutik*, Münster 1998 (Volker Steenblock); *Philosophie und Religion*, Münster 2001 (Volker Steenblock). Anfangs Kommentarbände, später Kommentierungen als Teil der Textausgaben.

Roland Bernhöft / Frank Silbermann: *Philosophie*, Zürich 1990.

bsv Grundkurs Philosophie. Band 1 (Bruno Heller): *Einführung in die Philosophie, Philosophische Anthropologie*, München 1992;

Band 2 (Gerd Gerhardt): *Ethik, Politik*, München 1992;

Band 3 (G. Gerhardt / B. Heller): *Denken – Sprache – Wissenschaft*, München 1993. Kommentarbände.

Zugänge zur Philosophie. Grundband für die Oberstufe. Erarbeitet von Roland W. Henke / Lothar Aßmann / Reiner Bergmann / Matthias Schulze / Eva-Maria Sewing, Berlin (Bd. 1: 1995, 2. Aufl. 2004; Bd. 2: 2002). Kein Kommentarband.

Michael Wittschier: *Eine wahrhaft ungeheure Reise. Alltag Philosophie. Philosophieunterricht – Sekundarstufe II, Kurs Anthropologie*, Düsseldorf 1996.

Martin Morgenstern / Robert Zimmer: *Treffpunkt Philosophie. Einführung in die Philosophie, Anthropologie, Ethik, Politische Philosophie, Philosophie und Weltbild*, Düsseldorf 1998 ff.

Wolfgang Schwoerbel / Hanns Frericks / Rainer Richter / Winfried Vollmar: *Ethik* (Neubearbeitung). 2 Bde. für allgemeinbildende und berufliche Gymnasien (Baden-Württemberg), Köln 1999.

Brigitte Wiesen (Hrsg.): *Kurshefte Ethik / Philosophie*, Berlin 2001 ff.

Eva Jelden / Matthias Jung / Volker Pfeiffer / Monika Sänger u. a.: *Projekt Leben. Ethik für die Oberstufe*, Leipzig 2001.

Hermann Nink (Hrsg.): *Standpunkte der Ethik*, Paderborn 2000.

Jörg Peters / Bernd Rolf: *Ethik aktuell. Texte und Materialien zur Klassischen und Angewandten Ethik*, Bamberg 2002.

Ekkehard Martens / Volker Steenblock (Hrsg.): *Philosophieren „können"*, München 2000 ff.

Band 1 (V. Steenblock): *Faszination Denken – Eine Einführung in die Philosophie*
Band 2 (E. Martens): *Gut leben – Fragen zur Ethik*
Band 3 (H. J. Busch / V. Steenblock): *Krone der Schöpfung – Anthropologie*
Band 4 (V. Steenblock): *Politik und Utopie – Staatsphilosophie*
Klaus Draken / Stefan Maeger / Rudolf Reuber / Harald Sieberg u. a.: *Philosophieren*, Bamberg 2005-2006 (2 Bde.).
Peter Bekes u.a.: *Philos.* Philosophieren in der Oberstufe, (Schöningh) Paderborn 2010.
Mathias Balliet / Monika Sänger / René Torkler u.a.: *Kolleg Philosophie*, Bamberg 2012.

Seit längerer Zeit treten den vormaligen „Klassikern" der Kurs- und Diskurs-Bände gleichwohl neue Werke an die Seite, die wieder stärker den Charakter eigentlicher Schulbücher angenommen haben. Die Cornelsen-Bände „Zugänge zur Philosophie" bieten für die Jahrgangsstufen 11 und 12 pragmatische Vereinfachungen, die jede Lehrerin und jeder Lehrer zu schätzen wissen wird. Für das Gros der Schüler/innen werden nur noch ein bzw. zwei Bücher ausgeteilt, die diese Jahrgangsstufen (nicht jedoch die Jahrgangsstufe 13) abdecken. Die „Zugänge" (Bd. 1, 1995) sind in fünf Hauptteile unterteilt: eine Einführung in die Philosophie und vier „Rahmenthemen", die im Wesentlichen die üblichen Programme der Oberstufe abdecken („Was ist der Mensch?"/„Probleme des menschlichen Handelns"/„Probleme der Politik"/„Probleme der Geschichte"). Der zweite Band (2002) zielt auf die Jahrgangsstufe 13 (NRW) und enthält Materialien zu den Themen: „Erkenntnis und Wissenschaft", „Gehirn und Bewusstsein", „Das Schöne und die Kunst". „Hinweise zur Konzeption und Benutzung des Buches" bzw. Vorwort stellen den Gesamtzusammenhang vor. Im Vergleich zu den vorstehend genannten Reihen sind die Textausschnitte deutlich kürzer; eine (berechtigte) Ausnahme bilden Texte von Kant und Hegel innerhalb der Ethik bzw. Geschichtsphilosophie. Die Texte sind als Antwortversuche auf von den Autoren vorgezeichnete „Problemzusammenhänge" aufzufassen, wobei deren weitere „Ausdifferenzierung", aber auch „Lösung" oder „Abklärung" angestrebt wird. Die Anordnung der Autoren, ihrer Texte, der Zwischentexte und Aufgabenstellungen erklärt sich aus dieser Systematik. Damit wird das bisher oft vorherrschende Prinzip eines historisch-diskursiven Durchlaufens der Positionen ebenso aufgegeben wie der Charakter eines reinen Arbeitsbuches zugunsten einiger Züge eines Lehrbuches; dessen einzelne plausible Problemstränge bleiben allerdings in der Anordnung der Autorentexte nach wie vor und mit Recht auch an einer historischen Abfolge orientiert. Zeitungsartikel, kleine Collagen und Autorentexte abseits des „Kanons" lockern das Textkorpus auf. Hier bieten sich starke Parallelen zu den *bsv*-Bänden, deren Konzeption ebenfalls Texte verschiedenen Problemaufrissen („Was ist Glück?") zuordnet, das rein historisch-diskursive Prinzip verlässt, verstärkt Arbeitsanweisungen beinhaltet und ein kleines Philosophen-Lexikon im Anhang bietet.

Weiter sind in den „Zugängen" gelegentliche „Philosophenseiten" (so zum Beispiel zu Sokrates, S. 29 usw.) in den Gesamtgang eingestreut. Außerordentlich gelungen und faszinierend ist die Umschlaggestaltung, die stilisiert den Blick durch die Zimmerflucht im zweiten Stock von Goethes Wohnhaus am Frauenplan in Weimar zeigt und damit den Titel des Werkes glänzend illustriert. Photos, Karten und Grafiken sowie die Zeitübersicht in den Einbandrückseiten verleihen den „Zugängen" eine optisch sehr ansprechende innovative Form. Nützliche „Hinweise zur methodischen Erschließung von philosophischen Texten" (471 ff.) sowie ein Register runden das umfangreiche Werk ab.

Zwischenfazit: Mancher Lehrer und manche Lehrerin wird in den neuen Werken wohl nicht immer dem Gang der Problementwicklung und nicht allen (vom Primärtextkorpus nicht immer ganz klar abgegrenzten) Zwischentexten zustimmen können. So mancher Lerngruppe werden aber der stärker geleitete Gang, die gefällige Aufmachung, die angemessenen Textlängen und die Anfügung von Arbeitsaufgaben sehr entgegenkommen. Durch diese Bücher hat sich das Angebot von Werken für die Sekundarstufe II erfreulich erweitert, aus dem Kolleginnen und Kollegen im Blick auf ihre Lerngruppen oder im Blick auf besonders wichtige Untersuchungs- und Orientierungsfelder auswählen können.

Will man einen Ausblick auf die weitere Entwicklung von Schulbüchern für die Sekundarstufe II wagen, so wären wohl etwa die folgenden Tendenzen zu erwarten. Es werden einerseits philosophische „Klassikertexte" wie bisher die Unterrichtsarbeit bestimmen. Die Länge und der Schwierigkeitsgrad dieser Texte – bisher (im vergleichenden Rückblick auf „Kurs"- und „Diskursbände":) in einem anhaltenden „Sinkflug" begriffen, werden sich deutlich oberhalb der Textauszüge für die Sek. I einpendeln. Textüberschriften bieten einen direkten Zugang und erwecken Interesse; Porträts der Autors und Kurzbiographien sollten sozusagen als „Akten" des zu behandelnden Philosophen klar machen, mit wem man sich beschäftigt. „Verortungen" des Textauszuges erhalten den Bezug zu den Originalwerken aufrecht und erleichtern den Zugang zu ihnen. Sie erklären die Kontexte der Auszüge („Auszug aus dem Werk xy, in dem der Autor yz darlegt") – wollen (und sollten) nicht jedoch den Textinhalt vorwegnehmen (leider geschieht dies freilich noch viel zu oft). Standard sind natürlich Erklärungen zum Text (zu Begriffen, Namen), Fragen zur Texterschließung, Diskussionsfragen zum Text, Methodenregister.

Andererseits wird sich die Verwendung alltagsweltlicher Texte und Materialien intensivieren, wie etwa die Konzeption von „Treffpunkt Philosophie" bereits zeigt. Zwar bleibt hier sicher auch die von Markus Tiedemann im Jahre 2011 in der „Zeitschrift für Didaktik der Philosophie und Ethik" angestoßene „Mal mir was"-Debatte in Erinnerung. Der philosophische Text(-auszug) ist zentral. Ein „zweites Standbein" auflockernder, erläuternder, einen weiteren alltagsweltlichen Zugang bietender Elemente wird jedoch in Überwindung älterer „Bleiwüsten"-Eindrücke die Innovationen der „Wende zur Öffentlichkeit" in der Philosophie der letzten Jahre nutzen und zugleich den von Werken wie den „Zugängen" betretenen Weg eines avancierteren Medieneinsatzes zur philosophischen Bildung in der Schule und an anderen Bildungsorten weiter treiben. Die Prinzipien des Ausgangs von den Horizonten und Interessen der jeweiligen sich orientierenden Subjekte stehen eben so wenig zur Diskussion wie der Ansatz einer Methodenkompetenz-Entwicklung, auf den auch viele Richtlinien mit Recht verweisen.

Neueingang in die Schulbücher finden werden die anschaulichen Präsentationsformen der *Faszination* der Philosophie: „Geschichten um Philosophen" sollen Philosophen durchaus als einprägsame „Typen" darstellen. Dies können ebenfalls neue Aufgabenstellungen erreichen: fiktive Interviews mit Philosophen sowie ein Umschreiben von Texten, das Kerngedanken aufnimmt und in einen neuen Kontext versetzt. Zur Veränderung der Textsorte zählt etwa eine „Dialogisierung". Sinnvoll erscheinen auch Zeitungsartikel und eine Präsentation der Philosophiegeschichte oder auch (alltagsweltlicher) philosophischer Problemstellungen in optischen Formen, etwa in Comic-Sequenzen, als Karikaturen, in Form von Bildern, durch Photos (dabei in möglichst großflächiger aussagekräftiger Farbwiedergabe, die sozusagen eine „Erforschung" erfordert und keine bloße Illustration darstellt).

Fasst man die bisher genannten bewährten wie innovativen Elemente zusammen, so kann man mit Blick auf die Schulbuchkonzeptionen und auch auf die populäre Literatur überhaupt wohl von einem fünffachen Zugriff sprechen, den die Philosophie heute auf das Denken von immer mehr Menschen auszuüben vermag.

Diese fünf Punkte sind (am Beispiel von *Faszination Denken*):

- erstens (Zentrum der folgend abgebildeten Skizze) die Faszination der wichtigen traditionellen *Fragen und Themen* der Philosophie: nach Glück und Leid, nach dem richtigen Handeln und der Bestimmung des Menschen, nach der Erkennbarkeit der Welt und nach einem Sinn in der Geschichte,
- zweitens (in dieser Skizze von „links oben" zu lesen) die Faszination des *Selberdenkens*, des Sich-selbst-Orientierens, der Reflexion über die eigene Welt- bzw. Lebensorientierung und des eigenen Entdeckens ...
- ...mittels – drittens („links unten") – genau erklärter *Arbeitstechniken und Methoden*,
- schließlich – viertens (von „rechts oben" zu verfolgen) – die Faszination, die die wichtigen *Gestalten der Philosophiegeschichte* und ihre An- und Einsichten auszuüben geeignet sind und wie sie bisher und weiterhin im Philosophieunterricht durch die Behandlung eines „Kanons" signifikant häufig auftretender Kernpassagen bedient wird.
- Hier gilt es fünftens („rechts unten"), Wege zu eröffnen, sich in diese Philosophen und ihre Zeit – über die bisherige, natürlich legitime und weiterhin primäre klassisch-texthermeneutische Art des Zugangs hinaus – *hineinzuversetzen und spannende Fragen hautnah miterleben zu lassen*, sozusagen dabei zu sein, wenn Sokrates vor Gericht sein Tun erklärt, wenn Hobbes dem Aristoteles in der Frage nach dem Menschen widerspricht oder wenn Descartes und Locke ihre unterschiedlichen Ansichten über die Herkunft unserer Erkenntnisse darlegen. Eine solche Darstellung der Philosophie als „Abenteuer des Denkens" kann zeigen, dass hinter diesen Texten immer ein Mensch steht, der selbst, wie wir, Orientierung im Denken sucht.

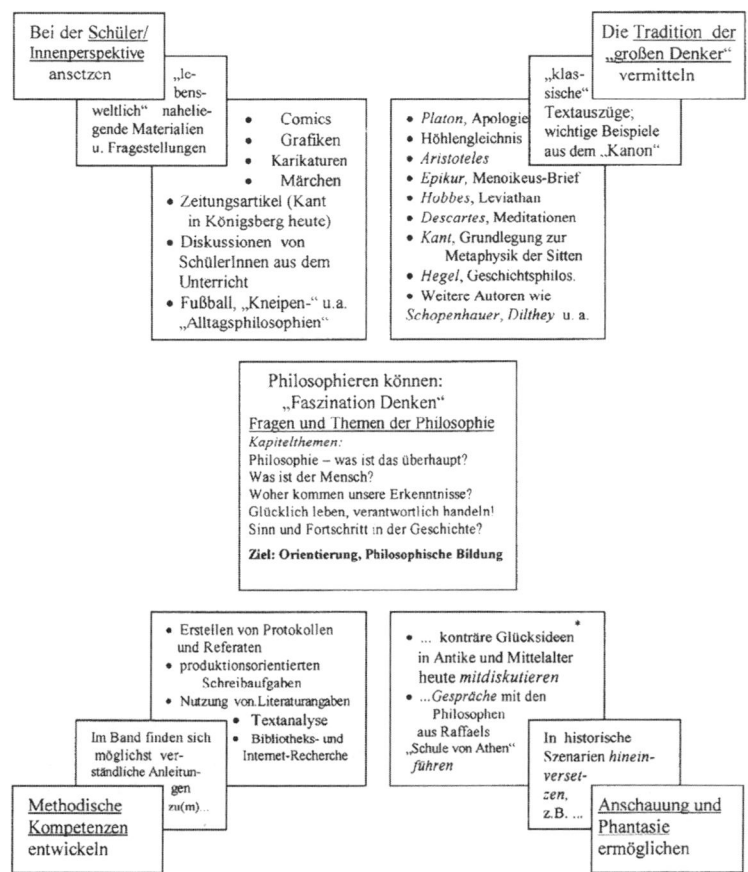

* Vgl. auch das Unterrichtsprojekt: *Glück im Diesseits – Glück im Jenseits* in diesem Band.

5.3 Lehrerhandbücher, philosophiedidaktische Literatur, Zeitschriften

Aufgabe fachdidaktischer Zeitschriften, Reihen und Lehrerhandbücher ist es, über wichtige Entwicklungen und Erkenntnisse bezüglich des Philosophie- und Ethik-Unterrichts zu informieren und jene fachdidaktischen und pädagogischen Diskussionen präsent zu halten, die für die Unterrichtsarbeit, für Examensarbeiten und die Weiterentwicklung des Philosophieunterrichts relevant sind.

Neben der fachdidaktischen Literatur gehören hierzu vor allem diese *Publikationen* und *Periodica*:

Johannes Rohbeck (Hrsg.): *Jahrbuch für Didaktik der Philosophie und Ethik*, Band 1 ff., Dresden 2000 ff., (Reihe zur philosophiedidaktischen Forschung mit grundlegenden Artikeln eher theoretischer Ausrichtung).

Ekkehard Martens / Christian Gefert / Volker Steenblock (Hrsg.): *Philosophie und Bildung*, Münster (LIT) 2004 ff. (eher experimentelle, neue Entwicklungen diskutierende philosophiedidaktische Reihe).

Heiner Hastedt / Ekkehard Martens / Johannes Rohbeck / Volker Steenblock (Hrsg.): *Praxishandbücher Philosophie und Ethik*, 4 Bde., Hannover (Siebert) 2003.

  Bd. 1: *Theoretische Philosophie* (in allen Bänden Artikel vieler Autoren aus der Fachphilosophie wie aus der „didaktischen Szene" mit kombiniert theoretisch [jeweils Teil 1] – unterrichtspraktischen [Teil 2] Überblicken; hier z. B. „Metaphysik", „Woher kommen unsere Erkenntnisse?" „Abenteuer Sprache" etc.).

  Bd. 2: *Praktische Philosophie* („Ethisches Argumentieren", „Kommunitarismus" etc.).

  Bd. 3: *Religionsphilosophie* („Sinn des Lebens", „Gott denken", „Religionskritik" etc.).

  Bd. 4: *Anthropologie* (z. B. „Gefühl und Verstand", „Glück und Alltag" etc.).

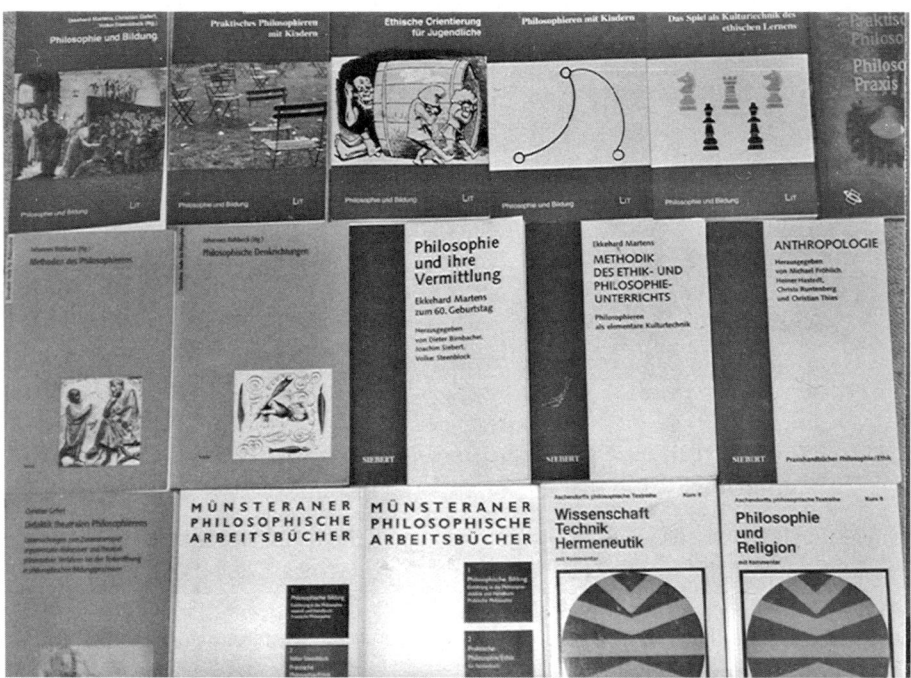

Neben den *philosophischen Fachzeitschriften* wie dem „Philosophischen Jahrbuch der Görres-Gesellschaft" (seit 1888), der „Philosophischen Rundschau" (seit 1953), der „Zeitschrift für Philosophische Forschung" (seit 1946), der „Allgemeinen Zeitschrift für Philosophie" (seit 1976) usw. gibt es spezielle *philosophiedidaktische Zeitschriften*. Seit 1979 besteht als, wie Ekkehard Martens im „Editorial" der ersten Ausgabe schrieb, „Diskussionsforum für philosophiedidaktische Fragen" die „Zeitschrift für Didaktik der Philosophie" (ab 1994 „Zeitschrift für Didaktik der Philosophie und Ethik" – ZDPE), eine Informationsquelle für alle, die in der „Szene" auf dem Laufenden bleiben wollen:

Zeitschrift für Didaktik der Philosophie und Ethik – ZDPE. Von 1979–1993 *Zeitschrift für Didaktik der Philosophie.* Derzeit hrsgg. von Ekkehard Martens / Johannes Rohbeck / Volker Steenblock / Markus Tiedemann. Ständige Mitarbeiter Vanessa Albus, Martina Dege, Klaus Draken u. a.

Über Zeitschriften-Inhalte informiert eine hilfreiche Datenbank: *www.DelEtaPhie.de*!

Eine zweite Zeitschrift, die sich vor allem an Ethiklehrer richtet, ist:
Ethik und Unterricht – EU. Wechselnde Herausgeber (seit 1989); Friedrich-Verlag (Seelze).

Schließlich gibt es noch je eine amerikanische und eine französische Zeitschrift:
L'Agora – Diotime. Revue internationale de didactique de la philosophie (nur noch im Internet/Titel in eine Suchmaschine eingeben).
Teaching Philosophy. Ed. by Michael Goldman, Dept. of Philosophy, Miami University, Oxford, Ohio, USA (seit 1977).

Nicht fortgeführt werden zwei ältere Reihen, in denen sich doch gleichwohl noch interessante Artikel und Aufsätze finden können:
Friedrich Borden (Hrsg.): *Aufgaben und Wege des Philosophieunterrichts,* Hirschgraben (seit 1946 als „Pädagogische Provinz", seit den 1960er Jahren „Aufgaben und Wege des Philosophieunterrichts", bis 1979).
Jürgen Hengelbrock (Hrsg.): *Anregungen für die Unterrichtspraxis Philosophie* (Hirschgraben / Cornelsen 1979-1999).

Vielfältige Informationen über die Philosophie und auch ihre Didaktik enthält schließlich vor allem auch das folgende überaus empfehlenswerte Periodikum:
Information Philosophie, hrsg. von Peter Moser (seit 1972; „Unser Klatschblättchen", so Odo Marquard; nicht nur für Studenten besonders hilfreich, sondern von der gesamten Philosophieszene wahrgenommen). Unter *www.Informationphilosophie.de* ist diese Zeitschrift auch mit einer ebenfalls informativen Netz-Adresse vertreten.

5.4 Einführungen in die Philosophie, Lesebücher, „Philosophieboom": Ein Blick in die Auslagen unserer Buchhandlungen

„Der Sinn des Lebens", „Bei Liebeskummer Sokrates" – im Zuge der „exoterischen Wende", der Wendung „nach außen", an ein breites Publikum und auf den „Marktplatz", der die Philosophie im Gefolge von *Sofies Welt* gegenwärtig unterliegt, setzt der Buchmarkt auf eine Art „Faszinationsinszenierung" mit dem offensichtlichen Ziel, die Philosophie für ein mit ihr nicht vertrautes Publikum sozusagen „süffiger" und leichter zugänglich zu machen. Eine Legion weiterer Titel ließe sich nennen; dies ist nur eine (in sich durchaus heterogene) Auswahl:

Alain de Botton: *Trost der Philosophie*, Frankfurt a. M. 2002.

Otto A. Böhmer: *Sternstunden der Philosophie. Schlüsselerlebnisse großer Denker von Augustinus bis Popper*, 4. Aufl. München 1996.

dtv-Atlas zur Philosophie. München 1991 u. ö. (nicht alle Schemata hilfreich).

Christoph Fehige / Georg Meggle / Ulla Wessels (Hrsg.): *Der Sinn des Lebens*, München 2000

Luc Ferry: *Leben lernen. Eine philosophische Gebrauchsanweisung*, München (dtv) 2009.

Jostein Gaarder: *Sofies Welt*, 54. Aufl. München/Wien 2009.

Kay Hoffmann: *Bei Liebeskummer Sokrates. Praktische Philosophie für den Alltag*, München 2001

Vittorio Hösle: *Das Cafe der toten Philosophen*, 3. Aufl. München 1997.

Stephen Law: *Philosophie*, München 2008 (Verlag Dorling Kindersley; zur Bebilderung gilt freilich: ein Philosophiebuch ist kein Reiseführer).

Andrea Löhndorf: *Glück. Ein Lesebuch zur Lebenskunst*, München 2002.

Ekkehard Martens: *Ich denke, also bin ich*, München 2000.

Thomas Nagel: *Was bedeutet das alles? Eine ganz kurze Einführung in die Philosophie*, Neuaufl. Stuttgart (Reclam) 2009.

Eckhard Nordhofen: *Die Mädchen, der Lehrer und der liebe Gott. Roman*, Stuttgart (Reclam) 1998.

David Papineau: *Philosophie*. Darmstadt (WBG) 2. Aufl. 2011.

Richard David Precht: *Wer bin ich – und wenn ja, wie viele? Eine philosophische Reise*, 16. Aufl. München 2012.

Volker Steenblock: *Die großen Themen der Philosophie. Eine Anstiftung zum Philosophieren*, Darmstadt (WBG) 2002, 2. Aufl. 2011.

Ders.: *Philosophisches Lesebuch. Von den Vorsokratikern bis zur Gegenwart*, Stuttgart (Reclam) 2007; durchges. Auflage 2009.

Karl-Dieter Ulke: *Vorbilder im Denken. 32 Porträts großer Philosophen*, Bindlach 1998.

Wilhelm Weischedel: *Die philosophische Hintertreppe. 34 große Philosophen in Alltag und Denken*, München 1976; 37. Aufl. 2008 (auch als Hörbuch).

J. M. Werle (Hrsg.): *Klassiker der philosophischen Lebenskunst*, München 2000.

Michael Wittschier: *Abenteuer Philosophie. Ein Schnellkurs für Einsteiger*, Düsseldorf 1980, 1994, 4. Aufl. München 1997

Es entsteht ein ganzes Genre sozusagen „leichter Präsentation" des Philosophierens und der Philosophiegeschichte „im Plauderton". Jostein Gaarders Roman ist eines der bekanntesten Beispiele. Bei Titeln, die in philosophiehistorischer Folge angeordnete Porträts anbieten, ergibt sich ein Übergang zur Thematik der Philosophiegeschichten, die ihrerseits an dem gegenwärtigen Boom philosophischer Literatur großen Anteil haben. Hierfür enthält die oben angegebene Liste ein schönes Beispiel: Die teils glänzenden Skizzen großer Philosophen in Karl-Dieter Ulkes empfehlenswertem Buch: *Vorbilder im Denken. 32 Porträts großer Philosophen* lagen der WDR-Sendung „ZeitZeichen" zugrunde. Beispiele für ein vornehmlich anekdotisches Erzählen bieten in diesem Zusammenhang die Bände von *Otto A. Böhmer*, wobei durchaus nicht jede Anekdote so überzeugt wie die brillanten und legendären Einzelporträts der „berühmten Denker" in Weischedels so „klassisch gelungener" *Philosophischer Hintertreppe*. Auch die Form des Lesebuchs kommt wieder zu Ehren, wenn Christoph Fehige, Georg Meggle und Ulla Wessels Texte zum berühmt-berüchtigten *Sinn des Lebens* versammeln, der Goldmann-Taschenbuchverlag kontert prompt mit *Klassikern der philosophischen Lebenskunst*. Eine empfehlenswerte, philosophiehistorisch orientierte und kompetent kommentierte Textsammlung mit überraschenden und lohnenden neuen Textentdeckungen neben wichtigen „klassischen" Texten bietet Ekkehard Martens unter dem Titel „Ich denke, also bin ich" und beweist damit, dass dieses Genre nicht nur faszinierend, sondern zugleich auch seriös und gehaltvoll sein kann.

Richard David Precht (geb. 1964 in Solingen), mit autobiographisch verfilmtem Hintergrund aus einem linksorientierten „68er" Elternhaus (*Lenin kam nur bis Lüdenscheid*), kam mit seinem durch Elke Heidenreichs ZDF-Literatursendung *Lesen!* einem breiten Fernsehpublikum dringlich empfohlenen Buch groß heraus. Precht verzichtet auf eine Rahmenhandlung, wie sie die romanhaft eingekleidete Philosophiegeschichte von Jostein Gaarder kennzeichnet. Der Aufbau des Buches bündelt – ähnlich wie der zweite Bestseller über die Liebe[9] – mehrere kleine Unterkapitel in drei Abteilungen, hier gemäß den drei Kantischen Fragen: „Was kann ich wissen?" (Theoretische Philosophie, auch Hirnforschung) „Was soll ich tun?" und „Was darf ich hoffen?" (Themen: Gott, Liebe, Glück, Sinn usw.). Jedes der Unterkapitel, das einen weitgehend unabhängigen Gedankengang enthält, folgt einem ähnlichen Schema: Es beginnt didaktisch-anekdotisch und anschaulich mit einem Denker oder einem besonderen Ort und führt dann in die jeweilige Problemstellung hinein. Dabei wird die diskutierte Problematik nicht entschieden, sondern bleibt offen. Ein Beispiel hierfür ist der häufige Rekurs auf die zeitgenössische objektivierende Hirnforschung im Geiste der Naturwissenschaften, der Precht attestiert, dass sie „überall spannendes Terrain gewinne". Zugleich möchte er aber bei solchen Forschungserfolgen nicht stehen bleiben und betont ausdrücklich (und mit allem Recht), wie „gewaltig" die „Kluft zwischen Proteinen und Sinn" ist:

> „Warum sich etwas für uns auf eine ganz bestimmte Weise anfühlt, ist nach wie vor unser großes Geheimnis. Persönliche Gefühle und Leidenschaften lassen sich nicht mit allgemeinen neuro-

---

[9] Richard David Precht: *Liebe. Ein unordentliches Gefühl*, 2. Aufl. München 2009.

chemischen Erkenntnissen erklären. Weder Messapparate noch psychologische Gespräche dringen in diese Erlebnisqualität ein und machen sie sichtbar".[10]

Die gesamte Sphäre der Bildung und Kultur, so könnte man sagen, hängt an dieser zweiten Perspektive. Aber Precht „entfaltet", so jedenfalls eine neuere Rezension, „das Reich einer solchen poetischen oder freiheitlichen Welt nicht".[11] Entsprechend sei der Geist, in dem das Buch geschrieben ist, „zu analytisch". Studierende in Didaktik-Seminaren, die das Buch analysieren, sind von Thematik wie Darstellungsweise allerdings recht angetan. Was vermag das Buch für eine philosophische Bildung zu leisten? „Wenn das Akademische zu trocken ist", meint der erwähnte Rezensent, „dann muss man versuchen, das Akademische lebendig zu gestalten": da hätte Precht seine Kritik an der „trockenen" und „realitätsfernen" akademischen Philosophie durchaus an einem relevanteren Gegenstand untermauern können. Es gilt aber auch: Das Lebendige muss Sinn und Geschmack für die essentiell menschlichen Fragen der Philosophie entwickeln und ihre akademischen Verwalter müssen im Sinne eines Ganzheitsanspruchs lernen, sich als Diener des Orientierungsanliegens aller zu verstehen. Letzteres leisten zu können und zu wollen, muss den Charakter einer

---

[10] Richard D. Precht: *Wer bin ich – und wenn ja, wie viele?*, 11. Aufl. München 2009, 49, vgl. 59 f.

[11] „Der Pauschalurlaub zur reinen Vernunft". Manuel Clemens über Richard David Prechts philoso-phischen Bestseller „Wer bin ich – und wenn ja, wie viele?" In: *Information Philosophie* 33 (2009), 36-38.

Auszeichnung gewinnen. Neben Precht, dem es für eine bemerkenswerte Zeitspanne gelingt, die Talkshows des deutschen Fernsehens zu frequentieren und die Bestsellerlisten anzuführen, bietet Luc Ferry, von 2002-2004 Erziehungsminister in Frankreich, ebenfalls einen neueren Beitrag zu der durchaus erfolgreichen Gattung einführender Literatur. „Leben lernen" („Apprendre à vivre"): heißt dabei – dem Geiste des französischen Philosophieunterrichts gemäß – „Anteil an den Reflexionsgehalten der Philosophie gewinnen". Gegen eine akademische Reduktion zur bloßen Universitätswissenschaft, gegen die Mode bloßer Dekonstruktion, gegen ein primär religiöses Verständnis des Menschen, aber auch gegen allen Naturalismus vertritt Ferry die explizit humanistische Position einer „lebenswirksamen Philosophie." Er trägt damit der Erfahrung Rechnung, dass wir im Allgemeinen dazu neigen, uns als weitgehend selbstbestimmte, unverwechselbare Persönlichkeiten zu verstehen, mag auch mancher avancierte Theoretiker uns nachweisen wollen, dies sei bloß eine idealistische Illusion. So schwierig es erscheint, sich unter den Bedingungen der Moderne der Werte, an denen ein solcher Humanismus sich auszurichten hat, noch in substanzialistischer Weise zu versichern, so emphatisch möchte Ferry doch, wie er an anderer Stelle formuliert, auf dem „Göttlichen im Menschen" bestehen.[12]

5.5 Zur Bildungsaufgabe der *Philosophiegeschichte*

Die Philosophie hat ein ganz offensichtlich ebenso besonderes wie zugleich schwieriges Verhältnis zu ihrer eigenen Geschichte. Oft heißt es, die Philosophie *orientiere* nicht, sondern sie beschäftige sich, versunken in einer Art von „Selbstphilologisierung" und der Hut und Pflege von „Klassikern", nur noch mit ihrer eigenen Vergangenheit. Umgekehrt ist die Philosophiegeschichtsschreibung vor allem seit dem 19. Jahrhundert eine nicht uninteressante Erscheinungsweise der Philosophie selbst. Gegenwärtig kann sie aufgrund neuerer Veröffentlichungen neben ihrer wissenschaftlich-historiographischen Form (Ueberweg) auch als ein didaktisch wichtiger Zugang zum philosophischen Denken gelten: Die bereits 1903 erschienene Philosophiegeschichte von *Karl Vorländer* erzielte seit 1963 in einer Kombination mit Quellentexten in einer Taschenbuchausgabe in „Rowohlts Enzyklopädie" einen breiten bildungsbürgerlichen Erfolg. *Hans Joachim Störigs* in ihrer Darstellungsweise außerordentlich gut zugänglicher, populärer „Kleiner Weltgeschichte der Philosophie", die allerdings trotz gewisser Ergänzungen in der aktuellen Auflage[13] mit gegenwärtigen Diskussionslagen nicht mehr vermittelt ist, ist mit Recht ein ebensolcher Erfolg vergönnt gewesen wie *Wilhelm Weischedels* glänzender „Philosophischer Hintertreppe".

---

[12] Luc Ferry: *Von der Göttlichkeit des Menschen oder: Der Sinn des Lebens* („L'homme-Dieu ou le Sens de la vie"), Wien 1997.

[13] In drei Bänden wurde der „Vorländer" noch einmal aktualisiert hrsgg. von H. Schnädelbach und Anke Thyen: *Geschichte der Philosophie mit Quellentexten*, 3 Bde., Reinbek 1990. – Hans Joachim Störig: *Kleine Weltgeschichte der Philosophie*. Überarb. Neuausg. Frankfurt a. M. 1999.

Aus ihrer Tradition als Philosophiezugang heraus entspringt die *Bildungsaufgabe* der (populären) Philosophiegeschichte. Die philosophiehistorisch aufzuarbeitende und didaktisch zu vermittelnde Philosophie ist, nicht allein, aber doch primär: eine akademisch produzierte sowie akademisch aufbereitete und erforschte Philosophie. Das aus der Lebenswelt aufsteigende Interesse mit ihr zu vermitteln, das Gespräch mit ihr zu erleichtern: das ist eine wichtige Aufgabe der Philosophiegeschichte. In der Einleitung zu *Fichtes* Wissenschaftslehre heißt es in einer berühmt gewordenen Formulierung: „Was für eine Philosophie man wähle, hängt sonach davon ab, was man für ein Mensch ist; denn ein philosophisches System ist nicht ein toter Hausrat, den man ablegen oder annehmen könnte, wie es uns beliebte, sondern es ist beseelt durch die Seele des Menschen, der es hat".[14] Philosophien lassen sich entsprechend am besten, wie es scheint, als historisch situiert betrachten,[15] als Antworten auf Situationen und Erfahrungen, die ihrerseits kulturell für die Folgezeit mitbestimmend wurden. *Johannes Rohbeck* stellt die Frage nach den „Übergängen" und der „Vermittlung" zwischen der Geschichte der Philosophie einerseits und dem aktuellen „Bedürfnis nach Reflexion und Orientierung" bzw. dem „gegenwärtigen Anspruch, selber zu denken" auf der anderen Seite. Die „Klassiker" der Philosophiegeschichte wie Aristoteles und Kant waren nun freilich „eben gerade nicht unsere Gesprächspartner", sondern haben „an anderen Diskussionen teilgenommen", weshalb sie nicht als „Steinbruch für aktuelle Problemlagen" angesehen werden dürften. Rohbecks Lösung dieser Dichotomie verweist darauf, dass beides, vergangenes wie gegenwärtiges Philosophieren, Verarbeitung soziokultureller Erfahrungen theoretischer wie praktischer Art ist und darum der Rekurs auf den Prozess des Entstehens der Denksysteme und deren Kontexte heute hermeneutische Zugänge ermöglicht. Die *Bildungsaufgabe der Philosophiegeschichte* kann dabei als eine in ihren Möglichkeiten noch unabgegoltene didaktische Thematik gelten.

Ernst v. Aster: *Geschichte der Philosophie*, 18., von E. Martens aktual. Aufl. Stuttgart (Kröner) 1998.

Christoph Helferich: *Geschichte der Philosophie*, München (dtv) 1999.

Otfried Höffe: *Kleine Geschichte der Philosophie*, München (Beck) 2001 (auch als Hörbuch).

Hans-Ulrich Lessing: „Einführungen in die Philosophie. Ein Seminar- und Literaturbericht". In: *Zeitschrift für Didaktik der Philosophie und Ethik* 34 (2012); (zu Abschnitt 5.4).

Wolfgang Röd: *Der Weg der Philosophie*. 2 Bde. München 1994, 1996; Taschenbuchausg. 2000.

Volker Steenblock: *Kleine Philosophiegeschichte*, Stuttgart (Reclam) 2002, Neuaufl. 2007.

Ders.: „Zur Bildungsaufgabe der Philosophiegeschichte". In: *Zeitschrift für Didaktik der Philosophie und Ethik* 22 (2000), 258-272; auch in V. St.: *Philosophie und Lebenswelt*, Hannover 2012.

---

[14] Johann Gottlieb Fichte: *Erste Einleitung in die Wissenschaftslehre (1797)*. Hier zitiert nach: R. Bubner (Hrsg.): *Deutscher Idealismus* (Geschichte der Philosophie in Text und Darstellung Bd. 7), Stuttgart (Reclam) 1978, 126-154, 138.

[15] Johannes Rohbeck: „Philosophiegeschichte als didaktische Herausforderung". In: *Deutsche Zeitschrift für Philosophie* 40 (1992), 137-144.

6. „*Glück!*" und andere wichtige Fragen – Unterrichtsprojekte, sofort auszuprobieren

Zu einem Plädoyer für *Philosophische Bildung* gehören auch Schritte zu einer Vermittlung von Theorie und Praxis, von Bildungsphilosophie einerseits und Methoden, Medien und Unterrichtsprojekten auf der anderen Seite. Didaktische Theorie sollte schwerlich „nur" Theorie sein, sondern sich mit konkreten Materialien, methodischen Schritten und Zielen vermitteln können, die ihre Relevanz im Bildungsalltag ausweisen müssen. Dieser Abschnitt stellt darum mit den folgenden Unterrichtsprojekten auch einige Vorschläge unterrichtspraktischer Umsetzung zur Diskussion:

- Mit *Diogenes* ins Gespräch kommen –
  Ein Unterrichtsvorhaben im Fach: Ethik/Praktische Philosophie
- *Glück im Diesseits – Glück im Jenseits.*
  Klassische Glückslehren heute
- *Das Tier ist der Spiegel des Menschen –*
  Zum Verhältnis von Tierethik und Anthropologie
- *Warum anständig handeln*?
  Eine Einführung in die Ethik mit Platons Gedankenexperiment um den *Ring des Gyges*
- Lebensformen in der „Egogesellschaft" –
  Vorschlag eines Unterrichtsprojekts *Freundschaft.*

Einige kurze allgemeine Bemerkungen führen in das jeweilige Projekt ein. Direkt übernehmbare Materialien bzw. Texte oder einfach aufzufindende Fundstellen erleichtern das Ausprobieren. Ziel jedes der kleinen Projekte ist es, über methodisch ausweisbare Schritte ein lebendiges Bild des jeweiligen philosophischen Problems bzw. der philosophischen Position eines Autors zu ermöglichen. Jede Skizze ist entsprechend analog gegliedert:

- Projektvorstellung und Textgrundlage
- Reflexionsziele
- Unterrichtsverlauf und Erfahrungen
- evtl. Klausuranregung, Fazit.

6.1 Mit *Diogenes* ins Gespräch kommen – ein Unterrichtsvorhaben im Fach: Ethik/Praktische Philosophie

Die hier zu skizzierende kleine Sequenz kann mit einer Information durch Lehrervortrag, einer Textlektüre nach dem antiken Philosophiehistoriker Diogenes Laertius und/oder einer Auseinandersetzung mit der Zeichnung/Bildunterschrift beginnen:

Sind Sie ein Bettler oder ein König, Diogenes?

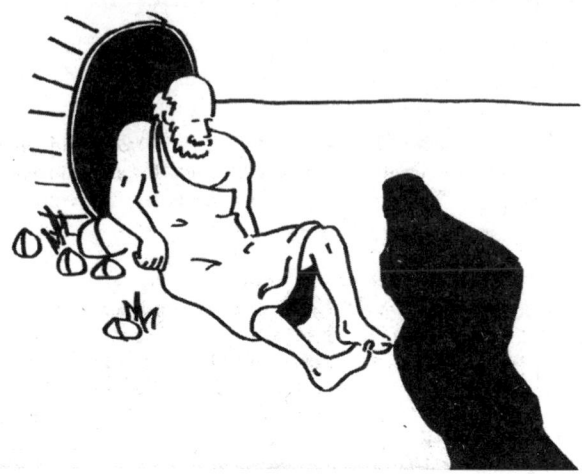

Über die Gestalt des *Diogenes von Sinope* (4. Jh. v. Chr.), des legendären Tonnenbewohners, berichtet eine Reihe von Anekdoten.

Diogenes übt „kynische" (von gr. κυων, kýon = Hund, davon Zynismus) Kritik an den Hilfsversprechungen der Religion wie an der Politik. Sein Ziel ist die größtmögliche Unabhängigkeit des Einzelnen. Diese erringt man durch Verringerung aller Bedürfnisse, etwa indem *Diogenes* seinen Becher noch fortwirft, als er sieht, wie ein Kind aus der hohlen Hand trinkt.

Die wohl berühmteste Anekdote über den Mann mit der Tonne erzählt, er habe dem Makedonenkönig und Welteroberer Alexander dem Großen auf die Frage, ob er einen Wunsch habe (Luxus? Reichtum?), geantwortet: „Geh' mir aus der Sonne". – <u>Schreibt ein Gespräch mit Diogenes auf!</u>

_____

_____

_____

_____

_____

_____

_____

_____

Schülerinnen und Schüler des Faches „Praktische Philosophie", also *PP'ler(innen)*, mit der Skizze und einem ergänzenden Bericht über die Lebensweise des Philosophen[1] konfrontiert, sollen sich per Zeitreise ins antike Griechenland und an die Wirkungsstätte des Kynikers versetzt denken.

Sie kommen wie folgt mit *Diogenes* ins Gespräch:

PP'ler(in): Tagchen, wie geht's denn so?

Diogenes: Seid gegrüßt!

PP'ler(in): Sie leben, Herr Philosoph, wie wir gehört haben, völlig unabhängig von Klamotten und Konsum. Das ist schon stark, bloß hätten wir Angst, im Winter frieren zu müssen ...

Diogenes: Nun, das Wetter ist meist recht warm hier in Griechenland. Und dafür lebe ich so, wie und wo es mir gefällt und lass' mich nicht durch andere beeinflussen!

PP'ler(in): Gegen die Gesellschaft leben – ist das überhaupt möglich?

Diogenes: Der Weise durchschaut die Dinge eben. Er kann die Leute auf das aufmerksam machen, was sie nicht durchschauen. Und eigentlich wissen sie das dann auch zu schätzen.

PP'ler(in): Da muss man schon ein großes Selbstbewusstsein haben und viel Kraft, um gegen den Strom der Gesellschaft zu schwimmen. Oder doch: ein wenig daneben sein, *(leise:)* ein Penner...

Diogenes: Ich lebe wie ein Hund und bin stolz darauf! Ich besitze nur mein Gewand, meine Tonne und meinen Kopf. Aber den wirklich. Du dagegen, versklavt von deinen Konsumbedürfnissen: Schau dich doch mal an! Diese Namen auf deinem Pullover, auf deiner Hose, deinen Schuhen – davon bist du doch abhängig! Und nachmittags Fernsehen, Handy wie alle anderen – bleibt da noch was von *dir* übrig, wenn man diese Dinge alle abzieht?

PP'ler(in): Das ist doch hohl, warum soll ich Pullover und Hose nicht anziehen, wenn mir kalt ist? Außerdem sind sie Ausdruck meines Geschmacks und damit auch ein wenig von mir selbst! Ganz arm kann kein Mensch leben. Aber wirklich wichtig sind mir ganz andere Dinge wie Freunde und Familie und dies ist von Geld und Konsum ganz unabhängig.

Diogenes: Nun, ich hoffe, ich kann dir glauben. Wenn ich dir aber einen Rat geben soll: Werde mehr du selbst und sei weniger ein Produkt. Schwimme in deinem eigenen Fluss!

[...]

PP'ler(in): Kann ich noch irgendetwas für Sie tun?

Diogenes: Geh' mir aus der Sonne!

Text (Auszug): Britta C., Anne F., Jannis F. und weitere Kursteilnehmer Jahrgangsstufe 9, Schuljahr 2000/01 des Immanuel-Kant-Gymnasiums Münster-Hiltrup.

Die Schülerinnen und Schüler haben zuvor versucht, in Listen grundlegende Existenzbedürfnisse (Brot, Bett, Heizung usw.) von weitergehenden „Kulturbedürfnissen" (Telefon,

---

[1] Mit weiteren Materialien von Sokrates / Platon über Kant und Hegel bis zu Gegenwartsphilosophen wie Bayertz, Birnbacher, Martens und Rohbeck abgedruckt in: V. Steenblock: *Praktische Philosophie/Ethik. Ein Studienbuch*, 3. Aufl. Münster (LIT) 2006.

Fernsehen, Armbanduhr) und Luxusbedürfnissen zu unterscheiden (Partner- oder Gruppenarbeit). Sie stellen am Ende einer Unterrichtssequenz: „Ich selbst sein – Selbstbestimmung und Entfremdung in der Konsumgesellschaft" unter anderem fest: Ein „unmanipuliertes" Leben gibt es nicht. „Nur im entferntesten Regenwald" entkäme man vielleicht den Zwängen von Schule und Arbeit, dem Zugriff von Unterhaltung und Konsum, aber das Leben dort wäre so schwer, dass man es gar nicht führen könnte. Wie Diogenes kann man nicht leben. Konsumwünsche (Beispiele von Jungen vor allem: Unterhaltungselektronik, Computerspiele, Netzwerkparty; Mädchen eher: schicke Kleidung, Handy, Disco; Lehrer: griechisches Spezialitätenrestaurant „Tonne des Diogenes") scheinen legitim. Es ist auch nicht ganz abzustreiten, dass diese Dinge uns „irgendwie ausmachen" – „wir stellen uns selbst durch Kleidung oder Vorlieben wie Popgruppen, Fußballvereine dar". Aber: Lebensziele wie Freundschaft, Familie, interessanter Beruf – womöglich gar „den Sinn des Lebens finden" – gehen hierüber hinaus und „man kann sich schon darüber klar werden, was vor allem wichtig ist – und was nicht".

An einer Philosophengestalt wie *Diogenes* eigene Lebenseinstellungen „abzuarbeiten" (und möglichst zugleich neugierig zu werden auf ein Weiterforschen zu den Philosophen, auch auf Quellenlektüre) ist nur eine Variante aus der Fülle teils aus vorherigen Erfahrungen aufgegriffener, teils aus der Entwicklungsarbeit des Faches geborener Ansätze in der „Praktischen Philosophie" auf den verschiedensten Ebenen. So kann man bei der Verwendung anspruchsvoller Originaltextpassagen Comic-Randfiguren mitdiskutieren und zwischen den „großen Philosophen" und ihren jungen Lesern vermitteln lassen, indem sie das Gesagte kommentieren und zum Mitphilosophieren auffordern. Man kann die nach Aussage der Schülerinnen und Schüler hohe Bedeutung der Popmusik nicht nur in der sozusagen unbewussten Lebensführung, sondern auch für die Momente ihrer Bewusstwerdung aufnehmen (Bruce Springsteen: „Die Leute sollen zu meiner Musik lachen, tanzen, lieben und denken können"). Es bieten sich Arbeitsmöglichkeiten mit fiktiven Interviews, Karikaturen, Comics, Bildmeditationen, Texten und dem interaktiven spielerischen Zugang *Sophies Welt* auf CD-ROM, mit Internet, Filmen wie „Matrix" und „Gattaca"[2] und auch einem „philosophischen Radio".[3]

---

[2] Vgl. J. Peters: „Filmographie für das Fach Praktische Philosophie". In: *Zeitschrift für Didaktik der Philosophie und Ethik* 23, 2001, 69-73 sowie fortlaufend.

[3] Lutz von Werder: *Das philosophische Radio*. Begleitbuch zur Sendereihe im WDR 5: „Auf der Suche nach dem verlorenen Glück", Berlin-Milow (Schibri-Verlag) 2000. Neben den bekannten und bereits mehr oder weniger häufig diskutierten Orten des Philosophierens findet Lutz von Werder in einer ganzen Reihe von Publikationen für „Denkanimation", „Denk-Ereignisse" und „Denkworkshops" bemerkenswert viele weitere Orte und Gelegenheiten, darunter „philosophische Runden" in der Familie, philosophische Senioren-Wohngemeinschaften, philosophische Partys mit Oliven, Wein und Glücksübungen nach Epikur usw. Der Berliner Hochschuldidaktiker macht auf eine oft anregende Weise radikal ernst mit der Philosophie als Lebenshilfe, die er aber recht direkt instrumentalisiert. So heißt es z. B. zu Epikur: „Legen Sie sich eine Sammlung kurzer philosophischer Sätze und Aphorismen an, die Sie für alle Notfälle des Lebens griffbereit haben, aufsagen und anwenden können" (17).

Im Gespräch untereinander, in Gruppen wie im Plenum, bietet sich den Schülerinnen und Schülern die Möglichkeit, sich ihre Einstellungen zu einen bestimmten Thema wie hier der Frage nach dem Konsum bewusst vor Augen zu führen und sie kritisch zu prüfen, ihre Einschätzungen genauer und treffender auszudrücken. In Grundansatz wie Methodik kann das Fach „Praktische Philosophie" vor diesem Hintergrund in Bildungsprozessen die Belanglosigkeit eines unverbindlichen Austausches mehr oder weniger zufälliger Überzeugungen ebenso vermeiden wie eine Indoktrination und scheinbare „Werteevidenz". Es nimmt vielmehr die Schülerinnen und Schüler als Bildungssubjekte ernst, die Lebensfragen diskutieren; sie hilft, solche Diskussion intensiver und kompetenter zu führen. Die „Praktische Philosophie" sucht eine Sensibilisierung für Fragen des richtigen Handelns in Gang zu setzen und Hilfestellung zur Orientierung zu geben, wie sie jede(r) für sich selbst durchführen muss.

6.2 Glück im Diesseits – Glück im Jenseits.
Klassische Glückslehren heute

Wenige philosophische Themen können in einer breiteren Öffentlichkeit und an allen Bildungsorten wie Schulen und Volkshochschulen auf ein solches Interesse rechnen wie die Frage nach dem Glück. Auch im universitären Bereich hat Günther Bien[4] auf die Legitimität der Beschäftigung mit den klassischen philosophischen Glückstheorien nachdrücklich verwiesen, die sich über das Ziel des menschlichen Lebens äußern.[5]

Projektvorstellung und Textgrundlage

Das im Folgenden skizzierte Projekt beruht auf Texten, die in gängigen Schulbüchern und Textsammlungen leicht zugänglich sind.[6] Es geht aus von einem Unterrichtsvorhaben, in dessen Verlauf zunächst Philosophen der antiken Welt erarbeitet wurden:

Aristoteles (384-322 v. Chr.) analysiert mit erfahrungsgesättigtem Blick die Lebensformen der Menschen und ihre Vorstellungen vom höchsten Glück: Macht und Anerkennung, Geschäftsleben, Lust oder – freilich nicht für die breite Masse – die „Theoria" (Schau, Einsicht) der Philosophie als höchstes Gut.

Jahrzehnte später, vor dem Hintergrund des endgültigen Zerfalls des griechischen Stadtstaates, der Polis, tritt das Motiv in den Vordergrund, pragmatische Lebensregeln zu geben. So lehrt *Epikur* (342–270 v. Chr.) im berühmten Menoikeus-Brief eine mäßige Lust, die sich von ihren Genüssen nicht abhängig macht. Einen „Epikureer" nennt man landläufig

---

[4] Etwa in *Information Philosophie* 1/1995.

[5] Vgl. Maximilian Forschner: *Über das Glück des Menschen: Aristoteles, Epikur, Stoa, Thomas von Aquin, Kant*, 2. Aufl. Darmstadt 1994, VII. – Vgl. auch meinen Überblick: „Glück ist Lebenssinnentwicklung". In: *Zeitschrift für Didaktik der Philosophie und Ethik* 28 (2006), 282-289.

[6] Die für diese Sequenz erforderlichen Bild- und Text-Materialien sind abgedruckt in: Volker Steenblock: *Faszination Denken. Eine Einführung in die Philosophie*, München 2000, 70 ff.

einen Menschen, der sehr zu leben und zu genießen weiß und hierin den Sinn seines Daseins sieht: so betrachtet war Epikur bekanntermaßen kein „Epikureer". Seine Vernunft „kalkuliert", wägt bei ihren Handlungen zwischen Lust und Unlust, auch die Folgen bedenkend, ab. Mit Freunden philosophiert dieser lebenskluge Philosoph im Garten und lässt Frauen und Sklaven mitphilosophieren. Was Angst und Beunruhigung erzeugen könnte – der Tod oder die Macht des Göttlichen – wird abgewehrt.

Diogenes von Sinope (4. Jh. v. Chr.), der legendäre Tonnenbewohner, betreibt als „Kyniker" „zynische" Kritik an den Mächtigen, an den herrschenden Sitten und Traditionen, an der Religion und an anderen Philosophen (vgl. vorstehendes Beispiel). Stark auf individuelle Lebenskunst ausgerichtet, so freilich auch die Kritik an Epikur und Diogenes, bekomme eine solche Position das Los anderer kaum in den Blick und verbessere im Sozialen nichts.

Trotz aller Unterschiede innerhalb dieser antiken Positionen im einzelnen stellt dagegen die „Theologie des Glücks" (Forschner) des *Thomas v. Aquin* (1225-1274), der im Rahmen des Glaubens an den christlichen Schöpfer- und Erlösergott argumentiert, einen Bruch dar. Argumentierte die Antike im Rahmen einer diesseitigen Lebenskunst, so fallen die Überlegungen des Thomas in den Horizont einer bestimmten Gottes- und Jenseitsvorstellung.

Thomas, jüngster Sohn einer italienischen Adelsfamilie, Dominikanermönch und Universitätslehrer in Paris, ist einer der bekanntesten mittelalterlichen Philosophen. Er versucht eine Zusammenführung von aristotelischer Philosophie und christlicher Glaubenslehre; man sagt, Thomas habe den Aristoteles „getauft". Bei aller Verehrung für „den Philosophen" zieht er jedoch auch einen klaren Trennungsstrich: Als Heide kann Aristoteles das wahre Glück nicht bestimmen, weil dies nur aus der Perspektive der Christen heraus möglich ist.

Damit die Schülerinnen und Schüler sich einen hermeneutischen Hintergrund zur Diskussion „mit" diesen zwei ganz unterschiedlichen Lebenswelten erarbeiten können, empfiehlt sich eine Einführung in die gegenüber der Antike radikal gewandelte Weltdeutung des *Mittelalters*.

Sehr schön lässt sich hierzu ein Textauszug aus der *Offenbarung des Johannes* (21, 9-23; Vision vom „Himmlischen Jerusalem") mit Abbildungen der gewaltigen Dimensionen der Kathedralen von Chartres, Beauvais, Straßburg und Köln konfrontieren (z.B. Chor der Kathedrale von Beauvais; Innenansicht der Oberkirche der Sainte Chapelle in Paris u.a. Materialien), die noch heute außerordentlich beeindruckend sind. Für die damaligen bautechnischen Möglichkeiten aber bedeuteten sie ein schier ungeheures Unterfangen und eine mehrere Generationen überdauernde harte und schwere Arbeit und äußerste Anstrengung. Nach der möglicherweise geradezu als „Regieanweisung" gelesenen Bibelstelle haben offenbar die Menschen die Kathedralen als „Himmel in Stein" erbaut. Welche Rückschlüsse lassen sich ziehen auf die Bedeutung der Religion für die Menschen des europäischen Mittelalters? Wie die Dome die mittelalterlichen Städte überragen, in einer ähnlichen Weise prägt die christliche Kirche das geistige Leben des europäischen

Mittelalters. Die für die Menschen entscheidend wichtige Bedeutung von Religion und Jenseitsglauben äußert sich im Bau der großen Kathedralen.[7]

Unterrichtsziele

Das vorliegende zweite Unterrichtsbeispiel möchte zeigen, dass sich auch die historisch „fremden" Positionen zurückliegender Epochen menschlichen Weltverhältnisses als für die eigene Orientierung und die Bereicherung und Klärung eigener Lebensmaximen relevant erfahren lassen.

Es möchte hierzu zunächst in das historische Szenarium hineinversetzen und eine lebendige Vorstellung der Zeit ermöglichen, der der Textauszug entstammt.

Das Unterrichtsprojekt versucht sodann an einem Beispiel zu verdeutlichen, dass die Geschichte der Philosophie nicht nur Selbstzweck ist, sondern dass sich die Textauszüge als unterschiedliche Orientierungsangebote vergleichend und kritisch auf die Relevanz hin diskutieren lassen, die sie heute für uns haben können. Formuliert für einen Philosophie-kurs: Die Schülerinnen und Schüler sollen die einschlägigen Argumente formulieren, im Kontext diskutieren und für sich bewerten:

- Während die antiken Philosophen vom Glück *dieses Lebens* handeln und namentlich der große Aristoteles die Frage menschlicher Unsterblichkeit „schlicht übergeht" und „dem Menschen keinerlei Hoffnung macht auf einen Zustand unbehinderter, ununter-brochener und unbegrenzter Kontemplation in einem anderen Leben", behauptet Tho-mas in signifikanter Änderung der Fragestellung, „dass der Mensch in einen Zustand ewiger Vollendung gelangen kann durch die endgültige Vereinigung mit Gott".[8]

- Wenn die antiken Glückstheorien das Problem diskutieren, dass die Wechselfälle des Schicksals das irdische Glück zerstören können, verweist dies für Thomas in seiner Defizienz auf die biblische Zusage höchsten Glücks in der Erkenntnis Gottes im Jen-seits. Er wertet damit nicht im Besitze der Heilsüberzeugung die menschliche Orientie-rung im Diesseits (beatitudo imperfekta) einfach ab, sondern argumentiert umgekehrt *von genau den praktisch-alltagsweltlichen Lebenserfahrungen aus*, bei denen auch die antiken Philosophen ansetzen, indem er die Zerbrechlichkeit des irdischen Glücks zeigt, zugleich aber unser „natürliches Verlangen" nach *wahrem Glück* ins Spiel bringt.

- Während die antiken Theorien das Glück auf dem Wege einer Selbstgestaltung der Seele suchen, bleibt dieses bei Thomas auf ein Anderes bezogen, dem die Seele alles verdankt. Menschliches Streben hat, obwohl eine gewisse „Glücksteilnahme" (Kluxen) auch in diesem Leben möglich ist, seine Erfüllung nur in der Transzendenz.

---

[7] Zur Deutung der Kirche als Himmelsstadt vgl. G. Bandmann: *Mittelalterliche Architektur als Bedeutungsträger*, 5. Aufl. Berlin 1978, 62 ff.
[8] Forschner: a.a.O., 84 ff.

Skizze der Sequenz

Aufgabe zur Stunde: Lektüre des Thomas-Textes; Unterringeln von Unverständlichem/Unterstreichen wichtiger Aussagen zum Thema „Glück" bzw. Eintrag entsprechender Notizen in das Heft.

Unterrichtsphasen	*Unterrichtsformen und Fragestellungen*	*Erwartungen/Ergebnisse/Kommentar*
Materalimpuls - I - Text Offb 21; Bezug auf den Problemstand der Reihe	Schüler/innen nennen die Ergebnisse der „Epocheneinführung"	gemäß Offb 21 bauten die Menschen des MA ihre Kirchen mit ungeheurer Mühe als „Himmel in Stein" – dies lässt auf die große Bedeutung der Religion und des Jenseits für ihr Leben schließen
Materalimpuls - II - Thomas-Text	Schüler/innen „fragen" den Text „aus"	
Texterarbeitung	Leitfrage: Welche Aussagen macht Thomas zum Thema: „Glück"?	– vgl. mögliches Tafelbild I –
Ergebnis-Sicherung; Bezug auf Reihenstand	Vergleich mit den bisher behandelten Positionen der antiken Philosophen	– vgl. mögliches Tafelbild II –
Freie Problem-Diskussion	Welche Argumente sprechen für/gegen die verschiedenen Orientierungsangebote?	Der genaue Verlauf einer sich hier entwickeln-den freien Problemdiskussion ist nicht vorher-zusehen, weil es erforderlich ist, den Äuße-rungen den ihnen gebührenden Freiraum ein zuräumen. Als gelungen wäre dieser Diskus-sionsteil zu betrachten, wenn eine Serie von Stellungnahmen erfolgt – auf die man ge-spannt sein darf!

Unterrichtsverlauf und Erfahrungen

Die Texte sind auf zu Beginn der Kursplanung formulierte Schülerinteressen und Untersuchungsfelder bezogen; ihr „Antwortangebot" wird realisiert durch Diskussion und Bewertung der in den Auszügen enthaltenen Argumente. In Zustimmung wie Widerspruch wird so intendiert, die Reflexionssituation zu verändern und zu bereichern (die Kursteilnehmer können nun z. B. eigene „Glücksregeln" und „Lebensmaximen" verfassen). Die kurze Übersicht stellt kein Stundenschema, sondern lediglich eine Überblicksskizze dar.

Der konkrete Unterrichtsablauf könnte in etwa so erfolgen: Die Schüler/innen unterringeln beim Lesen die Passagen, die sie nicht verstehen; sie unterstreichen diejenigen, die ihnen – auch im Sinne ihrer Untersuchungswünsche – wichtig erscheinen. Erstere werden in gemeinsamer Anstrengung, evtl. mit Hilfe von Lexika, geklärt (Schüler/innen stolpern etwa über die Abkürzungen „E. N". für die aristotelische „Nikomachische Ethik" und „Mt" (!) für den bei Thomas wichtigen Rekurs auf die göttlichen Zusagen in der Bibel).

Ein die Erarbeitung der Textstruktur wiedergebendes knappes und einfaches Tafelbild könnte im Falle des Thomas-Textes wie folgt aussehen:

Höchstes Glück...	... nur im Jenseits!
Denn:	
Erkenntnis Gottes	„
Dauer... ...des Glücks	„
Vollkommenheit „	„
kein Verlust „	„
Freiheit von Todesfurcht	„
usw.	

Hiernach sind die „Kandidaten" der konkurrierenden Lebensorientierungen genannt:

„Orientierungsangebote" für unser Leben:	
Lebensform des Genusses	nach
„ der Politik	Aristo-
„ der „Theoria"	teles
„ des Lustkalküls	(Epikur)
„ völliger Unabhängigkeit und Reduktion	(Diogenes)
„ im Blick auf das wahre Glück im Jenseits	(Thomas)

Eine nun anschließende vergleichende und bewertende – die antiken und mittelalterlichen Glücksvorstellungen sozusagen in einen heutigen Horizont ziehende – Diskussion (Leitfrage etwa: Welche Argumente sprechen für/gegen die verschiedenen Orientierungsangebote?) kann die folgend aufgeführten Resultate ergeben:

- Schüler/innen finden die 2500 Jahre alten Formulierungen von Lebensformen durchaus aktualisierbar, so die des „Genusses" bei denen, die sich Freitag/Samstag in der Disko versammeln, die politische Lebensform bei solchen, die sich für politische Parteien und Gruppen engagieren. Ob eine „theoretische", philosophische Wahrnehmungsweise für sie vorstellbar sei, womöglich gar in der Schule, bleibt freilich umstritten („Es geht hier doch nur um Status und gute Noten" – „Doch, manchmal macht es richtig Spaß, etwas zu untersuchen").
- Bezweifelt wird die von Aristoteles behauptete Ausschließlichkeit der Lebensformen; manche Schüler behaupten eine Art Phasenabfolge („Erst richtig das Leben genießen, rangeklotzt; nachher dann Ehre, Status, Berufserfolg; und wenn man alt ist: Weisheit").
- Die Annahme eines Glücks im Jenseits habe große Konsequenzen für die Lebensweise im Diesseits: diese werde zur bloßen „Vorbereitung", zum „Üben für ein Leben nach dem Tode".
- Für die meisten ist eine kirchliche, für viele überhaupt eine religiöse Orientierung kaum mehr plausibel. Andererseits gilt auch das Argument: „Wenn es kein wahres, die irdischen Wechselfälle ausgleichendes Glück im Jenseits gibt, dann muss man ja etwa Aidskranken und im Krieg sterbenden Kindern sagen: Da habt ihr eben Pech gehabt!". Während manche diese Konsequenz akzeptieren, argumentieren andere mit einem „natürlichen Verlangen" des Menschen nach ausgleichender Gerechtigkeit gegenüber einem solchen „Zynismus" und ein Schüler verweist auf die immerhin bestehende Möglichkeit sozialen und politischen Engagements.

Fazit

Natürlich lassen sich fachphilosophische Bedenken formulieren, auf schulbedingt[9] schmaler Textbasis Aussagen antiker und mittelalterlicher Philosophen, die aus anderen Kontexten stammen und in der akademischen Diskussion durchaus Gegenstand von Kontroversen sind, in ein (notwendig verkürzendes) „Geistergespräch" mit Ausgangspunkten heutiger Lebensorientierung zu ziehen.

Philosophiegeschichte bleibt eine „didaktische Herausforderung" (Johannes Rohbeck) und den Schülerinnen und Schülern muss deutlich sein, dass sie nur einen ersten Blick auf einen differenziert zu betrachtenden und komplexen Diskussionszusammenhang geworfen haben.

Wichtig sind aber die Vorteile bewusster Reflexion der Thematik als Einstieg in das philosophische Denken (im Sinne des hermeneutischen Zirkels) als einer Interesse-Erweckung und Hinführung zu näherer Untersuchung.

---

[9] Mögliche Klausurvariante: R. Purtell hat den „griechischen Entwurf einer Ethik" mit der „jüdisch-christlichen Ethik" verglichen und herausgestellt, dass sich die antike Frage: „Wie kann ich ein gutes Leben führen?" wandelt zu der Frage: „Wie kann ich in der rechten Beziehung zu Gott leben?". Zwei kurze Auszüge aus seinen Äußerungen können als Klausur dienen (Quelle: R. Bensch-W. Trutwin, Philosophisches Kolleg Heft 3: *Ethik*, Düsseldorf 1977, S. 76, Z. 1-10 und S. 80, Z. 1-15).

6.3 Das Tier ist der Spiegel des Menschen –
Zum Verhältnis von Tierethik und Anthropologie

Die Vorstellung der dritten Unterrichtssequenz „Tier und Mensch" geht im Rahmen etwa des Themas „Anthropologie" von Überlegungen wie den folgenden aus. Wer etwas über den Menschen aussagen will, kommt, etwa bei der Nutzung der verbreiteten Textsammlungen, schnell auf das Tier zu sprechen, meistens im Gestus der charakterisierenden und spezifizierenden Unterscheidung. Beispiele:

- Der Mensch sei im Vergleich zum Tier eigentlich ein „Mängelwesen" (Platon: Prometheusmythos, Protagoras 320b-323a), aber in einem ungleich wertvolleren Ausgleich (bei Platon Kompensation durch Feuer, Staatskunst usw., bei Herder durch Sprache und „Besinnung") zum „Freigeborenen" der Schöpfung geworden.
- Der Mensch stehe zwischen Tier und Gott, so heißt es bei Giovanni Pico della Mirandola (1463-1494), es stehe ihm frei, so der Topos, „in die Unterwelt des Viehes zu entarten" oder sich in die „höhere Welt des Göttlichen durch Entschluss des eigenen Geistes" zu erheben.
- Bei Nietzsche ist der Mensch bekanntlich das „nicht festgestellte Tier".
- Heute erscheint der Mensch schließlich in vielsagend-mehrdeutigem Sinne als „das Untier" (Ulrich Horstmann).

Projektvorstellung und Textgrundlage

Gegenüber dieser lediglich vergleichenden Sicht möchte das vorliegende Unterrichtsprojekt sich philosophisch auf das Tier selbst einlassen. Dieses Thema findet einerseits bei Schüler/innen als betroffenen Haustierhaltern, Zoobesuchern, Reitstallnutzern und Fleischkonsumenten ein direktes Interesse, es legt sich andererseits auch von neueren Veröffentlichungen (Jean-Claude Wolf, Peter Singer) nahe. Zugleich drängt sich für die Schüler/innen aus der Frage nach dem Tier die nach dem Menschen in neuer Weise wieder auf.

Unterrichtsziele

Vor allen inhaltlichen Zielen (bewusstere Einstellung zum Umgang mit Tieren, Klärungen zum Verhältnis: Mensch – Tier) steht im Mittelpunkt des Projekts das Anliegen, mit den Kursteilnehmern ein Untersuchungsvorhaben in Gang zu setzen, in dessen Verlauf sie sich als die Subjekte ihres eigenen Entdeckungs- und Klärungsprozesses erfahren. Erst in einem zweiten Schritt soll in diesem Zusammenhang auf Texte der philosophischen Tradition zurückgegriffen werden.[10]

---

[10] Das Unterrichtsprojekt wurde erstmals in der *Zeitschrift für Didaktik der Philosophie und Ethik* 16 (1994), 247-253, vorgestellt. Dort finden sich auch die Texte abgedruckt mit kurzen kommentierten Auszügen von Aristoteles (Politik I, 8, 1256 a/b), Schopenhauer (*Parerga und Paralipomena*, Paragr. 305) und Jean-Claude Wolf (*Tierethik. Neue Perspektiven für Menschen und Tiere*, Freiburg/Schweiz 1992); zudem findet sich ein kurzer Klausurvorschlag.

Die Vorgehensweise folgt dem Dreischritt:

- Eröffnung durch ein Unterrichtsgespräch mit dem Ziel einer Klärung der eigenen Interessen und Vormeinungen sowie der Festlegung von Untersuchungsfeldern;
- Hinzuziehen von weiteren „Dialogpartnern" (Experten, Lesen von Texten, Kennenlernen der Diskussionstradition einer Frage und differierender Antwortversuche);
- Realisierung des dabei erhaltenen Dialogangebots durch Problematisieren und Rückbezug auf die eigenen Ausgangsfragen.[11]

Unterrichtsverlauf und Erfahrungen

Die folgende Liste zeigt, was einem guten und spontanen Kurs[12] in einem ersten Durchgang schnell zum Thema „Tier" einfällt:

- Der Mensch findet Tierisches in sich selbst.
- Der Mensch kann das Tier beneiden (z. B. Jahrhunderte lang die Vögel um ihre Fähigkeit zu fliegen).
- Tiere faszinieren die Menschen (Zoo, Zirkus, Tierfilme im Fernsehen).
- Die Menschen wurden ursprünglich gefährdet durch wilde Tiere.
- das Tier als „Kamerad des Menschen" (Liebe zum Hund, zum Reitpferd, Blindenhund)
- Artensterben: Der Mensch reduziert durch die Nebenfolgen seiner zivilisatorischen Ausbreitungen die Artenvielfalt.
- Vor allem und in erster Linie besteht heute Tieren gegenüber ein Nutzungsverhältnis; Beispiele: Tierdressur, Tiere im Sport (Pferderennen Hamburg-Horn), Legebatterien, Schlachthöfe (80 Millionen Deutsche, so wird aus Zeitungslektüre beigesteuert, essen jährlich 27 Millionen Schweine), Schlachtviehtransporte, Tierversuche im Dienste der Kosmetikindustrie, Tierversuche im Dienste der Medizin,[13] Haustierhaltung: artgerechte Haltung/Haltung in der Großstadt („Man kann ja mit dem Hund artgerecht um die Alster laufen?")
- Es gibt auch Exzesse wohlmeinender Tierliebe!
- Tötungen zu Ferienzeiten
- Tierhaltung als Therapie für den Menschen
- Warum quälen Menschen Tiere?

Hieraus ergeben sich vor allem diese Fragen und Untersuchungsfelder: Umstritten und Gegenstand von Kontroversen ist, wie viel Fühlen und Bewusstsein man höher entwickelten Tieren zuschreiben kann („Mein Hund kann schauspielern, zeigt Aufregung und Trauer"). Eine Gegenpartei wittert das bloße Hineininterpretieren menschlicher Vorstellungen, eine Vermenschlichung, ja „Glorifizierung" von Tieren. Zu untersuchen wäre also: Was sagen Fachleute hierzu? Wie kann eine „Tierethik", die sich gegen die Ausnutzung

---

[11] Nach Ekkehard Martens: „Didaktik der Philosophie". In: Ders. / H. Schnädelbach (Hrsg.): *Philosophie. Ein Grundkurs*, 2 Bde., Reinbek 1991, 748-780, 772.

[12] Ich bedanke mich bei den Schüler/innen meines Philosophiekurses Jgst. 11/Schuljahr 1993/94 der JLS: Julius-Leber-Gesamtschule in Hamburg-Schnelsen.

[13] Neuerdings sind auch Genversuche an Tieren sehr stark in die Diskussion geraten.

und Quälung wendet, aussehen? Haben Tiere analog zu den Menschenrechten gewisse Eigenrechte? Was sagen Tierschützer, Ethiker? (Inwieweit) dürfen wir Tiere nutzen? Kann man sein Schnitzel oder Steak noch mit gutem Gewissen essen? Zu diesen Punkten werden Auskünfte und Stellungnahmen eingeholt:

- von Fachwissenschaften (Biologie, Verhaltensforschung, auch Wissen aus entsprechenden Kursen an der Schule)
- aus Medien (es gibt sehr beeindruckende Fernsehfilme über Tierversuche, Tierhaltung, Tiertransport, Tierschlachtung)
- von gesellschaftlichen Gruppen (z. B. Tierschutzverband; ferner Gruppen unterschiedlicher Radikalität bis hin zur Aussage, der berühmte Hamburger Privatzoo Hagenbeck betreibe einen „Tierknast")
- Aussagen der Religionen und Stellungnahmen philosophischer Kapazitäten.

Wie dieser Abschnitt genau aussieht, hängt auch von den Interessen der spezifischen Lerngruppe und der Zeit, die aufgewendet werden soll, ab. Je mehr man als LehrerIn von sich aus planend vorgibt, um so mehr läuft man ja Gefahr, die Rolle zu verfehlen, die vor allem erstrebenswert erscheint: nämlich Katalysator zu sein für die entdeckenden Fähigkeiten und Interessen der Lerngruppe.

Schüler/innen bringen eine Vielzahl von Interessen und Fähigkeiten mit, auf die man neugierig sein darf (sie können z. B. in unserem Fall sein: Haustierhalter/innen, Mitglieder in Naturschutz-/Tierschutzverbänden, vegetarische Aktivist/innen; sie können sich aber auch aufgrund eigener naturwissenschaftlich-biologischer Interessen und Berufswünsche oder solcher der Eltern gegen die Denunziation aller medizinschen Forscher an Tierversuchen als „Sadisten" wenden; u. U. können alle Beteiligten entsprechend Material / Broschüren beibringen oder Einladungen an Vertreter der Fachgruppen vermitteln). Erst wenn diese Potentiale ausgeschöpft sind, kann man als Lehrer/in zum gemeinsamen Erforschungsprozess ergänzend die Ergebnisse der eigenen Recherchen beitragen (vgl. die Vorschläge mit Texten von Aristoteles, Schopenhauer und Jean-Claude Wolf).

Nach „Anhörung" der Fachleute und Philosophen geht es um eine Diskussion der im ersten Schritt aufgeworfenen Fragen auf erweiterter Grundlage, um Antworten und neu entstandene Probleme, evtl. weitere Untersuchungsfragen. Erfahrungsgemäß liefert die Anhörungsphase vormals kontroversen Standpunkten neue Munition, bringt aber auch bis dato unberücksichtigte Punkte auf die Tagesordnung. Im genannten Kurs formulieren nun mehrere Schüler/innen immer deutlicher ihre These vom Tier als dem „Spiegel des Menschen", in den man sieht, wenn man beim Tier richtig hinsieht:

- Menschen beginnen ja sprichwörtlich als „Jäger und Sammler". Eine „intakte" Direktnutzung zum eigenen Überleben äußert sich offensichtlich in der *Verehrung des gejagten Tieres und seiner völligen Auswertung* („Die Indianer essen Büffelfleisch, verwenden die Haut für ihre Tipis" usw. – „Buffalo Bill knallt sie alle nur ab").
- Die übertriebene Liebe zu Haustieren („in Tirolermoden rustikal bekleidete Hunde usw.") zeigt nicht nur „die kindische Verfassung einzelner Menschen", denen die Tiere

in die Hände fallen. Sie verweist auch auf eine *Gesellschaft, in der viele Menschen mangels mitmenschlicher Zuwendung auf ihr Verhältnis zu Tieren angewiesen sind.*

- Extremzüchtungen, Genmanipulation, Massentierhaltung, Legebatterien usw. entlarven eine profitorientierte Ordnung, der die kompromisslose Vernutzung des Tiers über moralische Bedenken/Schaffung angemessener Lebensbedingungen geht: „Hieran sieht man doch unser bescheuertes Wirtschaftssystem: warum muss man die Tiere überhaupt in europaweiten Massentransporten durch die Gegend karren?" Schweinepest und Rinderwahnsinn sind auf den Menschen zurückschlagende *Resultate dieser extremen wirtschaftlichen Nutzung des Tieres.*
- Jede Form der Tierquälerei fällt auf den Menschen zurück! Wieviel Brutalität gegenüber den Tieren darf sich eine humane Gesellschaft leisten? Hier führt das Nach-denken über Tiere und unseren Umgang mit ihnen zur *Frage nach uns selbst und zur Beschaffenheit unserer Gesellschaft.*

Spannende Kontroversen vermag dann das Thema „Tierethik" zu erzeugen. Einigkeit herrscht zwar darüber, dass es Grenzen für das gibt, was Menschen mit Tieren anstellen dürfen. Es stellen sich aber zwei völlig unterschiedliche Begründungsstrategien heraus.

Die eine (getragen von der hohen Einschätzung des Gefühls- und Bewusstseinsniveaus bei Tieren) sieht eine Art „Eigenrecht" der Tiere mit steigendem Organisationsgrad des Nervensystems (Schmerzempfindlichkeit, Leidensfähigkeit). Wie bei den historisch erarbeiteten Menschenrechten gelte es, „Tierrechte" zu formulieren und durch öffentliche Bewusstmachung über die Zustände in Massentierhaltung und -schlachtung durchzusetzen.

Die andere findet: eine spezifische Tierethik ist übertrieben. Auch Tiere selbst töten einander. „Kümmern wir uns doch erst einmal um die Menschen, da haben wir genug zu tun". Tierquälerei sei eher vom Menschen her ethisch abzulehnen, der sich sittlich verderbt und verroht zeigt, wenn er Tiere ohne sehr triftigen Grund nutzt und tötet. Auch dies verdeutliche die Unnötigkeit einer eigenen Tierethik. Die Argumentation vieler Tierschüt-zer ist „moralisch aufgemotzt".

Insbesondere umstritten bleibt am Ende die Frage, ob man Tierrechte und Ansprüche des Menschen gegeneinander ausspielen darf, etwa wenn Tierexperimente in der Medizin kranken Menschen zugute kommen oder Menschen aus elementarem Broterwerb Tiere fangen und töten.

6.4 *Warum anständig handeln?* – Eine Einführung in die Ethik mit Platons Gedankenexperiment um den *Ring des Gyges*

Der dritte Vorschlag stellt keine Unterrichtsreihe vor, sondern verweist auf die Möglichkeit, ein Gedankenexperiment zum Ausgangspunkt einer Unterrichtsreihe zu nehmen.

Projektvorstellung und Textgrundlage; Unterrichtsziel

Die Unterrichtssequenz möchte mittels einer erfahrungsgemäß motivierenden Eröffnung eine Diskussion über „moralisch gutes" Verhalten in Gang bringen. In gemeinsamer Besprechung mit dem Kurs wird Platons Gedankenexperiment um den Ring des Gyges (*Politeia* II, 359 b ff.) nachvollzogen. Zum Ethikthema führt etwa die Leitfrage: Was könnte jemanden dazu führen, in der von Platon beschrieben Situation dennoch der so nahe liegenden Verführung nicht zu erliegen? Ein Reflexions- und Textangebot kann dann Antworten auf dieses programmeröffnende Szenario bieten und so den Kursablauf strukturieren.

Unterrichtsverlauf und Erfahrungen

Nach der gemeinsamer Besprechung des Gedankenexperimentes wird dieses zum Ausgang einer Debatte zunächst über das Experiment selbst, dann über die Gründe moralischen Handelns. Heftig diskutiert wird die Frage, wie man selbst in einer solchen Situation handeln würde. Viele Schülerinnen und Schüler sind skeptisch bis unentschlossen, was die Chancen eines „moralisch guten" Verhaltens betrifft. Andere vertreten die These, dass eine „positive" Entscheidung um so wahrscheinlicher werde, je schlimmer das zu verübende Verbrechen angenommen werde. Zur Verdeutlichung ihrer Thesen wandeln die Schülerinnen und Schüler das Szenarium ab, entwerfen also eigene Gedankenexperimente bzw. diskutieren Teilschritte des von Platon entworfenen (Was wäre im Falle eines geringfügigen Diebstahls? Was in dem eines Mordes? usw.)

In der zweiten Phase der Diskussion sammeln die Schülerinnen und Schüler die Gründe, aus denen heraus wir moralisch handeln. Als mögliche Motive werden von einem Kurs der Jgst. 11, der bereits Erfahrungen im Fach: „Praktische Philosophie" hat, u.a. genannt:

- aufgrund von Erziehung und guter Sozialisation
- weil es Gottes Gebot ist
- aus Mitleid, weil man die Stimme des Gewissens hört, usw.
- aufgrund der „Goldenen Regel":
  „Was du nicht willst, dass man dir tu, das füg' auch keinem andern zu"
- aus dem „kategorischen Imperativ" (Kant) heraus.

Die verschiedenen Begründungen moralischen Handelns lassen sich jetzt anhand von Textangeboten genauer untersuchen. Schon diese Eröffnungsstunde ermöglicht jedoch die Einsicht, dass wir zwar unterschiedliche letzte Gründe haben, die unsere Entscheidungen bestimmen, dass diese aber für uns als jeweils Handelnde verbindlich sind.

Platon: Der Ring des Gyges – ein Gedankenexperiment zum Thema „Gerechtigkeit"

 *Platon (427-347 v. Chr.) war adliger Herkunft. Acht Jahre lang war er Schüler des Sokrates. Er erlebte dessen Prozess und Tod im Jahre 399 v. Chr. mit. Im Jahre 387 gründete er im Hain des Heros Akádemos vor den Toren Athens die platonische „Akademie". Platon hat eine derartige Wirkungsgeschichte entfaltet, dass man gesagt hat, alle Philosophie seither bestehe in einer „Reihe von Fußnoten zu Platon".*

Dass aber auch die, welche Gerechtigkeit üben, diese nur aus Unfähigkeit, Unrecht zu tun, und gegen ihre Neigung üben, werden wir am ehesten wahrnehmen, wenn wir folgendes *Gedankenexperiment* durchführen: Wir wollen beiden, einem Gerechten und dem Ungerechten, Freiheit geben zu tun, was sie nur wollen, und dann nachgehen und zusehen, wohin seine Neigung jeden von beiden treiben wird...

Die Freiheit, die ich meine, wäre ungefähr in der Art, dass ihnen eine Kraft zuteil würde, wie sie einst *Gyges* besessen haben soll. Er sei nämlich ein Hirte im Dienste des damaligen Herrschers von Lydien gewesen. Infolge starken Regens und eines Erdbebens sei ein Riss in der Erde entstanden und eine Öffnung an dem Orte, wo er seine Herde weidete. Wie er das sah, habe er sich gewundert und sei hinabgestiegen und habe da [...] ein hohles ehernes Pferd erblickt, mit Türen, zu denen er hineinge-guckt und innen einen Leichnam, wie es schien, von mehr als menschlicher Größe gewahrt habe. Dieser habe sonst nichts gehabt als an der Hand einen goldenen Ring, den er sich an den Finger gesteckt habe, und dann sei er herausgestiegen.

Bei der gewöhnlichen Zusammenkunft der Hirten, um dem Könige den Monatsbericht über die Herden zu erstatten, habe darauf auch er sich eingefunden, mit dem Ring am Finger. Wie er so unter den übrigen saß, habe er zufällig den Ring dem Innern der Hand zu gedreht; infolgedessen sei er seinen Nebensitzern unsichtbar geworden, und sie hätten von ihm als einem Abwesenden gesprochen. Er habe sich gewundert, wieder den Ring angefasst und nach außen gedreht, und darauf sei er sichtbar geworden. Als er dies bemerkt, habe er mit dem Ringe den Versuch gemacht, ob er diese Kraft besitze: und wirklich sei es ihm immer so gegangen, dass, wenn er den Ring nach innen gedreht, er unsichtbar geworden sei, und sichtbar, wenn er ihn nach außen gedreht.

Nach dieser Entdeckung habe er sogleich es dahin zu bringen gewusst, dass er einer der an den König Abgesendeten wurde. Da habe er dann dessen Weib zum Ehebruch verführt, habe in Gemeinschaft mit ihr dem Könige nachgestellt, ihn ermordet und sich der Herrschaft bemächtigt. Wenn es nun zwei solcher Ringe gäbe und den einen der Gerechte sich ansteckte, den andern der Ungerechte, so wäre, wie mir scheint, wohl keiner von so eherner Festigkeit, dass er bei der Gerechtigkeit bliebe und es über sich gewänne, fremden Gutes sich zu enthalten und es nicht zu berühren, trotzdem dass er ohne Scheu sogar vorn Markte weg nehmen dürfte, was er wollte, und in die Häuser hineingehen und beiwohnen, wem er wollte, und morden und aus dem Gefängnis befreien, wen er wollte, und überhaupt handeln wie ein Gott unter den Menschen [...]

Dies wird man als ein sicheres Zeichen betrachten, dass niemand freiwillig gerecht ist, sondern nur gezwungenermaßen. Denn glaubt sich jeder imstande, Unrecht zu tun, so tut er's. Jedermann meint nämlich, dass die Ungerechtigkeit für den Einzelnen weit vorteilhafter sei als die Gerechtigkeit.

Platon: *Politeia* II, 359 b ff. Übersetzung (W. S. Teuffel, 1865/66) überarbeitet und gekürzt.
Leseempfehlung: P. Flohr: „Gyges und sein Zauberring". In: *Ethik und Unterricht* 11 (2001), 34-40.

6.5 Lebensformen in der „Egogesellschaft" – Vorschlag eines Unterrichtsprojekts zum Thema: *Freundschaft*

Ein Unterrichtsvorhaben zum Thema „Freundschaft"[14] kann von Kursen in Kombination wie Abgrenzung vereinbart werden zur Auseinandersetzung mit verwandten Gestaltungsformen des Zusammenlebens wie Liebe, Partnerschaft/Sexualität, „Blutsbrüderschaft", Sympathie, Zweckgemeinschaft, Seilschaft, Rolle im Geflecht gesellschaftlicher Bezüge/„Peer-Group" usw.

Freundschaftsbeziehungen gehören offenbar zu den personalen Grunderfahrungen und anthropologischen Grundgegebenheiten menschlichen Zusammenlebens. Freundschaft meint dabei einerseits Verhältnisse gegenseitiger Sympathie, Anerkennung und Vertrauens ohne den Aspekt der Erotik und Sexualität, andererseits, in einem weiteren Sinne dieses Begriffs, eine Erotik und Sexualität wesentlich einschließende Partnerschaft.

Projektvorstellung und Textgrundlage

Bei einem Projekt zum Thema „Freundschaft" geht es um sehr persönliche und stark von Lebenserfahrungen geprägte Themen, die in unterschiedlichen Lerngruppen – von 14jährigen im „Alternativfach": Ethik / (Praktische) Philosophie bis zu Älteren und Erwachsenen – ganz verschieden behandelt werden. Wie das Untersuchungsprogramm genau aussieht, hängt also vom Charakter und von den Interessen der jeweiligen Lerngruppe und der Zeit ab, die aufgewendet werden soll. Lehrer/innen sollten sich hier auch als Katalysatoren verstehen für die entdeckenden Fähigkeiten und Schwerpunktsetzungen der Lernenden; erst in einem zweiten Schritt können sie mit methodischen Vorschlägen und als kundige Anwälte der Tradition den gemeinsamen Erforschungsprozess stärker mitbestimmen.

Neben Methoden der Begriffsklärung, des Gedankenexperimentes („Können alle Menschen Freunde werden?" – „Kann man ohne Freundschaft leben?") oder des Verfassens von (Dilemma-) Geschichten werden in der Sek. II bei aller Problematik des „morbus hermeneuticus" vor allem Texte die kondensierten abend- wie morgenländischen Kulturerfahrungen aktualisieren und eine Erweiterung des Kategoriensystems der Philosophierenden ermöglichen können. Hier wäre an vieles zu denken: an unsere Klassiker („...doch kein leerer Wahn") ebenso wie an den philosophischen Diskurs. Philosophische „Klassiker" zum Thema Freundschaft sind z. B. Aristoteles, Montaigne und Schopenhauer.

---

[14] Vgl. vor allem die folgende Literatur zum Thema: Brigitte Grögor: „Denn ohne Freunde möchte niemand leben... Philosophie der Freundschaft". In: J. Rohbeck (Hrsg.): *Praktische Philosophie.* (Reihe: Praxishandbücher Philosophie/Ethik. Einführung, Vertiefung, Fortbildung, hrsg. von H. Hastedt / E. Martens / J. Rohbeck / V. Steenblock), Hannover (Siebert) 2003, 163-182; H. Lemke: *Freundschaft. Ein philosophischer Essay*, Darmstadt 2000; A. Müller / A. Nitschke / Chr. Seidel: „Freundschaft". In: *Historisches Wörterbuch der Philosophie* Bd. 2, Basel/Stuttgart 1972, 1106-1114.

Aristoteles über die Freundschaft

 *Aristoteles (384-322 v. Chr.) wurde in Stageira in Griechenland geboren. Er war 20 Jahre lang Schüler Platons, dann Lehrer des makedonischen Thronfolgers und späteren Welteroberers Alexanders des Großen. Nach dessen Regierungsantritt kehrte Aristoteles nach Athen zurück und gründete eine eigene Philosophenschule.*

1. Nun soll es um die Betrachtung der menschlichen Gemeinschaften gehen. Das Band, das die Menschen verbindet, ist selber etwas Sittliches oder es erscheint doch im Gefolge der Sittlichkeit, und überdies gehört es zu den schlechthin unentbehrlichen Bedingungen des menschlichen Lebens. Niemand möchte sich, auch wenn er alle übrigen Güter sein nennte, zu leben wünschen ohne die liebevolle Teilnahme anderer. Ja, man darf sagen, dass gerade für diejenigen, die Reichtum, Herrschaft und Macht besitzen, das Bedürfnis solcher Beziehungen zu anderen sich am dringlichsten erweist. Denn was hätten sie von ihrem ganzen Glückszustande, wenn sie nicht vermittels desselben die Möglichkeit hätten, anderen Freude zu bereiten? Dies aber ist solchen gegenüber, zu denen man in freundschaftlichen Beziehungen steht, am meisten am Platze und am verdienstvollsten. Oder wie ließe sich das Glück bewahren und aufrechterhalten ohne die wohlwollende Gesinnung anderer? Ist es doch, je größer es ist, auch desto mehr gefährdet. In Armut und sonstigem Missgeschick aber hält man sich an die Freunde als an die einzige Zuflucht. Jungen Leuten erwächst aus der Freundschaft Bewahrung vor Verfehlungen, älteren Leuten Hilfe und Pflege und Ersatz für das, was sie aus Mangel an Kräften selbst nicht mehr zu leisten vermögen, den auf des Lebens Höhe Stehenden Förderung bei jedem edlen Unternehmen [...]

Das Band, welches die Sympathie stiftet, hält augenscheinlich auch die staatliche Gemeinschaft im Gange, und die Gesetzgeber legen auf dasselbe größeren Wert als selbst auf die Gerechtigkeit. Denn die Eintracht, die zu erhalten ihr dringendstes Anliegen ist, steht zu den Gefühlen der Sympathie in enger Verwandtschaft, und die Zwietracht, die auf Gefühlen der Abneigung beruht, suchen sie so weit wie möglich fern zu halten. Wo das Gefühl des Wohlwollens herrscht, da braucht man nicht die Gerechtigkeit anzurufen; dagegen wo der Sinn für das Recht vorhanden ist, da bedarf es immer noch der wohlwollenden Gesinnung, und die Gerechtigkeit im höchsten Sinne erscheint geradezu als Frucht wohlwollender Triebe. Aber nicht bloß als unentbehrliche Bedingung hat solches Wohlwollen seine Bedeutung; es ist auch sittlich wertvoll. Wir schätzen diejenigen hoch, die Liebe mit Liebe erwidern, und vielen wohlwollend gesinnt zu sein, gilt als eine der edlen Eigenschaften des Menschen. Überdies herrscht die Überzeugung, dass eben dieselben, die sonst brave Männer sind, auch einander befreundet sind.

2. Es ist nun die Zahl von Fragen nicht gering, die den hier berührten Gegenstand betreffen und zu einer Verschiedenheit der Ansichten Anlass geben. Die einen führen das Gefühl der Zuneigung auf Gleichheit des Wesens zurück und meinen, Freunde seien solche, die einander von Wesen gleichen; daher das Wort: „Gleich zu gleich", oder „Eine Krähe zur anderen Krähe", und was dergleichen mehr ist [...]

3. Wie nun die Gründe der Zuneigung der Art nach verschieden sind, so sind es infolgedessen die Zuneigung und die Freundschaft selbst. Es gibt demnach drei Arten der Befreundung, ebenso viele wie Arten ihrer Gründe. Für jede dieser Arten gilt es, dass eine Erwiderung stattfindet, die nicht verborgen bleibt, und dass diejenigen, die einander befreundet sind, einander alles Gute wünschen, und zwar Gutes in dem Sinne der Gründe, die die Befreundung bewirken.

Diejenigen, bei denen die freundschaftliche Verbindung durch den Vorteil gestiftet ist, hegen solche freundliche Gesinnung nicht um der Persönlichkeit willen, sondern um des Guten willen, das ihnen wechselseitig vom anderen zufließt. Das gleiche gilt von denen, deren Zuneigung in dem Streben nach Annehmlichkeit wurzelt. So liebt man die guten Gesellschafter nicht um ihrer Persönlichkeit willen, sondern wegen des Vergnügens, das sie bereiten. Diejenigen, deren Zuneigung ihren Grund im Vorteil findet, lieben den anderen um des eigenen Vorteils willen, und diejenigen, bei denen sie auf der Aussicht auf Annehmlichkeit beruht, lieben ihn um ihres Vergnügens willen, also nicht weil der, dem sie ihre Neigung zuwenden, diese Person ist, sondern sofern er Vorteil oder Vergnügen gewährt. Solche Zuneigung also gründet sich auf Nebenrücksichten. Nicht deswegen, weil er ist der er ist, wird derjenige dem man seine Neigung zuwendet zum Gegenstande der Neigung, sondern weil er in einem Falle Vorteil, im anderen Falle Vergnügen bereitet.

Solche Freundschaften gehen denn auch leicht wieder auseinander, wenn die Menschen sich ändern. Bereiten sie kein Vergnügen oder keinen Vorteil mehr, so erlischt die Zuneigung zu ihnen. Vorteil aber erhält sich nicht dauernd, sondern ist zu verschiedenen Zeiten verschieden. Schwindet nun der Grund, aus dem man befreundet war, so schwindet auch die freundschaftliche Gesinnung, weil sie durch jenen bedingt war. Solche Freundschaftsverhältnisse kommen am meisten bei Leuten im höheren Lebensalter vor, denn diese sind nicht auf das Vergnügen, sondern auf den Vorteil gerichtet, unter den Leuten in den besten Jahren aber und unter den Jünglingen findet man sie, wo die Rücksicht auf das Nützliche vorwaltet. In solchen Verhältnissen pflegen denn auch die Leute keine Lebensgemeinschaft miteinander; in vielen Fällen ist ihnen der Umgang nicht einmal angenehm; sie empfinden also auch kein Bedürfnis nach solchem Umgang, außer sofern jene sich hilfreich erweisen. Denn nur soweit sind sie willkommen, als sie die Aussicht auf einen Vorteil gewähren. Auf gleiche Linie stellt man dann auch das gastfreundliche Verhältnis zu Auswärtigen.

Dagegen beruht bei jungen Leuten die Zuneigung auf dem Triebe zu dem, was ihnen Vergnügen bereitet. Denn die Jugend lebt ihren Gefühlen nach und hat am meisten im Auge was vergnüglich ist und was der Augenblick bietet. Nimmt die Zahl der Jahre zu, so ändern sich auch die Dinge, an denen man Vergnügen findet. Deshalb wird in der Jugend Freundschaft schnell geschlossen und auch schnell wieder gelöst; denn die Freundschaft schwindet wie die Freude, und die Veränderung in dem, was Freude macht, geht schnell vonstatten. Junge Leute sind ferner zu sinnlicher Liebe geneigt; sinnliche Liebe aber ist meistenteils leidenschaftlicher Art, und ihr Streben geht auf Lust. So verliebt man sich denn schnell und hört auch schnell wieder auf, zuweilen so, dass man noch an demselben Tage in seiner Liebe wechselt. Verliebte aber möchten mit dem Gegenstand ihrer Neigung am liebsten den ganzen Tag zusammen sein und gemeinsam leben; denn das ist der besondere Charakter, den bei ihnen das Verhältnis der Zuneigung annimmt.

4. Vollkommene Freundschaft aber ist die, die Menschen von edler Art und gleicher sittlicher Gesinnung verbindet. Diese wünschen einander als Menschen von edler Gesinnung gleichmäßig alles Gute, und von edler Gesinnung zu sein macht ihr Wesen aus. Das aber bezeichnet die innigste Freundschaft, den Freunden alles Gute zu wünschen rein um ihrer selbst willen; denn da gilt die Zuneigung der Persönlichkeit selbst abgesehen von Nebenrücksichten. Zwischen ihnen bleibt darum die Freundschaft bestehen, solange sie edel gesinnt sind; sittliche Gesinnung aber ist beständig. Da ist jeder von beiden edel an und für sich und edel gegen den Freund; denn edle Menschen, solche, die edel sind von Wesen, sind auch einander hilfreich, und im selben Maße sind sie einander lieb. Edle Menschen sind an und für sich ein Gegenstand des Wohlgefallens und sind es gegenseitig für einander.

Text: Aristoteles: *Nikomachische Ethik*, Buch VIII, übers. von Adolf Lasson (1909), leicht überarbeitet.
Leseempfehlung: Christoph Rapp: *Aristoteles zur Einführung*, Hamburg [3]2007; Susanne Nordhofen: „Aristoteles, Nik. Ethik, Buch VIII". In: *Zeitschrift für Didaktik der Philosophie und Ethik* 19 (1997).

Arthur Schopenhauer: Kritik der „Freundschaft"

 *Der Philosoph Arthur Schopenhauer (1788-1860) ist für seine Skepsis und seinen Pessimismus berühmt geworden. Er lebte als Privatgelehrter in Frankfurt am Main.*

Wie Papiergeld statt des Silbers, so kursieren in der Welt statt der wahren Achtung und der wahren Freundschaft die äußerlichen Demonstrationen und möglichst natürlich mimisierten Gebärden derselben. Indessen lässt sich andererseits auch fragen, ob es denn Leute gebe, welche jene wirklich verdienten. Jedenfalls gebe ich mehr auf das Schwanzwedeln eines ehrlichen Hundes als auf hundert solche Demonstrationen und Gebärden.

Wahre, echte Freundschaft setzt eine starke, rein objektive und völlig uninteressierte Teilnahme am Wohl und Wehe des Nächsten voraus und diese wieder ein wirkliches sich mit dem Freunde Identifizieren. Dem steht der Egoismus der menschlichen Natur so sehr entgegen, dass wahre Freundschaft zu den Dingen gehört, von denen man wie von den kolossalen Seeschlangen nicht weiß, ob sie fabelhaft sind oder irgendwo existieren. Indessen gibt es mancherlei, in der Hauptsache freilich auf versteckten egoistischen Motiven der mannigfaltigsten Art beruhende Verbindungen zwischen Menschen, welche dennoch mit einem Gran jener wahren und echten Freundschaft versetzt sind, wodurch sie so veredelt werden, dass sie in dieser Welt der Unvollkommenheiten mit einigem Fug den Namen Freundschaft führen dürfen. Sie stehen hoch über den alltäglichen Liaisons, welche vielmehr so sind, dass wir mit den meisten unserer guten Bekannten kein Wort mehr reden würden, wenn wir hörten, wie sie in unserer Abwesenheit von uns reden.

Die Echtheit eines Freundes zu erproben hat man nächst den Fällen, wo man ernstlicher Hülfe und bedeutender Opfer bedarf, die beste Gelegenheit in dem Augenblick, da man ihm ein Unglück, davon man soeben getroffen worden, berichtet. Alsdann nämlich malt sich in seinen Zügen entweder wahre, innige, unvermischte Betrübnis, oder aber sie bestätigen durch ihre gefasste Ruhe oder einen flüchtigen Nebenzug den bekannten Ausspruch des *Rochefoucauld:* „Dans l'adversité de nos meillers amis, nous trouvons toujours quelque chose qui ne nous déplait pas". Die gewöhnlichen sogenannten Freunde vermögen bei solchen Gelegenheiten oft kaum das Zucken zu einem leisen, wohlgefälligen Lächeln zu unterdrücken.

Entfernung und lange Abwesenheit tun jeder Freundschaft Eintrag, so ungern man es gesteht. Denn Menschen, die wir nicht sehn, wären sie auch unsere geliebtesten Freunde, trocknen im Laufe der Jahre allmählich zu abstrakten Begriffen aus, wodurch unsere Teilnahme an ihnen mehr und mehr eine bloß vernünftige, ja traditionelle wird; die lebhafte und tiefgefühlte bleibt denen vorbehalten, die wir vor Augen haben, und wären es auch nur geliebte Tiere. So sinnlich ist die menschliche Natur [...].

Die Freunde nennen sich aufrichtig, die Feinde sind es, daher man ihren Tadel zur Selbsterkenntnis benutzen sollte als eine bittere Arznei. Freunde in der Not wären selten? – Im Gegenteil! Kaum hat man mit einem Freundschaft gemacht, so ist er auch schon in der Not und will Geld geliehen haben.

Text aus: *Aphorismen zur Lebensweisheit.* In: Arthur Schopenhauers sämtliche Werke, hrsg. von Paul Deussen, Bd. 4, München 1913, 506 ff. (gekürzt).

Erklärungen: „Gran" – ein wenig; „Liaison" – Verbindung; (La) Rochefoucauld: frz. Adliger, Philosoph und Essayist (1613-1680); frz. Passage: „Im Unglück unserer besten Freunde finden wir stets etwas, das uns nicht missfällt" (!).

Leseempfehlung: R. Safranski: *Schopenhauer und die wilden Jahre der Philosophie*, Frankfurt [6]2010.

Montaigne: Freundschaft als höchste Beziehung und als „Verschmelzen"

Was wir gemeinhin Freunde und Freundschaften nennen, (ist) nichts weiter als Bekanntschaften und Vertraulichkeiten, die durch irgendwelche Anlässe und Bequemlichkeiten angeknüpft sind, mittels deren unsere Seelen sich miteinander unterhalten. In der Freundschaft, von der ich spreche, mischen und vereinigen sie sich beide in dermaßen völliger Verschmelzung, dass sie ineinander aufgehen und die Naht, die sie verbindet, nicht mehr finden.

Montaigne-Zitat aus *Über die Freundschaft – Essais*, hrsg. von H. Lüthy, Zürich 1953, 225.

Leseempfehlungen: J. Starobinski: *Montaigne. Denken und Existenz*, Frankfurt a. M. 1989; Heft: „Montaigne" der *Zeitschrift für Didaktik der Philosophie und Ethik* 3/1999.

Reflexionsziele

Die Philosophie ist beim Thema „Freundschaft" nahe an unserer Alltagswelt. Denn jeder bringt zu diesem Thema Erfahrungen – Erwartungen wie Ängste – schon mit. Die Nachmittags-Talkshows des Fernsehens lassen sich Menschen mehr oder auch weniger direkt zu vielfältigen Themen im Umkreis der verschiedenen „Beziehungskisten" „outen" und finden damit ganz offensichtlich ein interessiertes Publikum. Dieses Interesse, das Menschen an den Formen, Chancen und Risiken ihres Zusammenlebens haben, lässt sich aufgreifen und in ein vernünftigeres und je nach Lerngruppe möglichst intensives Gesprächs- und Reflexionsklima übertragen, das weder in „Seelenstriptease" ausartet noch in ein bloßes innerlich unbeteiligtes Theoretisieren abgleitet.

Das Thema „Freundschaft" wirft dabei Fragen auf, die jeden direkt betreffen. In keinem Lebensalter gibt es hierfür Patentrezepte. Eltern, Freunde, Beratungsstellen können häufig Ratschläge geben – Lebensregeln mit Garantie aber besitzt niemand. Um so wichtiger ist es, sich die Bedeutung bewusst zu machen, die Beziehungen für uns besitzen. Gefühle sind wichtig, aber sie müssen das Denken nicht aufheben – sie können vielmehr zu denken geben.[15] Zielpunkt in letzterer Hinsicht ist auch das Bemühen um selbständige und kritische Reflexions- und Urteilsfähigkeit, die Fremdbestimmungen (wie etwa auch manche Zugriffe einer von inzwischen omnipräsenten Marktmechanismen angetriebenen Medien- und Konsumwelt auf das Thema) zu durchschauen und hiermit umzugehen vermag.

Unterrichtsverlauf und Erfahrungen

Eine Sammlung von ersten Zugriffen, Gedankenverbindungen und Erfahrungen zum Thema in einem Kurs der Sek. II ergibt in etwa folgende Ergebnisse:

---

[15] Vgl. Daniel Goleman: *Emotionale Intelligenz* („Emotional Intelligence. Why it can matter more than IQ"), München 1996; vgl. vor allem: Klaus Blesenkemper: „Gefühle geben zu denken. Zur Philosophie der Affekte am Beispiel der Scham". In: *Zeitschrift für Didaktik der Philosophie und Ethik*, Heft „Praktische Philosophie" 20 (1998), 254-265.

„Freundschaft" ist …
- eine Sache gemeinsamer Interessen und Auffassungen;
- ein besonderes Verhältnis („meine beste Freundin und ich");
- ein manchmal eigentlich „unechtes" Verhältnis: (so genannte) „Freundinnen" (verächtlich geäußert von Mädchen);
- ein starkes Gefühl, „Emotion pur", macht verletzlich, erzeugt bei Enttäuschungen Eifersucht;
- wichtig für menschliches Glück;
- mehr oder weniger explizit/bewusst;
- kulturabhängig/kann bei Angehörigen anderer Kulturen anders aufgefasst werden,
- bedeutet Geborgenheit, „Füreinanderdasein", Verzeihen können;
- erfordert Vertrauen und Sich-Verstehen;
- „Geteilte Freude ist doppelte Freude – geteiltes Leid ist halbes Leid";
- Gleichgewichtigkeit der Freunde ist (nicht?) erforderlich: Robinson braucht Freitag, der aber bleibt doch deutlich zweitplaziert;
- nicht nur auf einer Insel, auch in der Großstadt kann es passieren, dass jemand anonym und ohne Freundschaft lebt;
- in vielen Situationen ist es auch einfach gut, wenn man einen Ansprechpartner hat, statt alleine herumzustehen;
- Freundschaft als gesellschaftliche Fassade/ihre Inszenierung im Fernsehen, z.B. in Bierwerbung;
- auch nach begrifflichen Klärungen ist Freundschaft nicht immer zu trennen von z.B. „Liebe": „meine Freundin ist mein bester Kumpel" (Junge); Liebe zw. Mann und Frau als Vollendung der Freundschaft/Freundschaft als wichtigste mögliche Beziehung neben der Liebe.

Aus der ersten Sammlung von Hinsichten ergeben sich Fragen, die ein Reflexionsprogramm strukturieren können und in gemeinsamer Arbeit und im Rückgriff auf die philosophische Tradition geklärt werden sollen.

Solche Reflexionsfragen können sein:

- Gibt es wahre, unzerstörbare Freundschaft, die auch in größtem Unglück hält?
- Woran scheitert/was zerstört Freundschaft?
- Ist Freundschaft ein Gefühl, das man hat/nicht hat oder (wie?) kann man Freundschaft pflegen/lernen?
- Wie kann ich Freunde/Freundinnen finden?

Jeder der eingangs genannten (durchaus provokanten) Textauszüge hat sich im Unterricht als geeignet erwiesen, kontroverse Diskussionen hervorzurufen: über die von Aristoteles im Blick auf die beobachtbare Lebenswirklichkeit entwickelte Typologie, über die „starke" These des sonst so gar nicht emphatischen Montaigne, über die scharfsichtige Skepsis Schopenhauers.

Ein Teil der Schüler und Schülerinnen entwickelte im Anschluss an die Schluss-
formulierungen des Textauszuges von *Montaigne* eine Auffassung von Freundschaft als
sozusagen „metaphysisches" Gut, als Unbedingtes und „Heiliges", das durch dick und dünn
halten muss. Eine andere Fraktion sah in ihr – wohl nicht ohne Einfluss Schopenhauers,
aber doch über seine Skepsis hinausgehend – eher eine gute mitmenschliche Gewohnheit,
die man nicht überschätzen sollte und der gegenüber man keine überzogenen Erwartungen
hegen dürfte (Konfrontation mit der Liebe, in der die Erwartungen höher sein können?).

Andere fanden diese Kontroverse zu abstrakt und suchten eher nach „Regeln" und
Geboten der Anbahnung von Freundschaften und des freundschaftlichen Umgangs. Lehrer
und Lehrerinnen sind bei solchen Debatten in übrigens kaum einer grundsätzlich anderen
Lage als Schüler, Kursleiter als ihre Teilnehmer auch: Subjekte, die sich über Lebensfor-
men in ihren jeweiligen Zusammenhängen orientieren müssen; auf die Hinsichten, die ihre
Diskussionspartner entwickeln, dürfen sie gespannt sein.

Fazit

Welche Ergebnisse jenseits herkömmlich operationalisierter Sätze kann der Philosophieunterricht bei Untersuchungsfeldern wie dem vorliegenden wie auch bei anderen Themen
erreichen?

In Schulen und anderen Bildungsorten Philosophierende können in gemeinsamer
Anstrengung wie in je eigenem Nachdenken ihr unbewusstes Empfinden deutlicher fassen,
Absichten und Schwierigkeiten begrifflich klarer und trennschärfer formulieren und damit
eigene lebensweltliche Sinn- wie Zielvorstellungen entwickeln. Ich meine hier zunächst
das, was in älteren Überlegungen zu unserem Fach kantianisierend als „Einübung der
Urteilskraft" auftaucht. Klare Explizierung und Methodisierung sind auch dann wichtig,
wenn die Angelegenheiten des Lebens und Zusammenlebens keine Mathematikaufgaben
sind und es nicht plausibel erscheint, „Diskurse" oder „sokratische Gespräche" als
Königswege von eo ipso problemlösender Kraft aufzufassen. Auch wenn in unserem
Umgang mit zwischenmenschlichen Angelegenheiten in letzter Instanz Entscheidungen zu
fällen sind, die dem Subjekt niemand abnimmt, kann ein gemeinsames Philosophieren
helfen, über die alltagsweltlichen Üblichkeiten und Verwirrungen hinaus Potentiale der
Traditionen in die Lebensgestaltung einfließen zu lassen und, wie wir es bei den Überlegungen zum methodischen Argumentieren festgehalten hatten, den „Raum" gleichsam zu
vergrößern, in dem begriffliche und argumentative Klärungen eine gewisse strukturierende
Kraft entfalten und Gedankenmuster „rationalisieren"/„vernünftiger machen". Dies wird
immer wichtiger in unserer vielfach widersprüchlichen Alltagskultur zwischen Spät- und
Gegenmoderne, in der sich nicht nur junge Menschen offenbar immer weniger über feste
familiäre, gesellschaftliche und religiöse Rollenmuster definieren.

Wege zum „Anderen" setzen das gelingende Finden eines „Eigenen" voraus, wie es in
Deutschland seit langem unter dem Begriff der *Bildung* beschrieben wird (siehe Abschnitt
2.6). Diese ist eine Angelegenheit des Herzens („emotionale Bildung") ebenso wie der
prozessual ausgewiesenen begrifflichen Anstrengung, eine Aufgabe der Sensibilisierung
und Kultivierung des „Sich-Hineinversetzens" in die Gefühle anderer Menschen (Rollen-

spiele, „Vertrauensübungen“) genauso wie der gedanklichen Arbeit. Jeder, der mit Jugendlichen diskutiert, weiß, wie sehr diejenigen irren, die meinen, in der Schule ließen sich lediglich „virtuelle“ Scheindebatten führen. Er weiß zugleich, dass über die gemeinhin in den Formen institutionalisierten Lernens abgerufenen Fähigkeiten (Umgang mit Argumentationsmustern, Reproduktion von Gehalten der Tradition) hinaus solche Prozesse, die zu eigenem Tun und Lassen führen, sich in letzter Instanz nicht abfragen lassen – so wenig wie die vielleicht erhoffte Einsicht, dass man nicht jedermanns Freund sein kann, aber versuchen sollte, mit den Menschen auszukommen. Schülerinnen und Schüler selbst sagen zum Thema z. B.: „Man hat ein Forum, wo man sich darüber austauschen und dann selbst Gedanken machen kann“; „Ich kann merken, wie wichtig mir eine Freundschaft ist, dass ich etwas dafür tun will“; „Man lernt Kriterien und Beispiele kennen, was das sein kann/auch oft genug nicht ist: Freundschaft“; oder allgemein: „Man wird bewusster.“

7. Zum Abschluss: Wohin geht die Didaktik der Philosophie und Ethik?

In den letzten Jahren ist in die Bildungsdiskussion im Spannungsfeld von Pädagogik, Philosophie und Fachdidaktik viel Bewegung gekommen. Hierauf einzugehen, liegt am Ende eines praxisorientierten Arbeitsbuches nahe, denn es steht nichts weniger zur Debatte, als das konkrete Selbstverständnis der Teilnehmer/innen von Bildungsprozessen. Um es durchaus zuzuspitzen: Wie sollen sich Schüler/innen und Studierende verstehen: kompetent zur Erfüllung vorgegebener Anforderungen in Gesellschaft und Wirtschaft oder als selbständige, auch kritische Subjekte? Was sind Lehrende: „Schnittstellen" und Ausführungsorgane „erziehungswissenschaftlicher" Expertise oder engagierte Fachleute und Praktiker aus eigener Kraft? Es ist mit Händen zu greifen, dass diese Problemstellung kaum ein Fach so sehr herausfordern muss wie die Philosophie. Ihr Ziel ist gerade die *eigenständige Reflexion*, denn sie gründet in dem herausfordernden Gedanken des *Selbstvollzuges*, sie handelt von der *Liebe zur Sache*, die Lehrende und Lernende in ihrer Erforschung verbinden kann, und von der *Bedeutung*, mit der wir einen Sachverhalt würdigen, so, dass (in einem humanistischen Sinne) dabei unser ganzes Personsein mitschwingt und wir uns zugleich zu einem bewussten Selbstverhältnis fortentwickeln können. Was *Bildung* als reflexive Form menschlichen Selbst- und Weltverhältnisses immer entscheidend ausgemacht hat: die Künste, die großen Philosophen, kommt einem seinerseits ungebildeten (Konrad Paul Liessmann) Szientismus im Gefolge von „Pisa" nicht mehr in den Blick. Ihm rücken die hiermit befassten Fächer wie Ethik und Philosophie als „weiche" an das Gegenende einer Relevanzskala, die ihrerseits danach aufgebaut ist, was ein technisch reduziertes Verständnis mit seinen dürftigen Ankreuz- und Aufgabenformaten „erfassen" kann, in denen ein vorerledigtes Wissen zum „Hürdenlauf" verkürzt wird (Horst Rumpf).

7. 1 „Pisa" und die Folgen

Das in Rede stehende Akronym bezeichnet einen empirischen Schulleistungstest in den Hauptbahnen der Untersuchung von Lese-, mathematischer und naturwissenschaftlicher Kompetenz (siehe Abschnitt 4.2). „Pisa" impliziert jedoch längst mehr; an ihm entzündet sich ein Streit, der zu einem regelrechten Kampf der Paradigmata führt.

(a) „Pisa" ist keine theoriefreie Bestandsaufnahme, …

… wie es eine mediale Rezeption oft suggeriert, die anhand von „Rankings" zu Schlussfolgerungen der Art kommt: Deutsche Schüler „schlechter" als ihre Altersgenossen in Finnland usw. Eine reine „empirische Objektivität" gibt es, wie gerade die Philosophie weiß (aber auch die Pädagogik),[1] nicht; Daten ergeben sich vielmehr stets aus Zugriffen und aus vorab investierten Deutungen. Wissenschaftliche Erkenntnis bedeutet immer auch aktive Formung der Wirklichkeit. Wer – wie es den „Pisa"-Machern vorgeworfen wird – theoretische Hintergründe und Normen nicht bewusst diskutiert, sondern eine selbstgültige

---

[1] Johannes Bellmann / Thomas Müller (Hrsg.): *Wissen, was wirkt*. Kritik evidenzbasierter Pädagogik, Wiesbaden 2011.

„Evidenz" in einem englischen Mitklang diese Begriffs reklamiert, ist möglichen Konsequenzen hieraus unbemerkt und damit um so nachhaltiger verfallen. Wollte man unbefragt die Ergebnisse der positivistischen Unterrichtsforschung rezipieren, übernähme man auch die impliziten Hintergrundannahmen, auf Grund deren diese Ergebnisse erst gewonnen wurden. Man „kauft" ein ganzes Paket von Sichtweisen auf das Bildungssystem, ihnen zugrunde liegender Absichten und deren Konsequenzen mit ein – und eben nicht lediglich „Daten". Dies gilt selbst noch für die eigentlich ja beruhigende jüngere Schlagzeile „Deutsche Schüler holen auf"…

Es ist, wenn dies stimmt, nicht falsch, wenn man von einem „Mythos Pisa" gesprochen hat, denn Mythen zeichnen sich seit Menschheitsbeginn durch eine fortlaufende Rezeption und eine gleichzeitige Ausschmückung beziehungsweise Verdichtung jeweiliger narrativer Gehalte aus, während zugleich ihre *Ursprünge mythentypisch unhinterfragt* bleiben. *Philosophietypisch* ist es freilich, eben doch nachzufragen, wie es in unserem Metier z.B. *Vanessa Albus* tut, indem sie den Begriff der „vermessenen Bildung" aufgreift: Vermessen als angemessenes und hilfreiches Messen – oder als falsches Messen eines Uneigentlichen, vielleicht gar als die Anmaßung, etwas zu reklamieren, was man gar nicht leisten kann: Bildungsprozesse wirklich relevant abzubilden.

(b) „Pisa" impliziert Annahmen und Absichten bezüglich unseres Bildungssystems.

„Pisa" reklamierte ursprünglich, Chancen zur Teilhabe an den symbolischen Gehalten der Kultur zu eröffnen und ließ einen gewissen propädeutischen Gestus anklingen, die Programmatik des klassischen Bildungsbegriffs umzusetzen, nur zugleich effektiver und für jeden Einzelnen beruflich besser qualifizierend und nutzbringend.[2] Im Zuge der Entwicklung definieren „Pisa" und seine Folgen seither aber mehr und mehr *selbst*, was in Wissenschaft, Politik und Öffentlichkeit als „Bildung" verhandelt wird. Aus Art und Anlage der Tests resultiert, was gemessen und damit als relevantes Faktum konstituiert wird (und was nicht). Etabliert wird dabei ein systemischer Funktionszirkel in der Trias von Empirie, Kompetenz und Standardsetzung. Die Standardsetzung, der Politik als Stellschraube angeboten, ist längst als solche erkannt worden,[3] der Kompetenzbegriff erlaubt die Umformulierung von Bildungsprozessen für Fragebögen, und die Empirie hält nach, was erreicht worden ist. Mit den beiden letzten Instrumenten etabliert sich eine bestimmte erziehungswissenschaftliche Forschungslinie – in Deutschland organisiert in der „Arbeitsgemeinschaft für empirische pädagogische Forschung" (AEPF) – zu einer Größe und Bedeutung, die den Dachverband *Deutsche Gesellschaft für Erziehungswissenschaft*

---

[2] Jürgen Baumert: „Deutschland im internationalen Bildungsvergleich". In: N. Kilius u. a. (Hrsg.): *Die Zukunft der Bildung*, Frankfurt/M. 2002, S. 100-150, bes. 113.

[3] Umgekehrt hat, worauf der Frankfurter Pädagoge Frank-Olaf Radke hinweist, die OECD-Unterrichtsmessung der Politik auch den Modus eines Bildungsdiskurses diktiert, der ohne ihre Empirie so wenig mehr funktioniert wie Wirtschaftspolitik ohne analoge Datenerhebung im Modus der Wachstumserwartung. – Auch politische Vertreter dessen, was man in Vor-„Pisa"-Zeiten unter „Bildungsreform" verstanden hat, nämlich der Herstellung größerer Bildungsgerechtigkeit, treten, wie festgestellt worden ist, in eine eigentlich erstaunliche Koalition mit dem neuen Paradigma. In diesem Zusammenhang ist freilich auch darauf hinzuweisen, dass die Leistungsmessungen für viele Akteure in der Tat den Blick für benachteiligte Gruppen im Bildungssystem geschärft haben.

(DGfE) der eigenen Wahrnehmung nach sprengt. Für ihre sehr gute Etablierung in Wissenschaft und Bildungspolitik sprechen die Profile wichtiger Institutionalisierungen: des *Deutschen Instituts für Internationale Pädagogische Forschung* (abgekürzt DIPF), des *Instituts für die Pädagogik der Naturwissenschaften* (IPN) in Kiel, des *Instituts zur Qualitätsentwicklung im Bildungswesen* (IQB) in Berlin, der Forschergruppe *Naturwissenschaftlicher Unterricht* (NWU) in Essen, und die generelle Ausrichtung der *Gesellschaft für Fachdidaktik* (GFD), für welche „forschende Fachdidaktik" mit „empirischer Unterrichtsforschung" in eins fällt. Dies wird für konkreten Unterricht, wie jede(r) Philosophie Lehrende ihn gibt, dadurch relevant, dass Empiriker Organisationszugriffe auf Schulen als Schauplätze ihres wissenschaftspolitischen Einflusses zu besetzen suchen und suggerieren, sie könnten eigentlich *pädagogische* Entscheidungen qua szientifischer Implikation gleich mit erledigen.

Freilich muss man hier berücksichtigen, dass „Pisa" durch seine Funktionskontexte über die Infragestellung der Tests hinaus auch eine Kritik auf sich zieht, die solchen Entwicklungen gilt, denen der Testungsmodus, wie es heißt, zuarbeitet. Als zur OECD-Untersuchung „passend" gelten vor allem mittransportierte Annahmen zur besseren Organisation des Bildungswesens durch Übernahme marktförmiger Elemente respektive durch „Neue Steuerung".[4] Dies gilt nicht nur für die Schulen; auch Bertelsmanns Hochschulrankings (CHE) stehen in der Diskussion. Marktmechanismen werden seit etwa zwei Jahrzehnten grundsätzlich von der Politik gefördert und können zugleich in der globalisierten Welt als etwas erscheinen, das sich „von Natur aus" auch hinsichtlich einer so neuzeitspezifischen Hoheitsaufgabe wie der Bildung über einst souveräne Akteure wie die Nationalstaaten hinwegsetzt. Im Sinne der „neuen Steuerung" wird jenen Mechanismen zugetraut, nicht nur für den Bereich der Wirtschaft selbst effektiver zu sein, sondern auch für Bereiche öffentlicher Aufgaben. *Homo oeconomicus* erscheint damit nicht lediglich als die bekannte Fiktion, solche Marktvorgänge auf den Begriff zu bringen, sondern auch als eine Annahme dahingehend, was der Mensch *eigentlich ist*: kein idealistischer Selbstvollender im Sinne der Phantasien einer Humboldtschen Bildung, sondern ein Nutzenmaximierer, dessen Motivation über materielle Anreize erfolgt und dessen Ich in Vorteil und materiellem Erfolg erstrahlt, nachdem es zum Unternehmer seiner selbst geworden ist.[5] Das ihm nützliche Wissen bemisst sich am Marktmaßstab, die Erziehungswissenschaft wird zur Zuhaltungstechnologie einer *Ware*; gesellschaftlich wirke dies, so die Kritik, tendenziell undemokratisch.

„Pisa" repräsentiert schließlich über die vorgenannten Punkte hinaus in gewisser Weise auch einen Wandel von geisteswissenschaftlichen und hermeneutischen Theoriemodi hin zu natur- und sozialwissenschaftlichen. Daran, dass die Pädagogik als Ausgliederung der

---

[4] Vgl. Richard Münch: „Mit Pisa-Punkten zu mehr ökonomischem Wachstum?" In: St. Aufenanger u.a. (Hrsg.): *Bildung in der Demokratie II.* Schriftenreihe der Deutschen Gesellschaft für Erziehungswissenschaft / Vortrag auf dem DGfE-Kongress in Mainz 2010, Opladen 2011, 277-288, mit der Feststellung, dass „Pisa kein rein wissenschaftliches Forschungsprogramm, sondern Teil einer wirtschaftspolitischen Agenda" ist; vgl. auch die in ihrer Polemik aufschlussreiche Replik von *Eckhard Klieme* als Vertreter der „Pisa"-Fraktion ebd. 289-302.

[5] Derlei wird freilich naturgemäß eher im Spiegel der Kritik deutlich als im Modus der Programmschrift. Siehe Uwe Hochmuth / Michael Mangold: *Bildung ungleich Humankapital*, München 2012.

Philosophie entstand und so (in mancher Hinsicht) als Geisteswissenschaft (im Anschluss an *Wilhelm Dilthey*) „geboren" wurde,[6] hat die „emanzipatorische" Wendung in den 1970er Jahren nicht allzuviel geändert; die Frontstellung zu einem „positivistischen" Wissenschaftsverständnis schärfte sich eher noch politisch aus. „Pisa" kann in diesem Zusammenhang als „roll back" einer Psychologie (sowie der neu etablierten Neurowissenschaften) erscheinen, die „sciences" statt „humanities" sein wollen.

(c) „Pisa" im Zweifel: Pfadabhängige Hybride sowie „Risiken und Nebenwirkungen" neuer Steuerung.
Der Stanforder Organisationstheoretiker *John W. Meyer* hat in einer der „großen" modernisierungstheoretischen Deutungen der Gegenwartskultur die Entstehung universeller Organisationsmuster und eines Sets sich verbreitender Einstellungen vorausgesagt, in denen ein schon von *Max Weber* thematisierter, jetzt vor allem US-amerikanisch interpretierter okzidentaler Rationalisierungsprozess sich weltweit durchsetzen werde (vgl. S. 68). Dabei setzte Meyer gerade auch auf Entwicklungen im Bereich der *Bildungssysteme*. Quasi als deren Agenten konnte man *Hans N. Weiler*, gleichfalls Stanford, an mancher Universität über eine nötige Neuaufstellung der Verhältnisse in Deutschland reden hören. Der deutsche Soziologe *Richard Münch* weist demgegenüber darauf hin, dass die Implementierung struktureller Modernisierungen in nachwirkend spezifische kulturelle und gesellschaftliche Verhältnisse *Hybride* ergeben mag, die weder die signifikanten Züge des Alten noch die des Neuen ganz tragen. Eine „Pfadabhängigkeit" auch der Entwicklung jeweiliger Bildungssysteme könnte helfen, zu verstehen, warum die „Pisa"-Innovation derzeit ins Stocken gerät (man kann auch „postkolonial" einer solchen Hybridität eine besondere Aufmerksamkeit entgegenbringen). Eine zweite interessante Beobachtung offenbart der Blick auf das, was man in Übertragung aus dem Arzneimittelsektor deren „Risiken und Nebenwirkungen" genannt hat,[7] vor allem eine Deformation und Umstrukturierung des Unterrichts auf den Modus bestimmter Testungen hin.

7.2 „La Bildung" – Vom fortdauernden Zauber eines von „Pisa" unterbotenen deutschen Begriffs

Die Philosophin *Birgit Sandkaulen*, Expertin für die Philosophie des deutschen Idealismus, schildert, wie sie in Frankreich vergeblich ein Äquivalent für Hegels Begriff der

---

[6] Das kann man in manchem Aspekt kritisch diskutieren. Nicht anders denn als gewolltes Missverständnis lassen sich freilich Äußerungen um eine „obskure Seelentheorie" auffassen, die sich bei Jürgen Oelkers finden: „Geisteswissenschaftliche Didaktik und empirische Forschung". Vortrag auf der Tagung „Fachspezifische empirische Unterrichtsforschung in den Geistes- und Sozialwissenschaften" am 24. Februar 2012 in Berlin (*ife.uzh.ch, Vorträge Oelkers 2012*).

[7] Die Verbindung von Meyer zu Weiler stellt *Frank-Olaf Radtke* her: „Weilers Welt. Der politisch erpresste Umbau der Erziehungswissenschaften in Deutschland". Vortrag auf dem Kongress der DGfE, Osnabrück 2012. – Johannes Bellmann / Manfred Weiß: „Risiken und Nebenwirkungen neuer Steuerung im Schulsystem". In: *Zeitschrift für Pädagogik* 55 (2009), 286-308.

Bildung suchte und es schließlich so machte, wie ihr französischer Dozent: sie beließ es bei „la Bildung".[8] In dieser *Bildung* schlummern auch die Potentiale aktueller „Pisa"-Kritik.

(a) Eine wachsende Zahl kritischer Stimmen

Ein breites Spektrum von Pädagogen von „konservativ" bis zur Kritischen Theorie, vom „Frankfurter Einspruch" und der *Gesellschaft für Bildung und Wissen* (GBW) bis zur „Kommission Erziehungsphilosophie" in der *Deutschen Gesellschaft für Erziehungswissenschaft* (DGfE) äußert sich kritisch zu „Pisa" und zu den systemisch damit verbundenen Veränderungen im Bildungssystem („vermessen, um [in einem Marktsinne] zu steuern"); stellvertretend genannt sei hier *Jörg Ruhloff*. Insbesondere auch Philosophen tun dies; sie sehen in ein reaktionäres Bildungsverständnis Platz greifen, das genau auf jenes unreflektierte Nützlichkeitsdenken zurückfällt, gegen das Humboldt einst den Bildungsbegriff etabliert hatte. Allen voran ist das fulminante Plädoyer des auch als Schriftsteller sehr bekannt gewordenen *Peter Bieri* zu nennen.[9] Kenner der Philosophie der Antike fühlen sich an das Bildungsanliegen der platonischen Philosophie gegenüber der Sophistik erinnert[10] und ein Buch des einschlägig für „Philosophie und Öffentlichkeit" zuständigen Wiener Hochschullehrers *Konrad Paul Liessmann* fasst „Pisa" gar unter eine „Theorie der Unbildung": Das von ökonomischen Institutionen aufgerufene Wissen ist keineswegs wirkungslos, es soll aber flexibel dem weltgeistanalog installierten Markt verfügbar sein. Damit aber entgeht ihm jene *synthetisierende, orientierende* und *eigenständige* Kraft, die wir als lebensweltliche Erwartung mit dem Begriff der Bildung verbinden: „Problem unserer Epoche (ist) die Abwesenheit jeder normativen Idee von Bildung, an der sich so etwas wie Halbbildung noch ablesen ließe".[11] Neben Pädagogen und Philosophen sind schließlich auch Fachdidaktiker vieler Fächer zunehmend skeptisch.

(b) Bildung als Ideal und als ein Ganzes im Durchgang durch die Summe seiner Teile

Der Begriff der „Bildung" entstammt der Handwerkersprache, der Sprache der theologischen Mystik und der Tradition der Philosophie (siehe Kapitel 1 und 2 dieses Bandes). Er bezeichnet einen normativ zu diskutierenden Prozess menschlicher Selbstfindung als das Ideal eines kohärenten Ganzen humaner Weltorientierung im Durchgang durch unverzichtbare Teileelemente. Ein neueres Handbuch nennt als solche Teilelemente eine philosophi-

---

[8] „La Bildung", Frankfurter Allg. Zeitung 19. 11. 2004.

[9] Stellungnahmen von Ruhloff und Bieri finden sich in H-U. Lessing / V. Steenblock (Hrsg.): „Was den Menschen eigentlich zum Menschen macht..." *Klassische Texte einer Philosophie der Bildung*, Freiburg 2010. – Vgl. die Netzseite der „Gesellschaft für Bildung und Wissen" sowie viele aktuelle Beiträge in der „Vierteljahrsschrift für Wissenschaftliche Pädagogik". – *Julian Nida-Rümelin* hat angesichts der Fehlentwicklungen auf Humboldt rückverwiesen („Die Zeit", 3. 3. 2005). *Ralf Konersmann* hat das von „Pisa" vertretene literacy-Konzept als „Alphabetisierung" und „postpädagogisches Ersatzangebot" (!) bezeichnet, in dem eine „gute" Schule daran gemessen wird, wie sie ihrer „Kundschaft" beigebracht hat, Fragebögen richtig auszufüllen analog zum theoretischen Teil der Führerscheinprüfung. Mit *Bildung* als einem der „charakteristischen, bewegendsten Grundgedanken westlicher Kulturen" habe dies nichts mehr zu tun („Hamburger Abendblatt", 3. 2. 2011).

[10] Rudolf Rehn/Chr. Schües (Hrsg.): *Bildungsphilosophie*, Freiburg 2008, 21 ff.

[11] Konrad Paul Liessmann: *Theorie der Unbildung*, Wien 17. Aufl. 2008, 9.

sche, religiöse und künstlerische Bildung, sodann mathematische, naturwissenschaftliche, technische, medizinische und handwerkliche Bildung (sowie sogar eine „kulinarische Bildung" und eine Bildung durch Reisen usw.).[12] Unter der „Summe seiner Teile" kann man die Schulfächer verstehen. Indem eine Humboldtsche Bildungstheorie davon ausgeht, dass unsere individuelle Selbstwerdung sich Zug um Zug mit unserer Weltgewinnung vollzieht, können die Fachdidaktiken ihre spezifischen Bildungsbegriffe ihrerseits aus der geistigen Auseinandersetzung mit denjenigen kulturellen Objektivationen bestimmen, für die sie jeweils zuständig sind. Dies ist ein Grund dafür, dass es an den Bildungsorten „Fächer" zu lernen und zu studieren gibt, durch deren Teilleistungen hindurch die Vision jenes sich geistig gleichsam „anreichernden" Ganzen Gestalt gewinnt. Dies betrifft *alle Fächer*, auch jenes „einverleibte Wissen", welches „die Fachdidaktik Sport mit anderen Nicht-Pisa-Fächern im Sinne der ästhetisch-expressiven Dimension der Weltbegegnung" verbindet.[13] In dieser Perspektive sind also Religionsunterricht, Literatur, Kunst, Musik und ästhetische Bildung zu sehen, aber auch die Mathematik und auch (nicht nur wegen *Martin Wagenschein* und *Ernst Peter Fischer*) eine naturwissenschaftliche Bildung.[14] Jedes Fach leistet seinen eigenen Beitrag zu einer Bildung, die diesen Namen verdient; im Folgenden sei die Philosophie herausgegriffen

(c) Zur Rolle der Philosophie und der Philosophiedidaktik

Es ist nichts weniger als ein *Kategorienfehler*, anzunehmen, unser Vermögen zu kultureller Bedeutung, zu geistigen Gehalten und Sinnbestimmungen, zu verantwortlichem Urteilen und Handeln ließe sich bruchlos quantitativ operationalisieren. Gerade für das Fach Philosophie müssen wir aufpassen, weil hier die Absicht einer Förderung von Bildungsprozessen schon im Ansatz in ein genaues Gegenteil umschlagen kann. Je genauer ein „Output" empirisch messbar konkretisiert werden soll, um so weiter entfernt sich das

---

[12] Vgl. Gerrit Walther u.a.: *Bildung*, Stuttgart 2011.

[13] Vgl. Antje Klinge: „Fachdidaktik Sport", in: M. Demantowsky/V. Steenblock (Hrsg.): *Selbstdeutung und Fremdkonzept*. Die Didaktiken der kulturwissenschaftlichen Fächer im Gespräch, Bochum (Projekt-Verlag) 2011, 198-207, 205 f. – Vgl. zur „Apathisierung" imaginativer Potentiale und zum Abhandenkommen der „Welt" im Humboldtschen Sinne auch Horst Rumpf: „,Pisa' und die Verödung ästhetisch gestimmter Sinnlichkeit". In: C. P. Buschkühle / J. Fehlke (Hrsg.), *Mensch – Bilder – Bildung*, Oberhausen 2005, 38-47.

[14] Thomas Jahnke: „*Die Illusion der Statistiker*. Seit einem Jahrzehnt vermessen die Pisa-Studien den Lernerfolg von Schülerinnen und Schülern. Die statistische Methode beansprucht Exaktheit, entzieht sich aber dem wissenschaftlichen Diskurs. Entstanden ist eine selbstreferentielle Testindustrie mit Hunderten Millionen Franken Umsatz. Nationale Bildungstraditionen werden zerstört, weil die Statistik alles über den Kamm der Messbarkeit scheren muss". In: *Neue Zürcher Zeitung am Sonntag*, 29. 1. 2012, 60 ff. – Ders. u. W. Meyerhöfer (Hrsg.), *„Pisa" und Co* – Kritik eines Programms, Hildesheim 2006. – Ders.: „Vom mählichen Verschwinden des Fachs aus der Mathematikdidaktik". Im Internet unter *bildung-wissen.eu*. – Vergleichend (siehe auch Demantowsky/Steenblock, wie Anm. 13) zeigen sich Gemeinsamkeiten, darunter das Bewusstsein jeder Fachdidaktik um ihren spezifischen theoretischen Standort, die Betonung des *Engagements für die Sache* und die Warnung vor einem *unterkomplexen* Konstrukt von „Bildung", welches das „Menetekel digitalisiert" (Jahnke) und (zweifellos vorhandene) Probleme der Bildungssysteme damit scheinbar handhabbar macht.

Unterrichten von offenen Lernprozessen. *Philosophie muss aber dem „Selberdenken"
eines/r Jeden verpflichtet bleiben.* Ihr Anliegen ist es, Orientierungen durch Argumentation
und Traditionswissen so vorzubereiten, dass eine reifende Urteilskraft sie am Ende aus
eigener Freiheit ergreifen kann. Je gebildeter, desto mehr handelt der Mensch *aus sich*,
nicht aber gemäß dem – über Strecken sinnvollen – Abfragegestus vorgegebener Antworten. Diese Bildung muss sich in seinen Lebenskonstellationen nach einem eigenen Gesetz
entfalten, ein *Selbstbildungs*prozess ist gemeint, der in einem systemischen Funktionszirkel
von Standardsetzungen, Kompetenzen-Formulierung und Leistungsmessung nicht aufgeht.
Das Bemühen der Didaktik der Philosophie und Ethik gilt der Vision einer Profession, die
eine vernunftgeleitete Orientierung des Menschen in der multipolaren Gegenwartsgesell-
schaft fördert, die ihn zu einer Zusammenschau einzelwissenschaftlicher Erkenntnisse
befähigt, und die ihn in Sonderheit in die Lage versetzt, auch noch eine Metaperspektive
zur Kompetenzenzurichtung einzunehmen und über Sinn und Ziele mit zu bestimmen,
aufgrund deren noch etwas überhaupt zum Bildungsgegenstand werden kann (eine solche
Auseinandersetzung wird derzeit bewusst unterschlagen, weil der neue Positivismus sie gar
nicht diskutieren *kann* und sie ja durch ökonomische Sachzwänge bereits vorgegeben sind).
Wir können aber als Menschen gar nicht leben, ohne uns zu *orientieren*, d. h. ohne ein mehr
oder weniger reflektiertes Selbst- und Weltverhältnis zu entwickeln. Dieses Denken
methodisch klarer zu gestalten und ihm die Sinngehalte der Philosophie zu vermitteln, ist
die Aufgabe Philosophischer Bildung. Damit zeigt sich zugleich: Philosophie geht alle
Menschen an, sie wird zu einem Grundbildungsfach. In einer Zeit rascher gesellschaftlicher
Veränderungen hat die Philosophie mehr Grund denn je, das humane Denken zu schärfen
und das „uneingelösten Versprechen" der Bildung für Individuum und Gesellschaft präsent
zu halten.

7.3 Die Praxis muss entscheiden:
Für ein Ethos gemeinsamen Lernens und Lehrens

Lehrer/innen, die sich im Bochumer „Kultur- und bildungsphilosophischen Kollo-
quium" engagieren, berichten von ihrem Eindruck, dass viele Daten am Wesentlichen
vorbei erhoben werden, und sie geben auch ihrer festen Überzeugung Ausdruck, dass
bestimmte, für Lernende wie Lehrende eigentlich relevante Prozesse sich gar nicht messen
lassen, dass man also einer falschen Objektivierung unterliegt.
Dies bedeutet: eine schulische *Praxis* wendet sich gegen reduktionistische Gegenstandsvor-
stellungen, wie sie ein Fehlverständnis von Bildungsprozessen produziert.[15] Diese

---

[15] Vgl. Volker Steenblock: *Philosophie und Lebenswelt*. Beiträge zur Didaktik der Philosophie und
Ethik, Hannover (Siebert) 2012; kritisch ebenfalls Vanessa Albus: „Ist philosophische Bildung
messbar? Überlegungen zum Verhältnis von Philosophiedidaktik und empirischer Bildungsforschung". In: *Zeitschrift für Didaktik der Philosophie und Ethik* 34 (2012). – Auch in der einschlä-
gigen Ausgabe des „Friedrich-Jahresheftes": „Vermessene Schule", Seelze 2012, spiegelt sich ein
Unbehagen der Fachdidaktiker und mischen sich vermehrt differenzierende Stimmen in den
empirischen Eifer, so beim Literaturdidaktiker Clemens Kammler: „Deutschunterricht und
Outcome-Orientierung. Zur Kritik eines bildungspolitischen Paradigmas aus bildungspolitischer
Sicht", 23-25, so auch bei Hubert Sowa: „Lässt sich Kunstunterricht vermessen? Kritische
Überlegungen zu einem umstrittenen Thema", 26-27

Ablehnung trifft *nicht* Empirie und Evaluation *an sich* im Bemühen um gelingenden Unterricht, aber sie wendet sich gegen schulpraxisferne Wissens-Inszenierungen von szientistischem „Offenbarungscharakter". Mancher Empiriker sieht mittlerweile, dass es wichtig ist, die Abnehmer der Daten nicht als zu steuernde Objekte zu traktieren. Immanuel Kant spricht von einem „Probierstein", an dem Relevanz sich zeigen muss. Ein solcher Prüfstein ist die *Praxis in jeweiligen Bildungsprozessen vor Ort.* Dieser Prüfstein gilt nicht nur für eine empirische Unterrichtsforschung, die inzwischen gleichsam vor der Nase der Allgemeinen Didaktik und der Fachdidaktiken auf Fragen der Unterrichtsinhalte und Unterrichtsprozess-Organisation zugreift und curriculare Konsequenzen erzeugt. Er gilt vielmehr für alle beteiligten Diskurse, auch den der Bildungsphilosophie. Es ist positiv zu werten, dass „Pisa" den Blick auf einige Unterrichtselemente schärft, teils durch seine empirische Orientierung selbst, teils unfreiwillig durch die *Art* dieser empirischen Orientierung. Selbstverständlich brauchen wir über den Unterricht gesichertes Wissen. *Markus Tiedemann* hat dies gezeigt.[16] Aber ein Wissen unterkomplexer Art darf nicht, weil man eben nur bestimmte Aspekte messen kann, unter der Hand den Unterricht bestimmen (für die Fachdidaktiken ist es entsprechend eine wichtige Forschungsaufgabe, genügend *relevantes* Wissen zum Unterricht zu erarbeiten).

In den Abschnitten 3 bis 6 dieses Buches ist Fachdidaktik als *Praxiswissenschaft* vorgestellt worden. Näher liegend als eine unbedachte Empirisierung erscheint es darum für die Philosophiedidaktik, *wirklich* zwischen Lebenswelt und Wissenschaft vermitteln.[17] Der Weg einer solchen Vermittlung führt über Formen der *Interaktion der Bildungsorte.* Ein beständiger Diskurs mit den Schulleuten ist nicht eine zu überwindende Vorstufe universitärer „forschender Fachdidaktik" (ein Kennzeichen der „Pisa"-Debatte ist es in der Tat, dass eher *über* Schüler und Lehrer gesprochen wird, weniger *mit* ihnen). Vielmehr müssen Fachdidaktiker, Bildungsorganisatoren und Schulpraktiker nachhaltig und klar nach der *Praxisrelevanz* unterrichtsempirischer Ergebnisse fragen und danach, in wieweit diese dem komplexen Vorgang philosophischer Bildung und dem „Universum des Unterrichts" gerecht werden. Weder der Erfolg von Lernprozessen noch deren humane Qualität ist ohne eine *Kommunikation* zwischen den Akteuren zu denken. Dies ist ein Aspekt der mit Recht gestellten Frage: „Was bedeutet es, dass sich im Bildungssystem Personen begegnen?" Nur in einer solchen Kommunikation kann seine humane, kulturelle und soziale Selbstreflexion zu einem integralen Bestandteil des Philosophierens selbst werden. *Wilhelm Dilthey* hat die Bedeutung *Philosophischer Bildung* in, wie ich finde, sehr schöner und treffender Weise auf den Begriff gebracht: „Blüte und Ziel aller wahren Philosophie", so meinte er, „ist Pädagogik, im weitesten Verstande, Bildungslehre des Menschen".[18]

---

[16] Markus Tiedemann: *Philosophiedidaktik und empirische Bildungsforschung: Möglichkeiten und Grenzen,* Münster 2011; s. auch P. Gautschi: *Guter Geschichtsunterricht,* Schwalbach/Ts. 2009.

[17] Wenn denn einmal einer die Menschen zu erreichen scheint, dann fällt ihm dies an der Universitätsphilosophie auf: „Wer so eine Ausbildung absolviert hat, der ist zumeist verloren. Er für die Gesellschaft und die Gesellschaft für ihn". So jedenfalls Richard D. Precht: „Sie wollen nur spielen. Warum uns neue öffentliche Denker fehlen". In: *Der Spiegel* 45 (2008), 170 f. (vgl. hierzu auch Abschnitt 5.4 des vorliegenden Bandes).

[18] Wilhelm Dilthey: Ges. Schriften, Bd. IX: *Pädagogik,* 3. Aufl. Stuttgart/Göttingen 1961, 7.

Literatur

(Auswahl; weitere Literatur siehe unter den jeweiligen Abschnitten)

Achenbach, Gerd B.: *Die reine und die praktische Philosophie*, Wien 1983.

Abraham, Ulf u.a: *Literaturdidaktik Deutsch*, Berlin 3. Aufl. 2009.

Aebli, Hans: *Zwölf Grundformen des Lehrens*. Eine allgemeine Didaktik auf psychologischer Grundlage, Stuttgart 1983.

Albers, Franz Josef / Roland Simon-Schaefer (Hrsg.): *Philosophie konkret:* Praktische Philosophie in der Diskussion, Münster (LIT) 2009.

Albus, Vanessa: „Philosophieren im Strafvollzug". In: *Zeitschrift für Didaktik der Philosophie und Ethik* 28 (2006), 64-72.

Dies.: *Die Welt im lebendigen Spiegel – Leibniz' Monadologie* (2 CD), Gemünden (Hörbuchverlag auditorium maximum) 2008.

Dies.: *Kanonbildung im Philosophieunterricht*, Dresden 2012.

Altrichter, Herbert / Peter Posch: *Lehrer erforschen ihren Unterricht*, Bad Heilbrunn 1997.

Ariés, Philippe / Georges Duby (Hrsg.): *Geschichte des privaten Lebens* („Histoire de la vie privée"), Frankfurt a. M. 1989, Augsburg 2000.

Aristoteles: *Philosophische Schriften in 6 Bänden*, Hamburg 1995.

Balliet, Matthias: *„Licht ins Dunkel*. Die erhellende Wirkung von Transparenz". In: Ders. und U. W. Kliebisch (Hrsg.), *LehrerHandeln*, Hohengehren 2012, 61-71.

Bartsch, Markus: *Gesellschaftlicher Dialog im Klassenzimmer*. Didaktische Implikationen interkultureller Hermeneutik im Fach Praktische Philosophie, Münster (LIT) 2009.

Baumert, Jürgen: „Deutschland im internationalen Bildungsvergleich". In: N. Kilius u. a. (Hrsg.): *Die Zukunft der Bildung*, Frankfurt a. M. 2002.

Baumert, Jürgen / Eckhard Klieme / Manfred Prenzel u. a. („Pisa"-Konsortium Deutschland / Hrsg.): *„Pisa" 2000 ff*, zunächst Opladen, dann Münster 2002 ff.

Baumgart, Franzjörg (Hrsg.): *Studienbücher Erziehungswissenschaft*, 5 Bde., Bad Heilbrunn 1996 ff.

Bayrhuber, Horst: „Fachdidaktik" In: Tenorth, Heinz-Elmar (Hrsg.): *Lexikon Pädagogik*, Weinheim 2007, S. 230-233.

Ders. u.a.: *Konsequenzen aus „Pisa" – Perspektiven der Fachdidaktiken*, Innsbruck 2004.

Ders. u.a.: *Empirische Fundierung in den Fachdidaktiken*, Münster 2011.

Beck, Ulrich: *Risikogesellschaft – auf dem Weg in eine andere Moderne*, Frankfurt a. M. 1986.

Ders. / Elisabeth Beck-Gernsheim: *Riskante Freiheiten*, Frankfurt a. M. 1994.

Bellenberg, Gabriele / Anke Thierack: *Ausbildung von Lehrerinnen und Lehrern in Deutschland. Bestandsaufnahme und Reformbestrebungen*, Opladen 2003.

Bellmann, Johannes/Weiß, Manfred: „Risiken und Nebenwirkungen neuer Steuerung im Schulsystem". In: *Zeitschrift für Pädagogik* 55 (2009), S. 286-308.

Bellmann, Johannes / Thomas *Müller* (Hrsg.): *Wissen, was wirkt*. Kritik evidenzbasierter Pädagogik. Wiesbaden 2011.

Benner, Dietrich: *Allgemeine Pädagogik*, Weinheim 1987.

Ders.: *Wilhelm von Humboldts Bildungstheorie*, Weinheim 1990.

Ders. / Friedhelm Brüggen: *Geschichte der Pädagogik*, Stuttgart 2011.

Benner, Dietrich / Heynitz, Martina von u.a.: „Ethikunterricht und moralische Kompetenz jenseits von Werte- und Tugenderziehung". In: *Zeitschrift für Didaktik der Philosophie und Ethik* 32 (2010), 304-312.

Berger, Wilhelm / Peter Heintel: *Die Organisation der Philosophen*, Frankfurt a. M. 1998.

Bielski, Sven / Bernhard Rosemann: *Pädagogische Psychologie*, Weinheim 2001.

Bilstein, Johannes: „Im Reich der Lehrer. Beobachtungen im Lehrerzimmer". In: Eckart Liebau / Wolfgang Mack / Christoph Scheilke (Hrsg.): *Das Gymnasium*, Weinheim 1997, 15-32.

Bildungskommission NRW: *Zukunft der Bildung. Schule der Zukunft*, Neuwied 1995.

Birnbacher, Dieter / Joachim Siebert / Volker Steenblock (Hrsg): *Philosophie und ihre Vermittlung. Ekkehard Martens zum 60. Geburtstag*, Hannover (Siebert) 2003.

Blankertz, Herwig: *Theorien und Modelle der Didaktik*, 10. Aufl. München 1977.

Blesenkemper, Klaus: „Gefühle geben zu denken. Zur Philosophie der Affekte am Beispiel der Scham". In: *Zeitschrift für Didaktik der Philosophie und Ethik*, Heft „Praktische Philosophie" 20 (1998) 254-265.

Böhme, Gernot: *Weltweisheit, Lebensform, Wissenschaft. Eine Einführung in die Philosophie*, Frankfurt a. M. 1994.

Boschki, Reinhold: *Einführung in die Religionspädagogik*, Darmstadt 2. Aufl 2011.

Brandt, Reinhard: *Philosophie in Bildern*, Köln 2. Aufl. 2001.

Braun, Lucien: *Bilder der Philosophie* („Iconographie et Philosophie", dt.). hrsgg. von R. Konersmann, Darmstadt 2009.

Bredella, Lothar: „Der Bildungssinn literarischer Texte". In: Michael Baum / Detlev Gohrbandt (Hrsg.): *Wissenschaft der Fachdidaktik: Literatur und Sprache im Vermittlungszusammenhang* (Kongress an der Universität Koblenz-Landau), Landau 2007, 19-42.

Brüning, Barbara: *Ethikunterricht in Europa*, Leipzig 1999.

Dies.: *Philosophieren in der Sekundarstufe. Methoden und Medien*, Weinheim 2003.

Brose, Karin: *Survival für Referendare*, Göttingen 2010.

Burckhart, Holger / Jürgen Sikora (Hrsg.): *Praktische Philosophie – Philosophische Praxis*, Darmstadt (WBG) 2005.

Burkard, Franz-Peter / Axel Weiß: *dtv-Atlas Pädagogik*, München 2008.

Daschner, Peter / Ursula Drews (Hrsg.): *Handbuch Referendariat*, aktual. Neuaufl. Weinheim 2007.

Daurer, Doris: *Staunen – Zweifeln – Betroffensein. Mit Kindern Philosophieren*, Weinheim 1999.

Decher, Friedhelm: *Die Schule der Philosophen. Große Denker über Bildung und Erziehung*, Darmstadt (WBG) 2012.

Dege, Martina: „Philosophische Schreibwerkstatt mit Schülern – Über das allmähliche Verfertigen der Gedanken beim Schreiben". In: F. Witzleben (Hrsg.): *Philosophie in der schulischen Praxis*, Frankfurt a. M. 1999, 149-168.

Demantowsky, Marko / Volker Steenblock (Hrsg.): *Selbstdeutung und Fremdkonzept*. Die Fachdidaktiken der kulturwissenschaftlichen Fächer im Gespräch, Bochum (Projektverlag) 2011.

Deppe, Wolfgang: „Bedarf der Philosophieunterricht einer neuen Begründung? Eine Auseinandersetzung mit R. Lassahn". In: *Aufgaben und Wege des Philosophieunterrichts* N. F. 5 (1973).

Dilthey, Wilhelm: Gesammelte Schriften Bd. IX: *Pädagogik*, 3. Aufl. Stuttgart/Göttingen 1961.

Dölle-Oelmüller, Ruth: „Wie können Fragen, Probleme und Problemlösungen der philosophischen Tradition heute in einer neuen Weise im Philosophieunterricht der Schule behandelt werden?" In: *Zeitschrift für Didaktik der Philosophie* (1985), 61-64.

Dies.: „Der philosophische Diskurs als ein Weg zur Selbstverständigung über problematisch gewordene Lebensorientierungen". In: W. Rehfus / H. Becker (Hrsg.): *Handbuch des Philosophieunterrichts*, Düsseldorf 1986, 52-63.

Dies: „Sittliche Erziehung in öffentlichen Schulen". In: Sächsisches Staatsministerium für Kultus (Hrsg.): *Nachdenken über Schule*, Dresden 1999, 102-115.

Draken, Klaus: „Das Unterrichtsgespräch. Oder: Auf dem Weg zu einer philosophisch geprägten Gesprächspraxis". In: *Ethik und Unterricht* (2000), 17-23.

Ders. / Stefan Maeger / Rudolf Reuber / Harald Sieberg u. a.: *Philosophieren*, Bamberg 2005-2006 (2 Bde.).

Ders.: *Sokrates als moderner Lehrer?* Münster (LIT) 2011.

Dressler, Bernhard (Hrsg.): *Fachdidaktiken im Dialog*, Marburg 2010.

Ebbers, Thomas / Markus Melchers: *Praktisches Philosophieren mit Kindern*. Reihe: Philosophie und Bildung, hrsg. von E. Martens / C. Gefert / V. Steenblock, Münster (LIT) 2005.

Ellwein, Thomas: *Die deutsche Universität*. Vom Mittelalter bis zur Gegenwart, Königstein/Ts. 1985.

Engels, Helmut: *Das Gedankenexperiment in praktischer Absicht*, Weinheim 2004.

Feldmann, Klaus: „Niki des Saint-Phalle: *Vive l'amour*". In: *Zeitschrift für Didaktik der Philosophie und Ethik* 33 (2011), 356-361.

Fey, Eduard (Hrsg.): *Beiträge zum Philosophie-Unterricht in europäischen Ländern*, Münster 1978.

Fischer, Wolfgang: „Ist Ethik lehrbar?" In: *Zeitschrift für Pädagogik* 42 (1996), 17-28.

Forschner, Maximilian: *Über das Glück des Menschen: Aristoteles, Epikur, Stoa, Thomas von Aquin, Kant*, Darmstadt 2. Aufl. 1994.

Frede, Dorothea: „Das Philosophie-Curriculum in Platons ‚Staat'". In: J. Rohbeck (Hrsg.): *Ethisch-philosophische Basiskompetenz* (Jahrbuch für Didaktik der Philosophie und Ethik, Band 5), Dresden (Thelem) 2004.

Freese, Hans Ludwig: *Kinder sind Philosophen*, Weinheim 1989.

Matthias Fritsch / Martin Lindweder / Thomas Schärtl: *Wo nie zuvor ein Mensch gewesen ist. Science-Fiction-Filme: Angewandte Philosophie und Theorie*, Regensburg 2003.

Fröhlich, Michael: *Philosophieren mit Kindern* (Reihe: Philosophie und Bildung, hrsg. von E. Martens / C. Gefert / V. Steenblock), Münster (LIT) 2005.

Fuchs, Max: *Kulturelle Bildung*, München 2008.

Gaarder, Jostein: *Sofies Welt*, München/Wien 1993.

Garve, Christian: „Von der Popularität des Vortrags". In: Ders.: *Versuche über verschiedene Gegenstände aus der Moral, der Litteratur und dem gesellschaftlichen Leben, Zweyther Theil*, Breslau 1796, Repr. Stuttgart 1974.

Gautschi, Peter: *Guter Geschichtsunterricht*, Schwalbach/Ts. 2009.

Gebauer, Klaus: „Islamischer Religionsunterricht?" In: *Pädagogik* 10 (1998), 49-52.

Göllner, Manfred: *Die Bildungs- und Lehraufgaben des Ethikunterrichts in Europa im Vergleich*, Münster (LIT) 2002.

Göppel, Rolf: „‚Emotionale Intelligenz' als Bildungsziel?" In: *Neue Sammlung. Vierteljahres-Zeitschrift für Erziehung und Gesellschaft* 39 (1999), 563-582.

Goleman, Daniel: *Emotionale Intelligenz* („Emotional Intelligence. Why it can matter more than IQ"), München 1996.

Grethlein, Christian: *Religionspädagogik*, Berlin 1998.

Gründer, Conrad / Andreas Gruschka / Meinert A. Meyer: *Philosophie für die europäische Jugend*, Münster 1997.

Grundmann, Herbert: *Vom Ursprung der Universität im Mittelalter*, Berlin 1957.

Gruschka, Andreas: *Didaktik. Das Kreuz mit der Vermittlung*, Wetzlar 2002.

Ders.: Verstehen lehren. Stuttgart 2011.

Günther-Arndt, Hilke (Hrsg.): *Geschichtsdidaktik. Praxishandbuch für die Sekundarstufe I und II*, Berlin 2003.

Habermas, Jürgen: *Strukturwandel der Öffentlichkeit*, Neuwied 1962.

Ders.: *Theorie des Kommunikativen Handelns*, 2 Bde., Frankfurt a. M. 1981.

Hadot, Pierre: *Philosophie als Lebensform. Geistige Übungen in der Antike* („Exercises spirituels et philosophie antique"), Berlin 1991.

Hahn, Alois / Jörg Bergmann / Thomas Luckmann: „Die Kulturbedeutung der Religion in der Gegenwart der westlichen Gesellschaft". In: *Kölner Zeitschrift für Soziologie und Sozialpsychologie. Sonderheft Religion und Kultur*, Opladen 1993, 7-15.

Hahn, Johannes: *Der Philosoph und die Gesellschaft*, Stuttgart 1989.

Handke, Ulrike: *Der Mutmacher*. Ratgeber für den pädagogischen Berufseinstieg, Berlin 6. Aufl. 2010.

Hastedt, Heiner: „Weshalb Philosophieren in der Schule?" In: K. R. Lohmann / Th. Schmidt (Hrsg.): *Akademische Philosophie zwischen Anspruch und Erwartung*, Frankfurt a. M. 1998, 209-219.

Ders. / Ekkehard Martens / Johannes Rohbeck / Volker Steenblock (Hrsg.): *Praxishandbücher Philosophie und Ethik*, 4 Bde., Hannover (Siebert) 2003.

Hegel, Georg Wilhelm Friedrich: *Über den Vortrag der Philosophie auf Gymnasien (1812)*. In: Werke in 20 Bänden, Bd. IV, Frankfurt a. M. 1970, 410-412.

Ders.: *Über den Unterricht in der Philosophie auf Gymnasien (1822)*. In: Werke in 20 Bdn., Bd. XI, Frankfurt a. M. 1970, 31-42.

Heimann, Paul / Gunter Otto / Wolfgang Schulz: *Unterricht – Analyse und Planung*, Hannover 1969 u. ö.

Helmke, Andreas: *Unterrichtsqualität – erfassen, bewerten, verbessern*, Seelze 2. Aufl. 2004.

Hengelbrock, Jürgen: „Philosophie im Rahmen des Bildungsauftrags der Schule". In: *Deutsche Zeitschrift für Philosophie* 40 (1992), 1441-1448.

Henke, Roland W.: *Hegels Philosophieunterricht*, Würzburg 1989.

Ders.: „Bericht zum Schulversuch ‚Praktische Philosophie' in NRW". In: *Ethik und Unterricht* 20 (1998), 37-39.

Ders.: „Kants Konzept von moralischer Erziehung heute". In: Landesinstitut für Schule NRW (Hrsg.): *Erziehungskultur und soziales Lernen*, Soest 2004.

Ders. u.a.: *Zugänge zur Philosophie*. Grundband für die Oberstufe. Berlin, Bd. 1, 1995, 2. Aufl. 2004; Bd. 2, 2002.

Ders. / Eva-Maria Sewing (Hrsg.): *Abenteuer Mensch sein*, Berlin 2006.

Henningsen, Jürgen: *Erfolgreich manipulieren*. Methoden des Beybringens, Ratingen o. J.

Hildebrand, Jens: *Film: Ratgeber für Lehrer*, Köln 2. Aufl. 2007.

Holzhey, Helmut: „Popularphilosophie". In: *Historisches Wörterbuch der Philosophie* Bd. 7 (1989), 1093-1100.

Ders. / W. Ch. Zimmerli (Hrsg.): *Esoterik und Exoterik der Philosophie*, Basel 1977.

Horster, Detlef: *Philosophieren mit Kindern*, Opladen 1992.

Hügli, Anton: *Philosophie und Pädagogik*, Darmstadt 1999.

Humboldt, Wilhelm: *Ideen zu einem Versuch, die Gränzen der Wirksamkeit des Staates zu bestimmen*. In: Ders.: Werke, hrsg. von A. Flitner / K. Giel, 5 Bde, Darmstadt 1960, Bd. 1, 56-233.

Huwendiek, Volker (Hrsg.): *Nach Bologna und „Pisa"* („Seminar" Heft 4, 2005), Hohengehren 2005.

Jeismann, Karl-Ernst: *Das preußische Gymnasium in Staat und Gesellschaft*, 2 Bde., Stuttgart 1996.

Junge, Matthias: *Individualisierung*, Frankfurt a. M. 2002.

Kade, Sylvia: *Altern und Bildung*, Bielefeld 2009.

Kämper-van den Bogart, Michael (Hrsg.): *Deutschdidaktik. Leitfaden für die Sekundarstufe I und II*, 2. Aufl. Berlin 2004.

Kant, Immanuel: *Logik*. In: Kants Werke Bd. XI, Akademieausgabe, Berlin/Leipzig 1923.

Kensmann, Bodo: „Philosophiedidaktik". In: N. Herold / S. Mischer (Hrsg.): *Philosophie: Studium, Text und Argument*, Münster 1997, 203-231.

Kimmerle, Heinz: „Die Widersprüche des Verhältnisses von esoterischer und exoterischer Philosophie in Hegels Systemkonzeptionen". In: H. Holzhey / W. Ch. Zimmerli (Hrsg.): *Esoterik und Exoterik in der Philosophie*, Basel 1977, 139-157.

Klafki, Wolfgang (Hrsg.): *Beiträge zur Geschichte des Bildungsbegriffs*, Weinheim 1965.

Ders.: „Kategoriale Bildung (1959)". In: *Studien zur Bildungstheorie und Didaktik*, Weinheim 1963, 10. und Neuauflage 1975.

Ders.: „Die bildungstheoretische Didaktik". In: H. Gudjons / R. Teske / R. Winkel (Hrsg.): *Didaktische Theorien*, Braunschweig 1981, 10-26.

Ders.: *Neue Studien zur Bildungstheorie und Didaktik*. Zeitgemäße Allgemeinbildung und kritisch-konstruktive Didaktik, Weinheim/Basel 1985, 2. erw. Aufl. 1991.

Ders.: „Abschied von der Aufklärung? Grundzüge eines bildungstheoretischen Gegenentwurfs". In: H.-H. Krüger (Hrsg.): *Abschied von der Aufklärung. Perspektiven der Erziehungswissenschaft*, Opladen 1990, 91-104.

Klager, Christian (Hrsg.): *Philosophieren mit den Simpsons*, Münster 2009.

Klausener, Helge (Hrsg): *Berufe für Philosophen*, Darmstadt 2004.

Kledzik, Silke M.: „Bildung durch Sprache. Zur Aktualität des Humboldtschen Bildungsbegriffs". In: M. Samuel-Scheyder / Ph. Alexandre (eds.): *Pensée pédagogique*, Bern 1999, 403-412.

Klemm, Günther: „Geschichte des deutschen Philosophieunterrichts". In: E. Fey (Hrsg.): *Beiträge zum Philosophieunterricht in europäischen Ländern*, Münster 1978, 57-105.

Koch, Lutz: *Kants ethische Didaktik*, Würzburg 2003.

Klieme, Eckhart / Cordula Artelt / Johannes Hartig / Nina Jude / Olaf Köller / Manfred Prenzel / Wolfgang Schneider / Petra Stanat (Hrsg.): *„Pisa" 2009. Bilanz nach einem Jahrzehnt*, Münster 2010.

Kraus, Anja (Hrsg.): *Körperlichkeit in der Schule*, Oberhausen 2008.

Kuchen, Winfried: *„Ein Fall aus dem Leben...* Fallstudien im Philosophieunterricht und Beantwortung der Frage, was sie der Fachdidaktik nutzen können". In: *Zeitschrift für Didaktik der Philosophie und Ethik* 28 (2006).

Landesinstitut für Schule und Weiterbildung NRW: *Über die Nutzlosigkeit von Belehrungen und Bekehrungen*, Soest 1996.

Lassahn, Rudolf, „Zum Philosophieunterricht an Gymnasien". In: *Aufgaben und Wege des Philosophieunterrichts* N. F. 4 (1972), 1 ff.

Lebek, Erwin: „Die gegenwärtige Lage des Philosophieunterrichts an deutschen Gymnasien". In: J. Derbolav (Hrsg.): *Die Philosophie im Rahmen der Bildungsaufgabe des Gymnasiums*, Heidelberg 1964, 96-107.

Leonhard, Silke: *Leiblich lernen und lehren*. Ein religionsdidaktischer Diskurs, Stuttgart 2006.

Leschinsky, Achim: *Vorleben oder Nachdenken? Bericht der wissenschaftlichen Begleitung über den Modellversuch zum Lernbereich LER*, Frankfurt a. M. 1996.

Lessing, Hans-Ulrich / Volker Steenblock (Hrsg.): „Was den Menschen eigentlich zum Menschen macht ..." *Klassische Texte einer Philosophie der Bildung*, Freiburg 2010.

Liessmann, Konrad Paul: *Theorie der Unbildung*, Wien 17. Aufl. 2008.

Lind, Georg: *Moral ist lehrbar*. Handbuch zur Theorie und Praxis moralischer und demokratischer Bildung, München 2003.

Lorenzen, Arnold K. D.: *Philosophie in der Erwachsenenbildung*, Göttingen 1986.

Lott, Jürgen: *Wie hast Du's mit der Religion?* Das neue Schulfach LER und die Werteerziehung in der Schule, Gütersloh 1998.

Mahnke, Hans-Peter: „Reale Ethik-Didaktik im Sumpf des Alltags. Berichte über Altes und Neues aus den Bundesländern". In: *Ethik macht Schule II*, hrsg. von R. Breun. Eine Publikation der Zeitschrift „Ethik & Unterricht", Velbert 2004, 61-80.

Maring, Mathias (Hrsg.): *Ethisch-philosophisches Grundlagenstudium. Ein Studienbuch*, 2. Aufl. Münster (LIT) 2005.

Marsal, Eva / Takara Dobashi (Hrsg.): *Das Spiel als Kulturtechnik des ethischen Lernens* (Reihe: „Philosophie und Bildung"), Münster (LIT) 2005.

Martens, Ekkehard: *Dialogisch-pragmatische Philosophiedidaktik*, Hannover 1979.

Ders.: *Einführung in die Didaktik der Philosophie*, Darmstadt 1983.

Ders.: „Didaktik der Philosophie". In: Ders. / H. Schnädelbach (Hrsg.): *Philosophie. Ein Grundkurs*, 2 Bde., 2. Aufl. Reinbek 1991, 748-780.

Ders.: *Der Faden der Ariadne. Über kreatives Denken und Handeln.* (Neuauflage mit dem Untertitel: „Warum alle Philosophen spinnen"), Stuttgart 1991, 2001.

Ders. / Helmut Schreier (Hrsg.): *Philosophieren mit Schulkindern*. Philosophie und Ethik in Grundschule und S I: Begründungen, Formen, Praxiszugänge, Heinsberg 1994.

Ders.: „Philosophie als Kulturtechnik humaner Lebensgestaltung". In: *Zeitschrift für Didaktik der Philosophie und Ethik* 17 (1995), 2-4.

Ders.: „Philosophiedidaktik". In: A. Pieper (Hrsg.): *Philosophische Disziplinen*, Leipzig 1998, 281-303.

Ders.: *Philosophieren mit Kindern*. Eine Einführung in die Philosophie, Stuttgart (Reclam) 1999.

Ders.: „Theages – ein Schüler für das neue Unterrichtsfach ,Praktische Philosophie'?" In: W. Greber / V. Steenblock / K. Tesching (Hrsg.): *Schulische Bildung in einer veränderten Gegenwart*. Immanuel-Kant-Gymnasium Münster- Hiltrup 1999.

Ders. (Hrsg. und Autor mit Volker Steenblock): *Philosophieren können*. München 2000 ff.

Ders.: *Die Sache des Sokrates*, Stuttgart (Reclam) 1992 (Neuausgabe unter dem Titel: „Sokrates. Eine Einführung", 2004).

Ders.: *Platon*, Stuttgart 2009.

Ders.: *Methodik des Ethik- und Philosophieunterrichts*, 5. Aufl. Hannover 2010.

Ders.: *Lob des Alters*, Mannheim 2011.

Matthews, Gareth B.: *Denkproben. Philosophische Ideen jüngerer Kinder* („Philosophy and the Young Child"), Berlin 1989.

Ders.: *Philosophische Gespräche mit Kindern* („Dialogues with Children"), Berlin 1990.

Ders.: *Die Philosophie der Kindheit. Wenn Kinder weiter denken als Erwachsene* (Orig. „The Philosophy of Childhood"), Weinheim 1995.

Menze, Clemens: „Bildung". In: J. Speck / G. Wehle (Hrsg.): *Handbuch pädagogischer Grundbegriffe* Bd. I, München 1970, 134-184.

Ders.: *Wilhelm von Humboldts Lehre und Bild vom Menschen*, Ratingen 1965.

Ders: *Die Bildungsreform Wilhelm von Humboldts*, Hannover 1975.

Meyer, Hilbert: *Unterrichtsmethoden*, 2 Bde., Frankfurt a. M. 1987 u. ö.

Ders.: *Was ist guter Unterricht?* Berlin 2004.

Meyer, John W.: *Weltkultur.* Wie die westlichen Prinzipien die Welt durchdringen, hrsg. von Georg Krücken, Frankfurt a. M. 2005.

Meyer, Kirsten (Hrsg.): *Texte zur Didaktik der Philosophie*, Stuttgart 2010.

Meyer, Meinert A.: „Immanuel Kant und die Pädagogik in einer veränderten Gegenwart".
In: W. Greber / V. Steenblock / K. Tesching (Hrsg.): *Schulische Bildung in einer verän-*
derten Gegenwart. Immanuel-Kant-Gymnasium Münster-Hiltrup 1999, 64-67.

Ders.: „Die ‚lernende Schule' als Antwort auf kulturellen Wandel". In: M. A. Meyer/J.
Keuffer (Hrsg.): *Didaktik und kultureller Wandel. Aktuelle Problemlagen und Verände-*
rungsperspektiven, Weinheim 1997, S. 33-66.

Ders. u. a. (Hrsg.): *Lernmethoden – Lehrmethoden. Wege zur Selbständigkeit.* Friedrich-
Jahresheft, Seelze 1997.

Ders.: Didaktik für das Gymnasium. Grundlagen und Perspektiven, Berlin 2000.

Meyer-Drawe, Käte: *Illusionen von Autonomie. Diesseits von Ohnmacht und Allmacht des*
Ich. München 2. Aufl. 2000.

Dies.: „Zum metaphorischen Gehalt von ‚Bildung' und ‚Erziehung'". In: *Zeitschrift für*
Pädagogik 45 (1999), 161-175.

Dies.: „Individuum". In: D. Benner / J. Oelkers (Hrsg.): *Historisches Wörterbuch der*
Pädagogik, Weinheim/Basel 2004, S. 458-481.

Dies.: *Diskurse des Lernens,* München 2008.

Mokrosch, Reinhold: „Die Entwicklung des moralischen Urteils nach Piaget und Kohlberg". In: *„Auf andere achten" – Ethik 5/6 Lehrerhandbuch,* Frankfurt a. M.1995, 35-
50.

Münch, Richard: *Die akademische Elite. Zur sozialen Konstitution wissenschaftlicher*
Exzellenz, Frankfurt a. M. 2007.

Ders.: *Globale Eliten, lokale Autoritäten. Bildung und Wissenschaft unter dem Regime von*
„Pisa", Kinsey und Co., Frankfurt 2009.

Münnix, Gabriele: „Zur Didaktik eines werterziehenden Philosophieunterrichts in der SI".
In: *Zeitschrift für Didaktik der Philosophie und Ethik* 17 (1995), 86-95.

Dies. / Norbert Münnix: Leben statt gelebt zu werden. Wie wir Kindern Orientierung
geben, Zürich/Düsseldorf 1998.

Neubig, Andreas: *Soll die Philosophie ein Unterrichtsgegenstand auf Gymnasien sein?*
Eine Abhandlung, womit dem königlichen Gymnasium zu Hof zu seiner dreihundert-
jährigen Einweihungsfeier 1846 im Namen des königlichen Gymnasiums zu Baireuth
die aufrichtigsten und herzlichsten Glückwünsche darbringt A. N., Baireuth 1846.

Nipkow, Karl Ernst: Was ist *Bildung?* www.emk-sozialforum.de/ material/ nipkow_
vortrag.pdf.

Oelkers, Jürgen: *Gesamtschule in Deutschland,* Weinheim 2006.

Paul, Jean: *Über den Nutzen des frühen Studiums der Philosophie.* Nach: Sämtliche Werke.
Hist.-krit. Ausgabe, zweite Abtlg., erster Bd., hrsg. von E. Berend, Weimar 1928, 1-11.

Paulsen, Friedrich: *Gesammelte pädagogische Abhandlungen,* Stuttgart/Berlin 1912.

Ders.: *Geschichte des gelehrten Unterrichts auf den deutschen Schulen und Universitäten*
vom Ausgang des Mittelalters bis zur Gegenwart, 2 Bde., 3. Aufl. Berlin und Leipzig
1919, 1921.

Petermann, Hans-Bernhard: *Kann ein Hering ertrinken? Philosophieren mit Bilderbüchern* (Reihe „Philosophie und Ethik unterrichten", hrsg. von B. Brüning und F.-J. Wetz, Band 3), Weinheim/Basel 2004.

Peukert, Helmut: „Bildung – Reflexionen zu einem uneingelösten Versprechen". In: *Bildung.* Friedrich-Jahresheft, Seelze 1988, 12-17.

Ders.: „Bildung als Wahrnehmung des Anderen. Der Dialog im Bildungsdenken der Moderne". In: I. Lohman / W. Weiße (Hrsg.): *Dialog zwischen den Kulturen. Erziehungsphilosophische und religionspädagogische Gesichtspunkte interkultureller Bildung,* Münster/New York 1994, 1-14.

Pfeifer, Volker: *Ethisch Argumentieren,* Bühl 1997.

Ders.: *Didaktik des Ethikunterrichts,* 2. Auf. Stuttgart 2009.

Pfister, Jonas: *Fachdidaktik Philosophie,* Bern 2010.

Piaget, Jean: *Das Weltbild des Kindes,* Stuttgart 1978 u. ö.

Pleines, Jürgen-Eckardt: *Bildung. Grundlegung und Kritik eines pädagogischen Begriffs,* Heidelberg 1971.

Ders.: „Hegels Theorie der Bildung. Das Problem der Interpretation". In: Ders.: *Studien zur Bildungstheorie,* Darmstadt 1989, 148-180.

Ders. (Hrsg.): *Bildungstheorie. Probleme und Positionen,* Freiburg 1978.

Pongs, Armin: *In welcher Gesellschaft leben wir eigentlich? Gesellschaftskonzepte im Vergleich,* München 1999.

Precht, Richard David: *Wer bin ich – und wenn ja, wie viele?* Eine philosophische Reise, 12. Aufl. München 2012.

Raters, Marie-Luise: *Das moralische Dilemma im Ethik-Unterricht.* Moralphilosophische Überlegungen zur Dilemma-Methode von Lawrence Kohlberg, Dresden 2011.

Dies. (Hrsg.): *Werte in Religion und Ethik,* Dresden 2011.

Rath, Norbert: „Philosophieunterricht im politisch-sozialen Kontext des 19. und 20. Jahrhunderts". In: A. Manzmann (Hrsg.): *Geschichte der Unterrichtsfächer,* München 1983, 177-199.

Ders.: „Von ‚Anlage-' bis ‚Unternehmensphilosophie'. Zur Verwendung des Wortes Philosophie in Werbung und Zeitungssprache". In: H. Drerup / E. Keiner (Hrsg.): *Popularisierung wissenschaftlichen Wissens in pädagogischen Feldern,* Weinheim 1999, 243-260.

Raupach-Strey, Gisela: *Sokratische Didaktik,* Münster 2001.

Rehfus, Wulff D.: *Didaktik der Philosophie,* Düsseldorf 1980.

Ders.: *Der Philosophieunterricht. Kritik der Kommunikationsdidaktik und unterrichtspraktischer Leitfaden,* Stuttgart/Bad Cannstatt 1986.

Ders.: „Methodischer Zweifel und Metaphysik. Der bildungstheoretisch-identitätstheoretische Ansatz in der Philosophiedidaktik". In: Ders. / Horst Becker (Hrsg.): *Handbuch des Philosophieunterrichts,* Düsseldorf 1986, 98-113.

Rehn, Rudolf / Christina Schües (Hrsg.): *Bildungsphilosophie,* Freiburg 2008.

Reichenbach, Roland: *Philosophie der Bildung und Erziehung,* Stuttgart 2007.

Rekus, Jürgen (Hrsg.): *Bildungsstandards, Kerncurricula und die Aufgabe der Schule.* *Münstersche Gespräche zur Pädagogik* 21, Münster (Aschendorff) 2005.

Reitemeyer, Ursula (Hrsg.): *Ethik im Unterricht.* Eine hochschuldidaktische Studie zum Vermittlungsverhältnis von Bildungstheorie, Allgemeiner Didaktik und Unterrichtspraxis, Münster 1999, 110-113.

Rösch, Anita: *Kompetenzorientierung im Philosophie- und Ethikunterricht,* Münster (LIT) 2009.

Rohbeck, Johannes (Hrsg.): *Jahrbuch für Didaktik der Philosophie und Ethik,* Bd. 1 ff., Dresden (Thelem) 2000 ff.

Ders.: *Didaktik der Philosophie und Ethik,* Dresden 2. Aufl. 2010.

Rohm, Sven: Rezension zu Vanessa Albus: *Die Welt im lebendigen Spiegel – Leibniz' Monadologie.* In: *Zeitschrift für Didaktik der Philosophie und Ethik* 31 (2009).

Rolf, Bernd: „Wozu braucht man eigentlich einen Staat?" In: *Zeitschrift für Didaktik der Philosophie und Ethik* 20 (1998), 240-245.

Ders. u.a. (Hrsg.) *Orientierung durch Philosophieren.* Festschrift zum 50jährigen Bestehen des Fachverbands Philosophie e.V., Münster 2007.

Rotermund, Manfred (Hrsg.): *Schulpraktische Studien,* Leipzig 2006.

Rothland, Martin / Ewald Terhart: „Forschung zum Lehrerberuf". In: Tippelt, R./Schmidt, B. (Hrsg.): *Handbuch Bildungsforschung,* 3. Auflage Wiesbaden 2010, S. 791-810.

Rüsen, Jörn: *Kultur macht Sinn,* Köln 2006.

Ruhloff, Jörg: *„Humanismus, humanistische Bildung".* In: D. Benner / J. Oelkers (Hrsg.): *Historisches Wörterbuch der Pädagogik,* Weinheim/Basel 2004, 443-454.

Ders.: „Einmaligkeit" oder Kritik einer wissenschaftspolitischen Machterschleichung. In: *Pädagogische Korrespondenz* 37 (2007), 5-17.

Rullmann, Marit u. a.: *Philosophinnen,* 2. Aufl. Zürich/Dortmund 1994; Neuauflage Frankfurt a. M. 1998.

Runtenberg, Christa: *Didaktische Ansätze einer Ethik der Gentechnik,* Münster 1999.

Safranski, Rüdiger: *Schopenhauer und die wilden Jahre der Philosophie,* Reinbek 6. Aufl. 2006.

Schilmöller, Reinhard / Aloysius Regenbrecht / Karl Gerhard Pöppel (Hrsg.): *Ethik als Unterrichtsfach. Münstersche Gespräche zu Themen der wissenschaftlichen Pädagogik* 17, Münster 2000.

Schirp, Heinz: „Wie lernt unser Gehirn Wertorientierungen? Neurologische Befunde und schulpraktische Ansätze". In: Landesinstitut für Schule NRW (Hrsg.): *Erziehungskultur und soziales Lernen,* Soest 2004, S. 8-22.

Schmid, Wilhelm: *Philosophie der Lebenskunst,* 3. Aufl. Frankfurt a. M. 1999.

Schmidt, Heinz: *Didaktik des Ethikunterrichts,* 2 Bde. Stuttgart usw. 1983/84.

Schnädelbach, Herbert: „Philosophie in der modernen Kultur". In: F. Hermanni / V. Steenblock (Hrsg.): *Philosophische Orientierung. Festschrift W. Oelmüller,* München 1995, 25-39.

Ders.: *Religion in der modernen Welt,* München 2009.

Schneider, Hans Julius: „Das neue Fach ‚Lebensgestaltung – Ethik – Religionskunde‘: Sinnvolle Propädeutik oder fragwürdiger Ersatz für den Religionsunterricht?" In: *Deutsche Zeitschrift für Philosophie* 46 (1998), 305-318.

Schmidt, Donat u.a.: *Maß nehmen, Maß geben.* Leistungsbewertung im Philosophie- und Ethikunterricht, Dresden 2011.

Scholtz, Gunter: „Sokrates und die Idee des Wissens". In: H. Kessler (Hrsg.): *Das Lächeln des Sokrates*, Küsterdingen 1999, 247-269.

Schweitzer, Friedrich: *Religionspädagogik*, Gütersloh 2006.

Schüppen, Franz: „Traditionslinien des Philosophieunterrichts. Der Weg des Romanisten Eduard Fey zur Philosophie und ihrer Didaktik und die *Association Internationale des Professeurs de Philosophie".* In: E. Martens / Chr. Gefert / V. Steenblock (Hrsg.): *Philosophie und Bildung. Beiträge zur Philosophiedidaktik* (Reihe „Philosophie und Bildung", Bd. 1), Münster (LIT) 2005, 23-39.

Schütt, Rolf: *Die Liebhaber der Sophie. Europäische Philosophiegeschichte einmal ganz anders*, Würzburg 1989.

Schulze, Gerhard: *Die Erlebnisgesellschaft. Kultursoziologie der Gegenwart*, Frankfurt a. M. 1992.

Schweidler, Walter (Hrsg.): *Postsäkulare Gesellschaft*, Freiburg 2008.

Seesslen, Georg: *Die Matrix entschlüsselt*, Berlin 2003.

Sennett, Richard: *Der flexible Mensch* („The Corrosion of Character"), Berlin 1998.

Ders: *Die Kultur des neuen Kapitalismus* („The Culture of the New Capitalism"), Berlin 2005.

Shusterman, Richard: *Philosophie als Lebenspraxis* („Practicing Philosophy: Pragmatism and the Philosophical Life"), Berlin 2001.

Siebert, Horst: *Didaktisches Handeln in der Erwachsenenbildung. Didaktik aus konstruktivistischer Sicht*, Neuwied 2. Aufl. 1997.

Siekmann, Andreas: „Berührungspunkte und Unterschiede zwischen Religionsunterricht und Praktischer Philosophie". In: *Zeitschrift für Didaktik der Philosophie und Ethik* 20 (1998), 272-278.

Sistermann, Rolf: „Audivisuelle Gedankenexperimente. Musikvideos als neue Medien im Philosophie- und Ethikunterricht". In: *Ethik und Unterricht* 15 (2004), 29-33.

Ders.: „Konsumismus oder soziale Gerechtigkeit?" In: Zeitschrift für Didaktik der Philosophie und Ethik 27 (2005), 16-27.

Sohns, Jan-Arne: *Popkultur trifft Schule*, Weinheim 2009.

Spitzer, Manfred: *Lernen. Gehirnforschung und die Schule des Lebens*, Heidelberg/Berlin 2002.

Staude, Detlef: *Methoden philosophischer Praxis.* Ein Handbuch, Bielefeld 2010.

Steenblock, Volker: „Was kann die Philosophie zum Profil einer Schule beitragen?" In: Fachverband Philosophie, Landesgruppe NRW (Hrsg.): *Philosophieunterricht in Nordrhein-Westfalen: Beiträge und Informationen* 29 (1996), 27-32.

Ders. (Hrsg.): *Aschendorffs Philosophische Textreihe*, Kurs 8 ff., Münster 1998 ff.

Ders.: *Theorie der Kulturellen Bildung.* Zur Philosophie und Didaktik der Geisteswissenschaften, München 1999.

Ders.: *Kleine Philosophiegeschichte*, Stuttgart (Reclam) 2002, Neuaufl. 2007.

Ders.: *Die großen Themen der Philosophie*, Darmstadt 2002, 2. Aufl. 2011.

Ders.: *Kultur* oder: *Die Abenteuer der Vernunft im Zeitalter des Pop*, Leipzig 2004.

Ders.: *Sokrates und Co.* Ein Treffen mit den Denkern der Antike, Darmstadt 2005.

Ders. (Hrsg. mit Ekkehard Martens): *Philosophieren können*, München (bsv) 2000 ff.

Ders. (Hrsg. mit Ekkehard Martens): *Philosophie und Bildung*, Münster (LIT) 2005 ff.

Ders. (Hrsg. mit Klaus Blesenkemper u. a.): *Sich orientieren*, München (bsv) 2002.

Ders. (Hrsg.): *Praktische Philosophie/Ethik. Ein Studienbuch.* Münsteraner Philosophische Arbeitsbücher Bd. 1, 3. Aufl. Münster (LIT) 2006.

Ders. (Hrsg.): *Philosophiekurse.* Münsteraner Philosophische Arbeitsbücher Bd. 3, Münster (LIT) 2004.

Ders.: *Philosophie und Lebenswelt.* Beiträge zur Didaktik der Philosophie und Ethik, Hannover (Siebert) 2012.

Stiegler, Ingrid: „Philosophiedidaktik von ca. 1800 bis 1972 – Findung, Konsolidierung und Modifikation ihrer ‚pädagogisierten' Identität". In: W. D. Rehfus / H. Becker (Hrsg.): *Handbuch des Philosophieunterrichts*, Düsseldorf 1986, 20-37.

Stoffer, Helmut: *Aufgabe und Gestaltung des Philosophie-Unterrichts*, Frankfurt a. M. o.J.

Tausch, Anne-Marie / Reinhard Tausch: *Erziehungspsychologie.* Göttingen 1963 u. v. ö.

Tenorth, Heinz-Elmar: *Geschichte der Erziehung.* 5. Aufl. Weinheim 2010.

Ders.: „Erziehungswissenschaft". In: D. Benner / J. Oelkers (Hrsg.): *Historisches Wörterbuch der Pädagogik*, Weinheim/Basel 2004, 341-382.

Terhart, Ewald: „Berufsbiographien von Lehrer/innen und Lehrern. Befunde – Probleme – Konsequenzen". In: *Forum Lehrerbild*, hrsg. von der „Zentralen Koordination Lehrerausbildung" der Universität, Münster 1997.

Ders.: *Lehr-Lern-Methoden*, 3. Aufl. Weinheim 2000.

Ders.: *Lehrerberuf und Lehrerbildung*, Weinheim 2001.

Ders.: „Fremde Schwestern. Zum Verhältnis von Allgemeiner Didaktik und empirischer Lehr-Lern-Forschung". In: Dirk Rustemeyer (Hrsg.): *Erziehung in der Moderne.* Festschrift für Franzjörg Baumgart, Würzburg 2003, 487-507.

Ders.: „Standards und Kompetenzen in der Lehrerbildung". In: D. Berntzen / E. Stiller u. a. (Hrsg.): *Standards für die fachdidaktische Ausbildung in Hochschule und Studienseminar. ZKL-Texte* Nr. 13, Verlag Zentrum für Lehrerbildung, Robert-Koch-Str. 40, 48149 Münster 2006, 5-16; auch in: A. H. Hilligus / H.-D. Rinkens (Hrsg.), *Standards und Kompetenzen – neue Qualität in der Lehrerausbildung?* Münster (LIT) 2006.

Ders.: *Didaktik. Eine Einführung*, Stuttgart (Reclam) 2009.

Ders.: „Allgemeine Didaktik – Fachdidaktik – Lehr-Lern-Forschung". In: M Demantowsky / V. Steenblock (Hrsg.), *Selbstdeutung und Fremdkonzept.* Die Fachdidaktiken der kulturwissenschaftlichen Fächer im Gespräch, Bochum 2011, 15-34.

Ders.: Guter Unterricht: *Die Perspektiven der empirischen Unterrichtsforschung und der allgemeinen Didaktik*. In: Chr. Fischer / R. Schillmöller (Hrsg.), Was ist guter Unterricht? Münster 2010, 39-51.

Ders. / Hedda Bennewitz / Martin Rothland: *Handbuch der Forschung zum Lehrerberuf*, Münster 2011.

Tichy, Matthias: *Die Vielfalt des ethischen Urteils. Grundlinien einer Didaktik*, Bad Heilbrunn 1998.

Tiedemann, Markus: *Philosophiedidaktik und empirische Bildungsforschung: Möglichkeiten und Grenzen*, Münster (LIT) 2011.

Van der Leeuw, Karel / Pieter Mostert: *Philosophieren lehren. Ein Modell für Planung, Analyse und Erforschung des einführenden Philosophieunterrichts*, Delft 1988.

Vollbrecht, Peter: „Alles Existieren ist Unterwegssein. Erfahrungen mit dem Experiment *Philosophische Reisen*". In: Detlef Staude (Hrsg.), *Lebendiges Philosophieren*. Philosophische Praxis im Alltag, Bielefeld 2005, 11-20.

Waldvogel, Markus: „Worum geht`s da eigentlich? Philosophisches zum *So-tun-als-ob* in der Schule". In: Detlef Staude (Hrsg.), *Methoden Philosophischer Praxis*, Bielefeld 2010, 233-251.

Walther, Gerrit u.a.: *Bildung*, Stuttgart 2011.

Weber, Wolfgang E. J.: *Geschichte der europäischen Universität*, Stuttgart 2002.

Weinbrenner, Peter: „Grundlagen und Methodenprobleme sozialwissenschaftlicher Schulbuchforschung". In: R. Olechowski (Hrsg.): *Schulbuchforschung*, Frankfurt a. M. 1995, 21-45.

Weinert, Franz E. (Hrsg.): *Leistungsmessungen in Schulen*, 2. Aufl. Weinheim/Basel 2001.

Weischedel, Wilhelm: *Die philosophische Hintertreppe. 34 große Philosophen in Alltag und Denken*, München 37. Aufl. 2008.

Werder, Lutz v.: *Das philosophische Radio*. Begleitbuch zur Sendereihe/WDR 5: „Auf der Suche nach dem verlorenen Glück", Berlin-Milow 2000.

Wiesen, Bernd: *Praktische Philosophie. Entstehung und Wirkungen des neuen Schulfaches in Nordrhein-Westfalen*, Münster (LIT) 2009.

Wiesen, Brigitte: *Kurshefte Ethik/Philosophie*, Berlin 2001 ff.

Wiesen, Brigitte / Herbert Wiesen: *Ch. Kerners' Blueprint/Blaupause*, Rot a. d. Rot 2003.

Wildt, Johannes: „Ein hochschuldidaktischer Blick auf Lehren und Lernen. Eine kurze Einführung in die Hochschuldidaktik". In: Ders. / B. Berendt / H.-P. Voss (Hrsg.): *Neues Handbuch Hochschullehre. Lehren und Lernen effizient gestalten*, Berlin 2002 ff.

Ders. u. a. (Hrsg.): *Professionalisierung der Hochschuldidaktik*, Bielefeld 2003.

Ders. / Werner Habel (Hrsg.): Gestufte Studiengänge – Brennpunkte der Lehrerbildungsreform, Bad Heilbrunn 2004.

Ders. / Falk Bretschneider (Hrsg.): *Handbuch Akkreditierung von Studiengängen*, Bielefeld 2005.

Wittenbruch, Wilhelm: „Lehrerausbildung ohne Bildung. Anmerkungen zur Situation der Lehrerbildung an deutschen Universitäten". In: *Vierteljahrsschrift für wissenschaftliche Pädagogik* 73 (1997), 254-273.

Wittpoth, Jürgen: *Einführung in die Erwachsenenbildung*, Opladen 2003.

Wittschier, Michael: *Textschlüssel Philosophie*, München 2010.

Witzleben, Frank: „Wozu Bildungskategorien in der Philosophie?" In: *Zeitschrift für Didaktik der Philosophie und Ethik* 19 (1997), 74-81.

Ders.: „Denkerfahrungen: Zur Bildungstheorie und zur Praxis des Philosophieunterrichts und des philosophischen Ethikunterrichts". In: P. Schulz-Hageleit (Hrsg.): *Lernen unter veränderten Lebensbedingungen*, Frankfurt a. M. 1999, 231-249.

Wünsche, Konrad: *Der Volksschullehrer Ludwig Wittgenstein*, Frankfurt a. M. 1985.

Register

(Begriffe, **Kernbegriffe**, *Namen*, Institutionen, „Schulbücher")

MÜNSTERANER
PHILOSOPHISCHE
ARBEITSBÜCHER

I
Philosophische Bildung
Einführung in die Philosophie-
didaktik und Handbuch:
Praktische Philosophie

2
Volker Steenblock
Praktische
Philosophie/Ethik
Ein Studienbuch

3., überarbeitete Auflage

LIT

Volker Steenblock
Praktische Philosophie/Ethik
Ein Studienbuch
Entstanden als "Reader" für die Studienkurse zur Lehrerqualifikation für das Fach "Praktische Philosophie" in
Nordrhein-Westfalen, bietet das vorliegende Buch Diskussionseinführung und Textgrundlagen zu einem der wohl ge-
genwärtig meistdiskutierten Themen der Philosophie. Konzipiert zum Selbststudium, für Kurse an Schulen und Volks-
hochschulen und für Universitätsseminare, gliedert der Band sich in drei Abschnitte: Der erste Abschnitt gibt einen
knappen historisch-systematischen Überblick zur Diskussionslage im Feld der Praktischen Philosophie/Ethik. Der zweite
Abschnitt präsentiert "klassische" Textauszüge besonders wichtiger Philosophen der Theoriegeschichte (von Sokrates bis
Max Weber). Der dritte Abschnitt enthält aktuelle Beiträge (darunter so renommierter Autoren wie Bayertz, Birnbacher,
Martens und Rohbeck). Neben Fragen wie der nach den Medien und den ökologischen Grenzen der Industriegesellschaft
wird an der Spitze der wissenschaftlich-technischen Möglichkeiten mittlerweile die genetische Formung des Menschen
selbst diskutiert. Wir alle müssen, jede(r) einzelne, uns über solche ethischen Probleme orientieren. Hierfür setzen die
Materialien dieses Bandes sich ein.
Münsteraner Einführungen: Münsteraner Philosophische Arbeitsbücher, Bd. 2, 3., erw.. Aufl. 2007, 192 S., 17,90 €, br.,
ISBN 978-3-8258-5305-1

LIT Verlag Berlin – Münster – Wien – Zürich – London
Auslieferung Deutschland / Österreich / Schweiz: siehe Impressumsseite

Ekkehard Martens; Christian Gefert; Volker Steenblock (Hg.)
Philosophie und Bildung
Beiträge zur Philosophiedidaktik
Warum eigentlich Philosophen in Bildungszusammenhänge schicken? Wozu für Schule, Erwachsenenbildung und andere Bildungsorte ausbilden? Auf diese Frage suchen die Beiträge des vorliegenden Bandes eine Antwort zu geben. Exemplarisch geht es um Herkunft, Theorie und Organisationsformen philosophischer Bildung sowie um Beispiele ihres praktischen Wirksamwerdens.
Philosophie und Bildung, Bd. 1, 2005, 280 S., 29,90 €, br., ISBN 3-8258-8898-3

LIT Verlag Berlin – Münster – Wien – Zürich – London
Auslieferung Deutschland / Österreich / Schweiz: siehe Impressumsseite